Rudolf Nykrin • Rainer Kotzian

Musikwissen

leicht erklärt

SCHOTT

www.schott-music.com

Mainz · London · Madrid · Paris · New York · Tokyo · Beijing

Für Lehrerinnen und Lehrer

Musikwissen – leicht erklärt

- ist ein neuartiges Buch für den Musikunterricht.
- Es stellt das grundlegende Wissen klar und verständlich dar und gibt Freiheit in der persönlichen Unterrichtsplanung.
- Vielfältige inhaltliche und methodische Interpretationen, Schwerpunktsetzungen, Anknüpfungen und Ausweitungen sind möglich: An zahlreichen Schnittstellen lassen sich zusätzliche Lieder, Hörbeispiele, Erläuterungen usw. in den Unterricht einfügen – ebenso wie Beiträge der Schülerinnen und Schüler.
- Musikunterricht wird mit diesem Buch also grundiert und angeregt, aber nicht im Detail determiniert.
- Ausführliche Erläuterungen zum Unterricht als Download.

Download
www.schott-music.com/**web-codes**
Webcode: UAvYZNs5pL

Impressum

Bestellnummer: ED 22831D
ISBN 978-3-7957-2458-0
Umschlag: Maren Blaschke
Layout, Satz, Notensatz: Friedrich Neumann/Christoph Meyer-Janson, Studio Neumann/Glienicke
Redaktion: Monika Heinrich

www.schott-music.com

Printed in Germany • BSS 59057

Einführung

Für dich

Dieses Buch gibt einen Überblick über wichtige Bereiche der Musik. Es erklärt Inhalte der Musiktheorie, stellt Instrumente vor und berichtet aus der Musikgeschichte. Es regt zum Nachdenken über Musik und zum eigenen Musizieren an, macht mit Musikwerken bekannt und gibt viele Tipps zum Musikhören.
Alles wird in kleinen Schritten und an zahlreichen Beispielen erklärt.

Das Buch ermöglicht dir auf verschiedene Weise Musik aktiv zu erleben.

Texte in blauer Schrift zeigen an:
- Hier kannst du etwas überlegen, hören, aufschreiben oder tun.

Hörbeispiele findest du auf drei Wegen:

1–3
- als **Download** unter www.schott-music.com/**online-material**
  Gutscheincode: q5krXEDx

1
- als **Download** unter www.schott-music.com/**web-codes**
  Webcode: Mw18nK1

- über die **Hörtipps** – diese Musik kannst du z. B. im Internet aufrufen.

PDF 1

Die **Arbeitsblätter** enthalten Material zum aktiven Weiterlernen.
Du kannst sie auf dem Computer herunterladen und ausdrucken.

Download unter www.schott-music.com/**web-codes**
Webcode: Mw18nK1

Das Hand-Symbol findest du neben **Tabellen**, die dir beim Lernen helfen.
Decke die farbige Spalte mit der Hand ab und überlege die richtige Antwort.
Dann schau nach, ob sie stimmt.

Viel Vergnügen beim Lesen und Denken, Musikhören und Musikmachen!

Rudolf Nykrin und Rainer Kotzian

Die Welt der Musik

Musik gehört zum Menschen

Jeder hört Musik. Überraschend viele Menschen spielen ein Instrument oder singen in einem Chor.

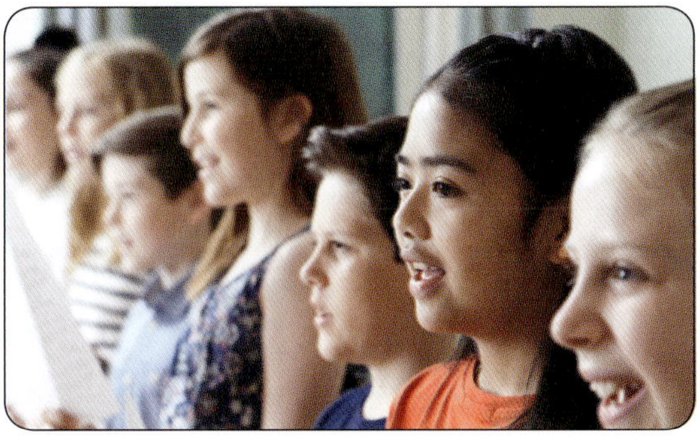

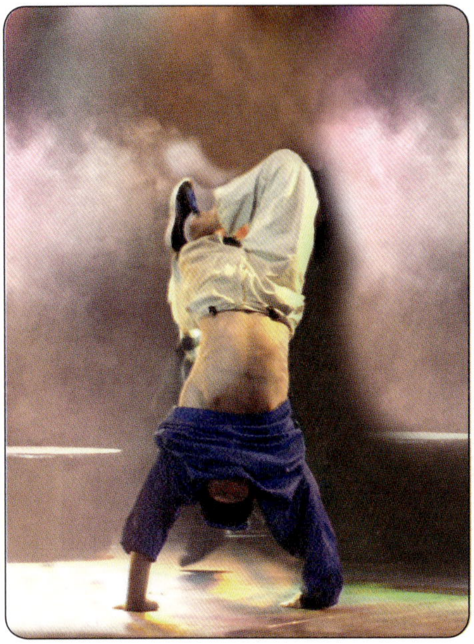

Viele Menschen nehmen sich für Musik also eine Menge Zeit.

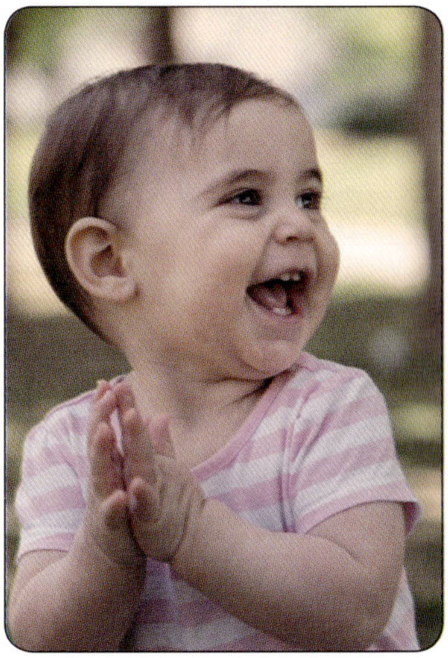

Manche Menschen fangen zu tanzen an, wenn sie Musik hören. Andere beginnen zu klatschen. Musik macht lebendig.

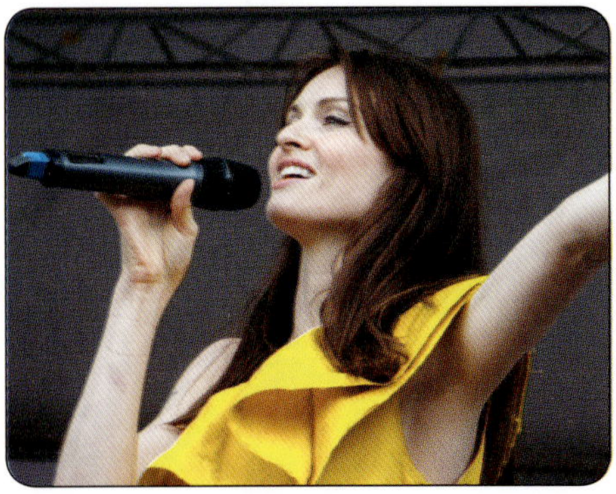

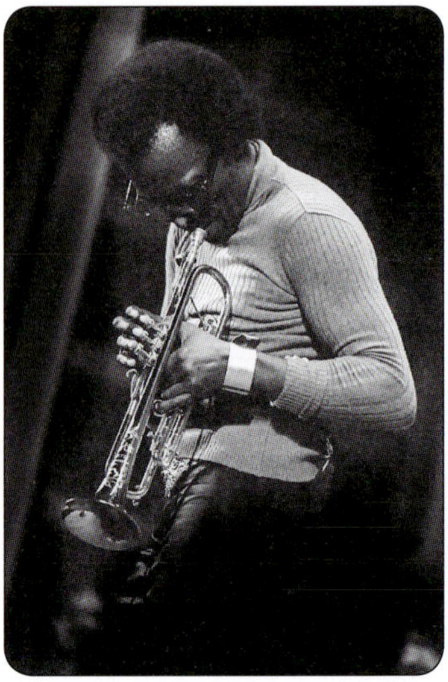

Jeder Mensch will sich anderen mitteilen und etwas von sich selbst ausdrücken. Musik ist ein besonderes Mittel dazu.

Viele Menschen machen Musik zu ihrem Hobby und manche sogar zu ihrem Beruf.

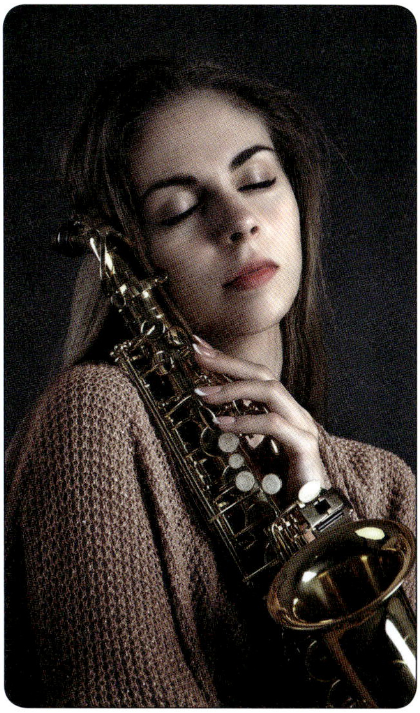

Musik ist für Menschen etwas ganz Besonderes. Warum ist Musik für dich wichtig?

Was sagt uns Musik?

Musik sagt uns etwas – doch auf andere Weise als die Sprache mit ihren Worten. Sie bildet auch keine Gegenstände ab, wie es Bilder oder Fotos tun. Musik ist eine Sprache ganz eigener Art.

Musik ist zunächst einmal eine Folge von Klängen → 18, die sich verändern. Sie kommen gleichzeitig und nacheinander, mal langsam und mal schnell. Sie steigen in die Höhe und in die Tiefe, stehen still und verschwinden. Wenn wir genau zuhören, erleben wir, wie lebendig die Klänge sind.

Manche Menschen schließen die Augen, wenn sie Musik besonders intensiv hören. Manche lieben die Stimmungen der Musik. Manche machen sich beim Musikhören allerlei Gedanken. All dies kann sich ergänzen. Immer dann, wenn wir den Klängen unsere Aufmerksamkeit schenken, können sie uns viel sagen.

Wie hörst du selbst Musik?

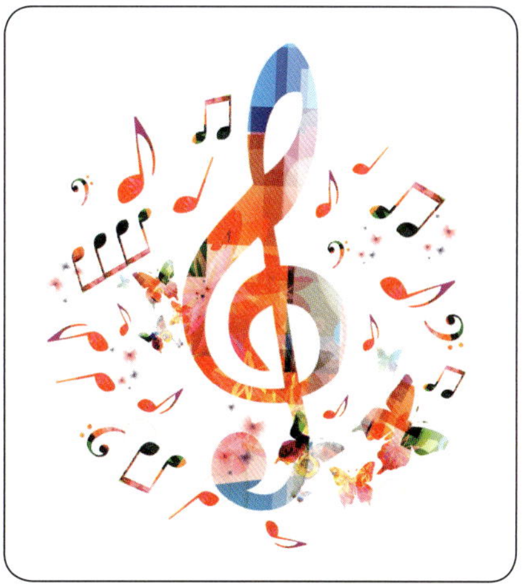

Was können wir beim Hören von Musik erkennen?

Welche Instrumente spielen mit? Eine Gitarre, ein Schlagzeug, Geigen, Trompeten? Sind auch Stimmen dabei? Es ist interessant, beim Zuhören darauf zu achten.

Auch auf Rhythmen, Melodien und Zusammenklänge kann man achten – Musik ist immer wieder anders.

Manche Melodien und Lieder erkennen wir sofort – vielleicht das Musikstück eines bekannten Komponisten oder eine Filmmusik. Erkennen wir auch, ob eine Musik eine Sonate oder eine Sinfonie, eine Oper, ein Musical oder ein Rap ist?

Welche Arten von Musik und welche Epochen der Musikgeschichte gibt es eigentlich? Von wem stammt die Musik? Je mehr man weiß, desto mehr kann man hören.

Über Musik lässt sich vieles sagen, weil sie uns vieles sagt.

Was interessiert dich besonders? Blättere das Buch durch und schau, worüber du mehr erfahren möchtest.

Was hört man, wenn man Musik hört?

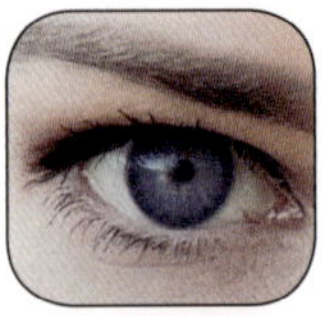

Was man sieht, kann man leicht beschreiben, zum Beispiel ein Instrument oder einen Spieler beim Musizieren.

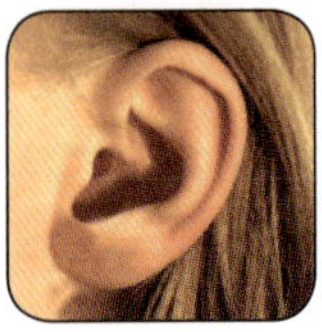

Zu beschreiben, was man hört, wenn man Musik hört, ist viel schwieriger. Denn Klänge → 18 sieht man nicht und sie vergehen schnell mit der Zeit. Klänge bilden mit ihrer Vielfalt eine eigene Welt.

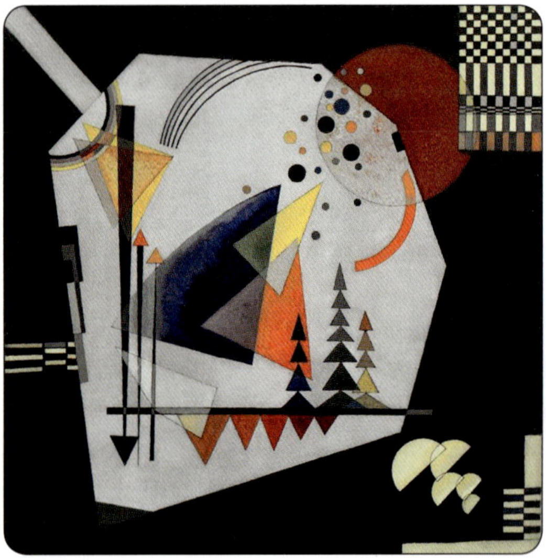

Das Bild rechts malte der russische Maler Wassily Kandinsky. Es heißt *Drei Klänge*. In der Mitte sieht man Dreiecke in den Farben blau, gelb und rot, die sich auch überschneiden und mischen. Hat Kandinsky vielleicht auch musikalische Klänge dargestellt?

- Betrachte das Bild und mache dir selbst darüber Gedanken!

Vom Hören zum Erfassen und Beschreiben

Manchmal hören wir der Musik genau zu und manchmal gar nicht, z. B. bei Werbesendungen. Es gibt verschiedene Wörter rund um das „Hören“ – jedes bedeutet etwas anderes:

Hören **Horchen** **Lauschen** **Zuhören** **Erfassen** **Beschreiben**

Was bedeuten diese Wörter für dich und worin unterscheiden sie sich?

DREI „MINIMUSIKEN“

1–3

Wenn man Musik genau beschreiben will, sind Wörter aus der **musikalischen Fachsprache** oft hilfreich. Wörter wie z. B. Dreiklang, Tonleiter, Solo, Orchester oder Sonate. Aber auch die **Alltagssprache** vermag viel über Musik zu sagen.

- Höre die drei „Minimusiken“ und beschreibe sie möglichst genau mit deinen eigenen Worten.

Anregungen

schnell – bewegt – rasend – hektisch – langsam – ruhig – stürmisch
hell – dunkel – schimmernd – schwärzlich – silbrig – licht – flimmernd – golden
anschwellend – abschwellend – kaum hörbar – ohrenbetäubend – still
brummend – pfeifend – kreischend – tief – hoch – stechend
schmerzend – rau – kühl – kalt – hart – pulsierend – pochend
heiter – temperamentvoll – ausdrucksvoll – nüchtern – vergnügt

Den eigenen Eindruck von Musik kann man auch in einem Bild festhalten.

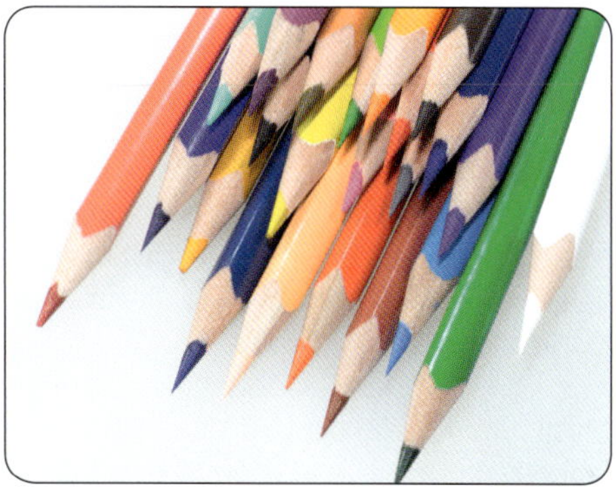

- Nimm Zeichenstifte und male zu einer „Minimusik“ deiner Wahl ein passendes Bild.

PDF 1 Hier kannst du deine Beschreibung einer „Minimusik“ und auch deine Zeichnung festhalten.

4

EIN „KLASSISCHES“ MUSIKBEISPIEL

- Höre genau zu und beschreibe, was du hörst.

Welche „Besetzung“ hat diese Musik?
Welche Instrumente hörst du?
Spielt ein Blasorchester, ein Streichquartett, ein Sinfonieorchester, eine Rockband?

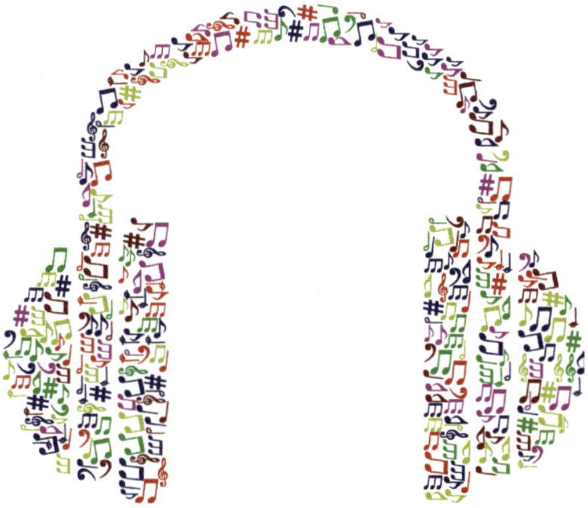

- Wie ist die Musik aufgebaut?

Hörst du eine Melodie mit Begleitung?
Wechseln sich die Stimmen ab?
Hat die Musik gleiche, ähnliche oder verschiedene Teile?

- Was ist für dich an der Musik interessant?

Gibt es eine schöne Melodie?
Spricht dich der Rhythmus besonders an?
Wie wirkt die Musik auf dich (z. B. anregend, beruhigend, entspannend, aufregend)?
Erinnert dich die Musik an etwas?

- Kannst du die Musik einordnen und vergleichen?

Gibt es etwas, was diese Musik deiner Ansicht nach ganz besonders macht?
Aus welcher Zeit könnte sie sein?
Kennst du andere ähnliche Musikstücke, und welche?

Die Musik ist ein Orchesterwerk von Richard Wagner → 121 und ein Teil seiner Oper *Die Walküre*.

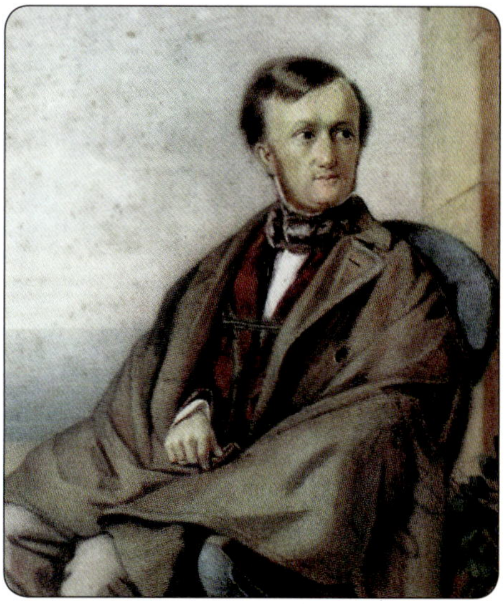

Richard Wagner
Aquarell von Josef Lehmkuhl, 1853

Musikhören gestern und heute

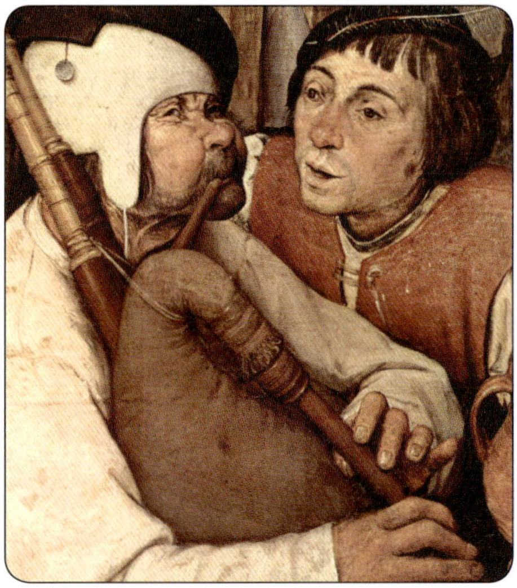

Zu allen Zeiten gab es Musik im Leben der Menschen. Die heutigen Möglichkeiten des Musikhörens aber waren früher undenkbar. Bis in das 20. Jahrhundert hinein konnte Musik nur live erklingen: Musik gab es nur, wenn tatsächlich jemand spielte oder sang, z. B. auf einem Fest oder im Gottesdienst in der Kirche.

Musikhören nach Lust und Laune? Diesen Luxus kannten lange Zeit nur reiche Adelige. Sie bezahlten Musiker dafür, dass diese Musik für sie machten, wann immer sie wollten. Die Anstellung Joseph Haydns am Hofe des Fürsten Esterházy ist ein gutes Beispiel dafür → 109.

Das Bild rechts stammt von Pieter Bruegel und entstand um 1568. Es zeigt einen Dudelsack-Spieler → 64 und einen Zuhörer.

- Heute ist das Musikleben ganz anders geworden – aus verschiedenen Gründen. Welche fallen dir ein?

Die technischen Medien

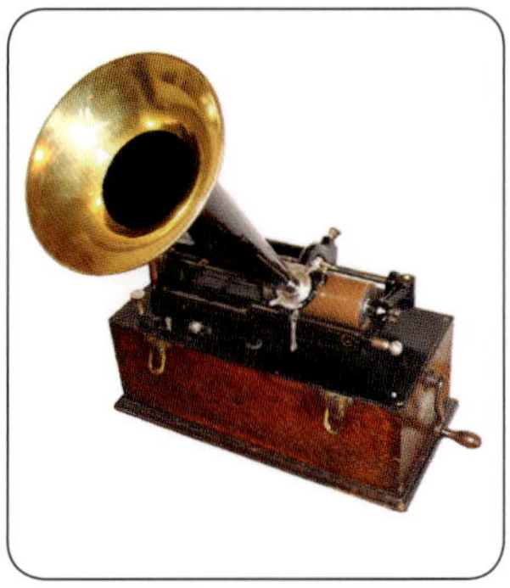

Die **technischen Medien** (=„Mittler“) machten Musik überall verfügbar.

Im Jahr 1878 erhielt der Erfinder Thomas Alva Edison das Patent für eine Maschine, die Sprache und Musik aufzeichnen und wiedergeben konnte. Eine Nadel ritzte die Schwingungen von Schallwellen → 18 in eine wachsbeschichtete Walze ein. Aus diesem Grund wurde die Maschine **Phonograph** (= Klangschreiber) genannt. Die Nadel konnte die Klangspuren auch wieder abtasten und hörbar machen.

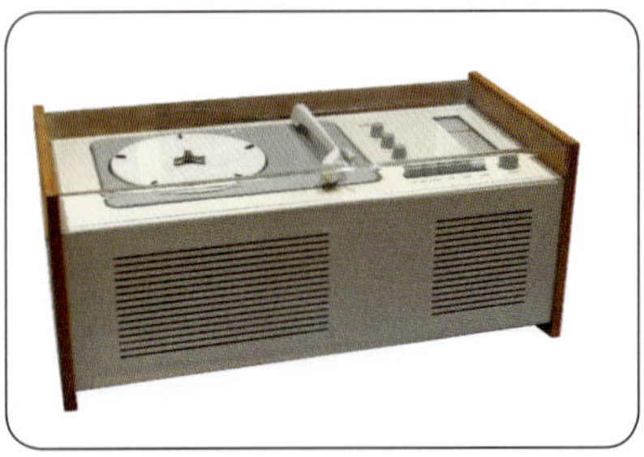

Bald konnten die Schallschwingungen auf eine sich drehende **Schallplatte** eingraviert werden. Die Platten waren lange Zeit aus Schellack und danach aus Vinyl. Nun konnte man Musik zu Hause nach Belieben „auflegen“. Das Foto zeigt einen Plattenspieler aus dem Jahr 1958.

Ab 1935 begann man, Schallschwingungen auf einem metallbeschichteten Kunststoffband elektromagnetisch festzuhalten. Zuerst baute man große **Tonbandgeräte**, später auch kleine transportable **Kassettengeräte**. Wenn das Aufspulen nicht funktionierte, gab es „Bandsalat“, und die Aufnahme wurde oft unbrauchbar.

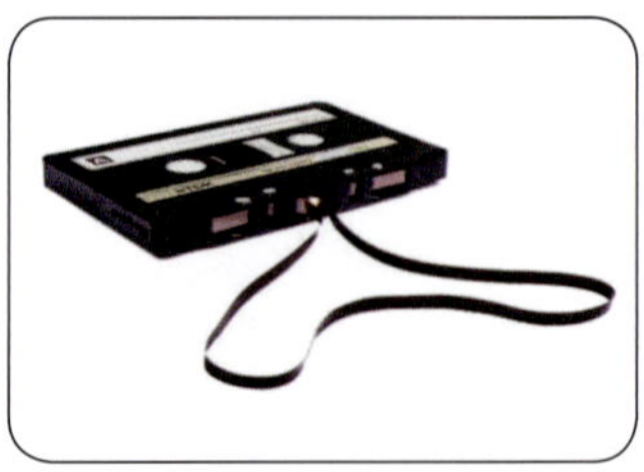

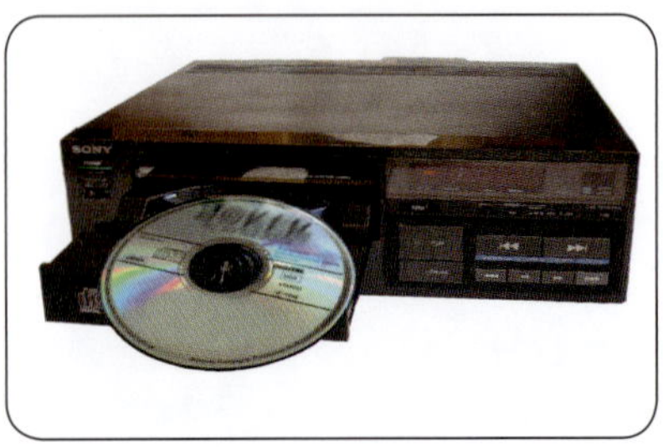

In den 1980er-Jahren kam die **CD** (= Compact Disc) auf den Markt. Hier wurden die Schallschwingungen bereits **digital**, d. h. in Form einer Daten-Reihe, gespeichert. Die digitale Klangaufzeichnung wurde nun zum Standard. Damit kann Musik auf den unterschiedlichsten Geräten (wie z. B. iPod, Festplatte, Handy) gespeichert, wiedergegeben und z. T. auch verändert werden.

Ab 2010 wurde das **Streaming** zunehmend populär. Digital erfasste Daten von Musik werden hier über das **Internet** gespeichert und abgerufen.
Mit der Entwicklung immer neuer technischer Medien (= „Mittler") im 20. und 21. Jahrhundert ist Musik für alle Menschen und nahezu an jedem Ort auf Knopfdruck verfügbar geworden.

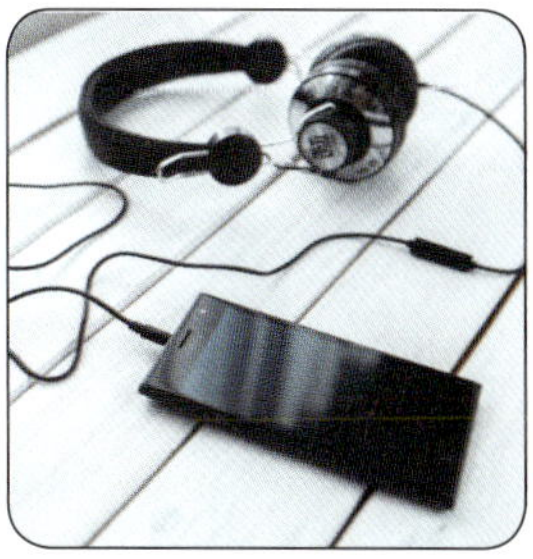

- Welche Technik ist für dich beim Musikhören besonders wichtig?
- Wo kannst du selbst Musik live hören und wie oft hörst du Livemusik?

Musik in Rundfunk und Fernsehen, Filmen, Videos und Spielen

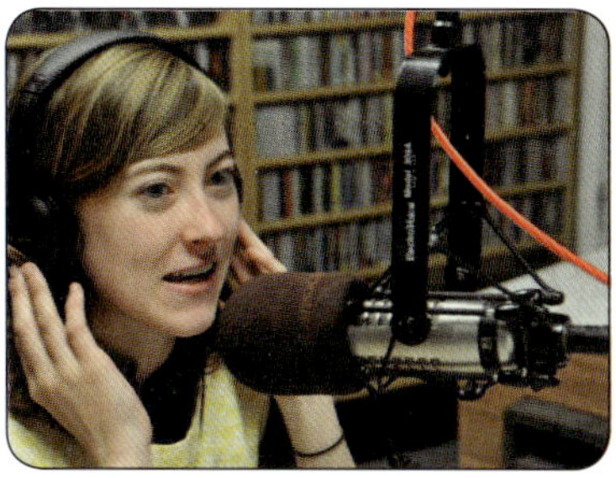

Ab den 1920er-Jahren kam Musik immer häufiger aus dem Lautsprecher. 1923 begann in Deutschland die Ausstrahlung von **Rundfunksendungen**. Etwas später wurde der Stummfilm vom **Tonfilm** abgelöst. **Fernsehen** zu Hause gab es ab 1952. Ab 1980 brachte die Digitalisierung von Tönen und Bildern die Welt der **Computerspiele** und **Videos**, die ohne Musik nicht auskommt.
In Filmen, Videos und Computerspielen soll die Musik vor allem die Gefühle der Zuschauer ansprechen und sie auf die Handlung einstimmen. Meist bleibt die Musik im Hintergrund – man hört sie, ohne dass man ihr bewusst zuhört.

- Die meisten Filme würden ohne Musik gar nicht funktionieren. Man merkt das, wenn man beim Zuschauen den Ton abdreht – probiere es mal aus!
- Beschreibe verschiedene Gefühle, die Musik in einem Film oder einem Computerspiel auslösen kann.

Welche Musik hörst du?

Schlager **Klassik** **Oper** **Rock** **Musical** **Pop** **Alte Musik** **Jazz**

- Welche Musikstile kennst du besser als andere? Von welchen hast du schon eine klare Vorstellung, von welchen nur eine undeutliche?

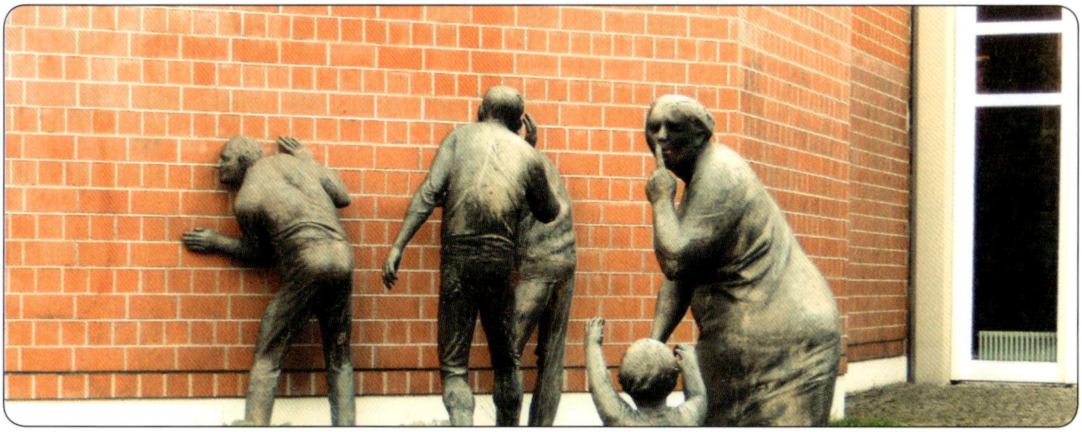

- *Die Lauschenden* nannte der Bildhauer diese Bronzefiguren am Gebäude der Musikhochschule in Freiburg. Was könnte er sich dabei gedacht haben?

Musikmachen

Möchtest du singen oder rappen? Spielst du bereits ein Instrument?

Welches Instrument könnte zu dir passen?

- Welche Instrumente gefallen dir und welche weniger?
- Welche Art von Musik würdest du gerne machen?
- Wie wichtig sind dir Rhythmen? Melodien? Akkorde?
- Wie viel Zeit und Geduld möchtest du für das Lernen aufbringen?
- Wie wichtig sind dir Freunde und Kontakte beim Musikmachen?

Hör dich um! Sprich mit Freunden, frage bei Musikschulen oder in Musikstudios nach Einstiegsmöglichkeiten. Vielleicht kannst du probeweise auf einem Instrument spielen?

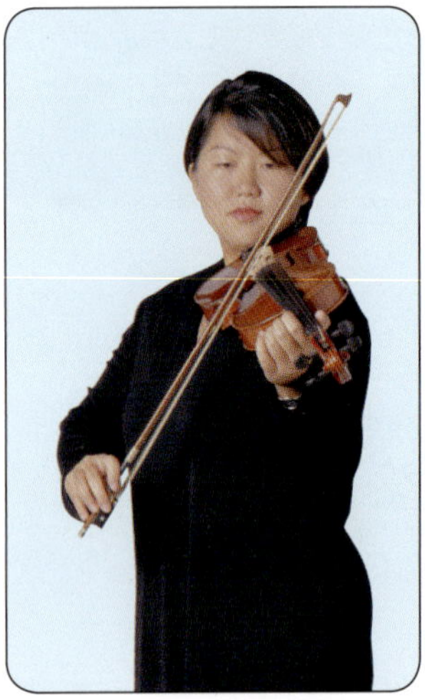

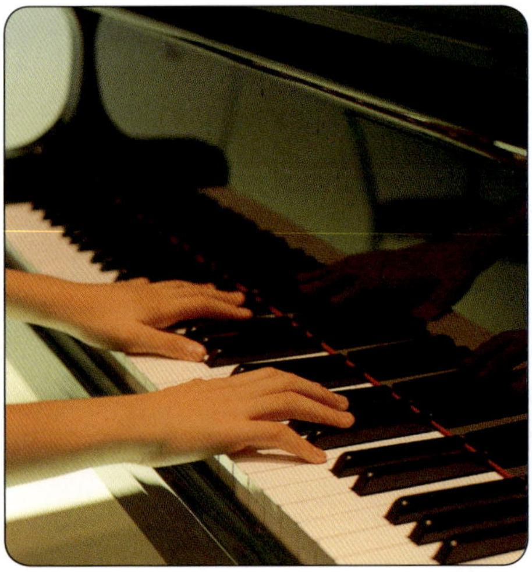

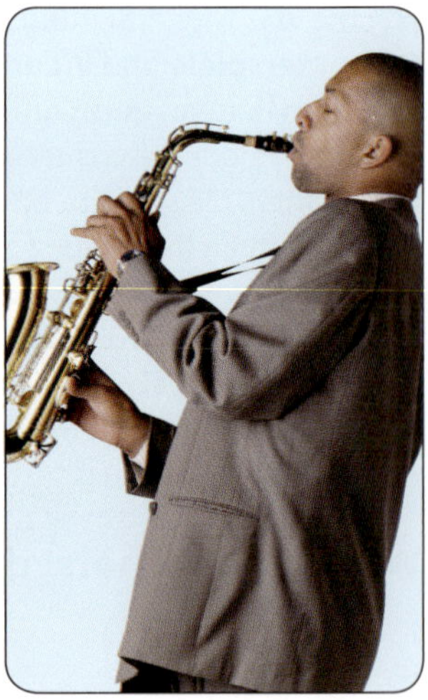

1
Musik zum Einsteigen

Vorspiel – Takt 1	Takt 2		
Hauptteil – Takt 1	2	3	4 Break
5	6	7	8 Break
9	10	11	12 Break
13	14	15	16 Schlusstakt

Auf das Vorspiel mit 2 Takten folgt der Hauptteil mit 16 Takten. In Takt 4, 8 und 12 des Hauptteils spielt das Schlagzeug einen **Break** (= kurzer rhythmischer Einschub), Takt 16 ist der Schlusstakt.

- Höre der Musik zuerst nur zu und mache dich mit ihrem Ablauf vertraut.

Zu dieser Musik kannst du spielen, sprechen oder singen.

Erfinde Rhythmen! Die Musik steht im 4/4-Takt → 23. Gehe Schritt für Schritt vor:

- Sprich die Zählzeiten mit.
- Erfinde zur Musik einen Rhythmus → 22.

Du kannst zum Takt passend klatschen oder auf den Tisch klopfen. Du kannst auch zwei Löffel aufeinander schlagen. Zum Spielen hältst du die Stiele zwischen Daumen, Zeigefinger und Mittelfinger einer Hand so, dass die gewölbten Rückseiten etwas Abstand zueinander haben. Wenn du den unteren Löffel auf einen Oberschenkel legst und mit der anderen Hand auf den oberen schlägst, hast du ein interessantes Schlaginstrument.

- Sprich Rhythmen zur Musik, z. B. mit Silben wie *dab* oder *dub*.

Spiel auf einem Instrument mit! Viele Instrumente eignen sich dazu, z. B. alle Schlaginstrumente und auch die Gitarre.

- Auf der Gitarre kannst du diese Akkorde mitspielen:

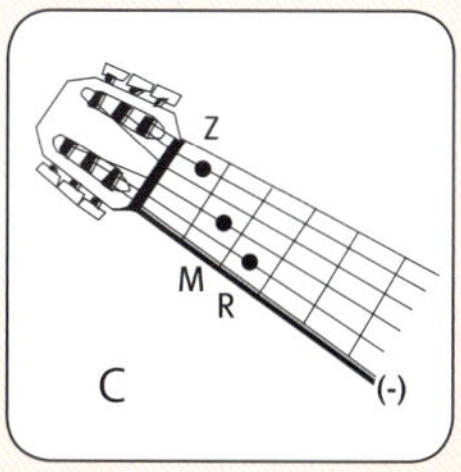

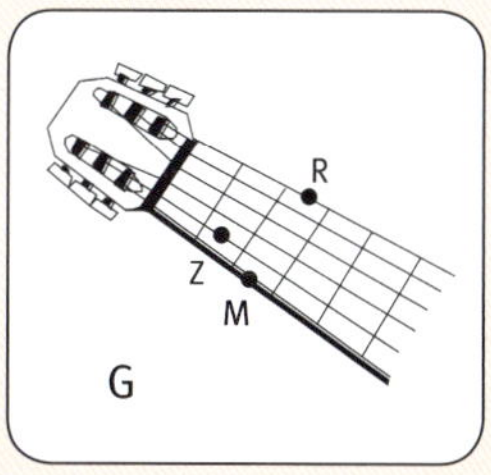

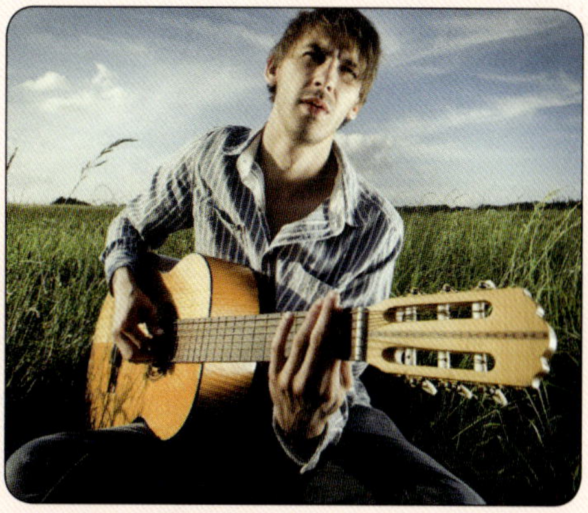

Die Musik hat folgenden Akkord-Ablauf:

Vorspiel: || C | G |
Hauptteil: ||: C | C | C | G :|| (3x)
| C | C | C | C ||

Pack die Stimme aus! Jeder Mensch hat ein Instrument: seine Stimme.

- Singe zur „Musik zum Einsteigen" eine eigene Melodie. Nimm dazu ein paar Töne aus der C-Dur-Tonleiter → 31. Probiere es mehrmals, bis du Spaß daran findest!

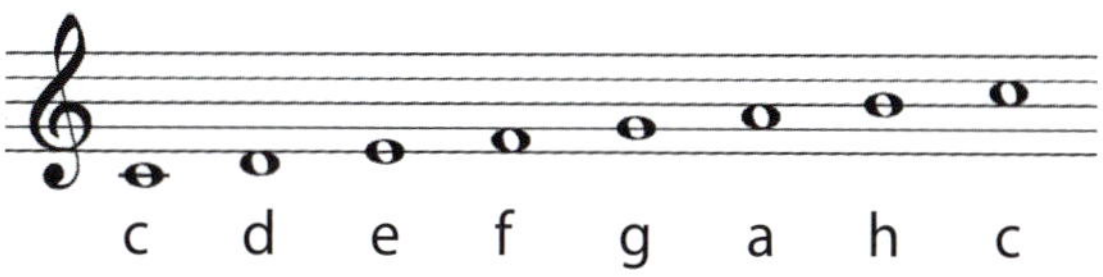

Singen, Sprechen und noch mehr

Deine Sprechstimme

Die Sprechstimme hat viele Klänge:

Vokale	
Grundlaute	a – e – i – o – u
Umlaute	ä – ö – ü
Doppellaute	au – ai – eu – ui

Konsonanten	
Klinger	m – n – ng – w – j – r
Verschlusslaute	b – d – g – p – t – k
Reibelaute	sch – ch – f – s – z – x

- Sprich die Laute einzeln und nacheinander.
- Beobachte, welche Teile des Mundraums sich am Entstehen der Klänge beteiligen: Zunge, Gaumen, Kiefer usw.
- Sprich laut, leise, hoch, tief, schnell, langsam und wiederhole alles, was dir gefällt.

Auch das kann die Stimme

schreien **flüstern** **murmeln** **kreischen** **schluchzen** **brummen** **stöhnen** **lachen** **klagen** **surren** **summen** **seufzen** **schnauben** **zischen**

- Schauspieler müssen viele Stimmklänge beherrschen. Finde heraus, was deine Stimme alles kann.

Deine Singstimme

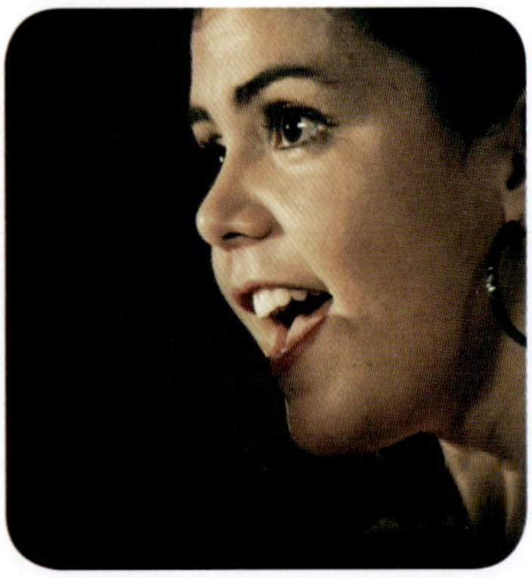

- Singe mit aufrechter **Körperhaltung**. Atme so ein, dass sich die Rippen zur Seite hin ausdehnen – gib deinem Atem Raum!

- Entdecke deinen **Stimmumfang**. Lass die Stimme (anfangs leise) von ganz oben nach unten gleiten und dann wieder zurück.

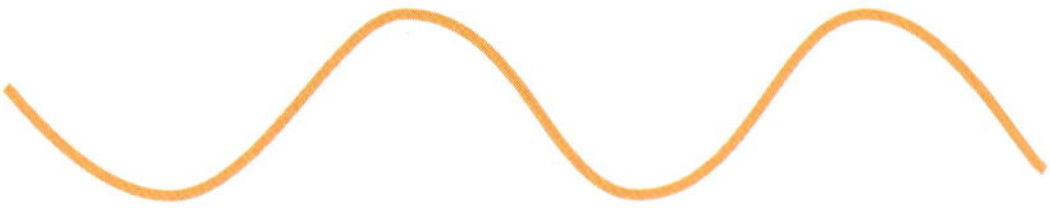

- Trainiere deine Stimme: Singe auf verschiedenen **Tonhöhen** Vokalverbindungen, z. B.:
ma – o – a – o – a – o – am oder *mü – o – ü – o – ü – o – ü*

- Trainiere **Mund, Zunge und Lippen** mit Silbenverbindungen wie:
schubi-dubi-dubi-dubi-duah oder *duba-daba-dibi-dabi-duba-daba-dibi-dap*

2

Groove Music zum Mitmachen

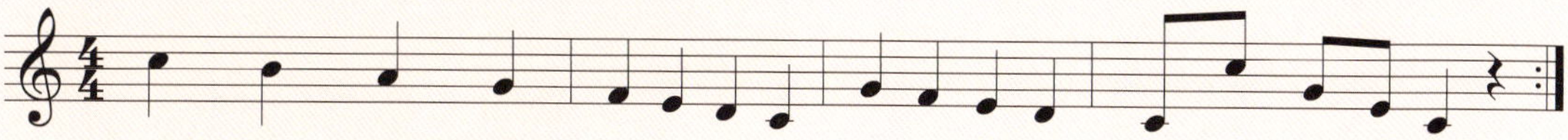

Nimm, nimm, nimm, nimm … nimm mich bit - te mit!
Nomm, nomm, nomm, nomm … nomm moch bot - te mot!
Namm, namm, namm, namm … namm mach bat - te mat!
Numm, numm, numm, numm … numm much but - te mut!

- Singe mit und versuche die Tonhöhen gut zu treffen!
- Fällt dir selbst ein Text mit vielen klingenden Silben ein? Dann singe ihn auch.

Mit Lippen und Mund kannst du schlagzeugähnliche Klänge erzeugen: **Mouth Percussion**.

Trommelklänge			**Beckenklang**
b	*p, t*	*t, k*	*wzzzzz*
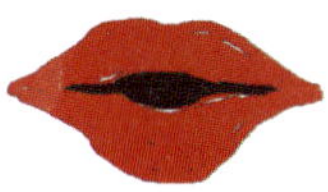	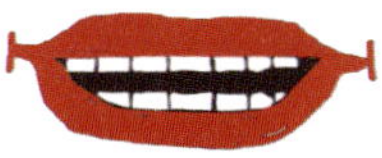	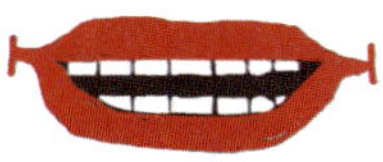	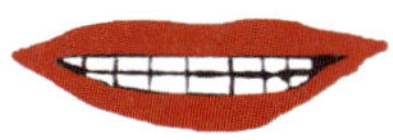
Drehe deine Lippen leicht ein und drücke sie aufeinander. Öffne sie dann mit einem „plopp".	Sprich „p" und „t" mehrmals hintereinander und lasse dabei wenig Luft entweichen.	Sprich „t" und „k" hintereinander und lasse dabei viel Luft entweichen.	Das „zzz" soll scharf klingen wie das Becken eines Schlagzeugs.

- Spiele mit Mouth Percussion zur „Groove Music". Ändere nach jedem Abschnitt den Klang.

Arme, Beine, Kopf, Rumpf, Schultern – alles kann sich bewegen und zur Musik tanzen. Probiere es zur „Groove Music" aus. Du kannst dich auch drehen und mit kleinen Schritten im Raum bewegen. Bleibe aber im Rhythmus! Nach vier Takten beginnt immer ein neuer Abschnitt.

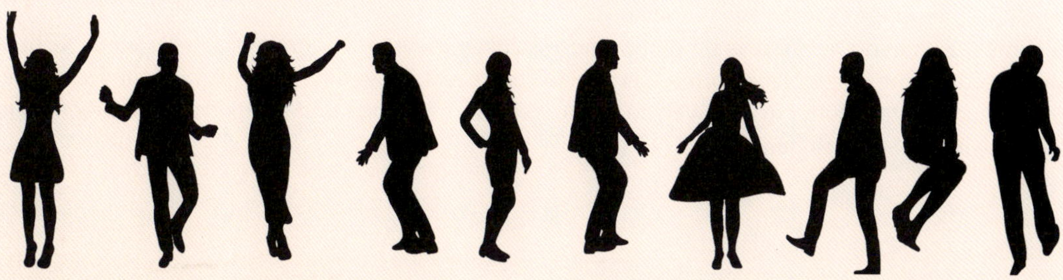

- Suche dir selbst passende Musik und tanze dazu!

Musik ist Teil unseres Lebens

Warum läuft im Supermarkt Musik?

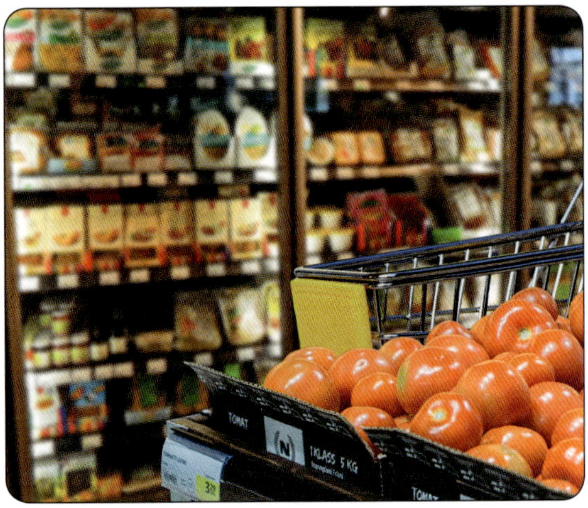

Musik gehört zu unserem Alltag. Sie kann uns durch den ganzen Tag begleiten. Oft werden wir mit Musik „berieselt", ohne dass wir es wollen.

In Geschäften soll Musik die Stimmung der Käufer beeinflussen. Sie soll am Morgen aufmuntern, am Abend beruhigen und die Menschen möglichst lange und gut gelaunt im Geschäft halten. In Lokalen soll Musik vom Gefühl der Einsamkeit ablenken, wenn nur wenige Gäste da sind. Und sie soll als „Klangtapete" zur Art eines Lokals und ihren Gästen (z. B. Jugendlichen) passen. Auch in Arztpraxen hört man manchmal Musik. Hier soll sie Patienten von Sorgen ablenken und Ängste nehmen. Für diese und ähnliche Zwecke wird Musik gezielt ausgewählt und oft auch speziell gestaltet. Weil die Musik dabei jeweils eine bestimmte Funktion erfüllt, wird sie **Funktionelle Musik** genannt.

Musik kann eine große Wirkung haben, selbst wenn wir beim Hören gar nicht an sie denken.

- Wo erlebst du selbst Funktionelle Musik? Welche Wirkung hat sie möglicherweise auf dich?

Musik – ein „Stimmungsmacher"

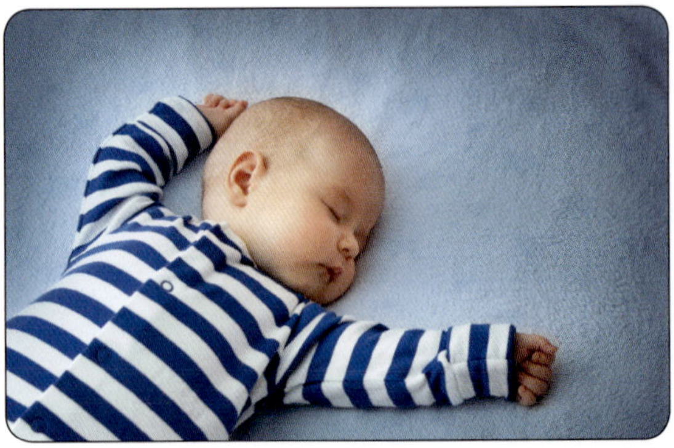

Musik kann unsere Stimmung beeinflussen. Sie kann uns helfen zu entspannen oder munter zu werden. Sie kann uns Energie geben, uns froh, aber auch nachdenklich machen. Auch Traurigkeit lässt sich mit Musik erleben – und sogar genießen.

Allein das Tempo der Musik hat die Kraft, unseren Puls zu verlangsamen oder zu beschleunigen. In einem Versuch bekamen neugeborene Babys über lange Zeit ruhige Herzschläge (ungefähr 72 pro Minute) zu hören. Diese Babys schrien weniger, tranken mehr und nahmen schneller an Gewicht zu als andere, die keine Herzschläge hörten. Der ruhige Puls macht Babys offenbar entspannt und zufrieden. Diese Wirkung setzen Mütter in aller Welt auch ein, wenn sie Säuglinge und Kleinkinder mit ruhigen Wiegenliedern in den Schlaf singen.

- Kennst du ein Wiegen- oder Einschlaflied?
- Warum kann es beim Einschlafen helfen?

Wie wirkt Musik auf unser Nervensystem?

Musik kann unser Nervensystem aktivieren und anregen, aber auch dämpfen und beruhigen. Ob Klassische Musik, Pop, Rock oder eine andere Musikrichtung → 126 – die Art der Musik ist dafür eher nebensächlich.

Nicht jeder Mensch reagiert auf Musik gleich. Manche Menschen sind dafür empfänglicher als andere.

Musik aktiviert und regt an		**Musik dämpft und beruhigt**	
Tempo	schnell / stark wechselnd	Tempo	langsam / gleichbleibend
Lautstärke	groß / stark wechselnd	Lautstärke	gering / wenig veränderlich
Tonumfang	groß	Tonumfang	gering
Dichte der Eindrücke	hoch / stark wechselnd	Dichte der Eindrücke	niedrig / eher gleichbleibend

- Welche Musik, die du selbst hörst, wirkt aktivierend, anregend, dämpfend, beruhigend …?
- Welche Merkmale hat diese Musik?

Drei Gründe, warum Musik für uns wichtig sein kann

1. Musik ist Klang, Tempo, Rhythmus, Melodie und Harmonie. All dies ändert sich ständig, ist lebendig. Damit spricht Musik unsere Sinne und unseren Geist an und schult unsere Wahrnehmung.
2. Musik ist etwas, womit wir unser Leben bewusst gestalten können. Sie kann viele Zwecke erfüllen. Dies gilt für Musik, die wir hören, und für Musik, die wir selbst machen.
3. Musik ist immer auch eine Botschaft von anderen Menschen, Zeiten und Kulturen. Sie macht die Welt, in der wir leben, größer und gibt uns viele Kontaktmöglichkeiten.

- Was bedeutet Musik für dich? In welcher Weise kann sie für dich persönlich wichtig sein?

Wege zur Musik

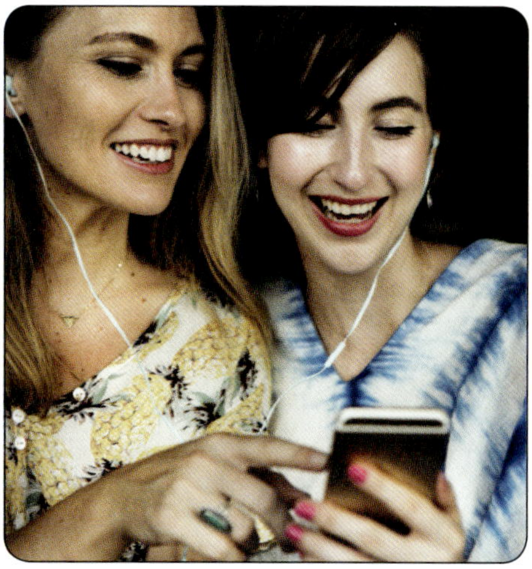

Zu Musik führen viele Wege – zum Beispiel über Freunde und Bekannte, mit denen man die Freizeit teilt und auch musikalisch gestaltet.

Musik findet man über Medien wie z. B. CDs und Videos und natürlich im Internet.

Auch der Unterricht an Schulen und Musikschulen will für Musik öffnen – auch für solche, die man selbst noch nicht kennt.

- Welchen Platz kann Musik in deinem Leben haben?

Musiklehre von Anfang an

Geräusche, Klänge und Töne

Was klingt, das schwingt. Die Luft nimmt die **Schwingungen** auf und trägt sie als **Schallwellen** an unser Ohr. Unser **Gehör** erkennt in den Schwingungen Geräusche, Klänge oder Töne.

Geräusche haben eine *unbestimmte Tonhöhe*. Sie klingen heller oder dunkler. Geräusche setzen sich aus unregelmäßigen Schwingungen zusammen, wie z. B. bei einem Trommelwirbel.

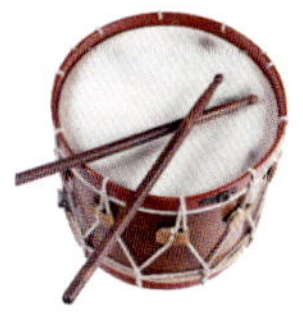

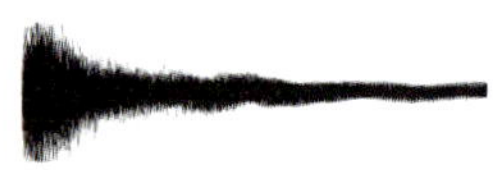

Klänge haben eine *ungefähr bestimmbare Tonhöhe*. Unregelmäßige und regelmäßige Schwingungen vermischen sich, z. B. beim Klang einer Glocke.

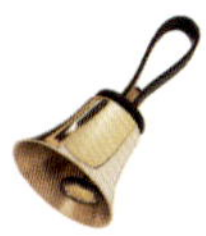

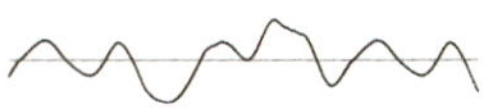

Töne haben eine *klar bestimmbare Tonhöhe*. Ihre Schwingungen sind vorwiegend regelmäßig. Töne kann man nachsingen oder nachspielen, z. B. einen Flötenton.

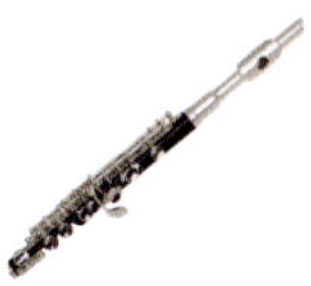

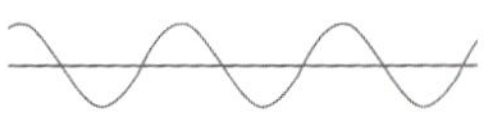

- Singe oder summe verschiedene Töne. Lege die Fingerspitzen an den Kehlkopf und spüre die Schwingungen.

Im Alltag wird oft alles, was klingt, als Klang bezeichnet. Man sagt z. B.: „Musik besteht aus vielen Klängen!" Aber man kann es eben auch noch genauer sagen!

Experimente mit einem Gummiband

Bestimmt hast du schon einmal mit einem Gummiband Töne erzeugt. Bei leisen, lauten, tiefen oder hohen Tönen schwingt das Band jeweils anders.

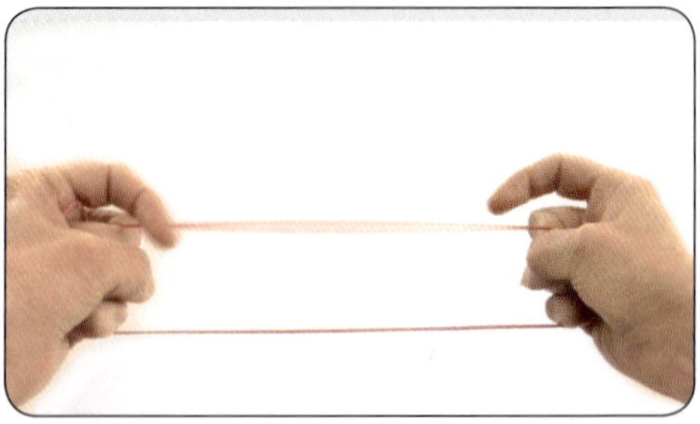

- Experimentiere mit einem Gummiband und stelle fest, wie das Schwingen des Bandes den Ton verändert.

Schwingungen und Lautstärke			Schwingungen und Tonhöhe		
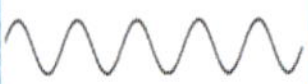	Kleine Schwingungen klingen ...	leiser.	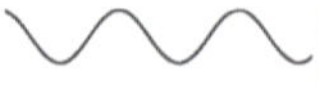	Langsame Schwingungen klingen ...	tiefer.
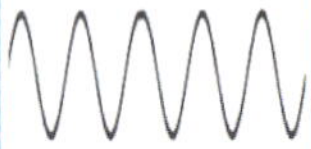	Große Schwingungen klingen ...	lauter.	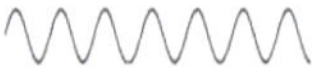	Schnelle Schwingungen klingen ...	höher.

Klangfarbe

Jedes Geräusch, jeder Klang und jeder Ton hat eine bestimmte **Klangfarbe**. Auch sie entsteht durch die jeweiligen Schwingungen. Jeder von uns lernt, Klangfarben zu unterscheiden, z. B. die Klangfarbe der Geige von der Klangfarbe der Flöte oder der Trompete. Auch wenn die Instrumente den gleichen Ton spielen, erkennen wir jedes an seinem besonderen Klang.

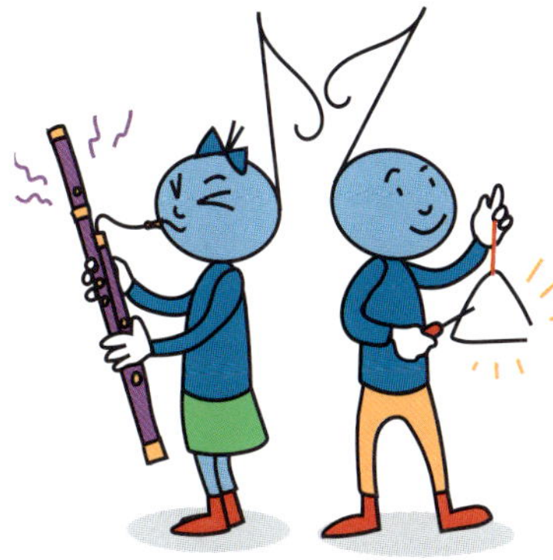

- Beschreibe die Klangfarbe von Musikinstrumenten, die du schon kennst, z. B. die Klangfarbe eines Fagotts oder eines Triangels.

Tonhöhe und Lautstärke

Die **Tonhöhe** hängt von der Zahl der Schwingungen pro Sekunde ab, die in **Hertz** (Abkürzung Hz) angegeben wird. Der Hörbereich des Menschen reicht von ungefähr 16 bis 20.000 Hz.

Die Lautstärke wird in **Dezibel** (Abkürzung db) gemessen. 0 dB ist die untere Hörgrenze, ab ca. 120 dB entstehen beim Hören Schmerzen.

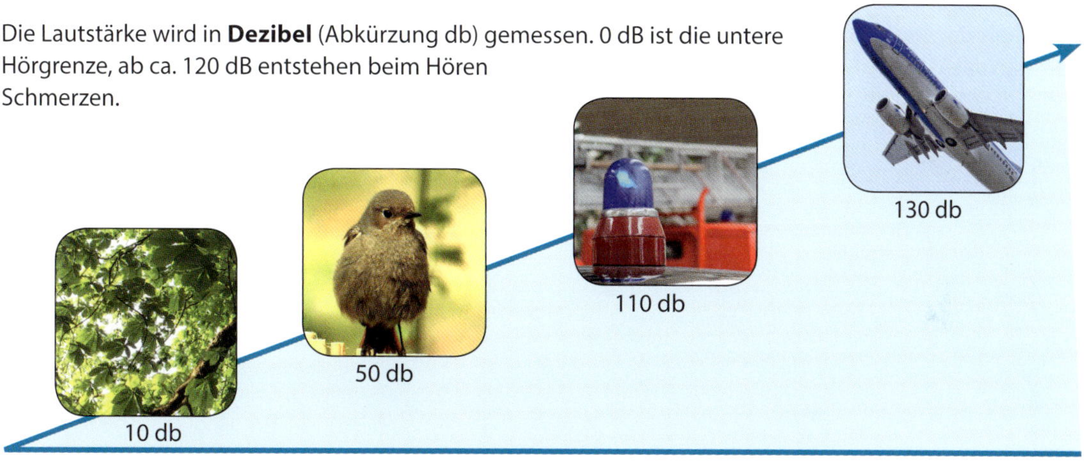

Wir können unsere Augen verschließen, nicht aber unsere Ohren. Bereits eine Lautstärke von 90 db über längere Zeit kann schädigen. Auch zu laut eingestellte Kopfhörer sind gefährlich.

- In welchen Situationen könnte dein Gehör Schaden nehmen und wie kannst du es schützen?

Lautstärkeangaben in der Musik

Stufe	Fachbegriff	Abkürzung
sehr leise	pianissimo	***pp***
leise	piano	***p***
halbleise	mezzopiano	***mp***
halblaut	mezzoforte	***mf***
laut, stark	forte	***f***
sehr laut	fortissimo	***ff***

Veränderung	Fachbegriff	Abkürzung/Zeichen
laut, dann sofort leise	fortepiano	***fp***
Ton stark betont	sforzato	***sf sfz***
lauter werden	crescendo	*cresc.* <
leiser werden	decrescendo, diminuendo	*decresc., dim.* >
Hervorhebung eines Tons	Akzent	>

Notenwerte und Pausenwerte

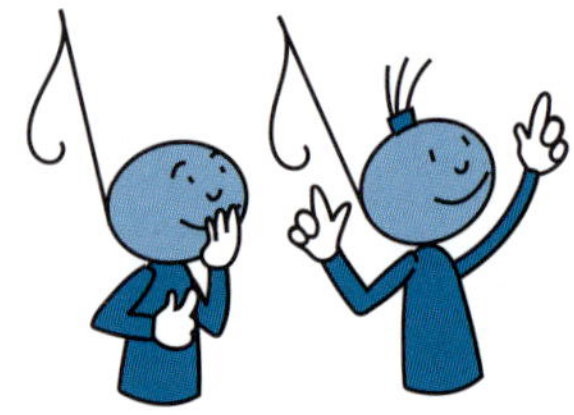

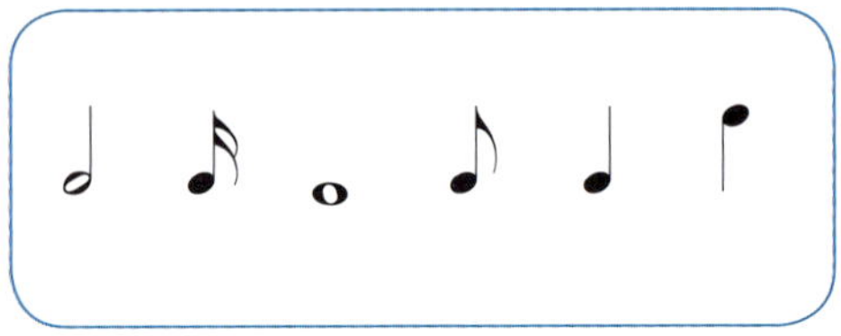

Die meisten **Notenzeichen** haben einen Notenkopf (leer oder ausgefüllt), viele einen Notenhals (links oder rechts vom Notenkopf, nach oben oder unten zeigend) und manche auch Fähnchen oder Balken.

Wenn mehrere Achtel und noch kleinere Notenwerte aufeinanderfolgen, können die Fähnchen durch Balken ersetzt werden. So kann man die Noten leichter lesen.

- Beschreibe das Aussehen der Notenzeichen oben möglichst genau.

Jeder **Notenwert** lässt sich in kleinere Werte unterteilen. Die häufigste Unterteilung ist die Halbierung. Die folgende Übersicht zeigt die Notenwerte von der Ganzen Note bis zu Zweiunddreißigstelnoten und wie man dazu in einem Viervierteltakt → 23 zählt.

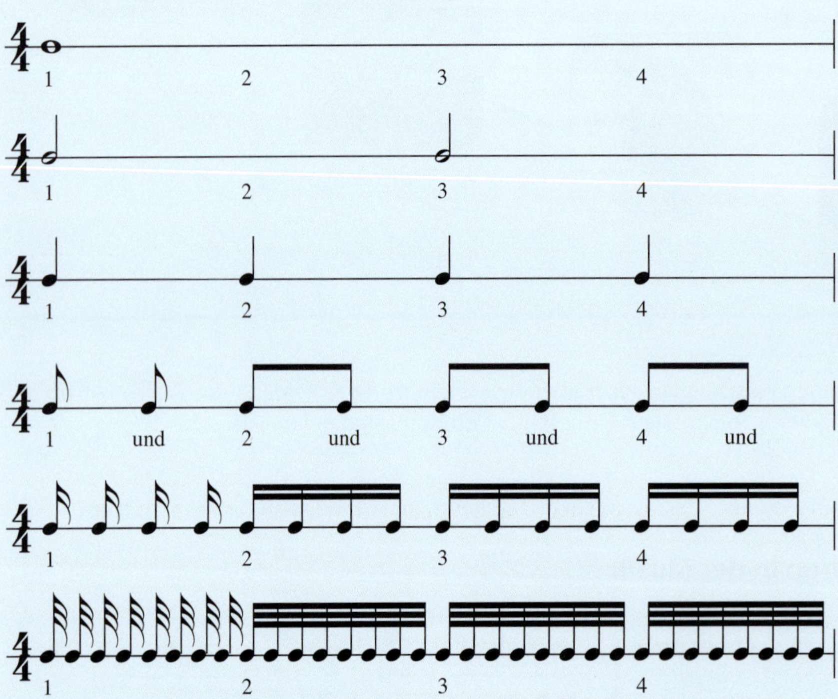

Ganze Note (Ganze)

Halbe Noten (Halbe)

Viertelnoten (Viertel)

Achtelnoten (Achtel)

Sechzehntelnoten (16tel)

Zweiunddreißigs-telnoten (32tel)

3

- „Musik zu den Notenwerten" – Klatsche alle Notenwerte hintereinander zu dieser Begleitmusik!

Zu jedem Notenwert gibt es einen gleich langen **Pausenwert** (Pausenzeichen).

Zeichen	Name	Zeichen	Name	Zeichen	Name
	Ganze Pause	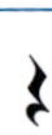	Viertelpause	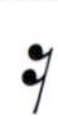	16tel-Pause
	Halbe Pause	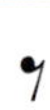	Achtelpause	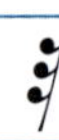	32tel-Pause

Wie kann man Noten- und Pausenwerte verlängern?

Ein **Punkt** hinter einem Notenkopf oder einer Pause verlängert die Dauer um die Hälfte. – Beispiele:

Zeichen	Name	Zeichen	Name	Zeichen	Name
𝅗𝅥.	punktierte Halbe Note = Dreiviertelnote	𝅘𝅥𝅮.	punktierte Achtelnote	𝄽.	punktierte Viertelpause
𝅘𝅥.	punktierte Viertelnote	𝄾.	punktierte Achtelpause	𝄼.	punktierte Halbe Pause

Der Punkt sitzt immer im Zwischenraum neben oder über dem Notenkopf und nie auf einer Notenlinie.

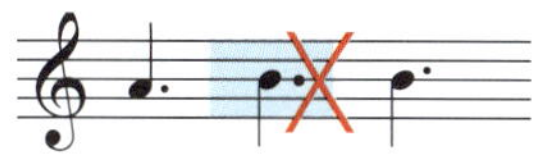

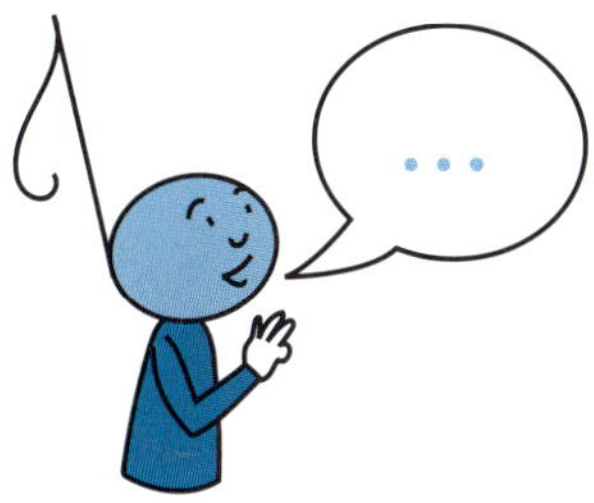

- Bilde selbst passende Sätze wie z. B.: „Eine punktierte Halbe Note dauert gleich lange wie …"

Ein **Haltebogen** verbindet zwei Notenwerte miteinander. Bei einstimmigen Melodien sitzt er am Notenkopf gegenüber vom Notenhals. – Beispiel:

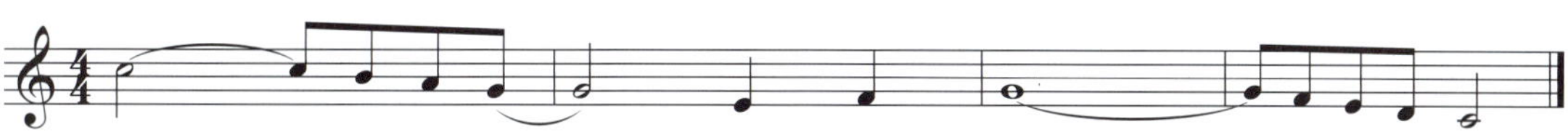

- Wie lange dauern die Noten mit den Haltebögen? Erkläre es in eigenen Worten.

Weitere Unterteilungen

Bei einer **Triole** wird ein Notenwert in drei kleinere Werte geteilt.

Zeichen	Name	Noten dauern zusammen …	Zeichen	Name	Noten dauern zusammen …
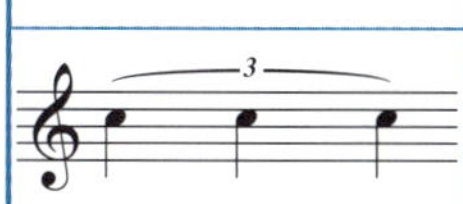	Viertel-Triole	… eine Halbe Note	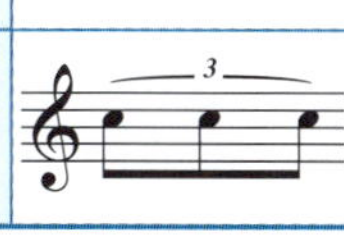	Achtel-Triole	… eine Viertelnote

Die Unterteilung eines Notenwertes in drei kleinere Werte kommt am häufigsten vor. Es gibt aber auch andere Aufteilungen, z. B. in fünf kleinere Notenwerte (= **Quintole**).

- Versuche die folgenden Notenwerte zu klatschen:

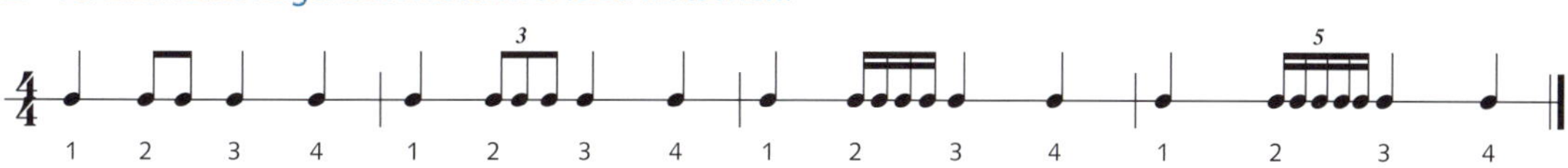

- Hier kannst du das Schreiben von Noten und Pausenzeichen trainieren.

Grundschläge und Tempo

In den meisten Liedern und Musikstücken kann man eine Art Puls spüren. Er wird von den **Grundschlägen** der Musik gebildet. Wenn wir zu einer Musik mit den Fußspitzen wippen oder gleichmäßig klatschen, erleben wir den Puls der Musik im ganzen Körper.

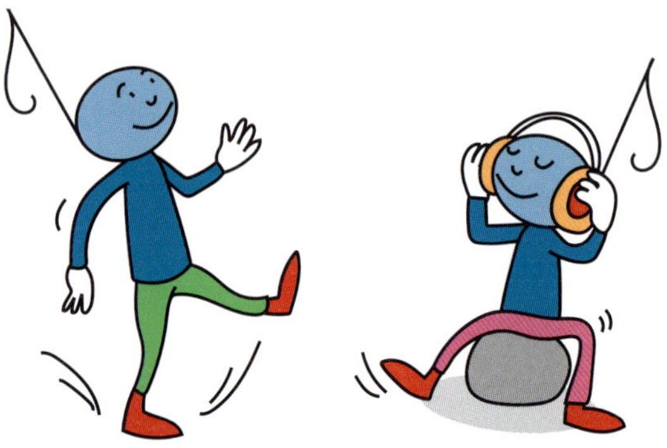

Die Grundschläge folgen immer gleichmäßig aufeinander. Sie legen das **Tempo** der Musik fest und bilden die Basis für den Takt und die Rhythmen.

● ●

■ Klatsche gleichmäßige Grundschläge. Probiere das in verschiedenen Tempi (Tempi = Mehrzahl von Tempo). Suche dir selbst Musik aus und höre, ob sie einen Puls hat. Wippe zu ihren Grundschlägen mit den Fußspitzen oder gehe in gleichmäßigen Schritten.

Taktarten und Rhythmen

Ein **Takt** ist eine Gruppe von Grundschlägen, die sich wiederholt. Der erste Schlag (= die „Eins") ist immer betont, die anderen Taktschläge sind unbetont oder leicht betont. Die Taktschläge werden fortlaufend gezählt.

Im Notenbild werden die Takte durch **Taktstriche** voneinander getrennt.

Zweiertakt – zwei Grundschläge:	| ● ○ | ● ○ | ● ○ | ● ○ | ● ○ | ● ○ | **1** 2 **1** 2 …
Dreiertakt – drei Grundschläge:	| ● ○ ○ | ● ○ ○ | ● ○ ○ | ● ○ ○ | **1** 2 3 **1** 2 3 …
Vierertakt – vier Grundschläge:	| ● ○ ○ ○ | ● ○ ○ ○ | ● ○ ○ ○ | **1** 2 3 4 **1** 2 3 4 …

■ Klatsche die Taktarten, zähle die Grundschläge mit und achte dabei auf die Betonungen.

Am Anfang eines Liedes oder Musikstückes steht in der Regel eine **Taktangabe**. Die obere Ziffer gibt die Zahl der Grundschläge in jedem Takt an, die untere den Notenwert des Grundschlags. – Beispiele:

$\frac{2}{4}$ = Zweivierteltakt $\frac{3}{4}$ = Dreivierteltakt

$\frac{4}{4}$ = Viervierteltakt $\frac{3}{8}$ = Dreiachteltakt

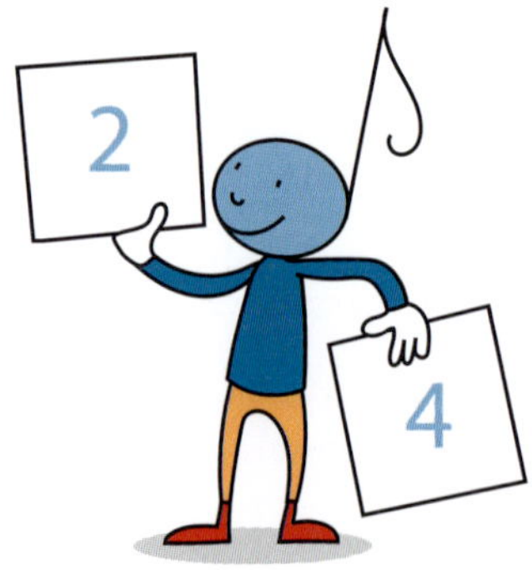

Ein **Rhythmus** ist eine Folge verschieden langer Tondauern und Pausen. Wenn ein Musikstück in einer bestimmten Taktart steht, müssen sich alle Rhythmen in die Takte einpassen. An den Beispielen auf der folgenden Seite ist das gut zu erkennen.

Zu allen folgenden Taktarten und Rhythmen kannst du diese Übungen machen:

- Klatsche zur Musik zuerst die Grundschläge und sprich die Zählzeiten dazu.
- Dirigiere dann den Takt und sprich die Zählzeiten dazu.
- Klatsche nun die Rhythmen. Übe sie, wenn nötig, zuerst in Abschnitten.

Der **Zweivierteltakt** ist eine gerade Taktart.

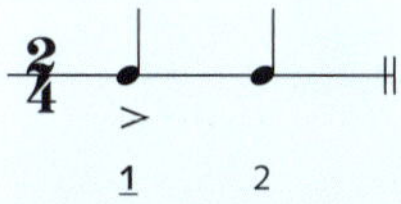

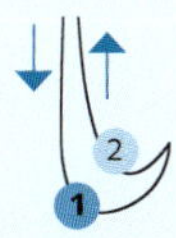

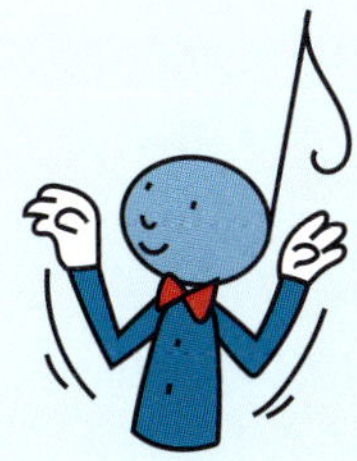

Jede **Dirigierfigur** ist für die rechte Hand gezeichnet – die linke Hand kann sich spiegelbildlich dazu bewegen.

4

- Rhythmen im Zweivierteltakt

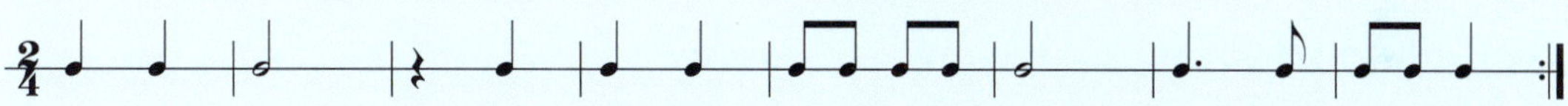

Der **Dreivierteltakt** ist eine ungerade Taktart.

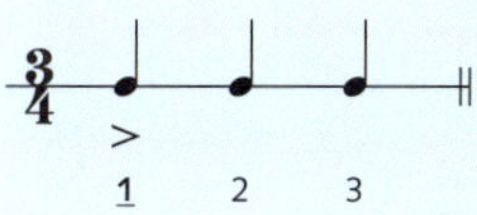

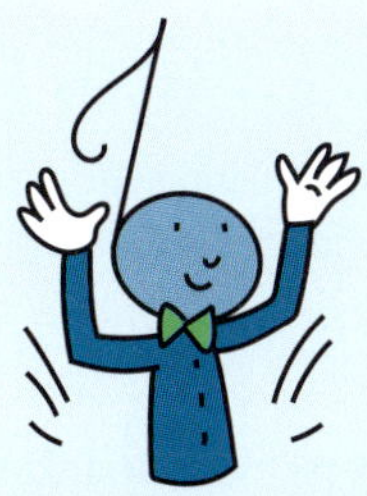

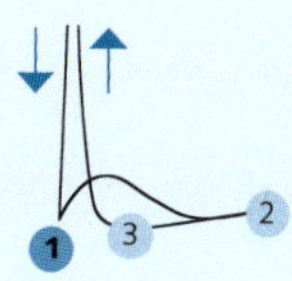

5

- Rhythmen im Dreivierteltakt

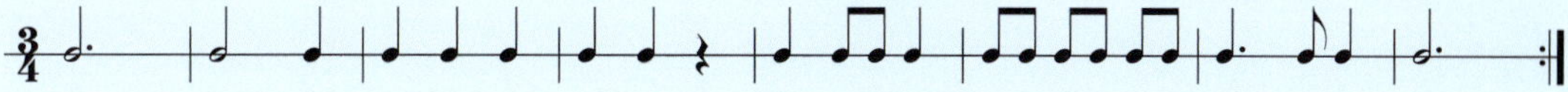

Beim **Viervierteltakt** sind die Schläge 1 und 3 betont, Schlag 3 aber nur leicht.

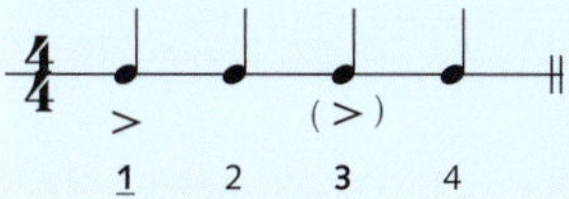

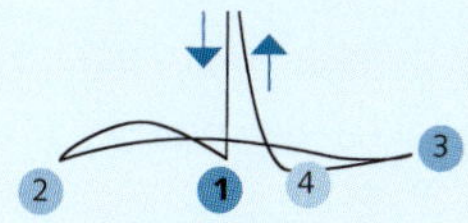

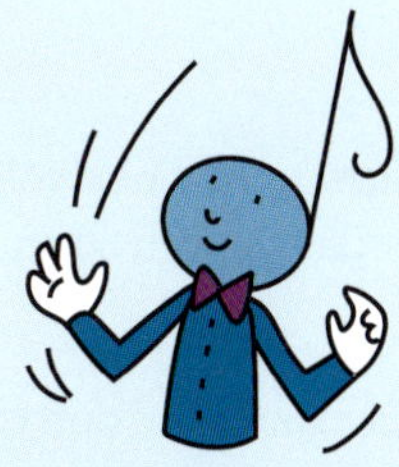

6

- Rhythmen im Viervierteltakt

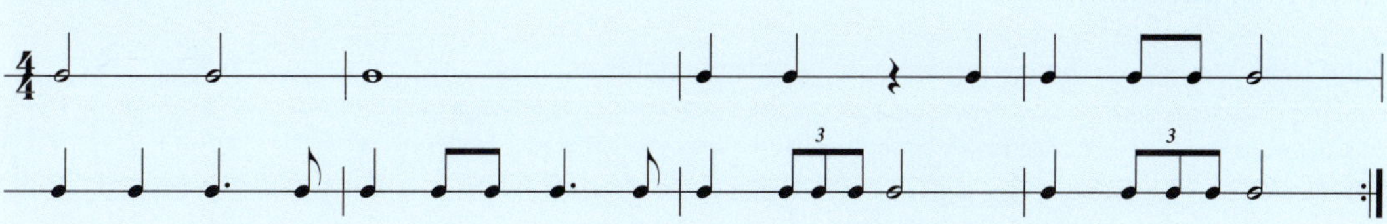

Andere Taktarten entstehen, wenn man Zweier- und Dreiertakte kombiniert oder den Notenwert des Grundschlags ändert.

Der **Fünfvierteltakt** hat eine Zweier- und eine Dreiergruppe.

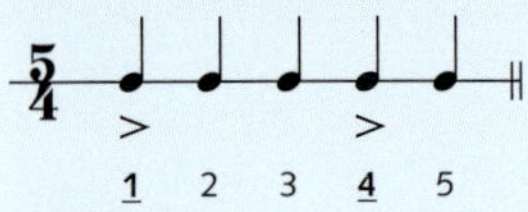

oder

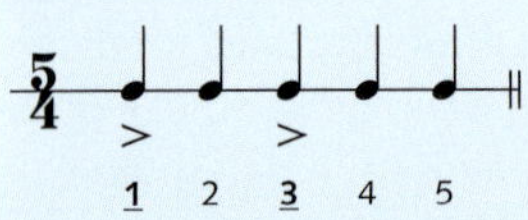

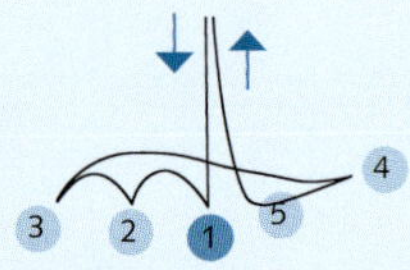

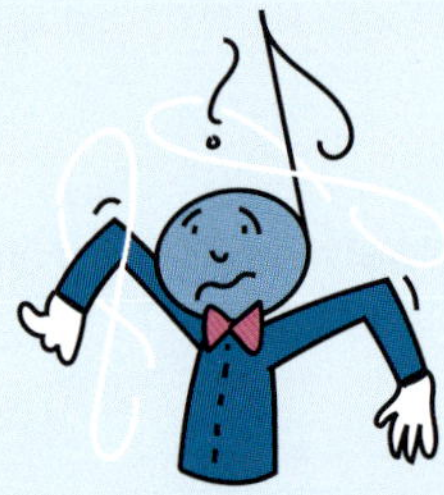

7 Rhythmen im Fünfvierteltakt – klatsche mit und erfinde auch eigene Rhythmen.

Beim **Sechsachteltakt** sind die Grundschläge Achtelnoten.

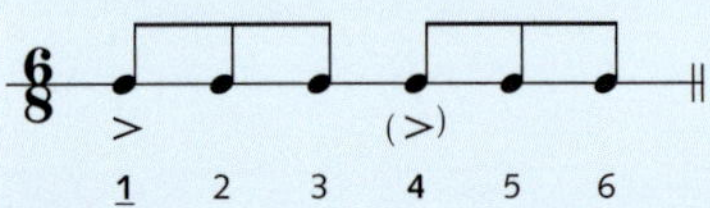

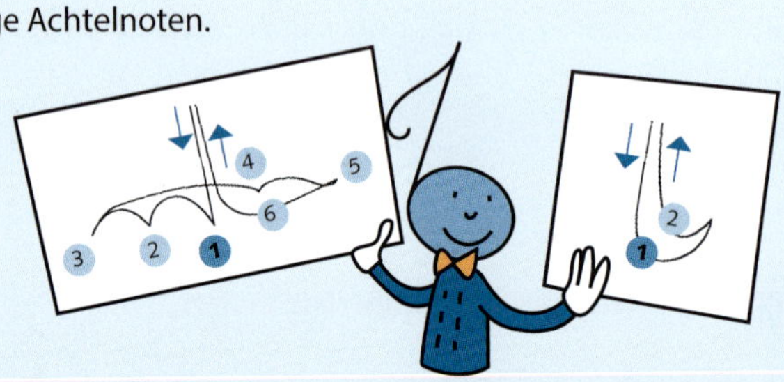

Die linke Dirigierfigur passt zu einem langsamen, die rechte Figur zu einem schnellen Tempo. Dabei wird der 6/8-Takt wie ein 2/4-Takt dirigiert.

8 Rhythmen im Sechsachteltakt – klatsche mit und erfinde auch eigene Rhythmen.

Für den **Zweihalbetakt** gibt es zwei verschiedene Taktangaben:

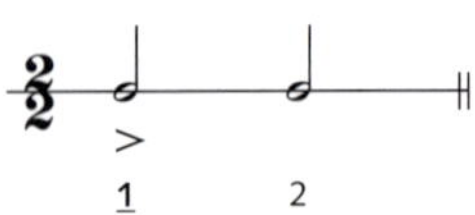

oder

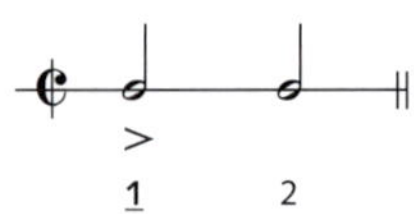

Ein **Taktwechsel** wird durch eine zusätzliche Taktangabe innerhalb der Noten angezeigt.

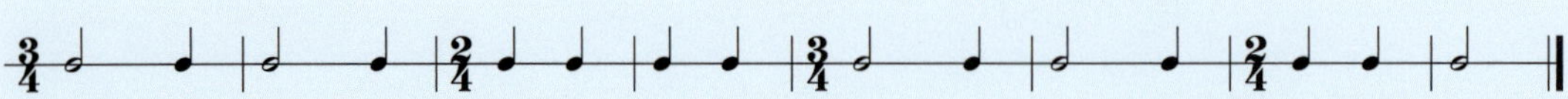

Ein **Auftakt** ist ein unvollständiger Takt am Beginn eines Liedes oder Musikstückes. Auftakt und Schlusstakt ergänzen sich zu einem vollständigen Takt. – Beispiel → 53.

3 Hier kannst du den Umgang mit Taktarten und das Setzen von Taktstrichen trainieren.

Eine **Synkope** legt die Betonung auf eine unbetonte Zählzeit.

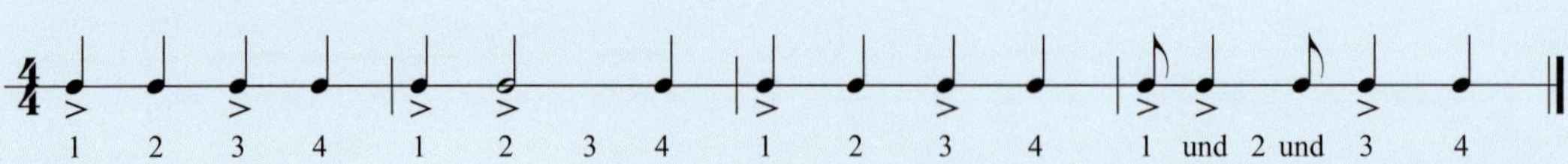

9

I'm a Lonely Traveler

T/M: überliefert

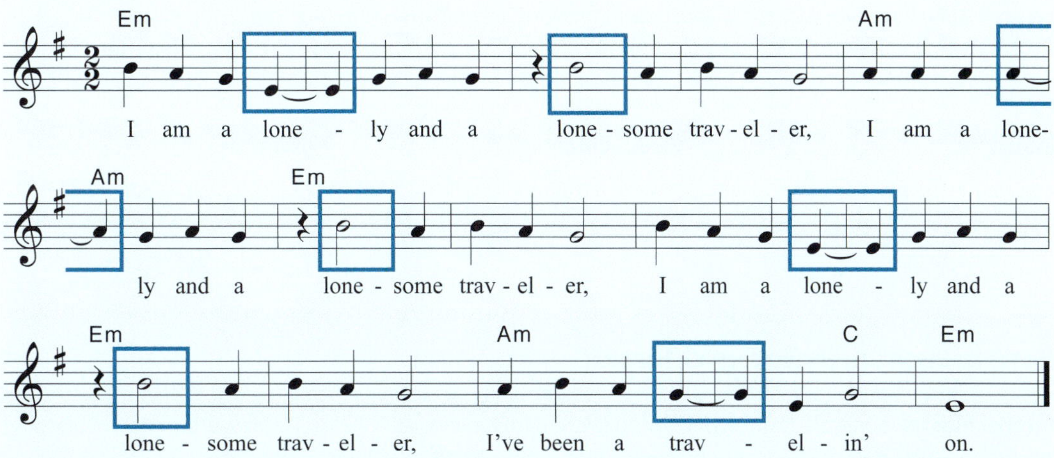

- Singe das Lied beim Hören mit und klatsche dabei in Halben Noten.
- Erkläre die Bedeutung von „Synkope" am Rhythmus der Melodie.

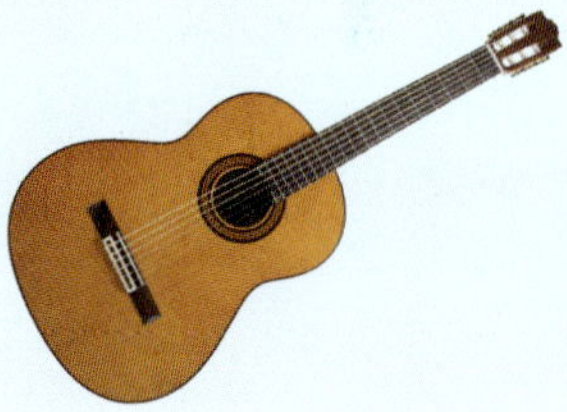

Gitarrengriffe Em – Am – C zur Liedbegleitung → 41

Tempoangaben

Eine **absolute** (= genaue) **Tempoangabe** bietet das **Metronom** (griech. = Taktmesser).

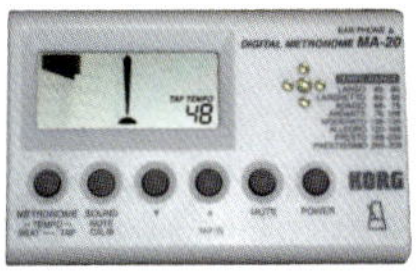

Ein elektronisches Metronom zeigt das Tempo auf dem Display. Bei einem mechanischen Metronom wird das Tempo mit dem verschiebbaren Gewicht auf dem Pendel eingestellt.

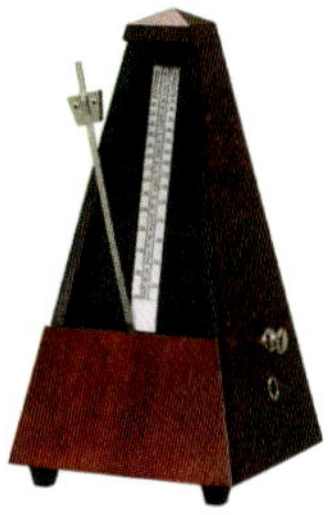

♩= 60 bedeutet 60 Viertelnoten pro Minute oder auch „60 beats per minute" (bpm).

𝅗𝅥 = 40 bedeutet 40 Halbe Noten pro Minute.

Viele **relative** (= ungefähre) **Tempoangaben** stammen aus der italienischen Sprache:

Bezeichnung	Bedeutung	Bezeichnung	Bedeutung
Grave	schwer	Moderato	mäßiges (mittleres) Tempo
Largo	breit	Allegretto	heiter, etwas langsamer als Allegro
Lento	langsam	Allegro	schnell
Adagio	langsam, gemächlich	Vivace	schnell, lebhaft
Andante	(ruhig) gehend	Presto	sehr schnell

Tempoänderungen	Bedeutung
acc. = accelerando	schneller werden
rit. = ritardando	langsamer werden
rub. = rubato	frei im Tempo
𝄐 = Fermate	Ton länger aushalten

Liniensystem, Notenschlüssel, Stammtöne

Das am häufigsten gebrauchte **Liniensystem** hat fünf **Notenlinien** und vier **Zwischenräume**. Sie werden von unten nach oben gezählt. Für Noten außerhalb des Liniensystems verwendet man **Hilfslinien**. Notenköpfe stehen entweder auf einer Linie oder zwischen zwei Linien. Wo die Notenhälse sitzen, steht auf → 28.

Notenlinien

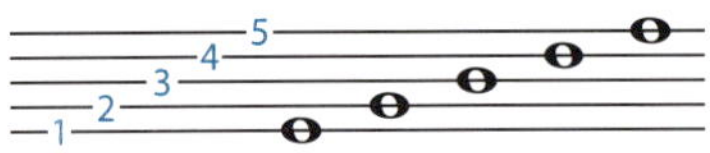

Zwischenräume

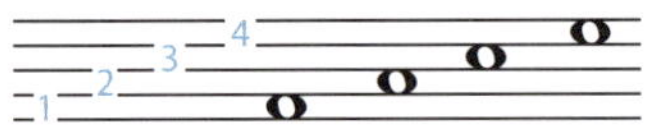

Hilfslinien

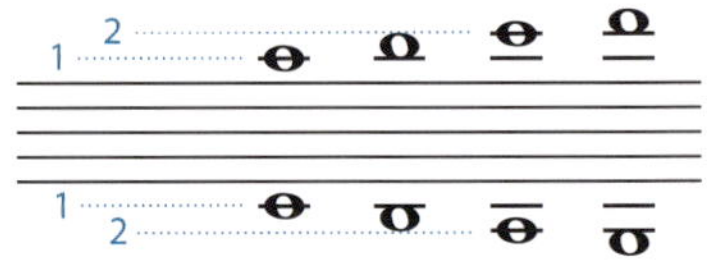

Wozu braucht man Notenschlüssel?

Notenschlüssel legen die Namen der Notenzeichen im Liniensystem fest. Früher wurden Buchstaben an den Anfang des Liniensystems geschrieben. Daraus entwickelten sich die Schlüssel.

Der Bassschlüssel entstand aus dem Buchstaben F.
Er legt den Ton f auf der 4. Linie fest.

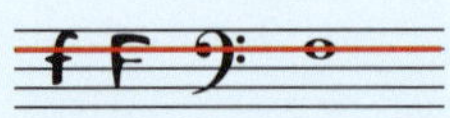

Merksprüche für die Töne im Liniensystem – Bassschlüssel:

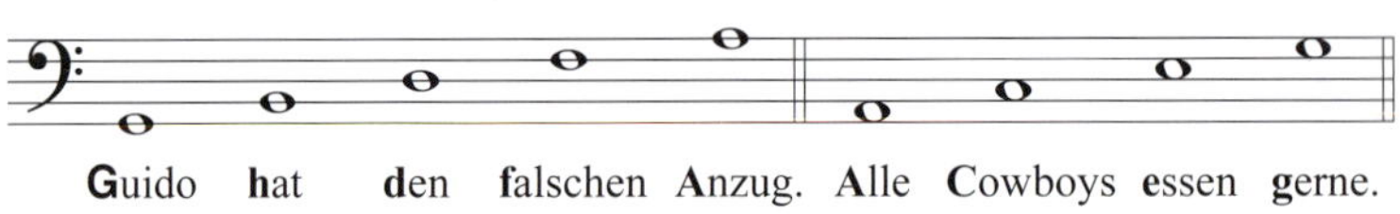

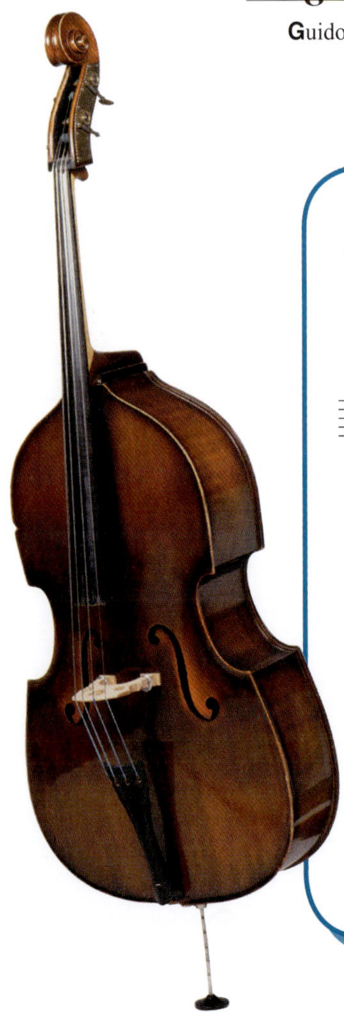

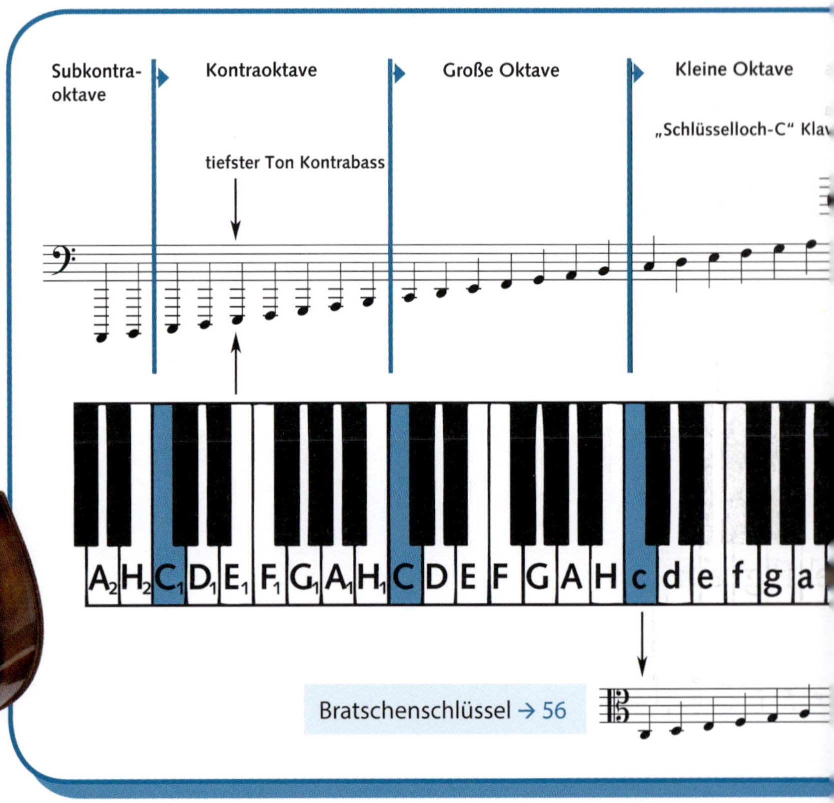

Die Stammtöne und die Oktavlagen

Töne ohne Vorzeichen heißen **Stammtöne,** weil sich von ihnen alle anderen Tonnamen ableiten lassen. Es gibt sieben Stammtöne: c, d, e, f, g, a, h. Sie erklingen, wenn man weiße Klaviertasten der Reihe nach spielt.

Die Stammtöne wiederholen sich in jeder Oktave → 28. Die **Oktavlagen** werden unterschiedlich bezeichnet. Der Ton C wird nach seiner Oktavlage „Großes C" genannt, der Ton c1 „eingestrichenes c" usw.

Oktavierungszeichen helfen, sehr hohe oder tiefe Töne ohne allzu viele Hilfslinien aufzuschreiben.

8va bedeutet: Alle Töne klingen eine Oktave höher als notiert.
8vb oder *8va basso* bedeutet: Alle Töne klingen eine Oktave tiefer als notiert.

Der Violinschlüssel entstand aus dem Buchstaben G.
Er legt den Ton g' auf der 2. Linie fest.

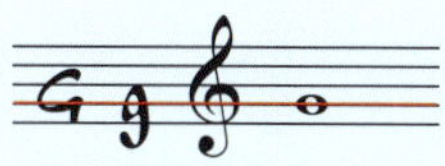

Merksprüche für die Töne im Liniensystem – Violinschlüssel:

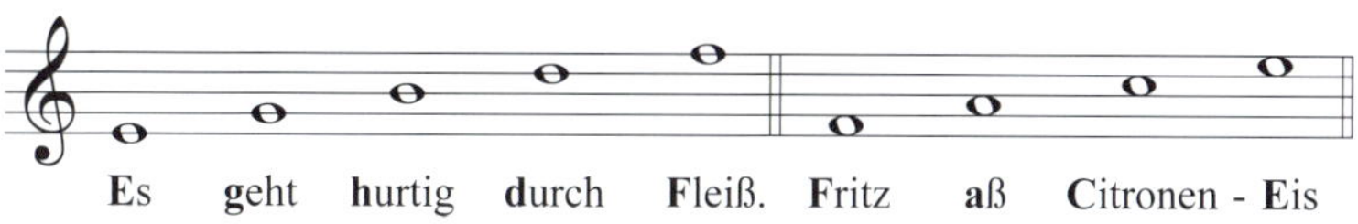

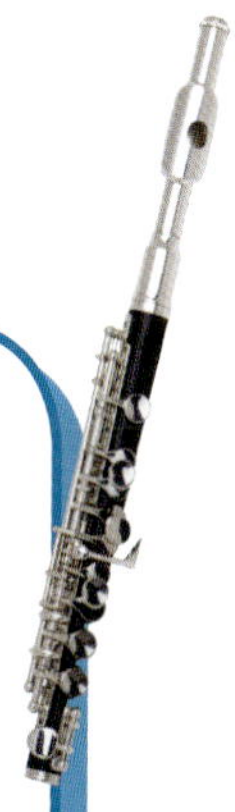

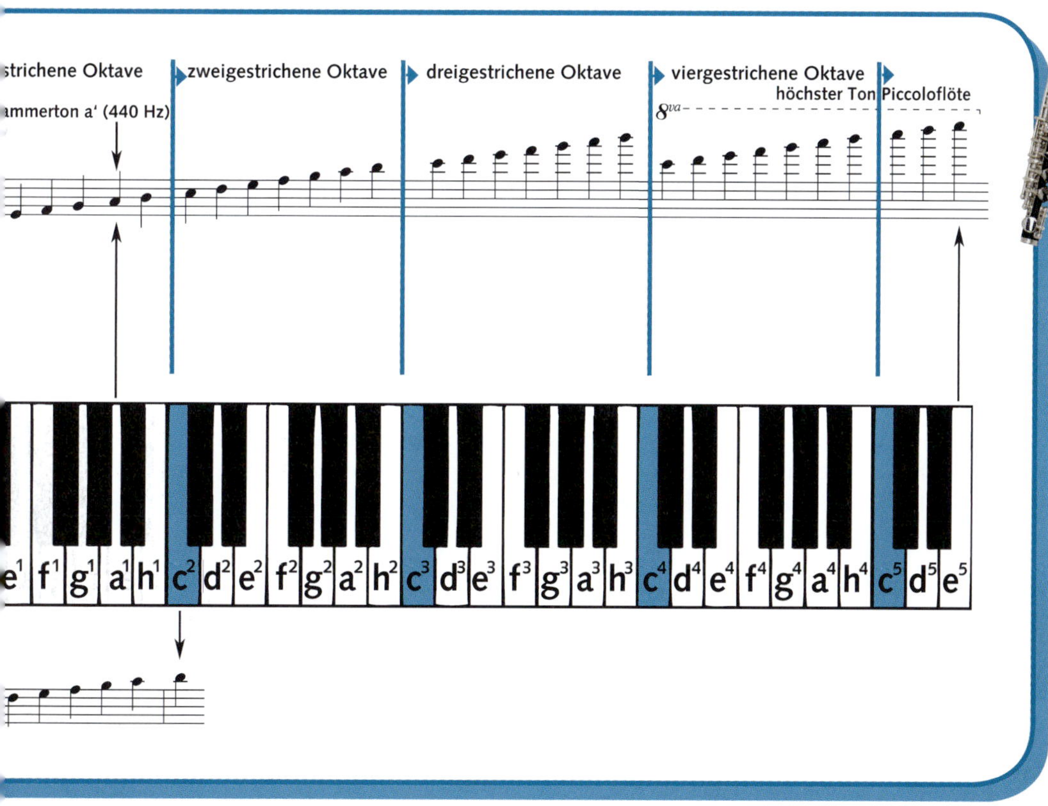

Wo sitzen die Notenhälse genau?

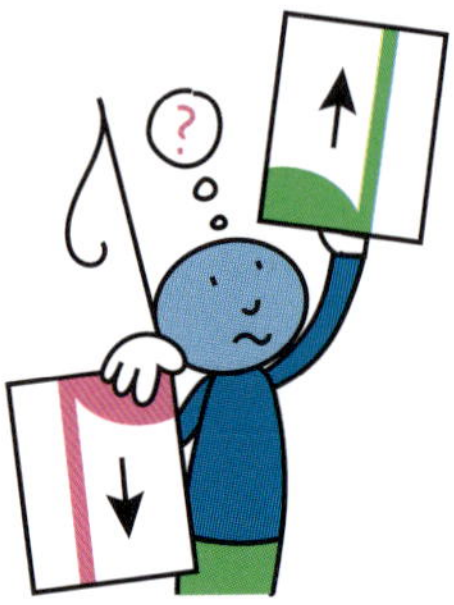

Bis zum 2. Zwischenraum schreibt man den Hals …	… rechts vom Notenkopf nach oben.	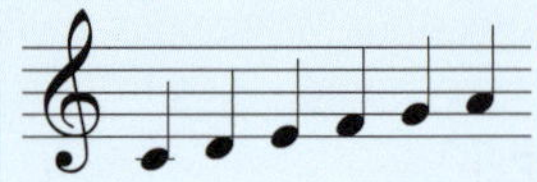
Von der 3. Linie an aufwärts schreibt man den Hals …	… links vom Notenkopf nach unten.	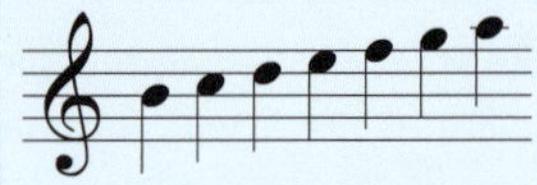
Bei Noten mit Balken richtet sich die Halsrichtung …	… nach der Mehrheit der Noten.	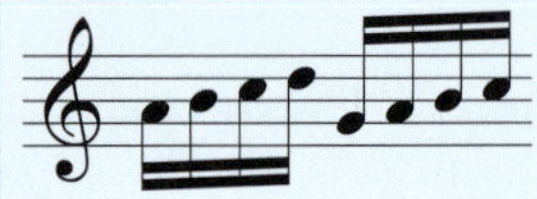

PDF 4

- Hier kannst du den Umgang mit Stammtönen im Liniensystem weiter trainieren.

Was ist das Besondere an Oktavtönen?

Wenn man einen Ton mit seinem Oktavton vergleicht, klingen die Töne verschieden hoch, aber sehr ähnlich. Ihr Klang scheint irgendwie zu verschmelzen. Das liegt daran, dass die Schwingungen → 18 beider Töne in einem besonders einfachen Verhältnis zueinander stehen.

Der obere Ton einer Oktave schwingt immer doppelt so schnell wie der untere Ton. Wenn der tiefere Ton z. B. 100-mal pro Sekunde schwingt, schwingt der Oktavton 200-mal. Man kann dies so darstellen:

Ein Ton schwingt in einem bestimmten Tempo:

Seine Oktave schwingt doppelt so schnell:

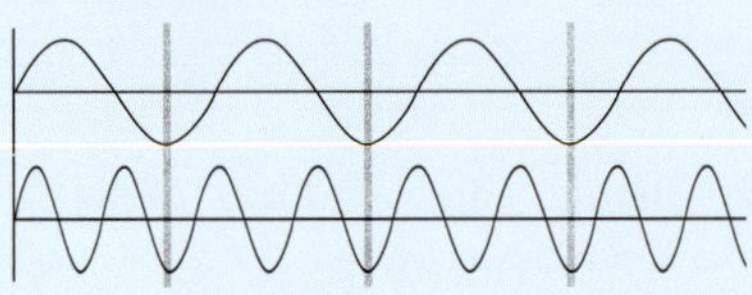

Vergleicht man die Kurven der beiden Schwingungen, sieht man, dass sie zwar verschieden sind, aber auch gut zusammenpassen, weil sich „Spitzen" und „Täler" immer wieder treffen. Aus diesem Grunde klingen die Oktavtöne sehr ähnlich!

- Warum können unterschiedliche Instrumente in einem Orchester gemeinsam unisono → 104 spielen?

Auch die Schwingungen anderer Intervalle haben Berührungspunkte, aber nicht so viele wie die Oktave. Je weniger Berührungspunkte es gibt, desto mehr reiben sich die Töne aneinander und klingen „dissonant" → 43.

Halb- und Ganztonschritte

Der Abstand von einer Klaviertaste zur nächsten gilt als **Halbtonschritt**. Zwei Halbtonschritte ergeben einen **Ganztonschritt**. An der Klaviertastatur sieht man, dass die weißen Tasten, also die Stammtöne, einen Ganzton ⊔ oder einen Halbton V voneinander entfernt sind.

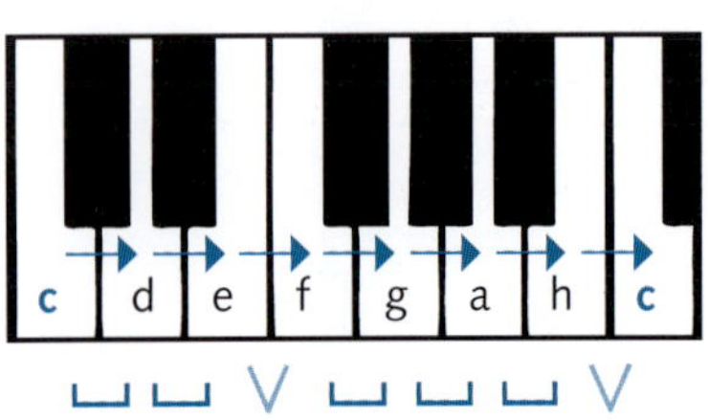

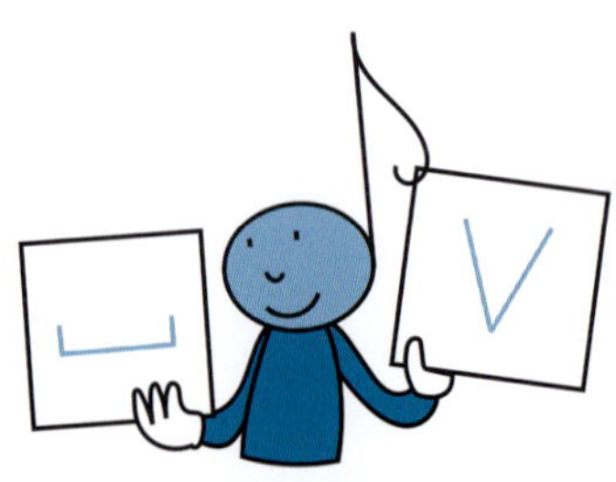

Töne mit Vorzeichen

Jeder Stammton kann durch **Vorzeichen** erhöht oder erniedrigt werden.

Zeichen	**Bedeutung**	**Zeichen**	**Bedeutung**
♯ = Kreuz	Der Ton wird um einen Halbton erhöht.	𝄪 = Doppel-Kreuz	Der Ton wird um zwei Halbtöne erhöht.
♭ = B	Der Ton wird um einen Halbton erniedrigt.	𝄫 = Doppel-B	Der Ton wird um zwei Halbtöne erniedrigt.
♮ = Auflösungs-zeichen	Alle Vorzeichen für diesen Ton gelten nicht mehr.		

Wichtige Regeln:
Ein Vorzeichen vor einer Note gilt für alle folgenden Noten mit der gleichen Tonhöhe in diesem Takt.
Ein Vorzeichen am Beginn einer Notenzeile gilt für alle Noten mit dem gleichen Namen in allen Oktavlagen.

Die **Namen der Töne mit Vorzeichen** leiten sich aus den Namen der Stammtöne → 27 ab:
Bei einem Ton mit # wird dem Namen die Silbe -is angehängt.
Bei einem Ton mit ♭ wird die Silbe -es angehängt. – Ausnahmen: h wird b, a wird as.

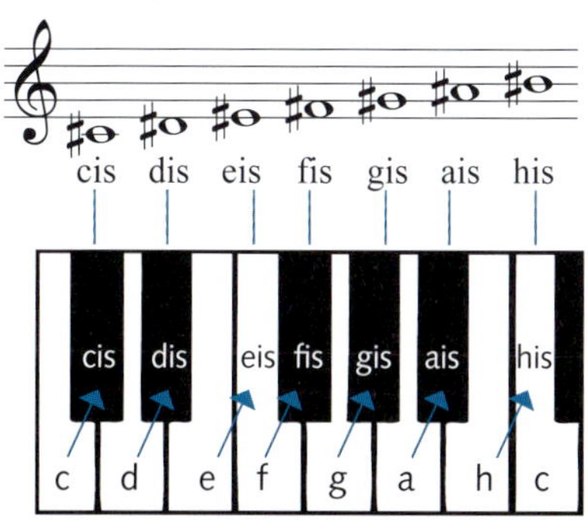

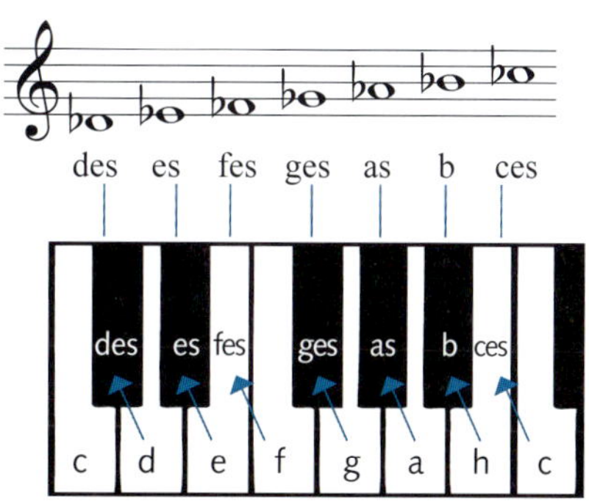

- Erkläre, warum der Ton einer schwarzen Klaviertaste immer zwei Namen haben kann.
- Hier kannst du den Umgang mit Vorzeichen und Halb- und Ganztönen trainieren.

PDF 5

Die chromatische Tonleiter

Spielt man weiße und schwarze Klaviertasten nacheinander, steigen die Tonhöhen gleichmäßig auf oder ab. Das liegt daran, dass in unserem Tonsystem jede Oktave in 12 gleiche Tonschritte aufgeteilt wird. Die Reihe der 12 Töne heißt **chromatische Tonleiter**.

Die Töne der chromatischen Tonleiter aufwärts und abwärts:

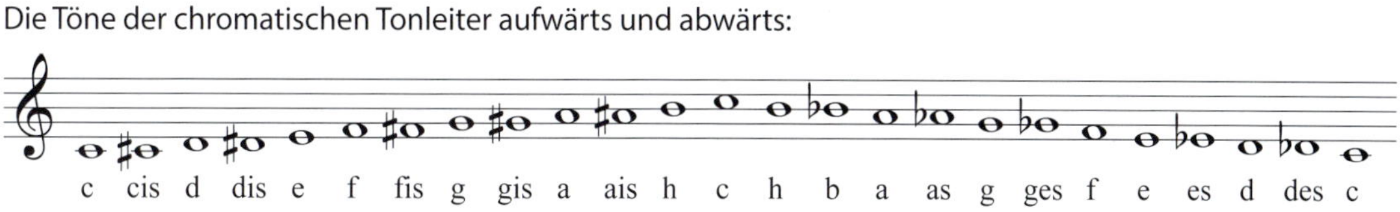

- Spiele die chromatische Tonleiter auf einem Instrument.
- Sage die Tonnamen aufwärts und abwärts auswendig auf.

5

MUSIK IN ZWEI FARBEN

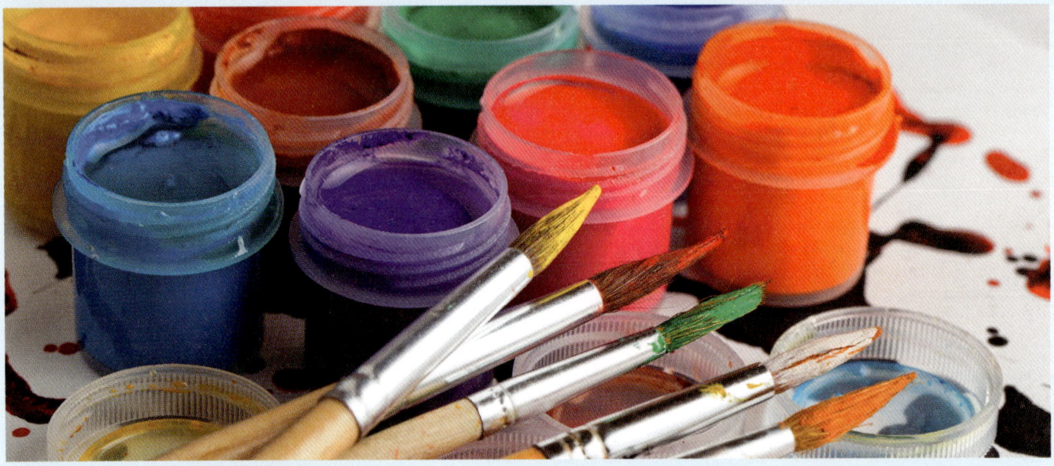

Das griechische Wort „chroma" bedeutet „Farbe". Die 12 Töne der chromatischen Tonleiter sind tatsächlich so etwas wie der „Farbkasten" der Musik. Denn mit einer Auswahl von Tönen lassen sich ganz unterschiedliche „Ton-Bilder" malen.

- Die „Musik in zwei Farben" hat Teile, in denen nur Stammtöne klingen, und Teile mit allen Tönen der chromatischen Tonleiter. Genieße den Unterschied!

Intervalle

Der Abstand zwischen zwei Tönen wird **Intervall** (lat. intervallum = Zwischenraum) genannt. Im folgenden Lied hörst du vom Ton c und den Stammtönen ausgehend die Intervalle von der Prime bis zur Oktave.

10

Intervall-Lied

T/M: Hanne Lechau, © Ernst Klett Verlag GmbH, Stuttgart

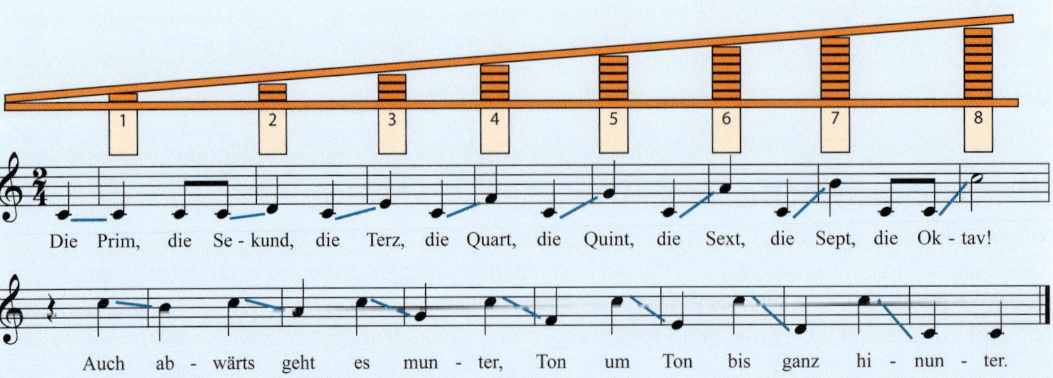

- Höre das Lied und singe oder spiele es selbst.

Die Intervallnamen kommen aus der lateinischen Sprache. Dort bedeutet „primus" = der Erste, „secundus" = der Zweite, „tertius" = der Dritte usw.

- So kannst du ein Intervall erkennen: Zähle die Zahl der Stammtöne zwischen dem tiefen und dem hohen Ton des Intervalls. Zähle den ersten Stammton mit!

Von c aus: Tonnamen und Intervalle							
	Ton-namen	**Zahl der Stamm-töne**	**Intervall**		**Ton-namen**	**Zahl der Stamm-töne**	**Intervall**
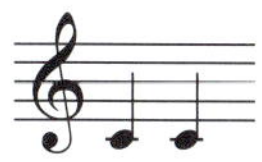	c–c	1 = kein Abstand	Prime	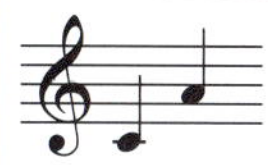	c–a	6	Sexte
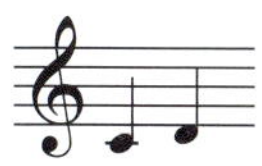	c–d	2	Sekunde	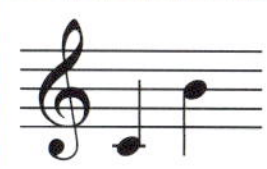	c–h	7	Septime
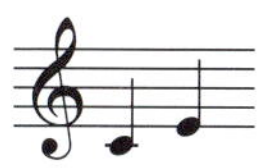	c–e	3	Terz	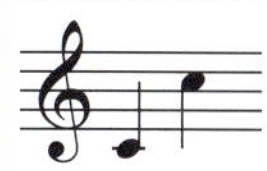	c–c	8	Oktave
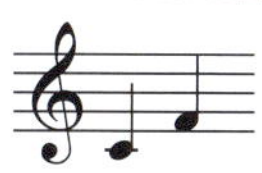	c–f	4	Quarte	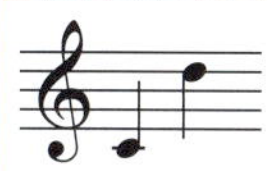	c–d	9	None (= Oktave + Sekunde)
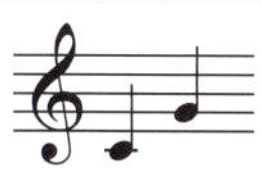	c–g	5	Quinte	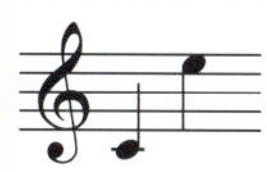	c–e	10	Dezime (= Oktave + Terz)

Auf → 42/43 siehst du, wie man Intervalle noch feiner unterscheiden kann.

Bei einem **Tonschritt** bewegt sich die Tonhöhe im Abstand einer Sekunde. Dies kann ein Halbton- oder ein Ganztonschritt sein → 28. Ein **Tonsprung** ist das Fortschreiten in einem größeren Tonabstand.

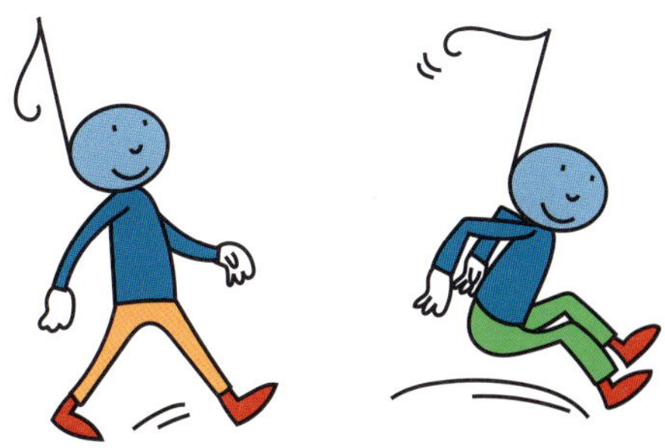

PDF 6

- Hier kannst du dein Verständnis von Intervallen weiter trainieren.

Die C-Dur-Tonleiter und der Dur-Dreiklang

Die **C-Dur-Tonleiter** erklingt, wenn man die Stammtöne (= weiße Klaviertasten) von c bis c spielt. Der Ton c ist der **Grundton** der C-Dur-Tonleiter. Auf c – d – e – f – g – a – h folgt als achter Ton wieder ein c, die Oktave des Grundtons.

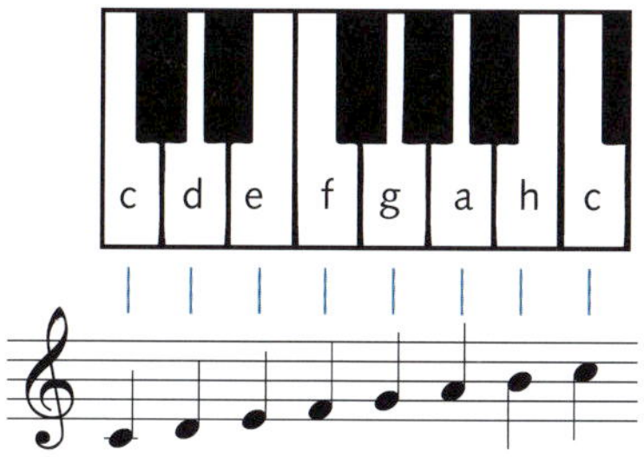

- Sage die Tonnamen der C-Dur-Tonleiter auswendig aufwärts und abwärts auf.

Wie ist die C-Dur-Tonleiter aufgebaut?

Die Töne einer Tonleiter werden auch als **Stufen** betrachtet und mit römischen Ziffern bezeichnet. Der Ton auf Stufe I ist der **Grundton**. Bei den meisten Melodien ist das auch der Schlusston, auf dem die Melodien am Ende zur Ruhe kommen. Stufe VII ist der **Leitton**. Er heißt so, weil er in einem Halbtonschritt aufwärts zum Grundton strebt.

Jede Dur-Tonleiter hat fünf Ganztonschritte und zwei Halbtonschritte. Die Halbtonschritte befinden sich zwischen den Stufen III–IV und VII–VIII (= I).

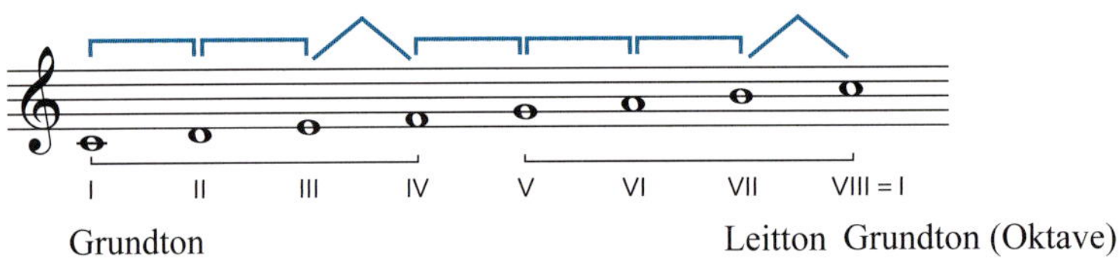

Der Dur-Dreiklang

Die Töne auf den Stufen I, III und V der Dur-Tonleiter bilden zusammen einen **Dur-Dreiklang**.

Jeder Dur-Dreiklang ist aus einer großen Terz (unten) und einer kleinen Terz (oben) aufgebaut. Eine **große Terz** hat zwei Ganztonschritte. Eine **kleine Terz** hat zwei Sekundschritte: Halbton- und Ganztonschritt oder Ganzton- und Halbtonschritt.

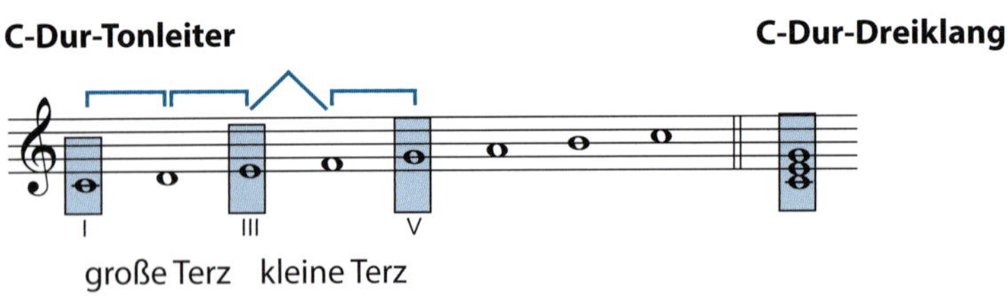

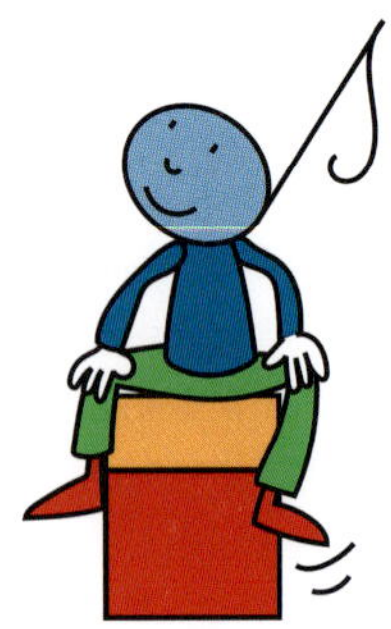

Der C-Dur-Dreiklang und der Grundton c bestimmen gemeinsam den Klang der Tonleiter und geben ihr den Namen C-Dur-Tonleiter.

- Spiele die C-Dur-Tonleiter und den C-Dur-Dreiklang auf einem Instrument und singe die Töne mit.

11

Melodie aus den Tönen der C-Dur-Tonleiter

Rudolf Nykrin © Schott Music GmbH & Co. KG, Mainz

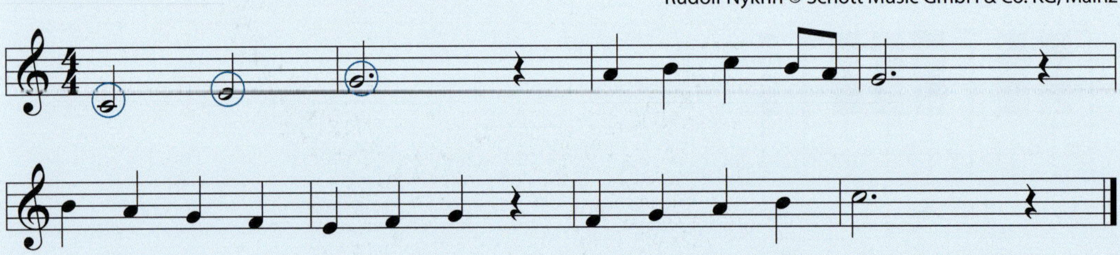

- Wie oft findest du in der Melodie den Grundton und wie oft den Leitton, der nach oben zum Grundton führt?

Die natürliche a-Moll-Tonleiter und der Moll-Dreiklang

Von jedem Stammton aus kann man auf weißen Klaviertasten bis zu seinem Oktavton eine Tonleiter spielen. Die Tonleitern klingen unterschiedlich, denn die Halbtöne sitzen immer an einer anderen Stelle.

- Spiele die Tonleitern ausgehend von den Tönen c, f und a und vergleiche den Klang.

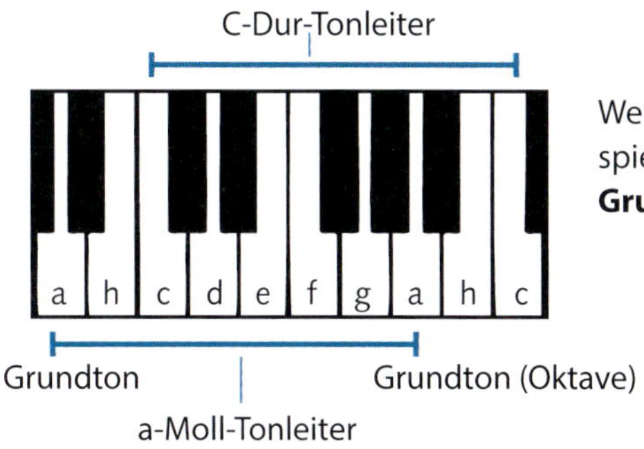

Wenn man die Stammtöne (= weiße Klaviertasten) von a bis a spielt, erklingt die **natürliche a-Moll-Tonleiter**. Der Ton a ist ihr **Grundton**. Ihre Töne heißen a – h – c – d – e – f – g – a.

Beachte die Schreibweise:
Dur-Tonarten bezeichnet man mit einem Großbuchstaben, z. B. C-Dur.
Moll-Tonarten bezeichnet man mit einem Kleinbuchstaben, z. B. a-Moll.

Wie ist die natürliche a-Moll-Tonleiter aufgebaut?

Die **natürliche a-Moll-Tonleiter** klingt anders als die C-Dur-Tonleiter, denn die Töne auf den Stufen I, III und V bilden zusammen einen **Moll-Dreiklang**. Eine natürliche Moll-Tonleiter hat keinen Leitton, denn zwischen den Stufen VII und VIII ist hier ein Ganztonschritt.

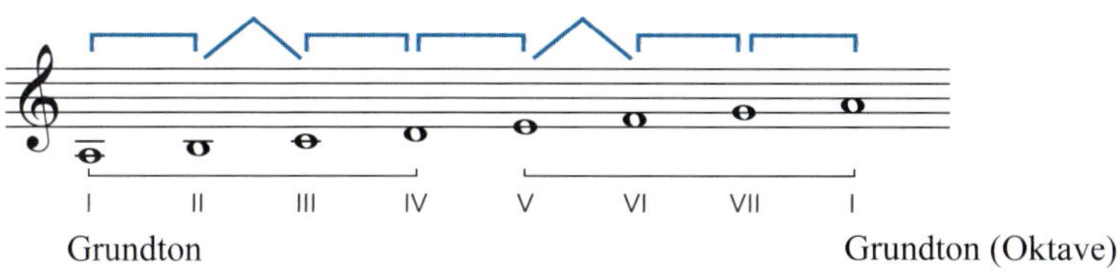

Der Moll-Dreiklang

Der Moll-Dreiklang ist aus einer kleinen Terz (unten) und einer großen Terz (oben) aufgebaut.

Natürliche a-Moll-Tonleiter **a-Moll-Dreiklang**

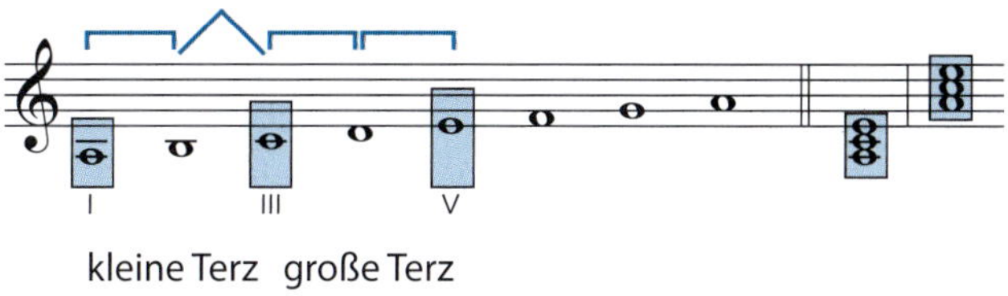

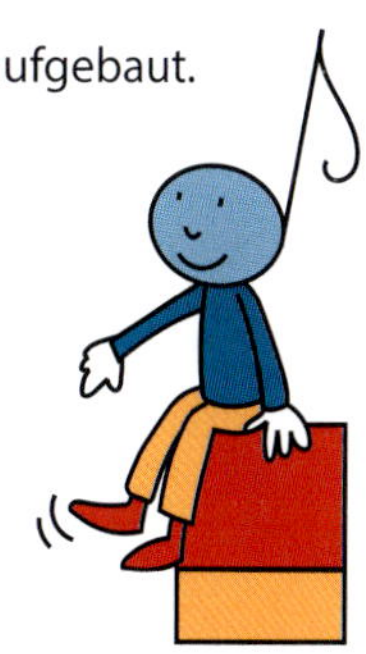

- Spiele die Tonleiter und den Dreiklang auf einem Instrument und singe die Töne mit.

Dur- und Moll-Dreiklang im Vergleich	
Ein Dur-Dreiklang hat den Aufbau …	… große Terz unten, kleine Terz oben
Ein Moll-Dreiklang hat den Aufbau …	… kleine Terz unten, große Terz oben

6

MUSIK IN DUR UND MOLL

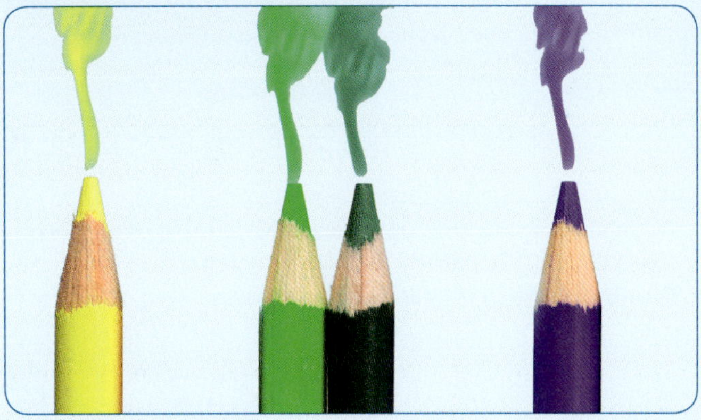

- Höre die Musik. Manchmal herrscht darin der Moll-Dreiklang vor, manchmal der Dur-Dreiklang. Der Terzton macht den Unterschied!

12

Melodie aus den Tönen der natürlichen a-Moll-Tonleiter Rudolf Nykrin © Schott Music GmbH & Co. KG, Mainz

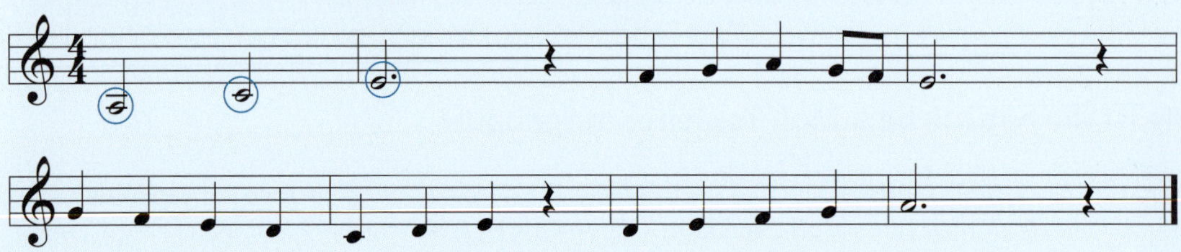

- Wie oft findest du in der Melodie den Grundton und warum ist der Ton g kein Leitton?

PDF 7

- Hier kannst du den Umgang mit der C-Dur-Tonleiter und der natürlichen a-Moll-Tonleiter trainieren.

Die harmonische a-Moll-Tonleiter

Aus der natürlichen Moll-Tonleiter wird eine **harmonische Moll-Tonleiter**, wenn man die VII. Stufe erhöht. Dabei entsteht ein Halbtonschritt von VII nach I, also ein Leitton.

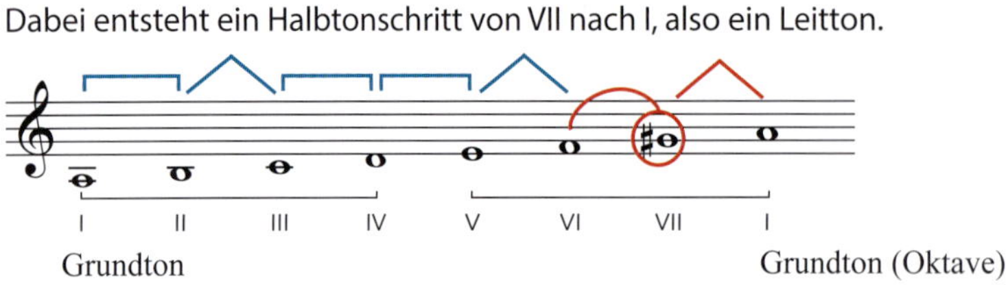

Zwischen den Stufen VI und VII befindet sich hier eine **übermäßige Sekunde** → 42, die für unsere Ohren oft ungewohnt klingt. Die harmonische Moll-Tonleiter wird in Melodien nur selten verwendet.

- Spiele die harmonische a-Moll-Tonleiter auf einem Instrument und singe die Töne mit.

13

Melodie aus den Tönen der harmonischen a-Moll-Tonleiter

Rudolf Nykrin © Schott Music GmbH & Co. KG, Mainz

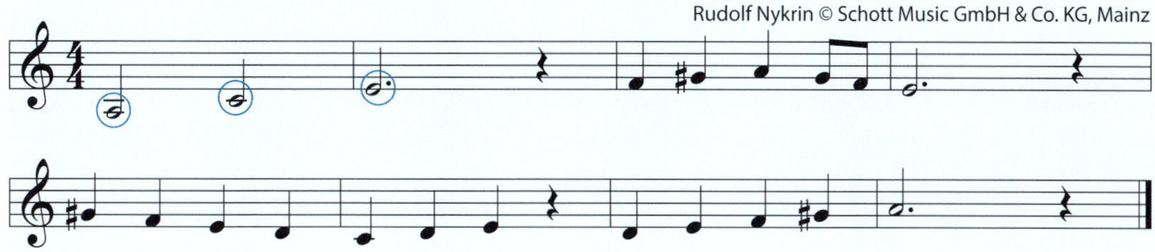

Die melodische a-Moll-Tonleiter

Bei der **melodischen Moll-Tonleiter** sind die Töne auf den Stufen VI und VII aufwärts erhöht und abwärts erniedrigt. Aufwärts spürt man den Leitton. Die melodische Moll-Tonleiter lässt sich aufwärts und abwärts gut singen.

Melodische a-Moll-Tonleiter

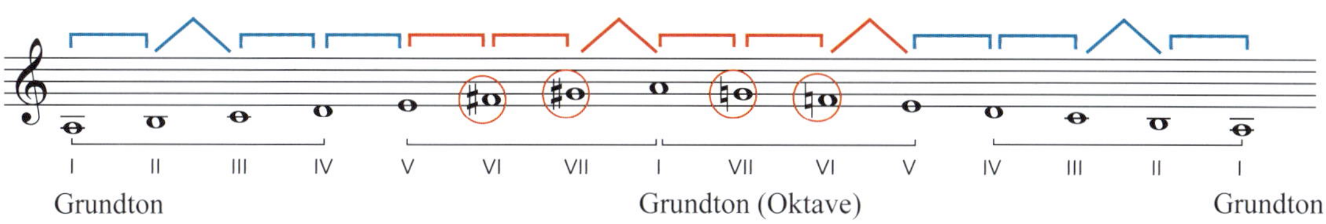

- Spiele die Tonleiter auf einem Instrument und singe die Töne mit.

14

Melodie aus den Tönen der melodischen a-Moll-Tonleiter

Rudolf Nykrin © Schott Music GmbH & Co. KG, Mainz

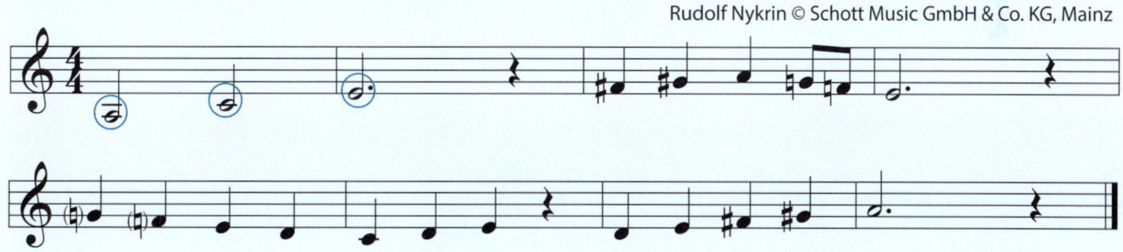

PDF 8

- Hier kannst du den Umgang mit verschiedenen Moll-Tonleitern trainieren und etwas über das **Zigeuner-Moll** erfahren.

Parallele Tonleitern und Tonarten

Das weißt du schon:
Die C-Dur-Tonleiter und die natürliche a-Moll-Tonleiter sind eng miteinander verwandt, denn sie haben die gleichen Töne.
Der Grundton der Moll-Tonleiter sitzt eine kleine Terz unter dem Grundton der Dur-Tonleiter.

Dur-Tonleitern und Moll-Tonleitern, die auf diese Weise verwandt sind, werden **parallele Tonleitern** genannt. Ebenso spricht man von **parallelen Tonarten** (z. B. C-Dur und a-Moll).

Dur- und Moll-Tonarten mit Vorzeichen

G-Dur und e-Moll – 1♯

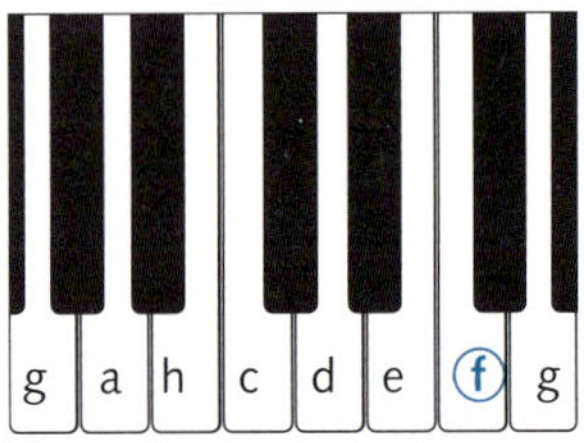

Spielt man von g aus die Stammtöne aufwärts, klingt die Tonleiter zunächst ähnlich wie die C-Dur-Tonleiter. Auch hier bilden die Stufen I, III und V zusammen einen Dur-Dreiklang. Mit dem siebten Ton – f – ändert sich das, denn zwischen f und g befindet sich hier ein Ganztonschritt!

- Spiele die Tonleiter auf einem Instrument und singe die Töne.
- Welcher Tonschritt klingt darin ungewohnt und warum?

Damit die Tonleiter eine G-Dur-Tonleiter wird, muss das f durch ein Kreuz zu fis erhöht werden!

G-Dur-Tonleiter **G-Dur-Dreiklang**

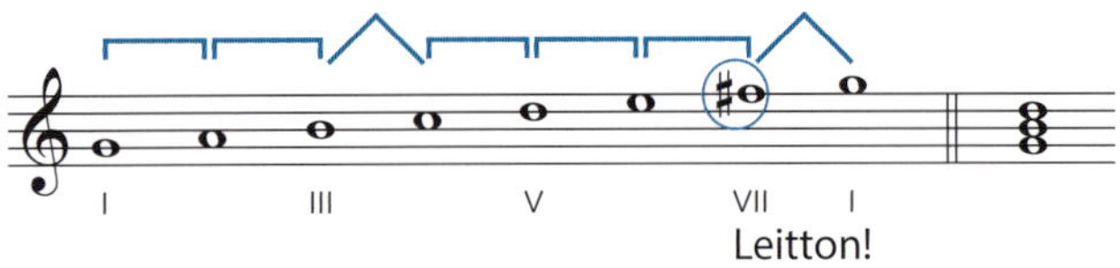

Auch aus den Tönen der G-Dur-Tonleiter lässt sich eine natürliche Moll-Tonleiter → 33 ableiten: e-Moll. Ihr Grundton liegt eine kleine Terz unter dem Grundton der G-Dur-Tonleiter. Zu beiden Tonarten gehört der Ton fis. Das Vorzeichen kann man gleich an den Beginn des Liniensystems schreiben → 29.

G-Dur-Tonleiter

Natürliche e-Moll-Tonleiter

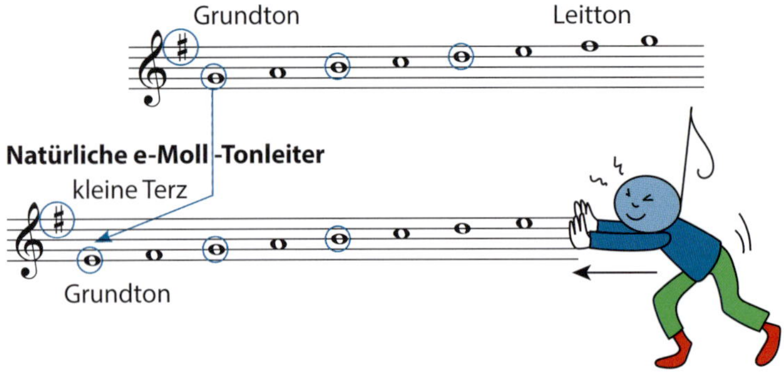

Von der natürlichen e-Moll-Tonleiter ausgehend lassen sich auch die anderen e-Moll-Tonleitern bilden:

Harmonische e-Moll-Tonleiter

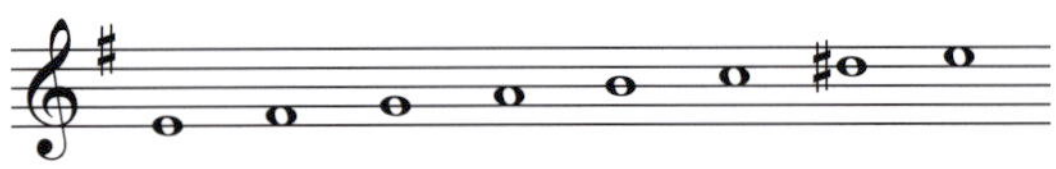

Melodische e-Moll-Tonleiter

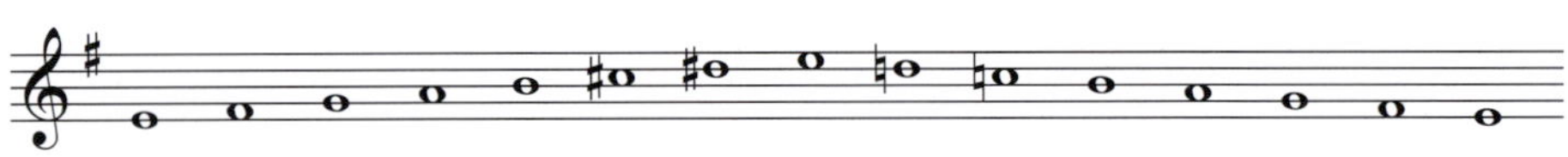

- Spiele die Tonleitern auf einem Instrument und singe die Töne mit.

F-Dur und d-Moll – 1♭

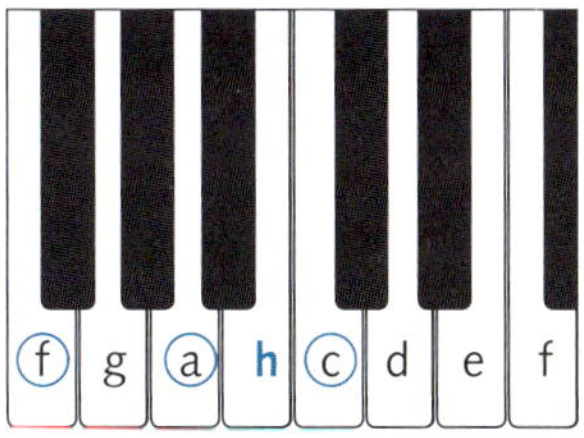

Spielt man von f aus die Stammtöne aufwärts, bilden die Stufen I, III und V zusammen wieder einen Dur-Dreiklang. Die IV. Stufe aber klingt in dieser Tonleiter ganz anders (höher) als bei einer Dur-Tonleiter.

- Spiele die Tonleiter auf einem Instrument und singe die Töne.
- Vergleiche den Klang mit einer Dur-Tonleiter.

Damit die Tonleiter eine F-Dur-Tonleiter wird, muss das h durch ein ♭ zum Ton b erniedrigt werden.

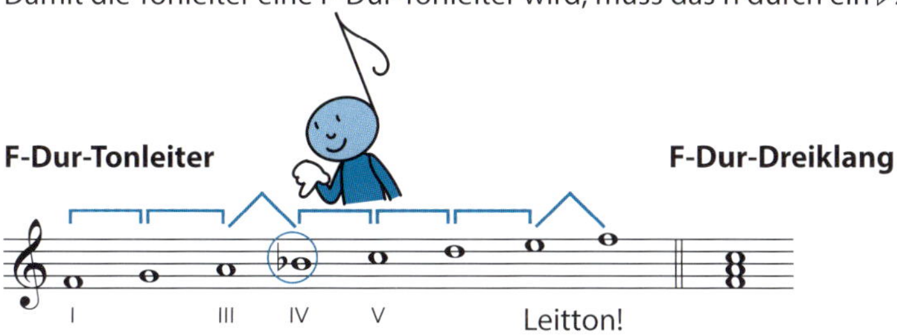

Auch zu F-Dur lässt sich eine parallele Moll-Tonart → 35 bilden: d-Moll.

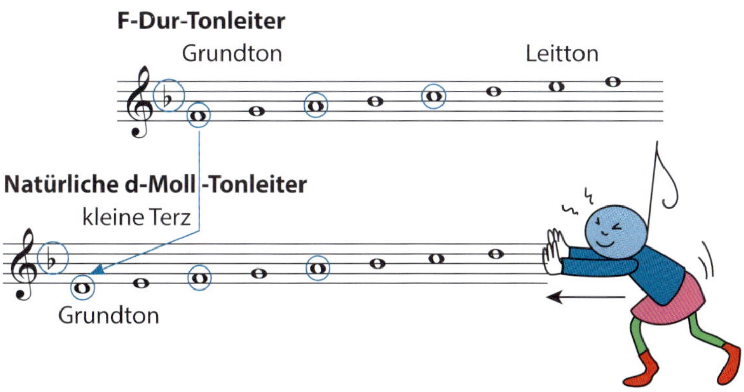

Von der natürlichen d-Moll-Tonleiter ausgehend lassen sich auch die anderen d-Moll-Tonleitern bilden:

Harmonische d-Moll-Tonleiter

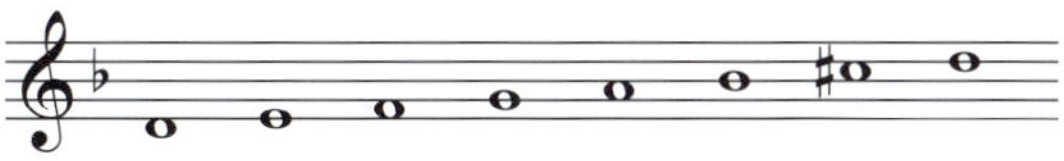

Melodische d-Moll-Tonleiter

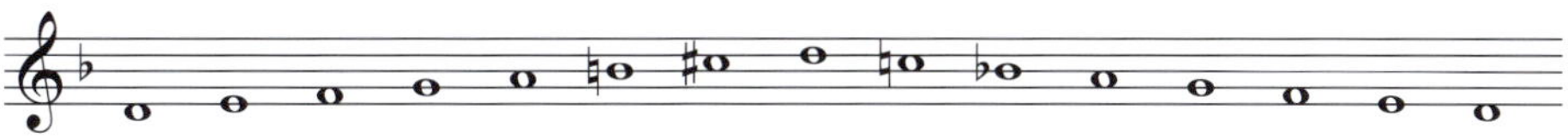

- Spiele die Tonleitern auf einem Instrument und singe die Töne mit.

Erkennst du die Tonart?

In welcher Tonart stehen die folgenden Lieder?
- Wie heißen die Grundtöne ihrer Melodien?
- Worauf deuten die Vorzeichen hin?
- Schreibe alle Töne, die in einer Melodie vorkommen, hintereinander auf.
- Welche Tonleitern liegen den Melodien zugrunde?

15

Vem kan segla

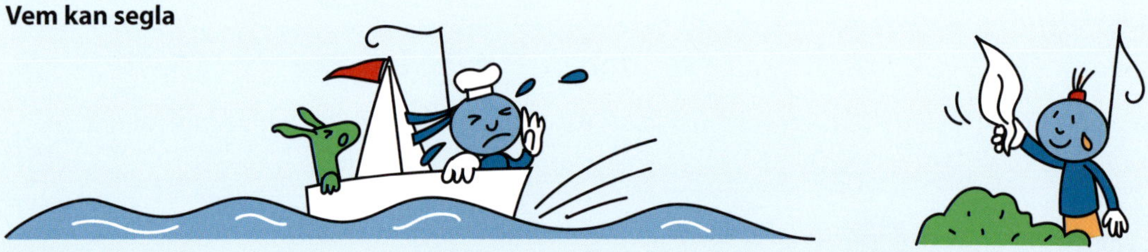

T/M: aus Schweden, dt. Übertragung: Rudolf Nykrin © Ernst Klett Verlag GmbH, Stuttgart

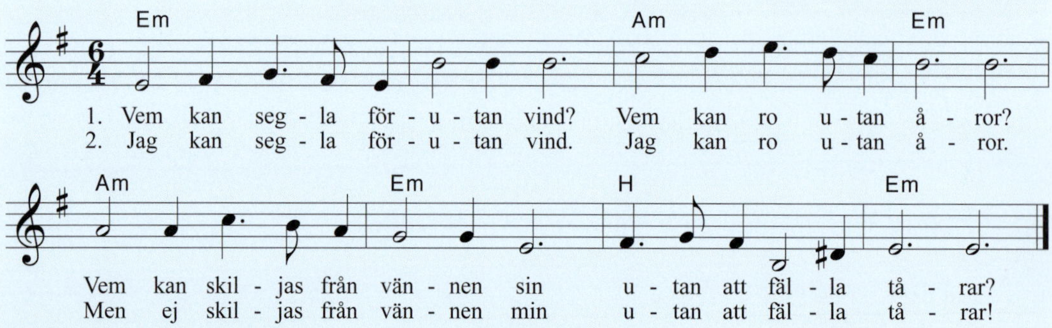

Der schwedische Text bedeutet:
1. *Wer kann segeln ganz ohne Wind, rudern ganz ohne Ruder?*
   Wer kann scheiden von seinem Freund, ohne dass Tränen fließen?
2. *Ich kann segeln ganz ohne Wind, rudern ganz ohne Ruder.*
   Doch nicht scheiden vom treuen Freund, ohne dass Tränen fließen!

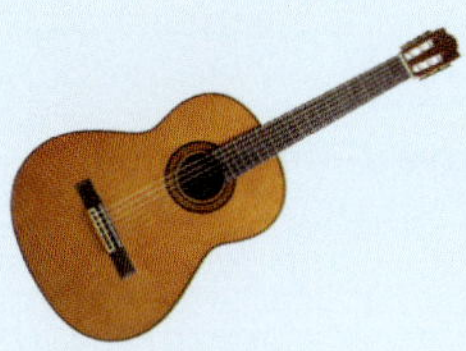

Gitarrengriffe Em – Am – H zur Liedbegleitung → 41

16

Hine matov

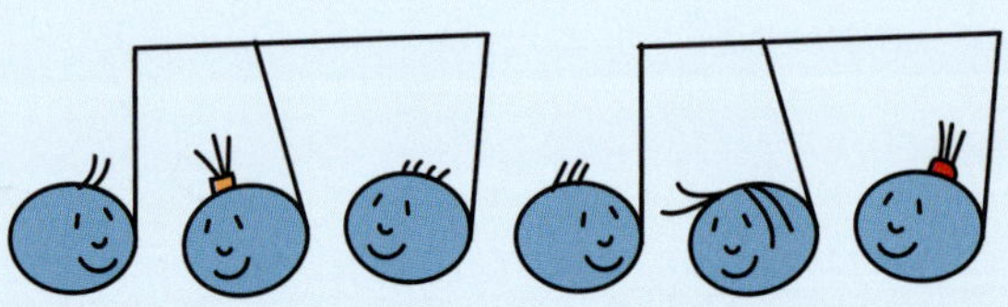

T/M: aus Israel

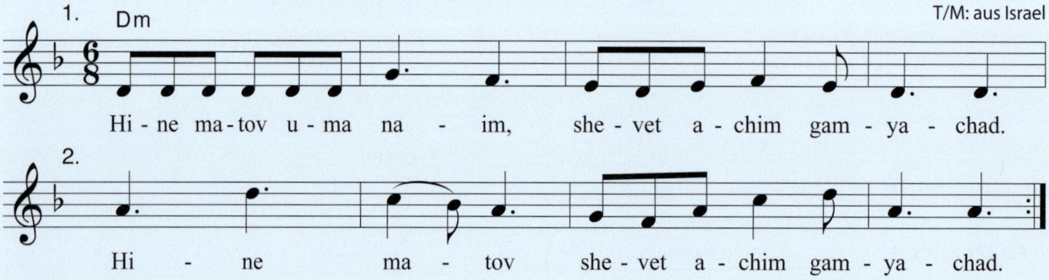

Der Text bedeutet: *Siehe, wie fein es ist, wenn Brüder einträchtig nebeneinander wohnen.*

Der Quintenzirkel

Welche Vorzeichen haben Dur- und Moll-Tonarten? Eine Übersicht gibt der **Quintenzirkel**.

Der Quintenzirkel beginnt beim Ton c, dem Grundton von C-Dur.
C-Dur hat keine Vorzeichen.

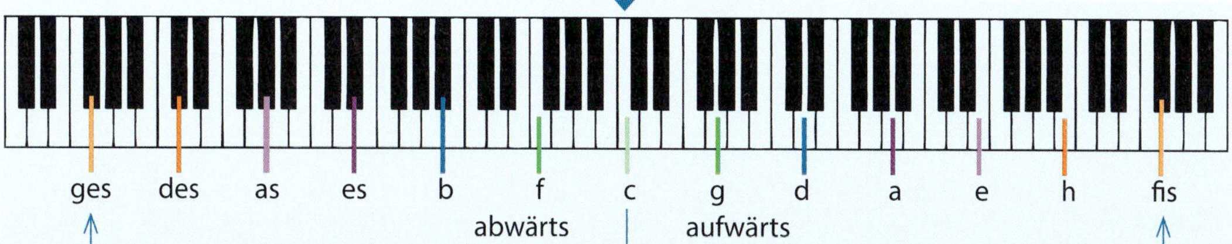

Steigt man von c aus jeweils eine Quinte tiefer, kommt man zu den Grundtönen der **B-Tonarten:** **f – b – es – as – des – ges**. Mit jeder Quinte kommt ein ♭ dazu.

Steigt man von c aus jeweils eine Quinte höher, kommt man zu den Grundtönen der **Kreuz-Tonarten:** **g – d – a – e – h – fis**. Mit jeder Quinte kommt ein # dazu.

Fis und Ges haben auf der Klaviertastatur die gleiche Taste.
Damit endet der Quintenzirkel.

Quintenzirkel mit Merksprüchen

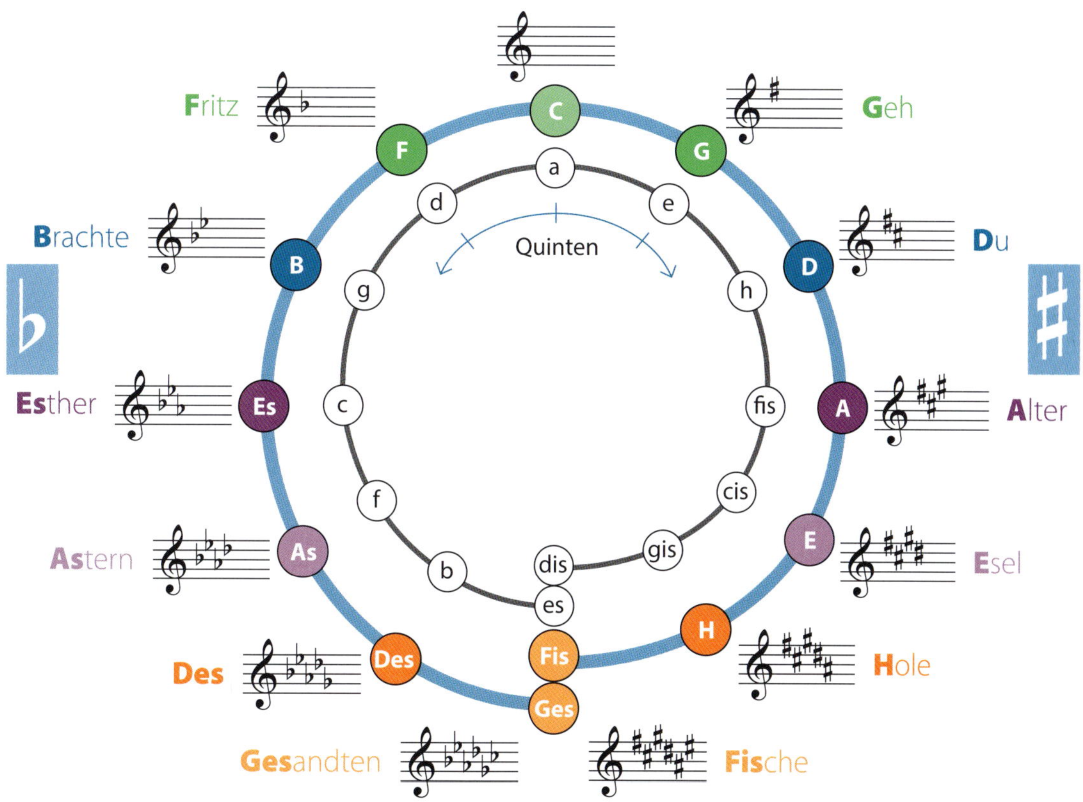

Im Außenkreis stehen die **Dur-Tonarten**, im Innenkreis die parallelen **Moll-Tonarten** → 36.

Mit den zwei Merksprüchen zu den Dur-Tonarten kannst du dir die Folge der Dur-Tonarten gut einprägen.

Dur- und Moll-Tonarten im Überblick

Akkorde in Kurzbezeichnungen

Häufig werden Begleitakkorde, z. B. zur Liedbegleitung, mit einer Abkürzung bezeichnet. Jede Bezeichnung beginnt mit dem Namen des Grundtons. – Beispiele:

Akkord	Töne	Kurzbezeichnung
C-Dur-Dreiklang	c e g	C
c-Moll-Dreiklang	c es g	Cm
Dominantseptakkord → 52 auf c	c e g b	C^7

Dur-Tonarten		
6 ♯	Fis-Dur	fis gis ais h cis dis eis
5 ♯	H-Dur	h cis dis e fis gis ais
4 ♯	E-Dur	e fis gis a h cis dis
3 ♯	A-Dur	a h cis d e fis gis
2 ♯	D-Dur	d e fis g a h cis
1 ♯	G-Dur	g a h c d e fis
-	C-Dur	c d e f g a h c
1 ♭	F-Dur	f g a b c d e
2 ♭	B-Dur	b c d es f g a
3 ♭	Es-Dur	es f g as b c d
4 ♭	As-Dur	as b c des es f g
5 ♭	Des-Dur	des es f ges as b c c
6 ♭	Ges-Dur	ges as b ces des es f g

arallele Moll-Tonarten (harmonisch)	
dis eis fis gis ais h cisis dis	dis-Moll
gis ais h cis dis e fisis gis	gis-Moll
cis dis e fis gis a his cis	cis-Moll
fis gis a h cis d eis fis	fis-Moll
h cis d e fis g ais h	h-Moll
e fis g a h c dis e	e-Moll
a h c d e f gis a	a-Moll
d e f g a b cis d	d-Moll
g a b c d es fis g	g-Moll
c d es f g as h c	c-Moll
f g as b c des e f	f-Moll
b c des es f ges a b	b-Moll
es f ges as b ces d es	es-Moll

Mit den folgenden Gitarrengriffen (Erklärung → 58) kannst du die Lieder auf den Seiten → 25, 38, 45, 47, 51 in diesem Buch begleiten.

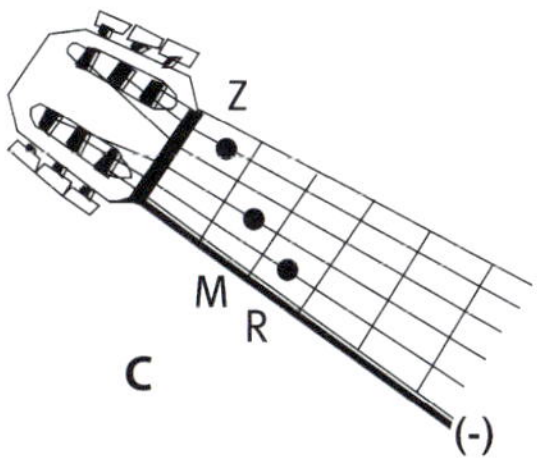

C

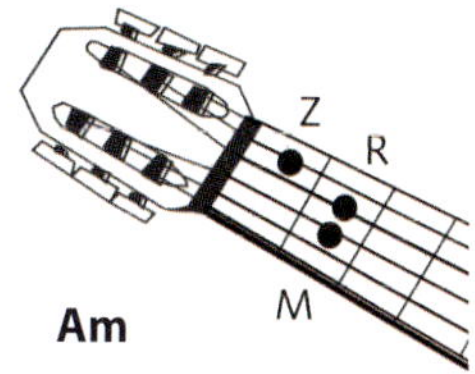

Am

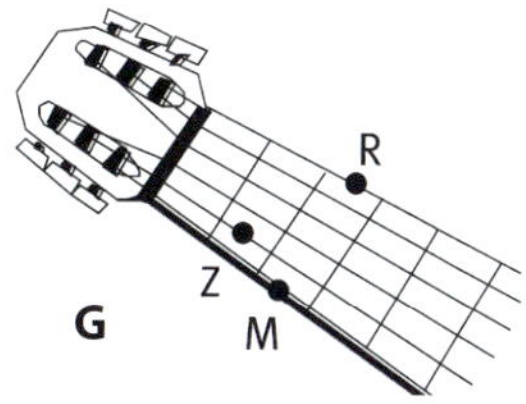

G

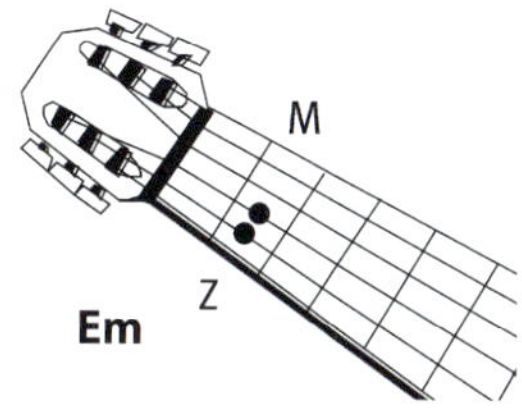

Em

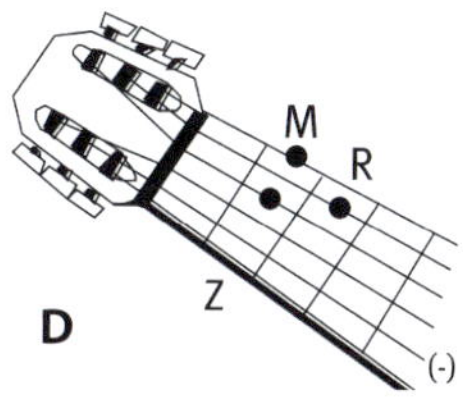

D

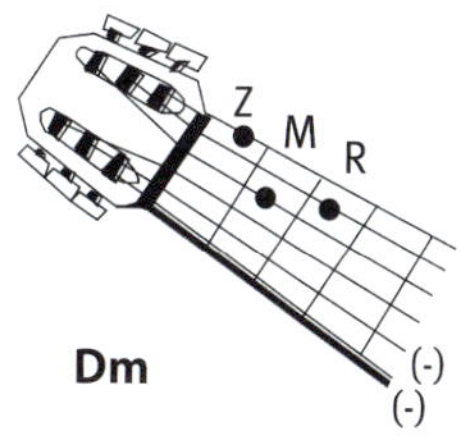

Dm

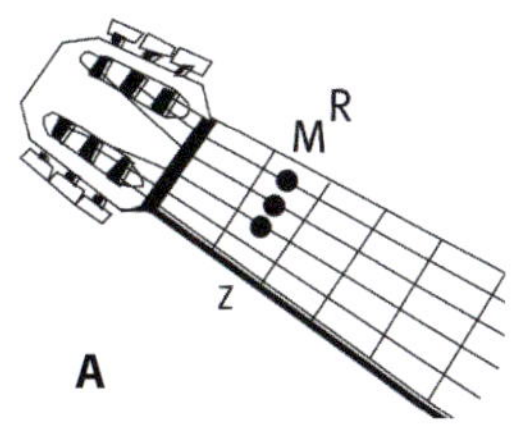

A

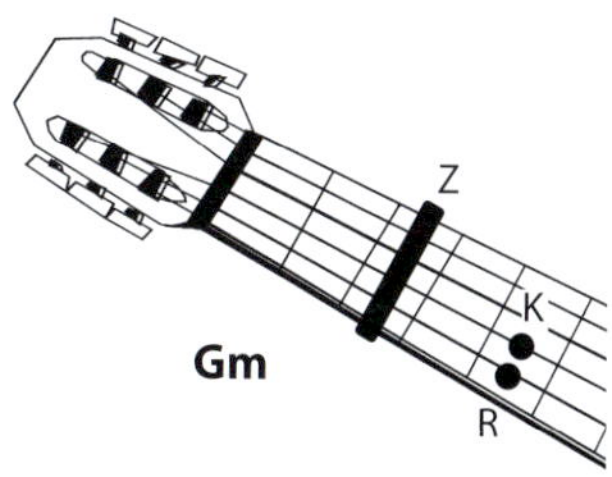

Gm

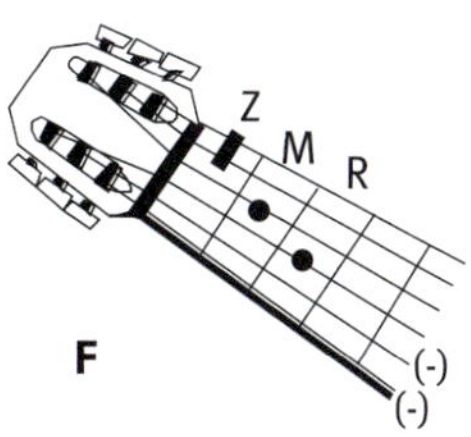

F

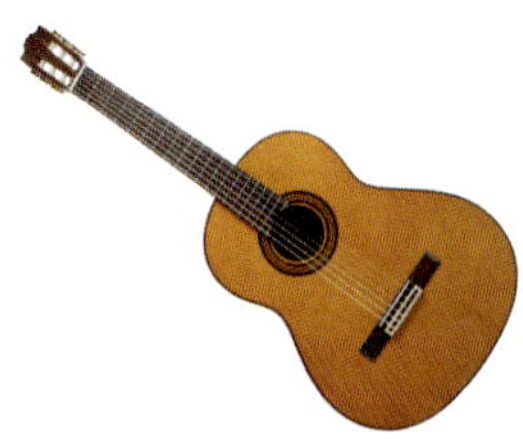

Intervalle genau betrachtet

Die Intervalle von der Prime bis zur Dezime kennst du bereits → 31. Hier werden Intervalle noch einmal ganz genau betrachtet.

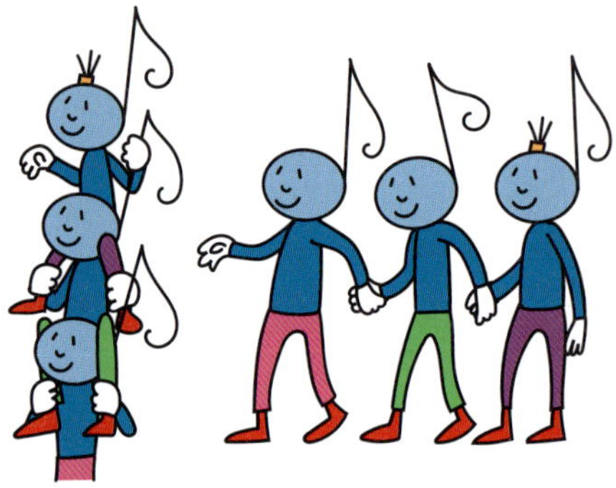

So lernst du Intervalle immer besser zu erkennen:

- Höre die Töne eines Intervalls abwechselnd **simultan** (= gleichzeitig) und **sukzessiv** (= nacheinander).
- Singe vom unteren Ton des Intervalls Tonschritte aufwärts bis zum oberen Ton und zähle die Töne mit.
Beispiel: 4. Ton = Quarte.
- Auch Liedanfänge bauen eine Brücke.

Einteilung der Intervalle

Intervalle und auch Akkorde → 48 kann man zunächst danach unterscheiden, ob der Zusammenklang der Töne eher **konsonant** oder **dissonant** wirkt.

Konsonant bedeutet …	„zueinander klingend" (= wohlklingend, gut zueinander passend).
Konsonant klingen die Intervalle …	Prime, kleine und große Terz, Quarte, Quinte, kleine und große Sexte, Oktave.
Dissonant bedeutet …	„auseinander klingend" (scharf klingend, Klänge reiben sich).
Dissonant klingen die Intervalle …	kleine und große Sekunde, Tritonus bzw. verminderte Quinte, kleine und große Septime.

- Höre die genannten Intervalle und überlege, wie sie sich unterscheiden.

Prime, Quarte, Quinte, Oktave werden aufgrund ihres Klanges **reine Intervalle** genannt.

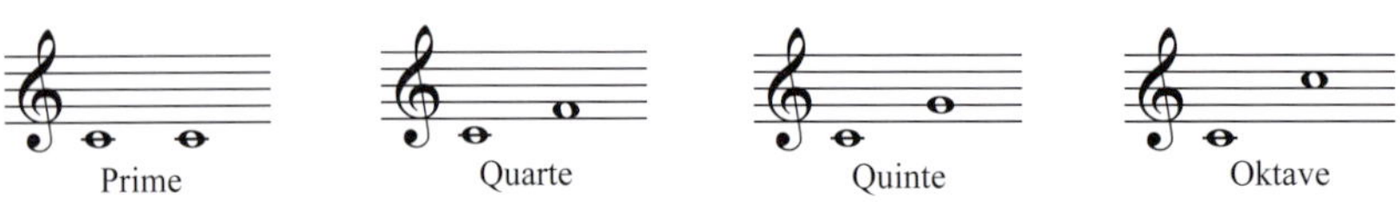

Sekunden, Terzen, Sexten und Septimen gibt es als **kleine** und **große Intervalle**.

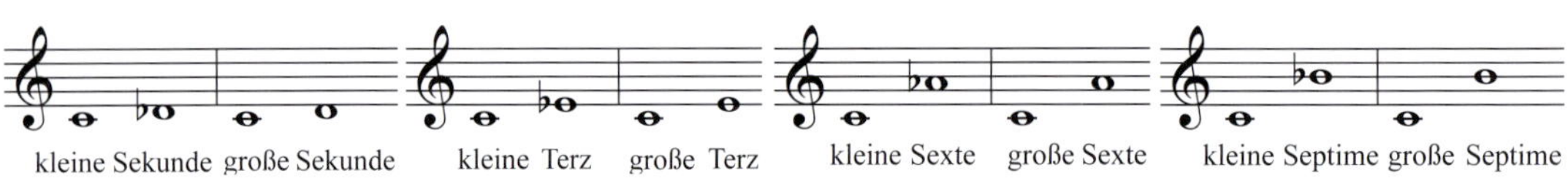

Jedes Intervall kann vergrößert oder verkleinert werden. Dabei entstehen **übermäßige** oder **verminderte Intervalle**. Beispiele: Übermäßige Sekunde, übermäßige Quarte und verminderte Quinte.

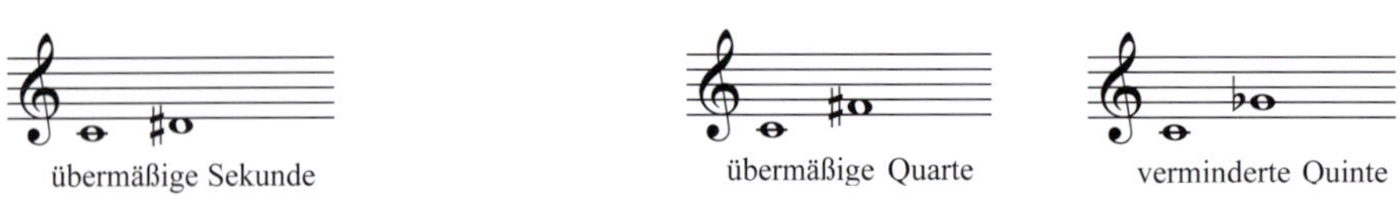

Die **übermäßige Quarte** umfasst drei Ganztonschritte und wird auch **Tritonus** genannt.
Den gleichen Tonumfang hat die verminderte Quinte.

Wie die Intervalle klingen

Kleine und große Sekunde klingen dissonant → 42. Bei der kleinen Sekunde liegen die Töne einen Halbtonschritt, bei der großen Sekunde zwei Halbtonschritte auseinander.

- Höre beide Sekunden simultan: Die kleine Sekunde klingt schärfer als die große.
- Mit Liedanfängen kannst du dir die Intervalle gut einprägen:

Liedanfang kleine Sekunde: *Kommt ein Vogel geflogen*
Liedanfang große Sekunde: *Der Mond ist aufgegangen*

Kleine und große Terz klingen konsonant → 42. Eine kleine Terz besteht aus einem Ganzton- und einem Halbtonschritt. Eine große Terz hat zwei Ganztonschritte.

- Singe bei beiden Terzen die Töne von tief nach hoch und ergänze die Quinte. Dann ergibt sich:

Kleine Terz unten = Moll-Dreiklang

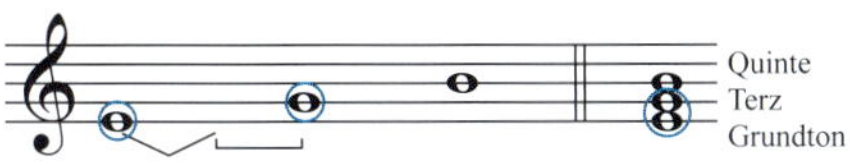

Große Terz unten = Dur-Dreiklang

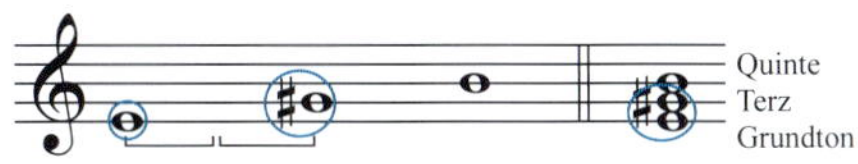

Liedanfang kleine Terz: *Kuckuck, Kuckuck*
Liedanfang große Terz: *Alle Vögel sind schon da*

Die **Quarte** klingt konsonant.
Liedanfang: *Jetzt fängt das schöne Frühjahr an*

Die **Quinte** klingt konsonant.
Liedanfang: *Hört ihr Herrn und lasst euch sagen*

Kleine und große Sexte klingen konsonant.

- Singe vom tiefen Ton aus einen Dreiklang nach oben und ergänze dann einen Halbton zur kleinen Sexte oder einen Ganzton zur großen Sexte.

Liedanfang kleine Sexte: *When Israel was in Egypt's Land*
Liedanfang große Sexte: *Es waren zwei Königskinder*

Kleine und große Septime klingen dissonant. Die große Septime klingt schärfer als die kleine.

- Höre beide Intervalle simultan und singe die Töne auch sukzessiv.

Oktave: Die Töne klingen fast wie im Einklang. Sie sind eng verwandt → 28.

None und Dezime sind größer als die Oktave.

Zum Merken: None = Oktave + Sekunde

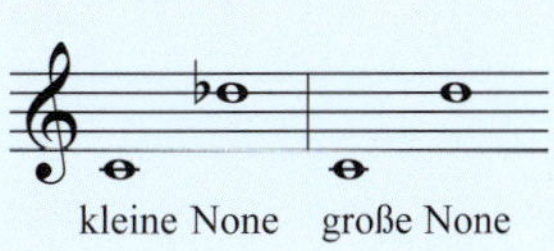

Dezime = Oktave + Terz

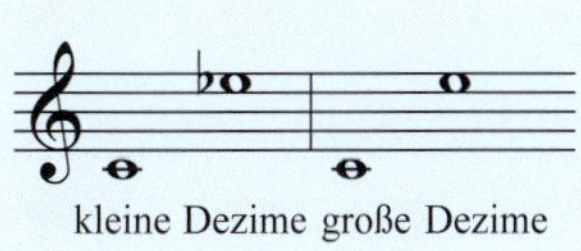

PDF 9

- Hier kannst du den Umgang mit Intervallen weiter trainieren.

Dreiklänge genau betrachtet

Wie sind Dreiklänge aufgebaut und welche gibt es?

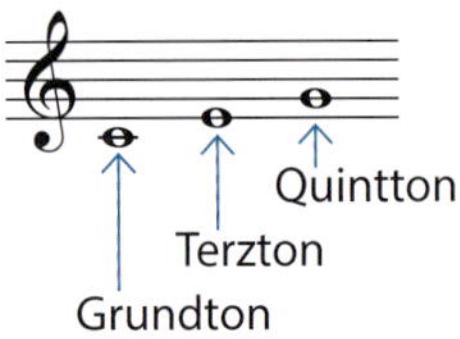

Ein **Dreiklang** entsteht, wenn man auf einem Ton zwei Terzen aufbaut. Der Dreiklang besteht dann aus **Grundton**, **Terzton** und **Quintton**.

Es gibt **Durdreiklänge** → 32, **Molldreiklänge** → 33, **verminderte Dreiklänge** und **übermäßige Dreiklänge**. Sie unterscheiden sich in ihrem Terzaufbau.

Dreiklangsart	**Töne von c aus**	**Aufbau in Terzen – von unten nach oben**	**Kurzbezeichnung, Bedeutung**
Dur-Dreiklang	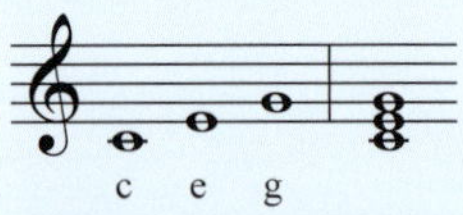	kleine Terz große Terz	C (= Durdreiklang auf dem Ton c)
Moll-Dreiklang	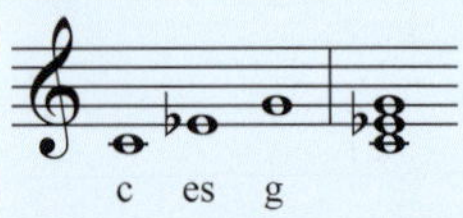	große Terz kleine Terz	Cm (= Molldreiklang auf dem Ton c)
verminderter Dreiklang	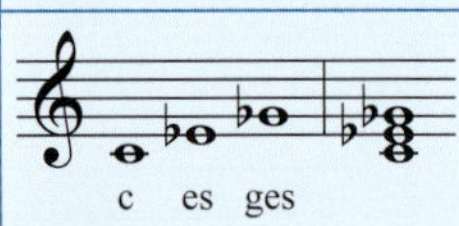	kleine Terz kleine Terz	C^0 (= verminderter Dreiklang auf dem Ton c)
übermäßiger Dreiklang	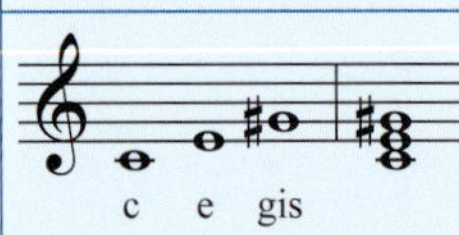	große Terz große Terz	C^+ (= übermäßiger Dreiklang auf dem Ton c)

- Lerne die Dreiklänge nach dem Gehör zu unterscheiden. Spiele die Töne auf einem Instrument, singe sie nach und achte auf die Klangunterschiede.

Wie kann man Dreiklänge beim Hören unterscheiden?	**Klang allgemein**	**Besonderes Intervall**
Dur-Dreiklang	konsonant → 42	große Terz über dem Grundton (oft Dur-Terz genannt)
Moll-Dreiklang	konsonant	kleine Terz über dem Grundton (oft Moll-Terz genannt)
verminderter Dreiklang	dissonant → 42	verminderte Quinte über dem Grundton
übermäßiger Dreiklang	dissonant	übermäßige Quinte über dem Grundton

Grundstellung und Umkehrungen

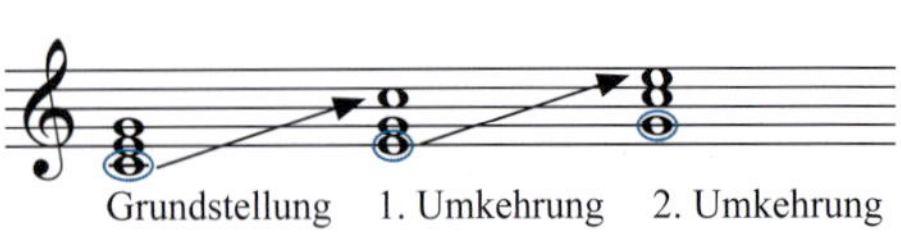

Wenn Grundton, Terzton und Quintton des Dreiklangs übereinanderstehen, ist der Dreiklang in der **Grundstellung**. Durch Umstellen der Töne entstehen die erste und die zweite **Umkehrung**.

17

Kanon aus Dreiklangstönen

Rudolf Nykrin, © Schott Music GmbH & Co. KG, Mainz

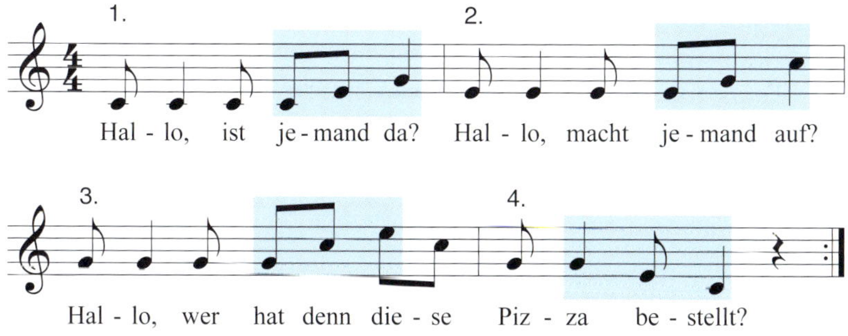

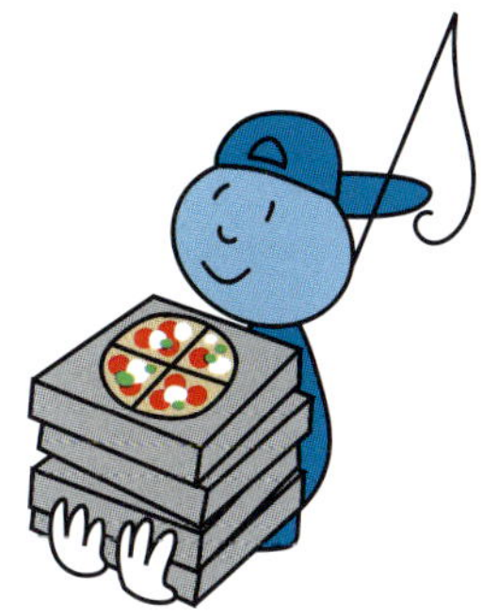

- Die blau markierten Noten zeigen den C-Dur-Dreiklang in drei Stellungen. Benenne die Noten und stelle fest, wo sich Grundton, Terzton und Quintton jeweils befinden.

Welcher Dreiklangston ist der tiefste Ton?	
Bei der Grundstellung …	… der Grundton
Bei der 1. Umkehrung …	… der Terzton
Bei der 2. Umkehrung …	… der Quintton

PDF 10

- Hier kannst du den Umgang mit Dreiklängen weiter trainieren.

Dreiklänge auf den Tonleiterstufen

Auf jeder Tonleiterstufe lässt sich ein Dreiklang aufbauen. Benutzt man dafür nur Töne der Tonleiter, entstehen **leitereigene Dreiklänge**. Sie sind für das harmonische Geschehen in der Musik sehr wichtig, z. B. bei der Bildung einer Kadenz → 46.

Auf den Stufen der Dur-Tonleiter → 31 entstehen Dur- und Moll-Dreiklänge sowie ein verminderter Dreiklang. Beispiel: Dreiklänge auf den Stufen der C-Dur-Tonleiter:

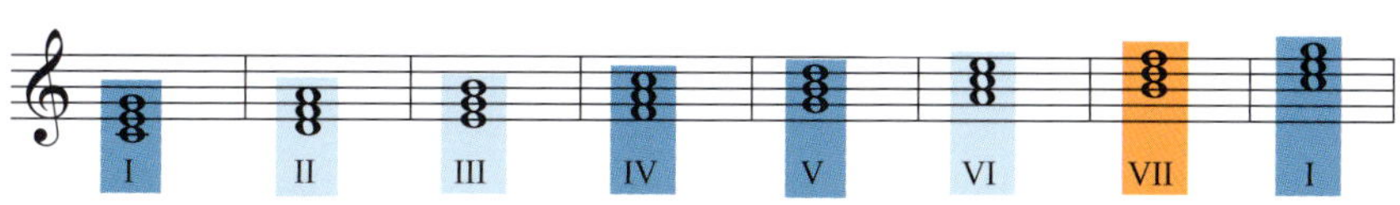

= Dur-Dreiklang = Moll-Dreiklang = verminderter Dreiklang

Auf einer Stufe der harmonischen Moll-Tonleiter → 34 entsteht ein übermäßiger Dreiklang. Beispiel: Dreiklänge auf den Stufen der a-Moll-Tonleiter (harmonisch):

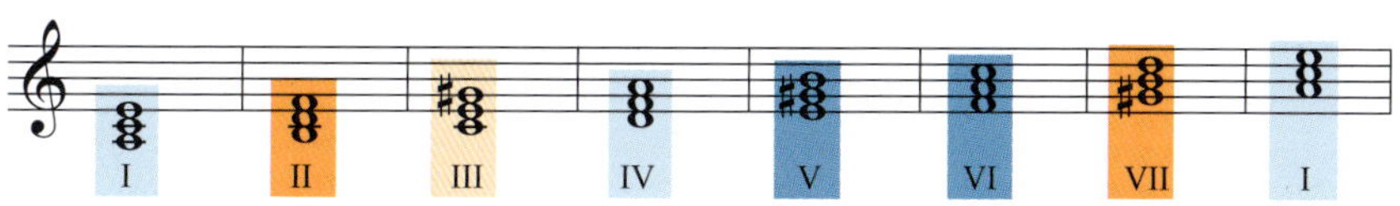

= Moll-Dreiklang = Dur-Dreiklang = verminderter Dreiklang = übermäßiger Dreiklang

- Spiele und singe die verschiedenen Dreiklänge und achte auf ihren Klang.

Die Kadenz in Dur

Von den Hauptdreiklängen zur Kadenz

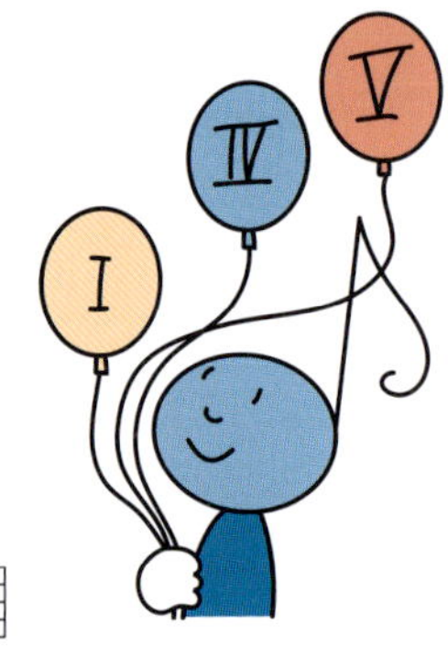

Harmonie bedeutet „Zusammenklang der Töne". Die wichtigsten Bausteine für die Harmonien in einem Musikstück sind die Dreiklänge auf den Stufen I, IV und V der Tonleiter jener Tonart, in der das Stück steht. Sie werden **Hauptdreiklänge** genannt. Die Stufen I, IV und V heißen **Hauptstufen**.

In C-Dur stehen auf den Hauptstufen der C-Dur-Dreiklang, der F-Dur-Dreiklang und der G-Dur-Dreiklang :

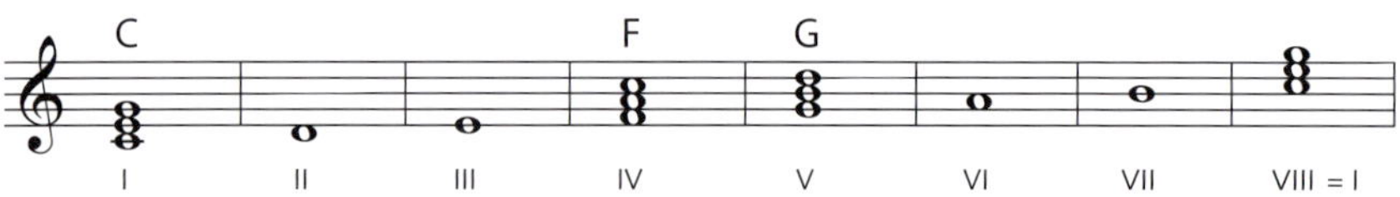

Die wichtigste Verbindung der Hauptdreiklänge ist die **Kadenz**, die Stufenfolge I – IV – I – V – I oder I – IV – V – I. Stellt man die Dreiklänge in ihrer Grundstellung → 44 nebeneinander, spürt man den harmonischen Zusammenklang noch nicht. Die Dreiklänge wirken unverbunden, die Tonhöhen springen hin und her.

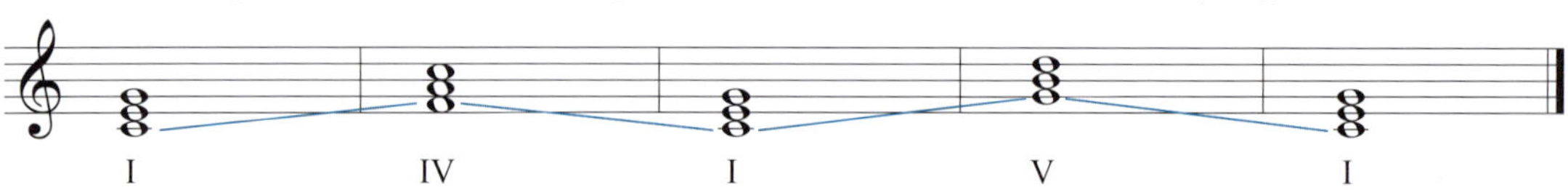

Ruhige Stimmführung

Die Dreiklänge können aber auch so verbunden werden, dass gleiche Töne in der gleichen Stimme (= unten, in der Mitte oder oben im Dreiklang) „liegenbleiben". Nun klingt die Kadenz fließend, und der letzte Dreiklang wirkt als Schluss. Dazu trägt auch der Leitton → 32 bei, der nun nach oben zum Grundton führt.

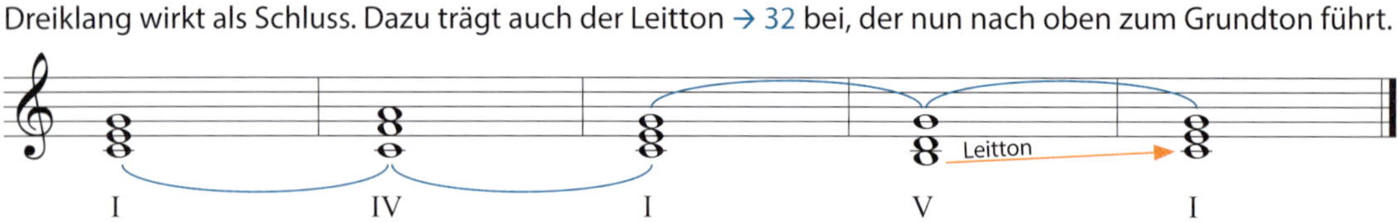

In der Kurzform I – IV – V – I spürt man die harmonische Wirkung der Kadenz noch stärker:

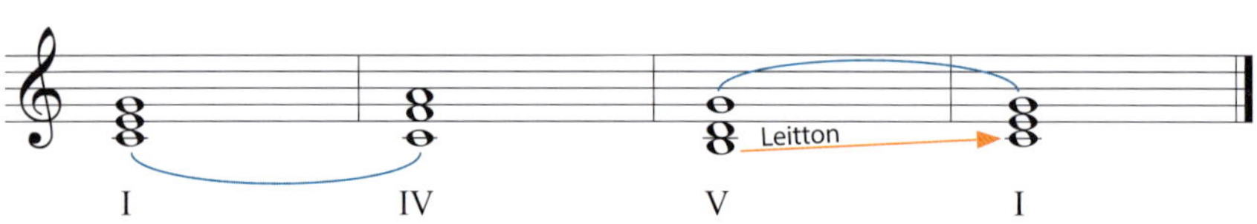

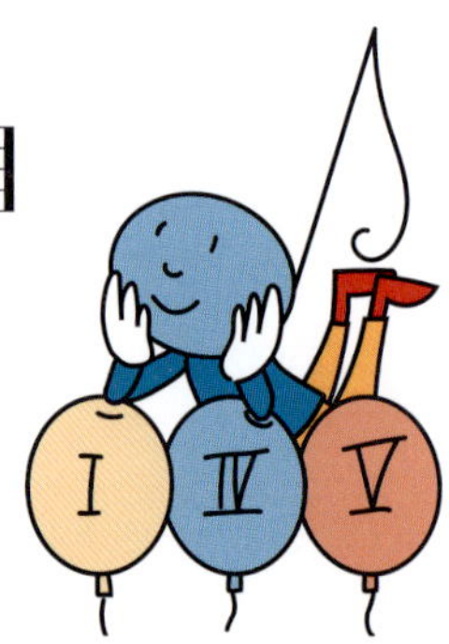

18

■ Höre die Kadenz in Dur in den drei dargestellten Formen. Achte auf die harmonische Wirkung.

Jede Kadenz kann auch von einer Umkehrung → 44 des Dreiklangs aus beginnen:

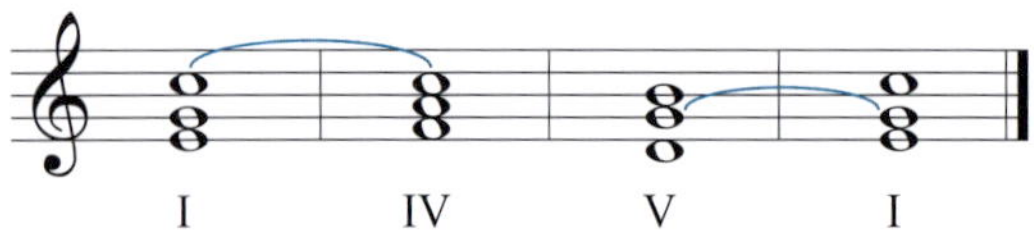

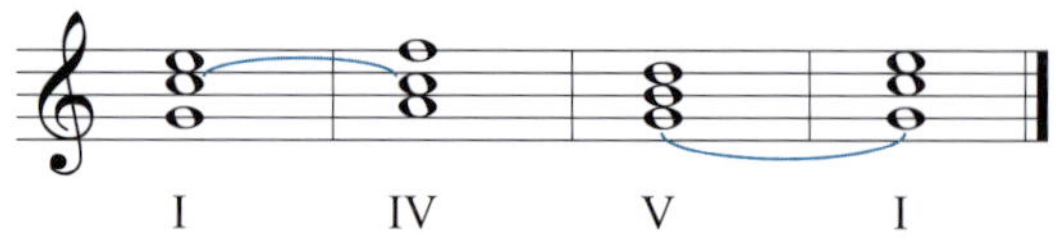

PDF 11

■ Hier kannst du den Umgang mit der Dur-Kadenz trainieren, auch in einer anderen Dur-Tonart.

Ein Lied, das man mit den Dreiklängen der Dur-Kadenz begleiten kann

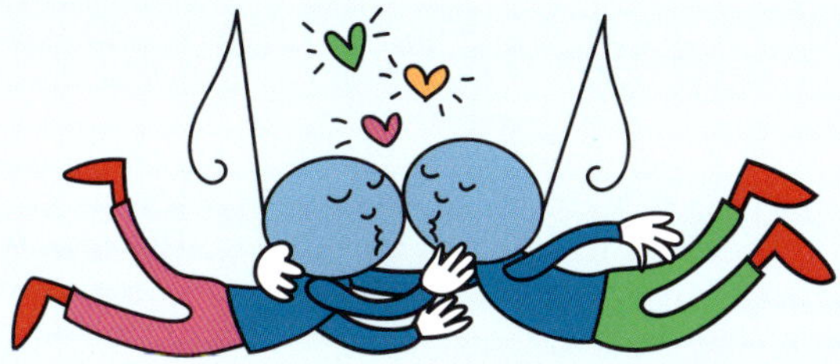

Dat du min Leevsten büst

■ Dieses Lied kannst du mit den Dreiklängen der Dur-Kadenz begleiten.

Die Dreiklangstöne in der Liedmelodie (farbig) zeigen, welcher Dreiklang als Begleitung passen könnte.

Diese Begleitstimme verbindet die Dreiklänge C, G und F. →

Hier stehen die Grundtöne der Dreiklänge im Bassschlüssel. →

Mit beiden Begleitstimmen ist die Kadenz vierstimmig → 50, z. B. für das Spiel auf dem Klavier. Die tiefe Stimme kann auch ein Bassinstrument übernehmen.

19

■ Höre die Aufnahme. Das Lied hat fünf Strophen. Die erste Strophe wird unbegleitet gesungen, dann wird mit jeder Strophe die Begleitung reichhaltiger.

Worterklärungen:
Leevsten = Liebster, Liebste
büst = bist
weest = weißt
heest = wohnst

PDF 12

■ Hier findest du das Lied mit allen fünf Strophen.

T/M: überliefert aus Norddeutschland

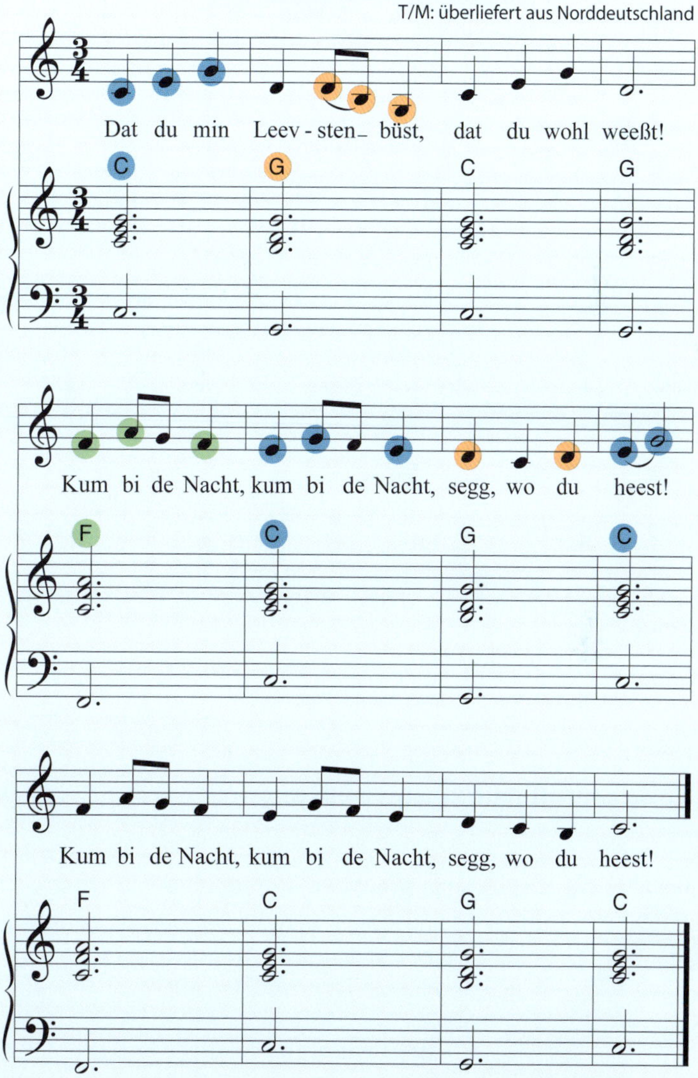

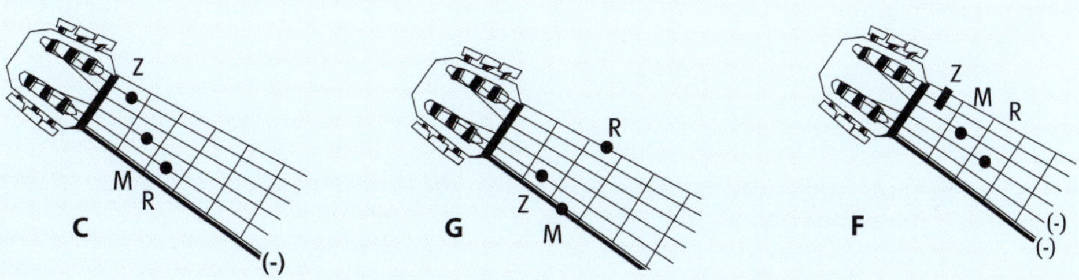

Musik mit den Dreiklängen der Kadenz

Vor ungefähr 500 Jahren entdeckten Musiker den Reiz der Kadenz. Damals ist auch das folgende Stück entstanden. Die Hauptstufen I–IV–V erklingen darin in einem tänzerischen Rhythmus und unterschiedlich langen Abschnitten.

7 **„GASSENHAUER" VON HANS NEUSIEDLER**

Die C-Dur- und F-Dur-Dreiklänge haben hier jeweils vier Töne, denn der Ton c ist jeweils verdoppelt. Trotzdem bleibt jeder **Akkord** (= Zusammenklang von drei oder mehr Tönen) ein **Dreiklang**, da er weiterhin nur aus dessen drei Tönen c-e-g oder f-a-c besteht. Die Verdopplung von Akkordtönen kommt in der Musik oft vor.

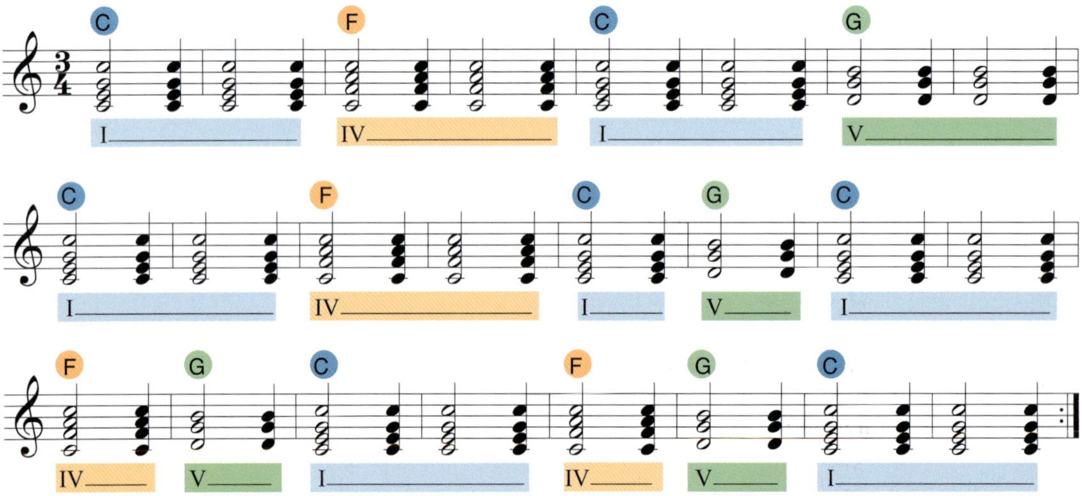

- Höre die Musik und verfolge die Harmonien.

Improvisieren früher und heute

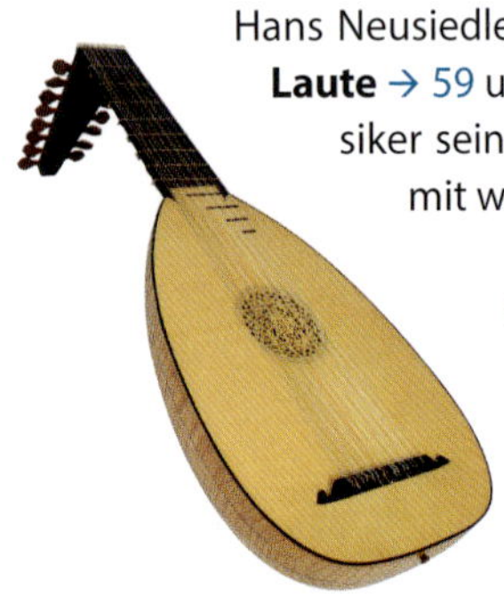

Hans Neusiedler, der Komponist dieser Musik, lebte von 1508–1563 in Nürnberg. Er spielte **Laute** → 59 und schrieb darüber Lehrbücher, die sehr beliebt waren. Wie auch andere Musiker seiner Zeit spielte er Melodien nicht immer ganz genau, sondern schmückte sie mit weiteren Tönen aus und improvisierte darüber.

Improvisieren bedeutet, Musik spontan zu erfinden. In früheren Jahrhunderten beherrschten viele Musiker diese Kunst. Johann Sebastian Bach → 102, Georg Friedrich Händel → 103, Wolfgang Amadeus Mozart→ 111, Ludwig van Beethoven → 114 und Franz Liszt → 122 waren auch für ihre Improvisationen sehr bekannt. Im 20. Jahrhundert entstand der Jazz → 134 ff., der ganz auf Improvisation aufbaut.

8 - Hier wird auf einer Laute der „Gassenhauer" zuerst genau so gespielt, wie es in den Noten steht. Dann folgen zwei Improvisationen, die von den Dreiklangstönen ausgehen.

Improvisier mal!

Über die Akkorde des „Gassenhauers" kann man auf Harmonie-Instrumenten (z. B. Gitarre, Klavier, Keyboard) improvisieren, aber auch auf jedem Melodieinstrument!

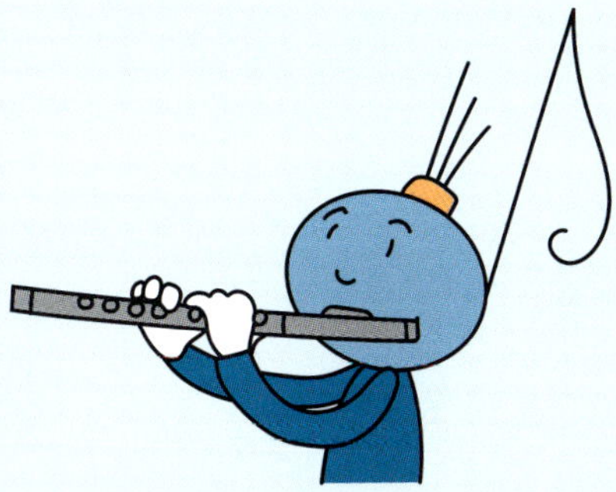

- Spiele zuerst nur Dreiklangstöne – so lernst du das „Tonmaterial" genau kennen. Beginne mit Takt 1–8. Die folgende Oberstimme gibt dir ein Beispiel.
- Auf dem Klavier kannst du die Bassstimme mit den Dreiklangs-Grundtönen dazuspielen.

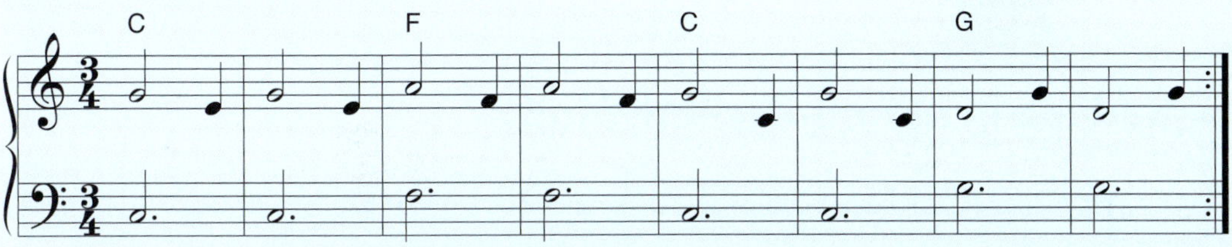

- Gib den Dreiklangstönen einen neuen Rhythmus – schon entstehen lebendige Melodien. Beispiel:

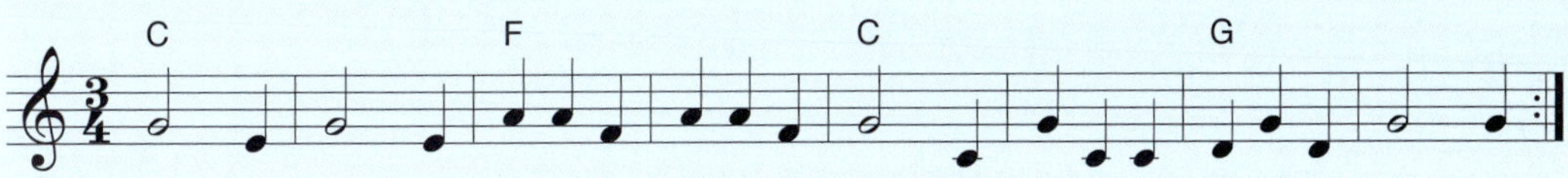

- Spiele nun nicht nur Dreiklangstöne – nimm auch andere Töne der C-Dur-Tonleiter dazu. Probiere die drei folgenden Möglichkeiten aus – du kannst sie in vielen Musikstücken entdecken.

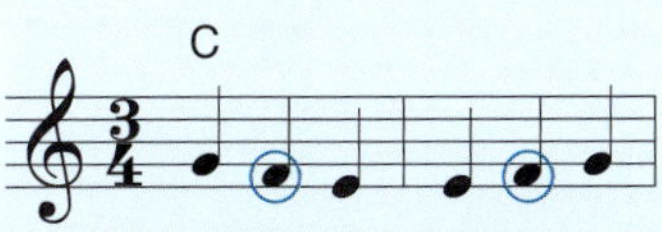

Durchgangstöne füllen den Abstand zwischen Dreiklangstönen mit Sekundschritten aus.

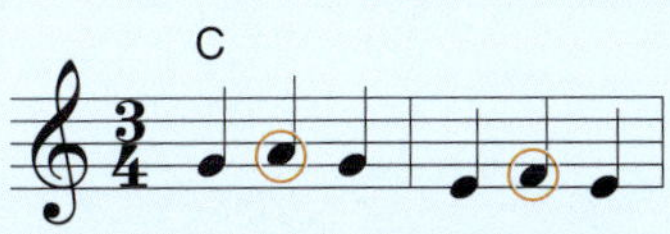

Wechselnoten bewegen sich von einem Dreiklangston zu einem Nachbarton und wieder zurück.

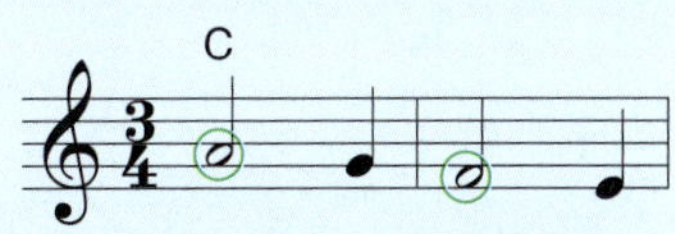

Vorhaltstöne sind dissonante → 42 Töne, die in einen Dreiklangston „aufgelöst" werden.

Hier die ersten acht Takte des „Gassenhauers" mit allen drei Möglichkeiten:

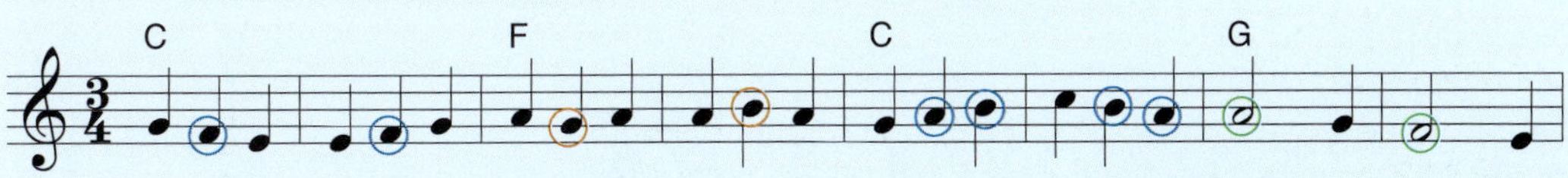

- Hat das Improvisieren Spaß gemacht? Dann versuche es mit dem ganzen Stück → S. 48.

Wer viel nach Noten spielt, braucht beim Improvisieren meist etwas Zeit, bis er dem eigenen Tongefühl folgen kann. Gib nicht gleich auf, wenn dir zu Beginn nicht alles sofort gelingt!

Vierstimmige Kadenz

In der **vierstimmigen Kadenz** wird ein Dreiklangston verdoppelt, wenn möglich der Grundton jedes Dreiklangs. Am einfachsten bildet man mit den Grundtönen eine Bassstimme. Dies verstärkt die Wirkung der Kadenz – besonders am Schluss, wo die Bassstimme mit einem kräftigen Sprung wieder zur I. Stufe führt.

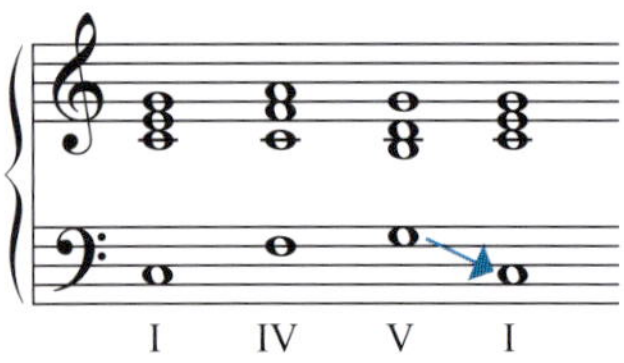

Die Bassstimme kann nach oben oder unten geführt werden!

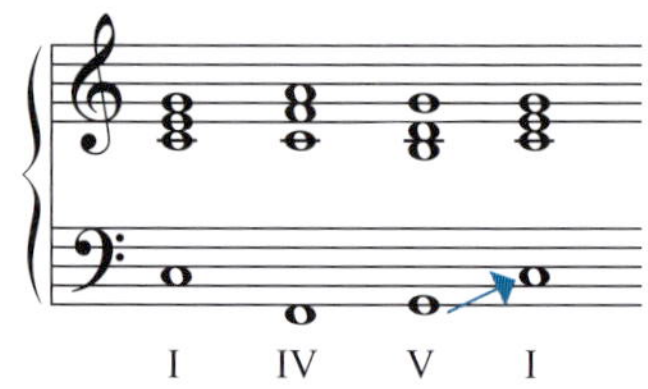

Die Kadenz in harmonischem Moll

Die in Dur beschriebenen Akkordverbindungen → 46 können auch in Moll gebildet werden. Mit der harmonischen Moll-Tonleiter → 34 ergibt sich auf der V. Stufe ein Dur-Dreiklang.

Beispiel a-Moll:

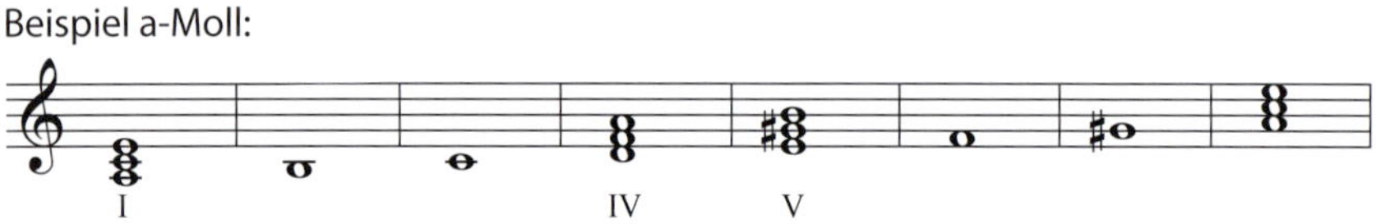

I – IV – I – V – I:

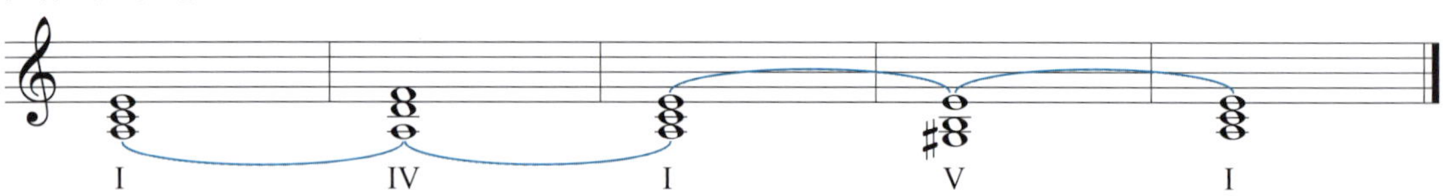

I – IV – V – I:

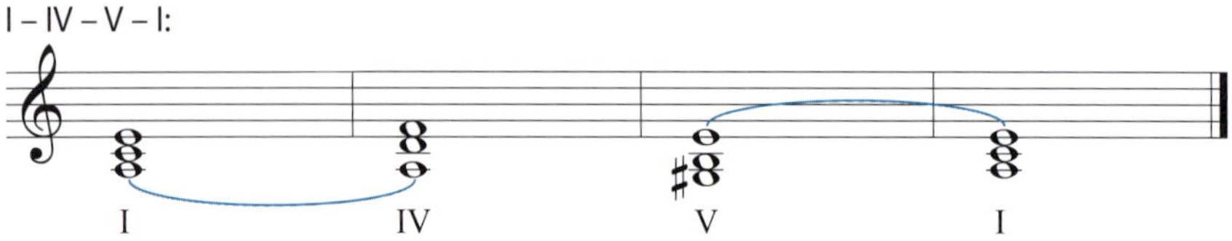

Kadenz vierstimmig:

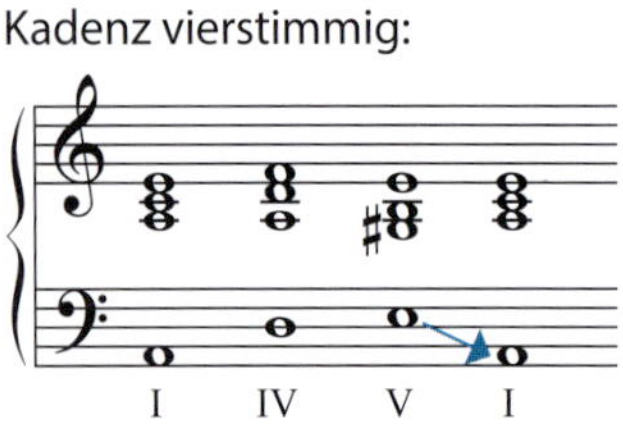

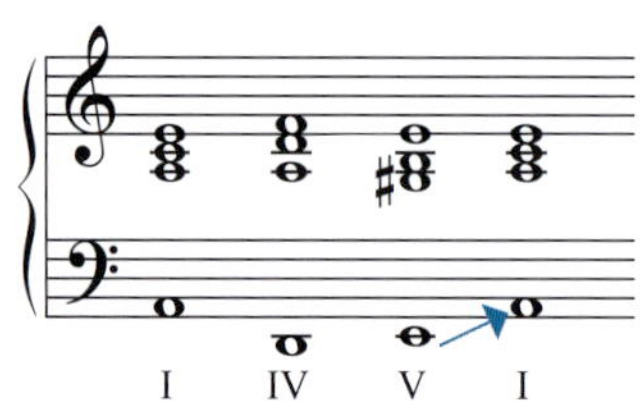

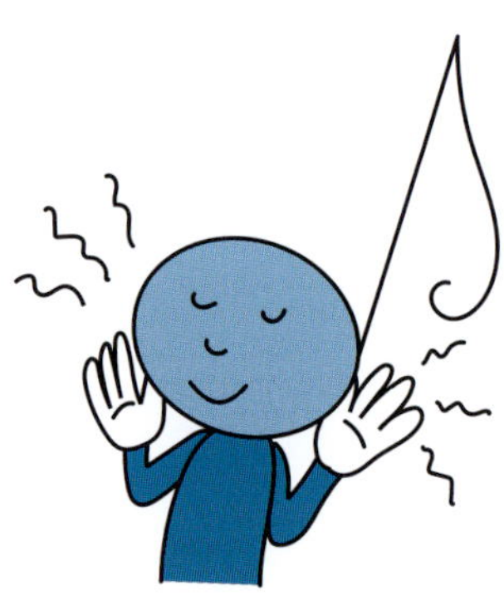

20

- Höre die Kadenzen in harmonischem Moll in den drei dargestellten Formen und achte auf die Wirkung.

PDF 13

- Hier kannst du den Umgang mit der Moll-Kadenz weiter trainieren, auch in einer anderen Moll-Tonart.

Ein Lied, das man mit den Dreiklängen der Moll-Kadenz begleiten kann

Das Lied *Hevenu shalom alechem* steht in d-Moll (harmonisch). Es lässt sich mit den Hauptdreiklängen auf den Stufen I, IV und V begleiten.

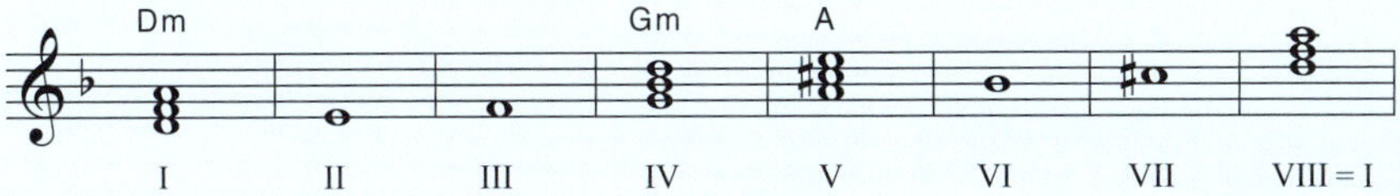

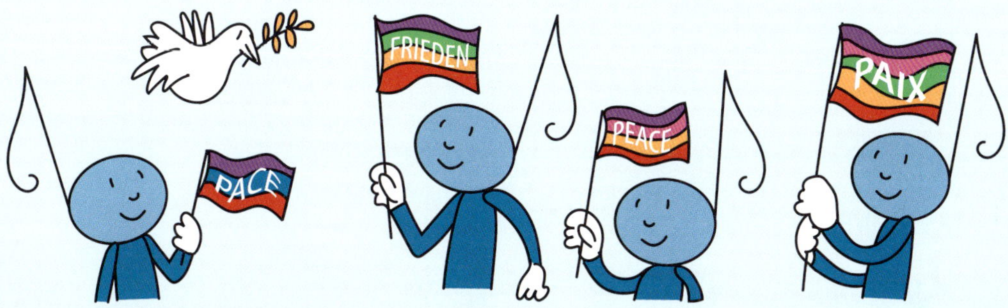

21

Hevenu shalom alechem

T/M: überliefert aus Israel

Der Text *Hevenu shalom alechem* bedeutet übersetzt: *Wir wollen Frieden für alle.*

Diese Begleitstimme verbindet die Dreiklänge Dm, Gm und A miteinander.

Hier stehen die Grundtöne der Dreiklänge im Bassschlüssel.

Aufnahme: Mit jeder Wiederholung des Liedes wird die Begleitung reichhaltiger.

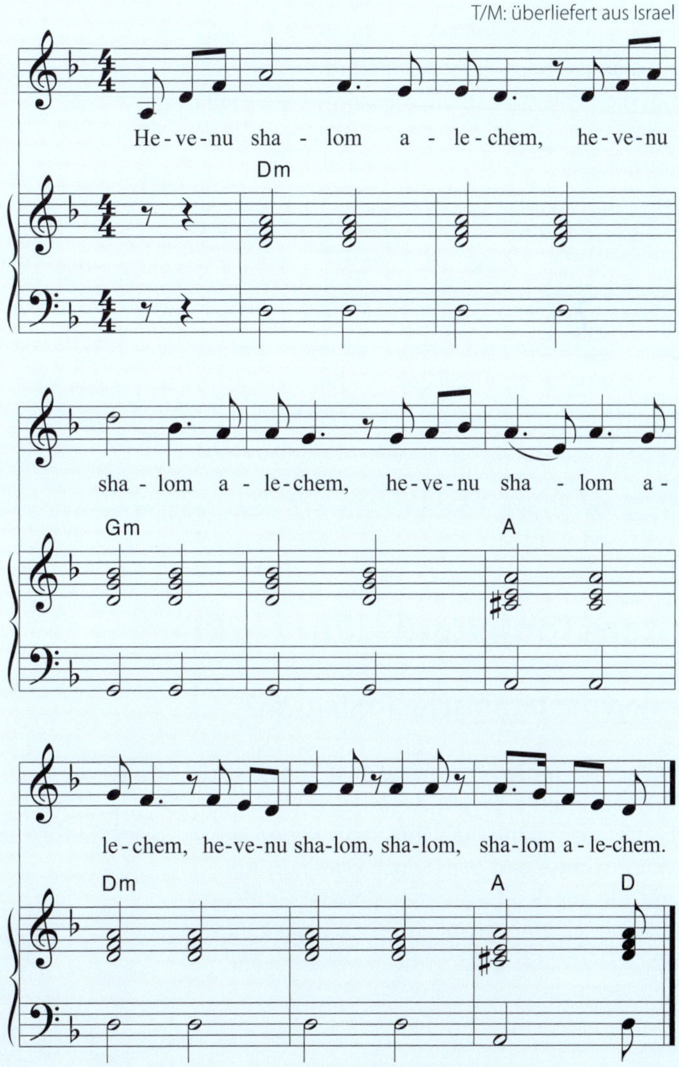

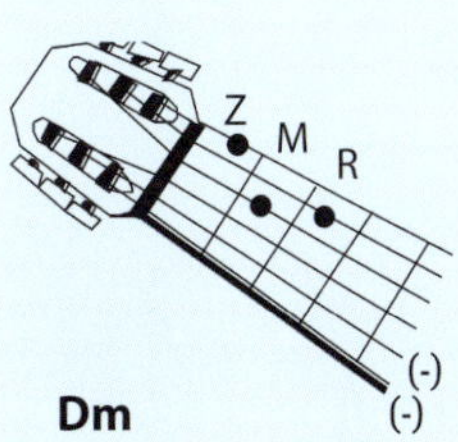

Dm

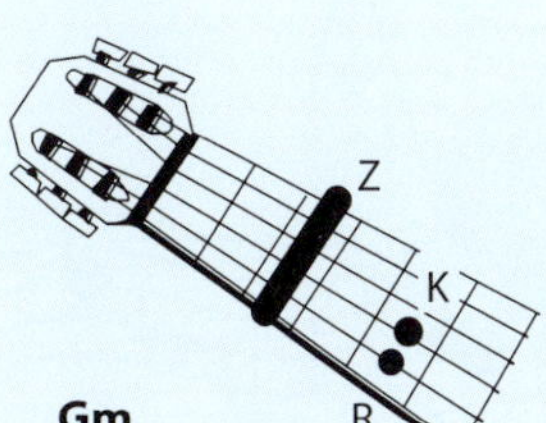

Gm

Der Dominantseptakkord

Die Kadenz mit den Hauptdreiklängen I – IV – V kann weiter ausgestaltet werden. Eine Möglichkeit bietet der **Dominantseptakkord**. Um das Wort verstehen zu können, muss man wissen, dass es für die Stufen I, IV und V von Dur- und Moll-Tonleitern besondere Begriffe gibt:

Stufe	Fachbegriff	Kurzbezeichnung
I	Tonika	T (in Dur) t (in Moll)
IV	Subdominante	S (in Dur) s (in Moll)
V	Dominante	D

Der Dominantseptakkord entsteht, wenn zum Dreiklang der V. Stufe (= Dominante) zusätzlich eine kleine Septime → 43 über den Grundton gesetzt wird. Die Kurzbezeichnung ist D^7.

Beispiel: G-Dur-Dreiklang (V. Stufe in C-Dur) + kleine Septime = Dominantseptakkord

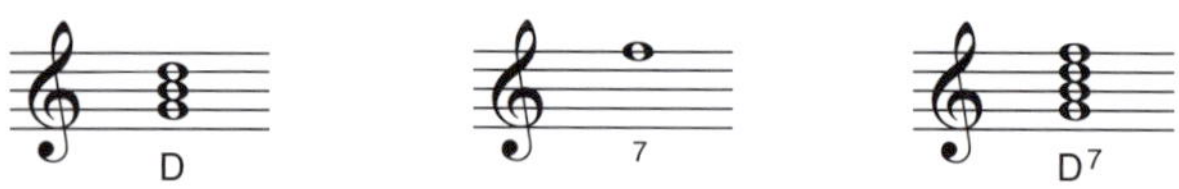

Im D^7 stecken zwei dissonante → 42 Intervalle: eine Septime und eine verminderte Quinte. Beide Dissonanzen drängen nach einer **Auflösung** (= Weiterführung der Stimmen in ein konsonantes Intervall). Die Auflösung geschieht im Übergang zum Tonika-Dreiklang:

In C-Dur:

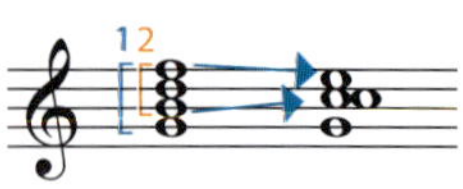

In c-Moll:

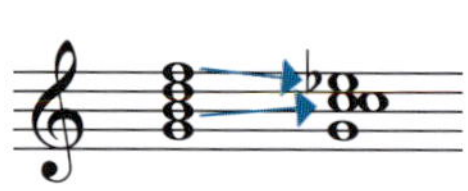

1 = kleine Septime g–f
2 = verminderte Quinte h–f

- Spiele die Akkorde auf einem Instrument und höre, wie sich die Dissonanzen auflösen.
- Auch die Töne im vorletzten Akkord der Partitur auf → 81 bilden zusammen einen Dominantseptakkord. Welche Töne erkennst du und in welchen Schlussakkord lösen sie sich auf?

PDF 14

- Hier kannst du den Umgang mit dem D^7 trainieren und mehr über seine Anwendung erfahren.

Weitere Tonleitern – kurz erklärt

Was sind pentatonische Tonleitern?

Pentatonische Tonleitern haben fünf Töne (von griech. penta = fünf). Es gibt sie in vielen Kulturen. Die meisten pentatonischen Tonleitern haben keine Halbtonschritte und damit auch keinen Leitton. Akkorde, die aus den fünf Tönen gebildet werden, haben keine scharfen Dissonanzen. Deshalb klingt pentatonische Musik meist ziemlich wohlklingend.

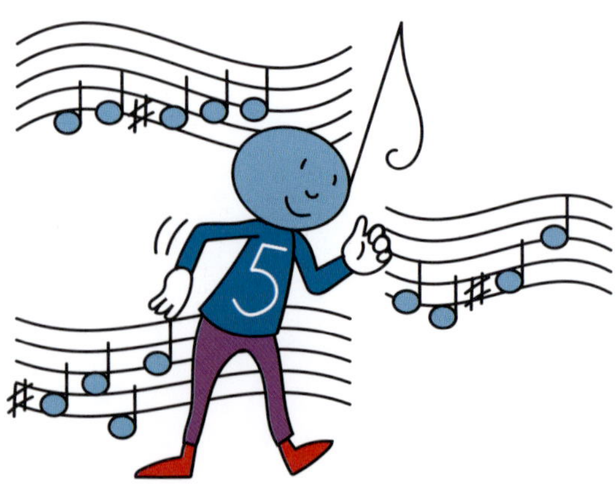

22

There's a Little Wheel

T/M: überliefert aus den USA

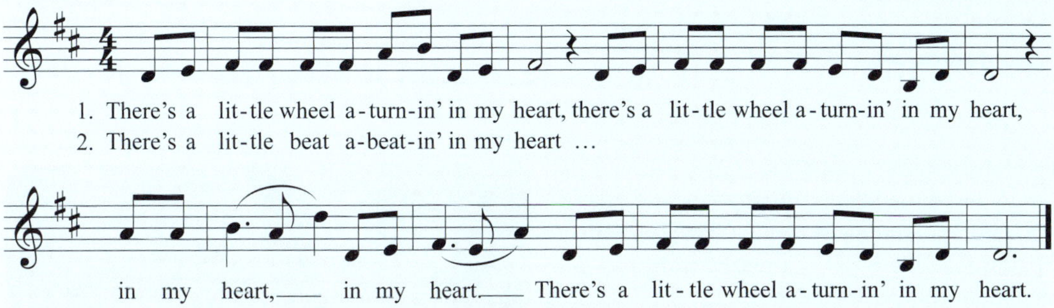

- Welche fünf Töne kommen in der Liedmelodie vor? Mit ihnen kann man das Lied auch begleiten.

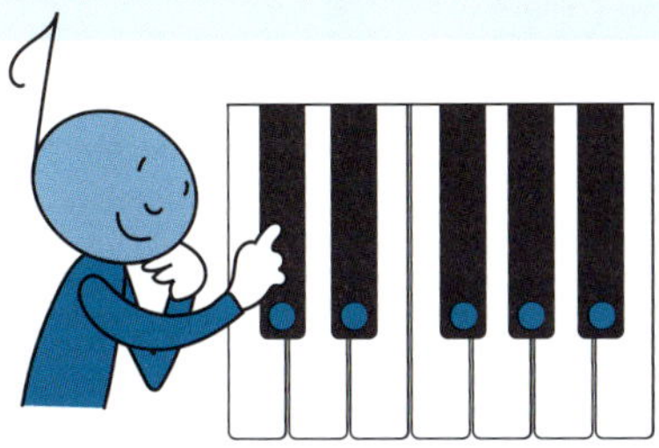

- Auch die Töne auf den schwarzen Klaviertasten bilden zusammen eine pentatonische Tonreihe. Damit kann man leicht improvisieren. Probiere es aus!

Was sind Kirchentonarten?

Kirchentonarten kannte man schon im Mittelalter → 94 ff. Ihre Tonleitern findet man, wenn man von weißen Klaviertasten aus jeweils eine Oktave aufwärts spielt. Ihre Namen stammen aus der altgriechischen Sprache.

Töne	Name
von c bis c	Ionisch (später Dur-Tonleiter genannt)
von d bis d	Dorisch
von e bis e	Phrygisch
von f bis f	Lydisch
von g bis g	Mixolydisch
von a bis a	Äolisch (später natürliche Moll-Tonleiter genannt)

- Wähle eine Kirchentonart aus, deren Klang dich interessiert. Erfinde eine Melodie mit ihren Tönen. Fange beim Grundton an und lasse die Melodie auch darauf enden.

Was ist eine Ganztonleiter?

Eine **Ganztonleiter** hat, wie ihr Name sagt, nur Ganztonschritte. Aus den 12 Tönen der chromatischen Tonleiter lassen sich zwei Ganztonleitern bilden:

Zwei Ganztonleitern	Tonnamen
Von c aus …	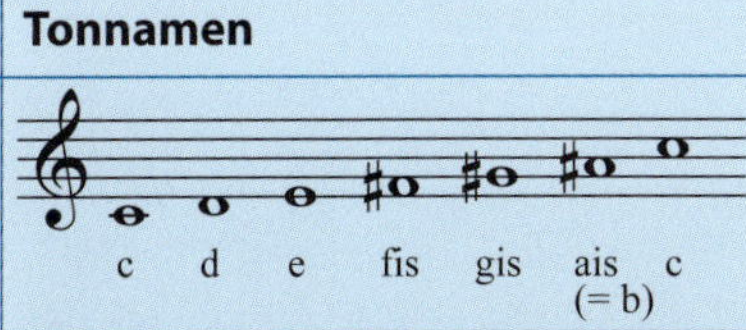
Von des aus …	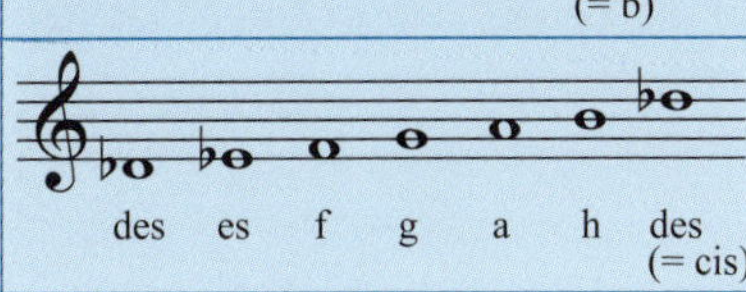

Die Ganztonleiter wurde in Europa von Komponisten des musikalischen Impressionismus → 124 oft eingesetzt.

- Spiele die beiden Ganztonleitern auf einem Instrument und singe die Töne mit.

Musikinstrumente im Überblick

Der Anfang der Musik und die ersten Instrumente

Die Menschen der Frühzeit achteten sehr auf die Klänge der Natur. Klänge, über die sie sich besonders freuten, wurden in ihren Ohren zu **Musik**, z. B. das Plätschern des Schmelzwassers, das den nahenden Frühling ankündigte.

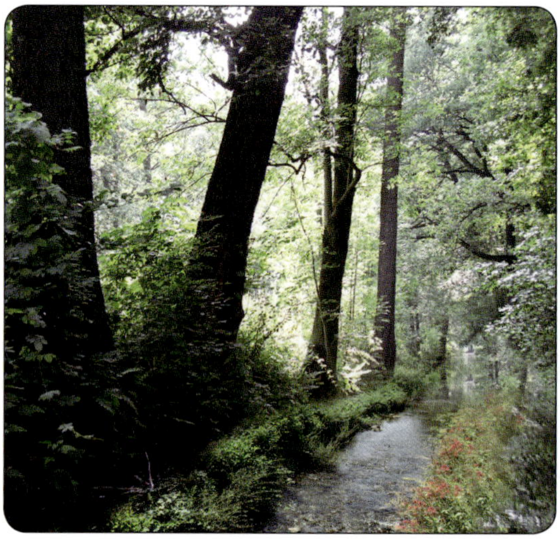

Die Menschen lernten Klänge zu unterscheiden und selbst Klänge zu machen. Mit ihrer **Stimme** erzeugten sie laute und leise, hohe und tiefe, zarte und warnende Laute. Mit den Händen klatschten sie, mit den Füßen stampften und tanzten sie. Sie höhlten Baumstämme aus und trommelten darauf, spannten Tierdärme auf Bögen und zupften daran. Sie bliesen auf Hörnern von Tieren, die sie erjagt hatten. So entstanden die ersten **Musikinstrumente**.

Musikinstrumente früher und heute

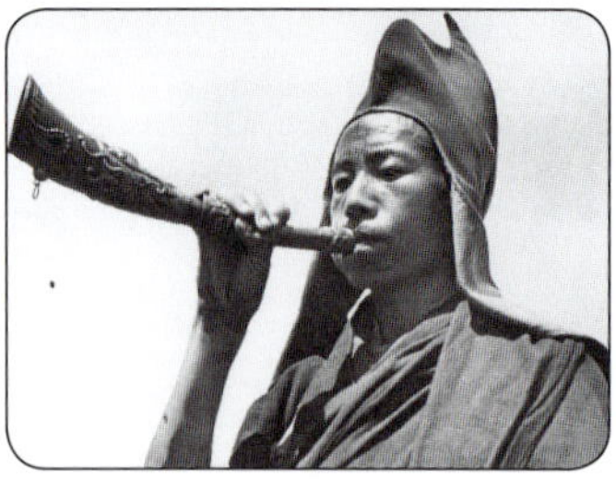

Musikinstrumente sind Werkzeuge, mit denen Menschen Musik machen. Technische Entwicklungen führten zu immer besseren Instrumenten und hatten damit einen wichtigen Einfluss auch auf die Musik.

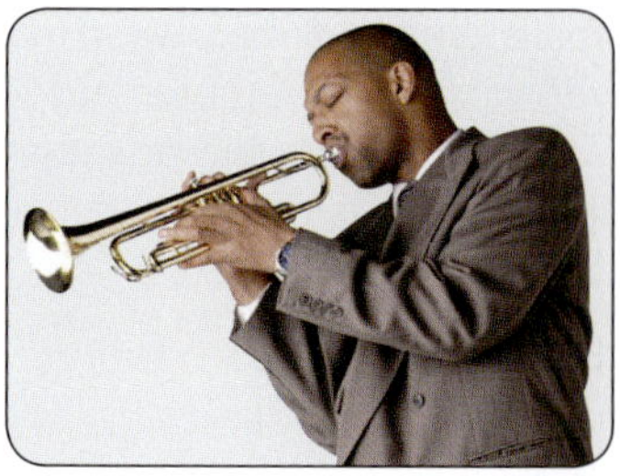

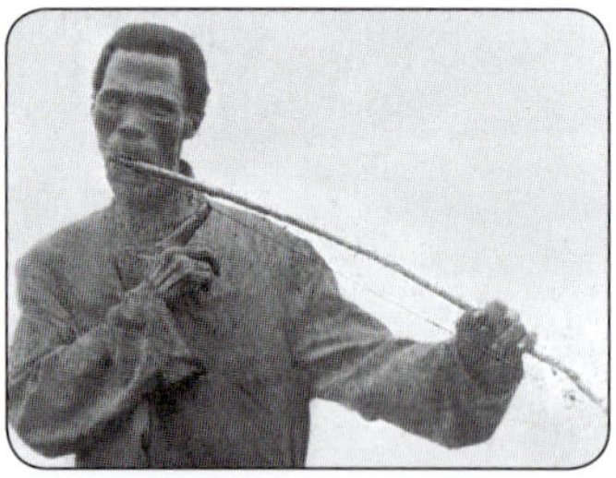

Links siehst du Instrumente, die es schon seit Urzeiten gibt, rechts Instrumente aus unserer Zeit.

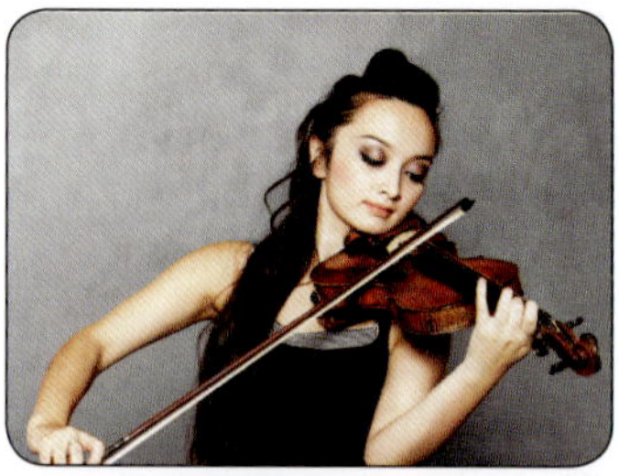

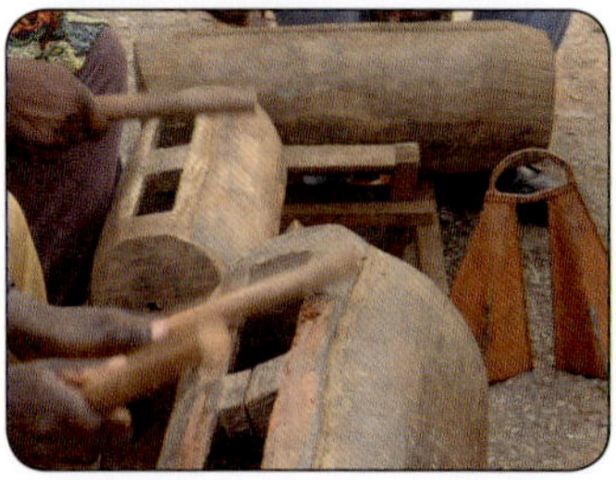

- Worin unterscheiden sich die alten und die neuen Instrumente? Was ist gleich geblieben?

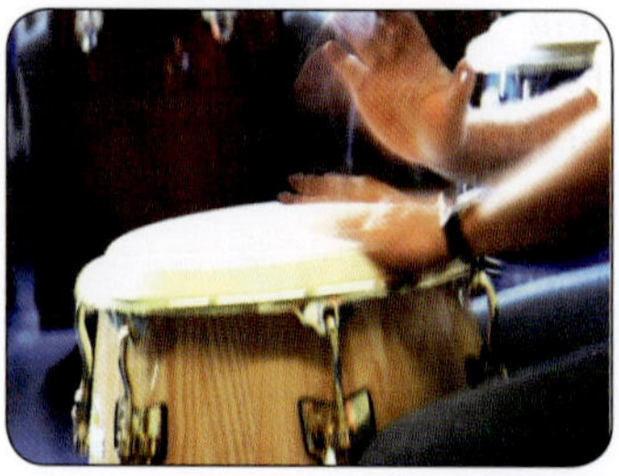

Wie viele verschiedene Instrumente es auf der Welt gibt, weiß niemand genau. Wie kann man Instrumente ordnen und einteilen? Wenn man untersucht, wodurch der Klang entsteht, lassen sich fünf Gruppen bilden:

Gruppen	Wie entsteht der Klang?	Beispiele für Instrumente
Selbstklinger	Ein fester Körper wird zum Klingen gebracht, z. B. durch Anschlagen, Schütteln oder Anblasen.	Becken, Triangel, Rasseln, aber z. B. auch das Akkordeon, in dem Metallzungen schwingen
Fellklinger	Ein gespanntes Fell wird angeschlagen. Das Fell ist heute oft aus Kunststoff.	Trommeln, Pauken
Saitenklinger	Eine Saite wird gestrichen, gezupft oder angeschlagen.	Geige, Gitarre, Klavier
Luftklinger	Eine Luftsäule → 60 wird durch Anblasen in Schwingungen versetzt.	Flöte, Trompete, Orgel
Stromklinger	Schwingungen → 18 werden elektrisch verstärkt oder elektronisch erzeugt.	E-Gitarre, Keyboard, Synthesizer

Oft werden Instrumente auch nach ihrer Spielweise eingeteilt, in **Streichinstrumente**, **Zupfinstrumente**, **Blasinstrumente**, **Schlaginstrumente** und **Tasteninstrumente**.

Streichinstrumente

Die meistgespielten **Streichinstrumente** sind Violine (Geige), Viola (Bratsche), Violoncello (Cello) und Kontrabass. Sie werden seit Jahrhunderten fast unverändert gebaut. Zusammen bilden sie die **Geigenfamilie**.

Die Instrumente der Geigenfamilie decken zusammen einen besonders weiten Tonhöhenbereich ab. Er reicht vom tiefsten Ton des Kontrabasses in der Kontraoktave bis zu den höchsten Tönen der Violine → 26/27. Aus diesem Grund und weil ihre Klänge gut zueinander passen, bilden Geigen, Bratschen, Celli und Kontrabässe seit langem den Grundstock des Orchesters → 76/77.

Klangerzeugung

Die **Saiten** aus Darm oder Metall werden mit Wirbeln gespannt und auf die richtige Tonhöhe gestimmt. Mit den Fingern der linken Hand werden die Saiten auf das Griffbrett gedrückt. Dabei werden sie verkürzt und die gewünschten Tonhöhen gebildet. Weil das Griffbrett (anders als z. B. bei der Gitarre → 58) keine Unterteilungen hat, muss man sehr genau hören und greifen, um „saubere" Töne zu erzeugen.

Die rechte Hand führt den **Streichbogen**. Er ist mit Pferdehaaren bespannt. Für das Auge unsichtbare Häkchen an der Haaroberfläche bringen die Saite zum Schwingen. Das Einstreichen der Bogenhaare mit **Kolophonium**, einem Baumharz, macht Haare und Saiten griffiger.

Die Violine	Wie heißen die Teile?	Bogen

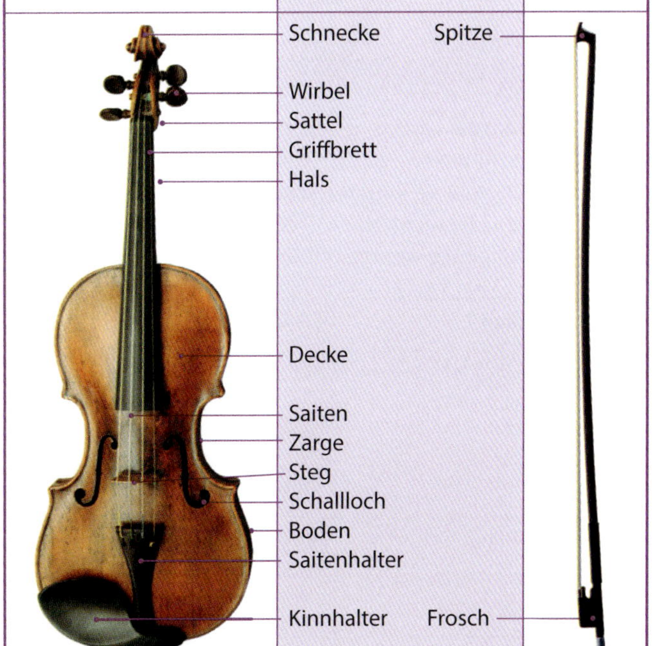

Stimmung der Saiten und Spieltechnik

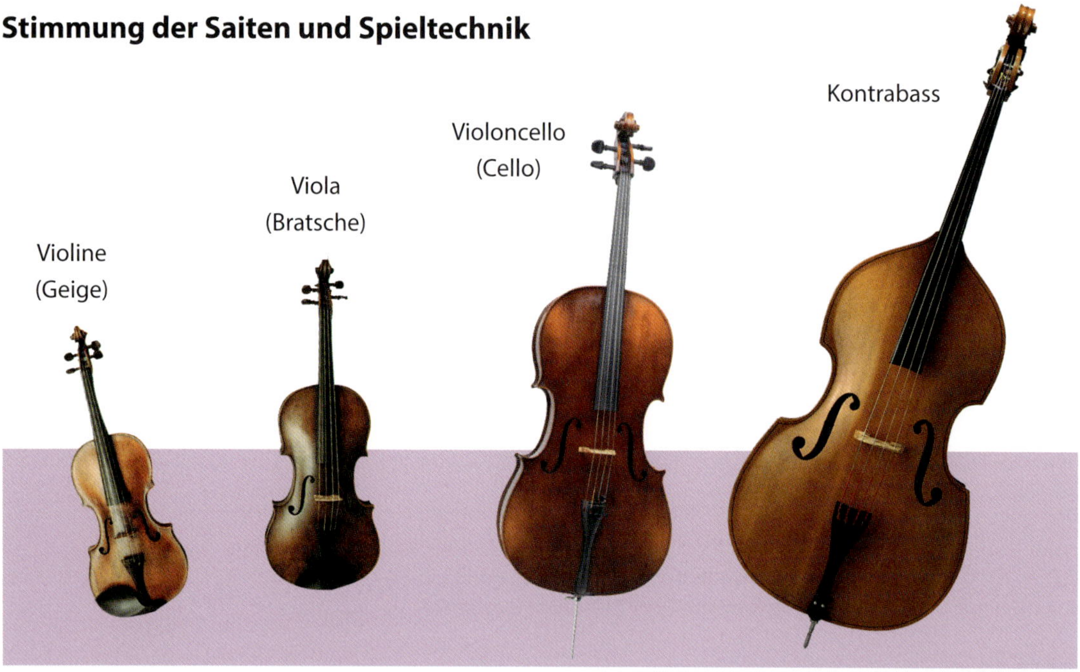

Die Saiten von Violine, Viola und Violoncello sind in Quinten → 42 gestimmt, beim Kontrabass meist in Quarten. Die Saiten haben folgende Töne:

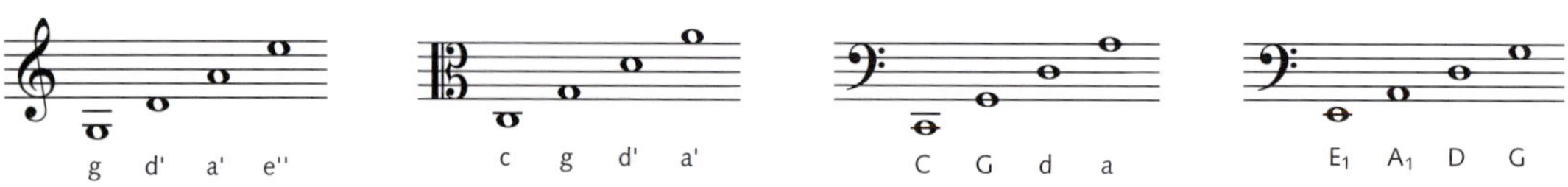

Der Bratschenschlüssel ist ein C-Schlüssel. Er legt den Ton c' auf der 3. Linie fest.

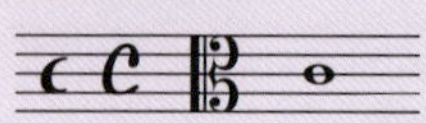

Beim Kontrabass klingen die Saiten eine Oktave tiefer als notiert.

Ein **Notenschlüssel** wird so gewählt, dass häufig gespielte Töne im Bereich der Notenlinien stehen und nicht zu viele Hilfslinien → 26/27 notwendig sind. Die Instrumente der Geigenfamilie sind dafür ein gutes Beispiel: Obwohl sie in unterschiedlichen Tonlagen spielen, erfordert die Notation der Töne der leeren Saiten (= Saiten, die nicht durch Greifen verkürzt sind und über die ganze Länge vom Sattel bis zum Steg schwingen) nur einige wenige Hilfslinien.

Spieltechniken	Erklärung
arco	mit dem Bogen streichen
pizzicato (pizz.)	zupfen
col legno	Saite mit Bogenstange anschlagen
Flageolett	Greiffinger nur leicht auflegen; ein leiser, flötenartiger Ton entsteht
Doppelgriff	zwei Töne (auf zwei Saiten) gleichzeitig greifen und spielen

- Welche Musik mit Streichinstrumenten kennst du? Zu welchem Musikbereich → 126 gehört sie?

Hörtipps
- Violine: *Violinkonzert e-Moll* von Felix Mendelssohn Bartholdy
- Viola: *Violakonzert in D-Dur* von Georg Philipp Telemann
- Violoncello: *Der Schwan* aus *Der Karneval der Tiere* von Camille Saint-Saëns
- Kontrabass: *Der Elefant* aus *Der Karneval der Tiere* von Camille Saint-Saëns

Weitere Streichinstrumente

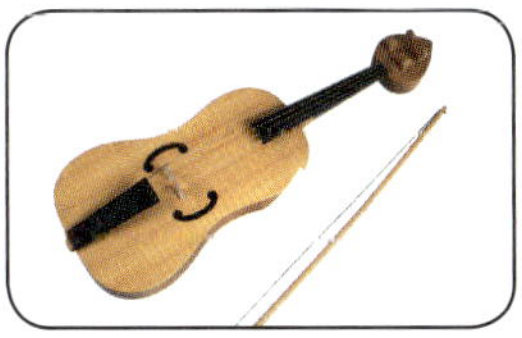
Fidel

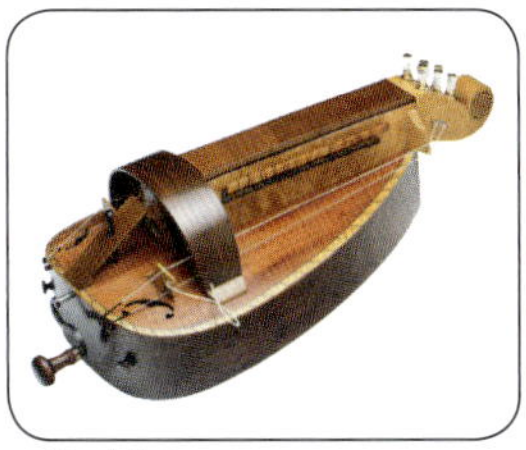
Drehleier

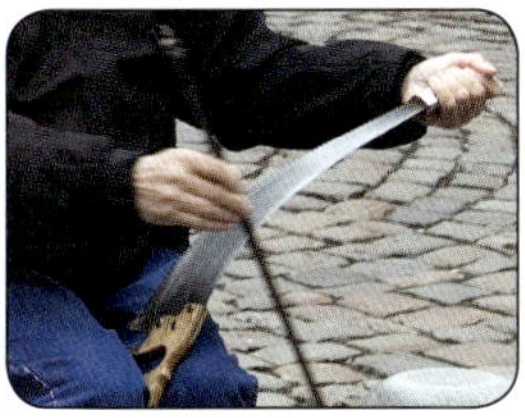
Singende Säge

Die **Fidel** ist ein Streichinstrument aus dem Mittelalter mit einem flachen Boden. Sie ist ein Vorläufer der Violine.

Auch die **Drehleier** entstand im Mittelalter. Ihre Saiten werden von einem Reibrad angestrichen, das mit einer Kurbel gedreht wird. Es gibt Saiten, die auf einem Ton anhaltend klingen, und Saiten, auf denen eine Melodie gespielt werden kann.

Die **Gambe** war in der Barockzeit sehr beliebt. Man hält sie auf oder zwischen den Knien. Über das Griffbrett gespannte Bünde → unten erleichtern das Greifen. Gamben gibt es in verschiedenen Größen und Tonlagen.

Die **Singende Säge** wird mit einem Bogen gestrichen. Sie ist ein lustig klingendes „Effektinstrument" → 68.

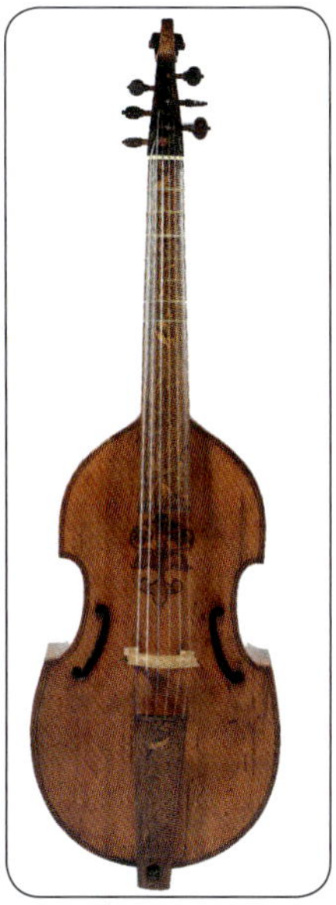
Gambe

- Wie klingt eine Fidel, eine Drehleier, eine Gambe oder eine Singende Säge? Finde im Internet Beispiele!

Zupfinstrumente

Klangerzeugung

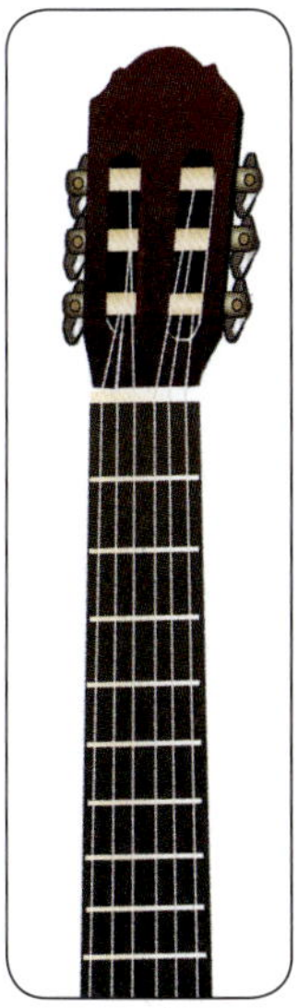

Die Saiten werden mit den Fingern (Fingernägeln), mit einem **Plektrum** (= Plättchen) oder mit **Fingerpicks** gezupft bzw. angerissen. Durch Drücken der Saiten auf das Griffbrett wird die Länge der schwingenden Saite und damit die Tonhöhe verändert.

Das Greifen der richtigen Tonhöhe wird häufig durch **Bünde** (= feste Unterteilungen des Griffbretts unter den Saiten) erleichtert. Wird die Saite vor einem Bund gegriffen, schwingt sie genau von diesem Bund aus bis zum Steg → 58.

Zupfinstrumente gehören zu den ältesten Instrumenten der Menschheit. Einfache Formen findet man bis heute in verschiedenen Kulturen. Ein Beispiel ist der **Berimbao**, ein Musikbogen, der in der brasilianischen Volksmusik beliebt ist. Seine Drahtsaite wird mit einem Stöckchen angeschlagen. Eine ausgehöhlte Kürbisfrucht verstärkt den Klang.

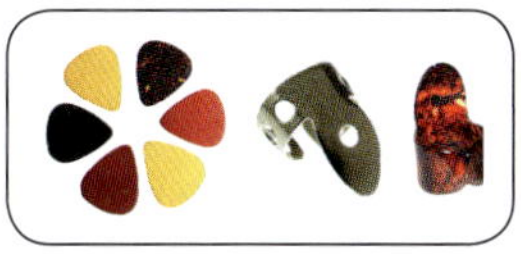

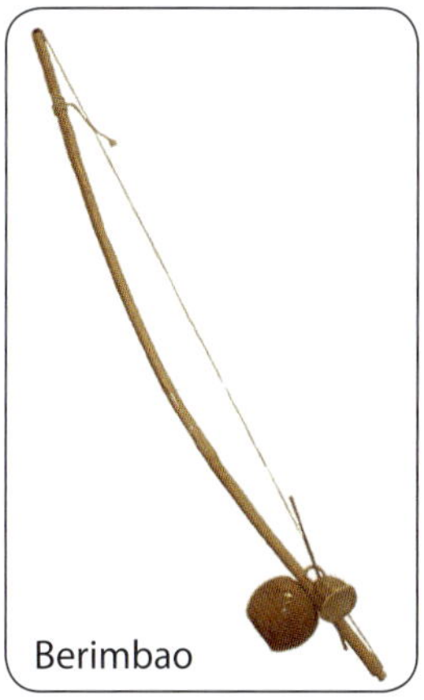
Berimbao

Gitarre

Die **Gitarre** ist das bei uns am häufigsten gespielte Zupfinstrument. Die Heimat der **Konzertgitarre** ist Spanien. In der Stadt Sevilla erhielt die Gitarre im Jahr 1850 ihre heutige Form.

Die sechs Saiten sind wie folgt gestimmt:
E – A – d – g – h – e'.

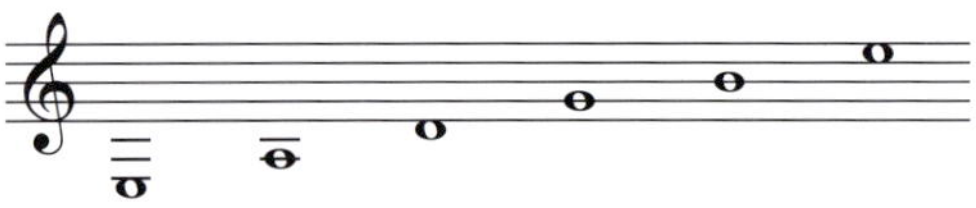

Die Töne der Gitarre klingen eine Oktave tiefer, als sie notiert werden.

Die Gitarre	Wie heißen die Teile?
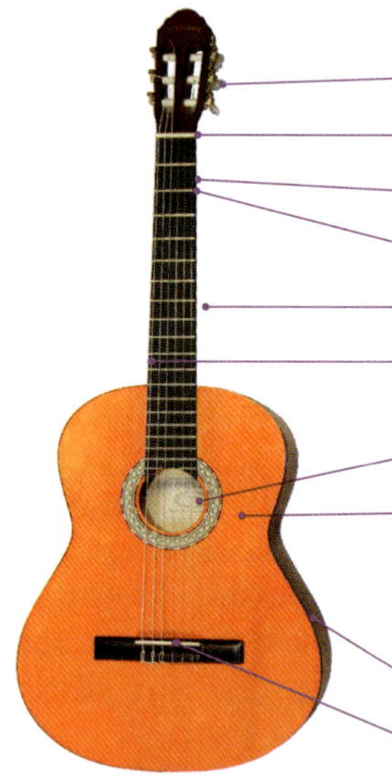	Wirbel Sattel Bünde Bundstäbchen Hals mit Griffbrett Saiten (Nylon, teils umwickelt) Schallloch Körper – oben: Decke – unten: Boden Zarge Steg

Als Begleitung zu Liedern werden auf der Gitarre am einfachsten Akkorde gespielt. Dabei werden die Saiten mit der linken Hand gegriffen und mit der rechten Hand aufwärts und abwärts geschlagen, z. B.:

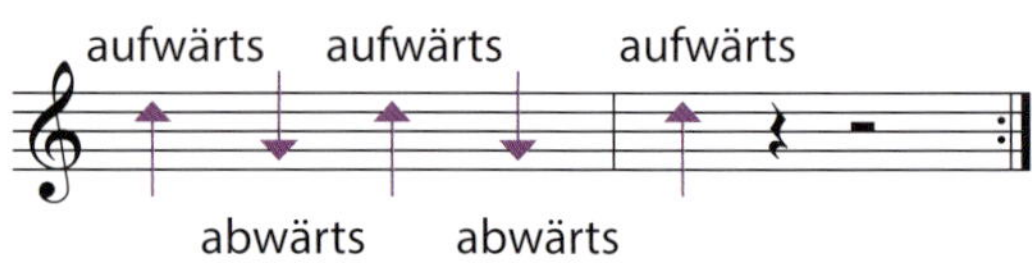

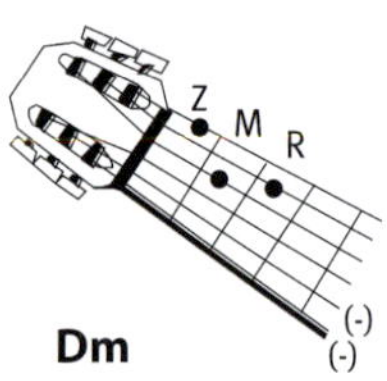

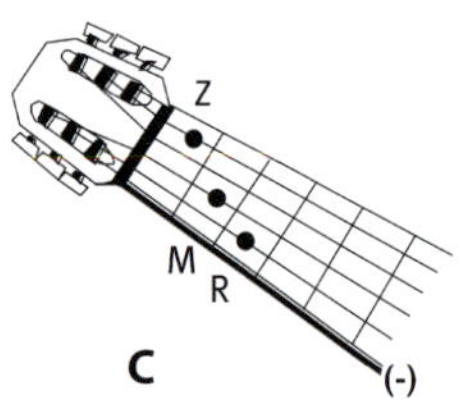

Gitarrengriffe können z. B. so dargestellt werden:
● = Saite mit Finger der linken Hand drücken
Z = Zeigefinger
M = Mittelfinger
R = Ringfinger
(-) = Saite nicht anschlagen

Auf → 41 findest du weitere Gitarrengriffe. Du kannst damit die Lieder in diesem Buch begleiten.

Schwieriger zu lernen ist der Stil der Konzertgitarre. Dabei werden Einzeltöne, Melodien und sogar mehrstimmige Begleitungen gegriffen und gezupft.

Weitere Instrumente der Gitarrenfamilie

E-Gitarre	Beschreibung	Ukulele	Beschreibung
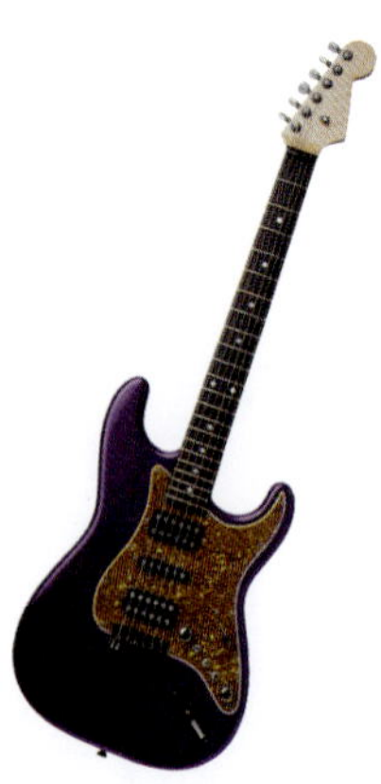	Tonabnehmer auf dem Korpus wandeln die Schwingungen der Saiten in elektrische Schwingungen um, die dann in einen Verstärker geleitet werden. Es gibt Instrumente mit einem Vollholz-Körper (= solid body) und andere mit flachem Resonanzkörper.	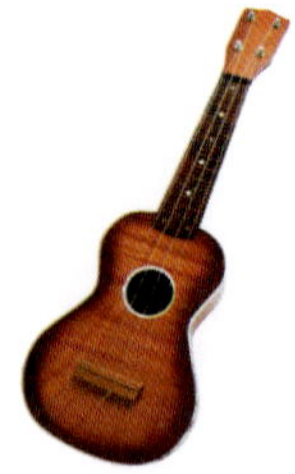	Dieses kleine Gitarreninstrument hat vier Saiten und eignet sich besonders für die Liedbegleitung. Der Name „Ukulele" stammt von der Insel Hawaii, auf der das Instrument sehr populär wurde. „Ukulele" bedeutet „hüpfender Floh".

Western-Gitarre	Beschreibung	E-Bass	Beschreibung
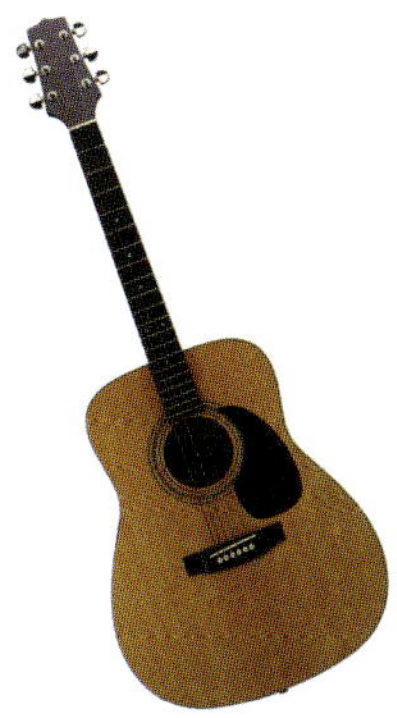	Die Western-Gitarre hat Stahlsaiten. Ihr Resonanzkörper ist etwas größer und weniger eingebuchtet als bei der Konzertgitarre.	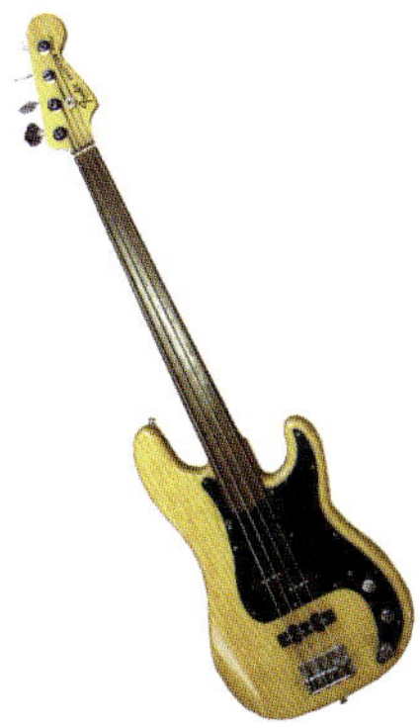	Der E-Bass hat vier oder fünf Saiten und normalerweise Bünde. Er ist wie der Kontrabass → 56 gestimmt. Ein Fretless Bass hat keine Bünde (s. Abbildung).

Spieltechniken	Erklärung
Schlagen (strumming)	Die Saiten werden durch Auf- und Abschlag der rechten Hand zum Klingen gebracht.
Zupfen (picking)	Die Saiten werden einzeln mit den fünf Fingern der rechten Hand gezupft.
Slap-Technik	Die Saiten werden mit dem Daumen der rechten Hand geschlagen (nicht angezupft) und mit den Fingern auch angerissen.
Spiel mit Kapodaster	Eine Klammer (Kapodaster) wird an passender Stelle quer über alle Saiten gespannt, die dadurch alle höher klingen. Damit kann man manche Tonarten leichter spielen.

- Welche Musik, in denen die Gitarre eine große Rolle spielt, kennst du? Zu welchem Musikbereich → 126 gehört sie?

Hörtipps

- *Etüden für Gitarre* von Fernando Sor (klassische Gitarre)
- *Suite Populaire Brésilienne* von Heitor Villa-Lobos (spanische Gitarre)
- *Concierto de Aranjuez* von Joaquín Rodrigo (spanische Gitarre und Orchester)
- *Fuente y caudal* von Paco de Lucia (spanische Gitarre, Flamenco)
- *Four on Six* von Wes Montgomery (E-Gitarre, Jazz)
- *All Along the Watchtower* von Jimi Hendrix (E-Gitarre, Rockmusik)

Weitere Zupfinstrumente

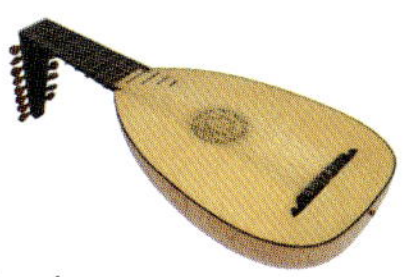
Laute

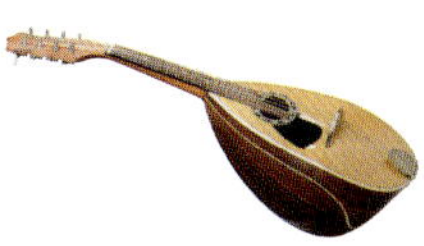
Mandoline

Die **Laute** wurde in der Renaissance und im Barock viel gespielt → 48. Sie hat einen bauchigen Boden und einen abknickenden Wirbelkasten.

Die **Mandoline** stammt aus Italien. Ihr Korpus ist bauchig. Im Mandolinen-Orchester spielen Mandolinen verschiedener Größen zusammen.

Die **Bağlama** (Saz) ist ursprünglich in der Türkei zu Hause.

Das **Banjo** stammt aus Afrika und den USA. Es hat vier bis fünf Saiten und als Korpus einen Metallrahmen, der auf beiden Seiten mit Fell bespannt ist.

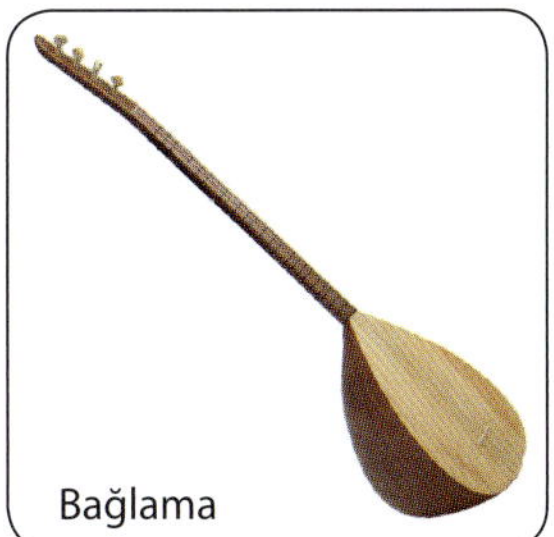
Bağlama

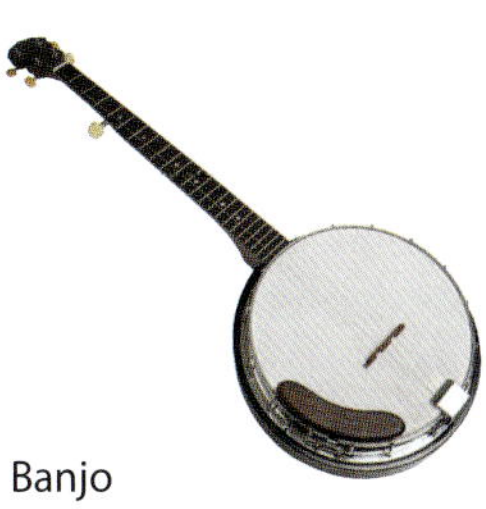
Banjo

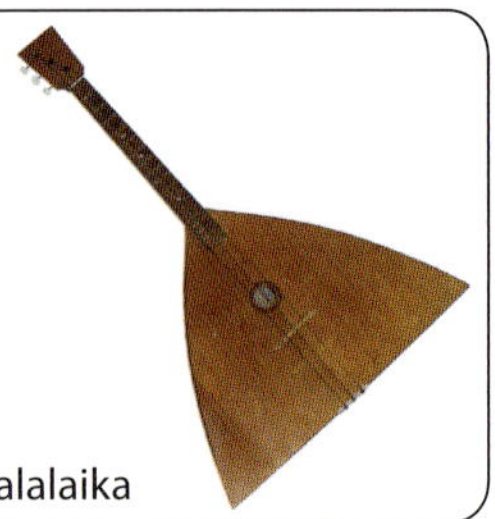
Balalaika

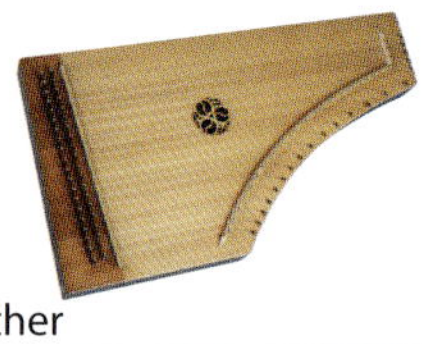
Zither

Die **Balalaika** aus Russland wird mit einem Plektron gespielt. Man erkennt sie an ihrem dreieckigen Körper.

Die **Zither** wird in verschiedenen Formen gebaut. Ihre musikalische Heimat ist die Volksmusik → 126.

Die Saiten der **Harfe** werden nicht gegriffen – jede Saite spielt also nur einen Ton. Die Konzertharfe ist das einzige Zupfinstrument, das im Sinfonieorchester mitspielt → 76. Mit ihren Pedalen kann jede Saite um ein oder zwei Halbtöne nach oben gestimmt werden. So wird das Spiel in allen Tonarten möglich.

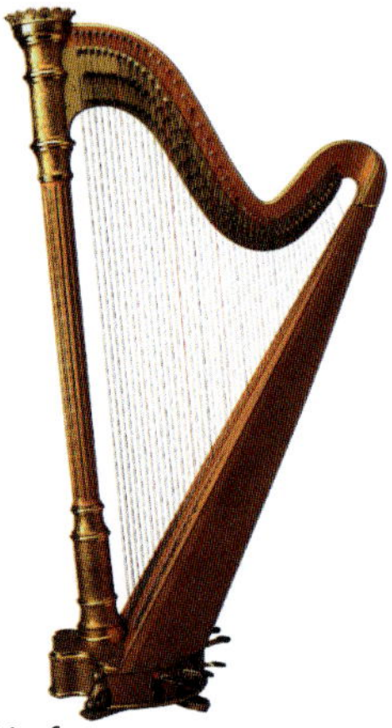
Harfe

Holz- und Blechblasinstrumente

Blasinstrumente werden in **Holzblasinstrumente** und **Blechblasinstrumente** eingeteilt. Entscheidend ist, von welchem Material die Tonerzeugung ausgeht.

Als Holzblasinstrumente gelten auch:
- die **Flöte** (Querflöte), weil sie Jahrhunderte lang aus Holz angefertigt wurde. Heute besteht sie meist aus Neusilber oder Silber.
- das **Saxofon**, weil der Ton mit einem Rohrblatt (Schilfrohr) erzeugt wird, das auf dem Mundstück schwingt. Der Instrumentenkörper und die Klappen bestehen aus Messing.

Klangerzeugung

Bei allen Blasinstrumenten bildet sich der Ton durch die Schwingungen einer **Luftsäule** im Inneren eines Rohres. Die Tonhöhe ist abhängig von der Länge und der inneren Weite des Rohrs, in dem die Luft schwingt.

Nur bei wenigen Instrumenten klingt stets das ganze Rohr, z. B. bei der **Panflöte**. Hier hat jedes Rohr eine andere Länge und damit eine andere Tonhöhe. Je kürzer das Rohr, desto höher der Ton!

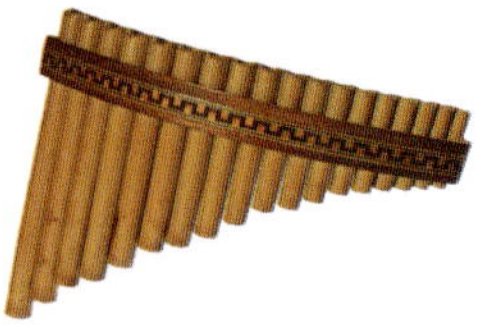
Panflöte

Viele Blasinstrumente haben **Grifflöcher**, durch welche die Länge der schwingenden Luftsäule verändert werden kann. **Klappen** können das Greifen erleichtern. Blechblasinstrumente haben oft **Ventile** → 62.

An der Blockflöte lässt sich gut beobachten, wie das Öffnen und Schließen der Grifflöcher mit den Fingern die Tonhöhe verändert. Je nachdem, welches Loch geöffnet ist, wird die schwingende Luftsäule kürzer oder länger und der Ton höher oder tiefer.

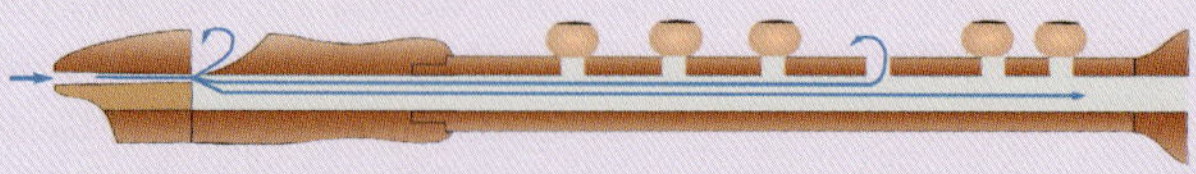

- Versuche über den Rand einer Flasche so zu blasen, dass ein Ton entsteht.
- Mit welcher Lippenstellung geht das am besten?
- Wie verändert sich der Ton, wenn in die Flasche Wasser gefüllt wird? Wie lässt sich das erklären?

Holzblasinstrumente	Name	Tonerzeugung	Verwandte Instrumente
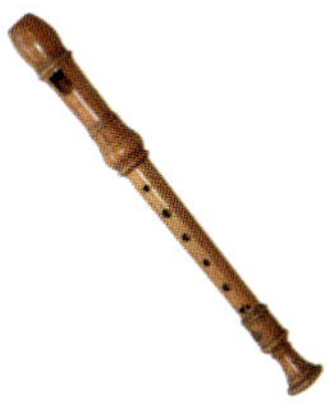	**Blockflöte**	Der Luftstrom wird im Mundstück an eine Schneide geführt und dort gespalten. Dabei wird die Luftsäule in Schwingungen versetzt. 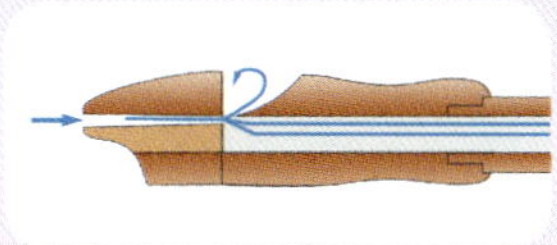	Blockflöten gibt es in verschiedenen Größen und Tonlagen. Zur **Blockflötenfamilie** gehören: ● Garkleinflötlein, ● Sopranino, ● Sopranflöte, ● Altflöte, ● Tenorflöte, ● Bassflöte.
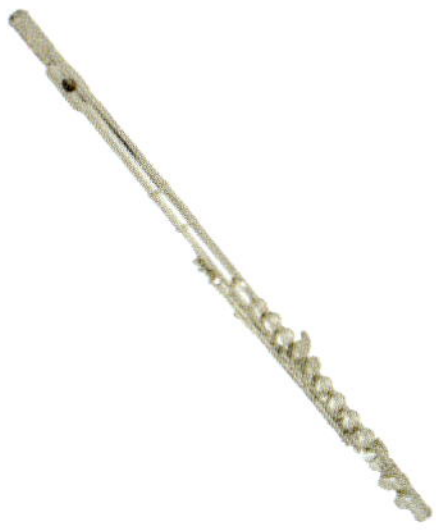	**Flöte** (= Querflöte)	Der Luftstrom wird am Anblasloch an einer Kante gespalten; die Luftsäule kommt dabei zum Schwingen. 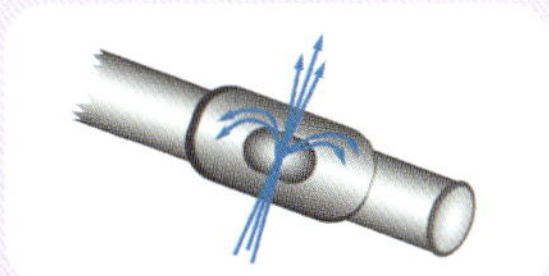	Die **Piccoloflöte** (= kleine Flöte) ist das Orchesterinstrument mit den höchsten Tönen. 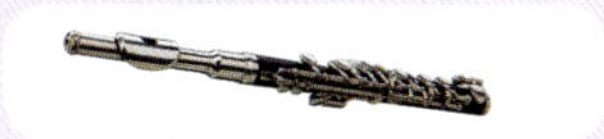 Die **Traversflöte** ist eine Vorläuferin der heutigen Querflöte. Sie besteht aus Holz und hat eine Klappe.
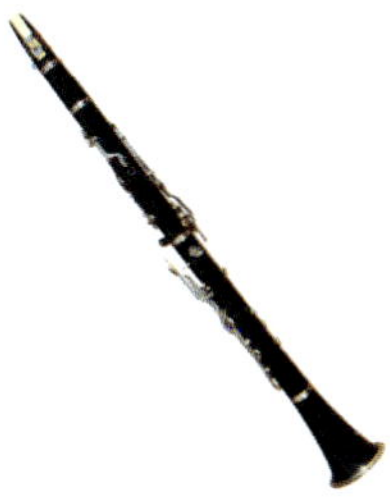	**Klarinette**	Beim Anblasen vibriert ein einfaches **Rohrblatt** (= dünnes Blatt aus Schilfrohr) und regt damit die Luftsäule zum Schwingen an. 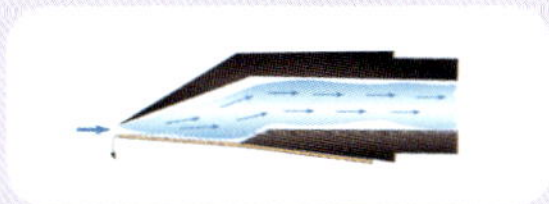	Die **Bassklarinette** ist eine große Verwandte der Klarinette mit tiefem Klang. 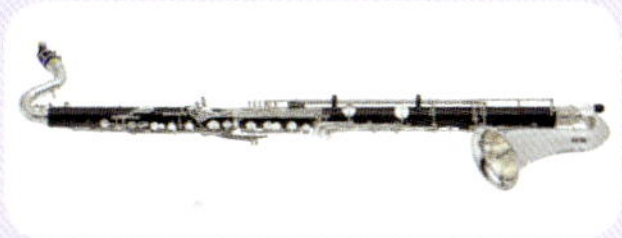
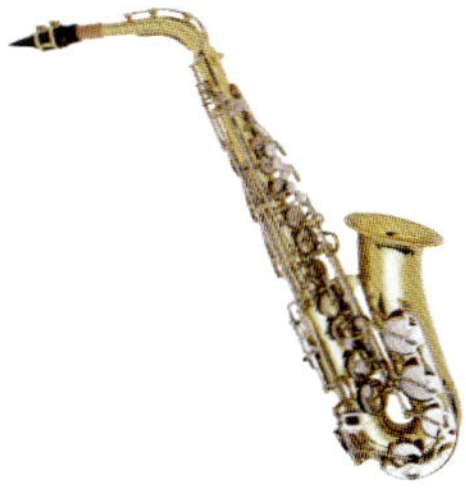	**Saxofon**	Die Tonerzeugung erfolgt wie bei der Klarinette mit einem einfachen Rohrblatt. 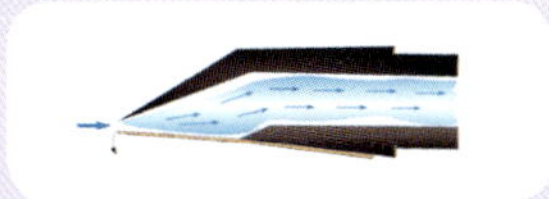	Zur **Saxofonfamilie** gehören: ● Sopransaxofon, ● Altsaxofon, ● Tenorsaxofon, ● Basssaxofon.
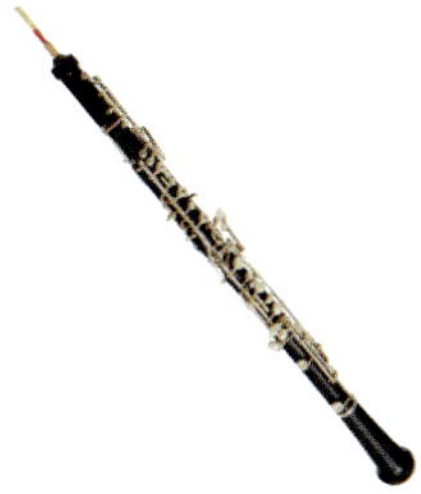	**Oboe**	Die Tonerzeugung geht von einem doppelten Rohrblatt aus. Die Rohrblätter schwingen beim Anblasen gegeneinander. 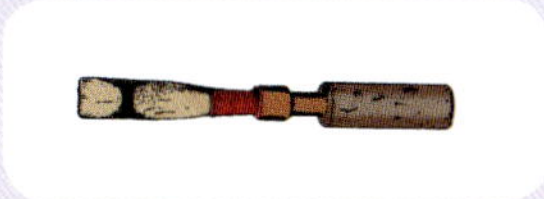	Die **Oboe d'amore** hat einen birnenförmigen Schallbecher. Sie klingt weich, lieblich und etwas tiefer als die Oboe. Ähnlich auch das **Englischhorn**. Der birnenförmige Schallbecher ergibt ebenfalls einen warmen, klaren Klang.
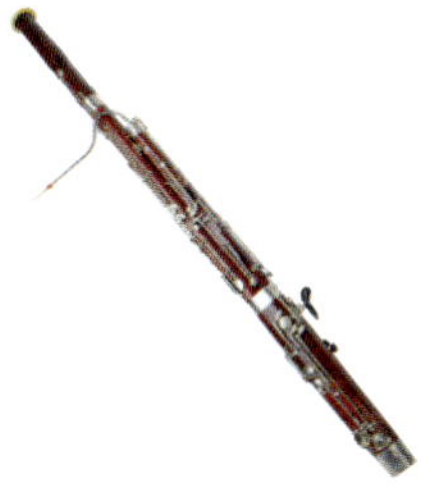	**Fagott**	Die Tonerzeugung erfolgt wie bei der Oboe mit einem doppelten Rohrblatt. 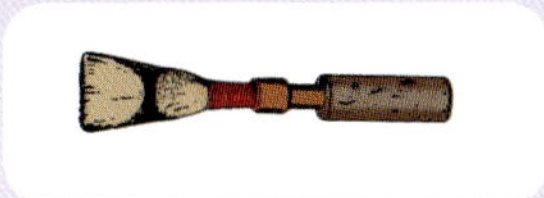	Das **Kontrafagott** ist das tiefste Holzblasinstrument im Orchester. Sein Rohr ist doppelt so lang wie das Fagottrohr und zweimal „gefaltet". 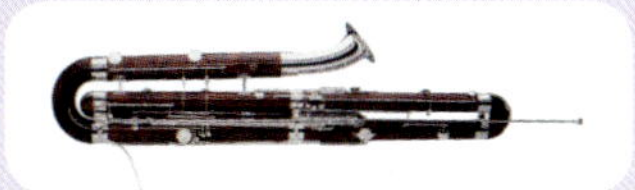

- Welche Musik mit Holzblasinstrumenten kennst du? Zu welchem Musikbereich gehört sie?

Hörtipps
- *Sonate C-Dur TWV 41 für Blockflöte* von Georg Philipp Telemann
- *Badinerie* aus der *Orchestersuite Nr. 2 in h-Moll* von Johann Sebastian Bach (Querflöte)
- *Konzert für Klarinette und Orchester Nr. 2 Es-Dur* (3. Satz) von Carl Maria von Weber
- *Konzert für Oboe und Orchester d-Moll* von Johann Sebastian Bach
- *Symphonie e-Moll „Aus der Neuen Welt"* (Beginn des 2. Satzes) von Antonín Dvořák (Englischhorn)
- *Sonate f-Moll für Fagott* von Georg Philipp Telemann
- *Quartett für vier Saxofone* von Jean Françaix

Beim Spiel von Blechblasinstrumenten werden die gespannten Lippen an ein Mundstück angelegt. Wird durch die Lippen Luft gepresst, schwingen sie und regen damit die Luftsäule im Instrument zum Schwingen an.

Durch eine Veränderung der Lippenspannung können verschiedene **Naturtöne** erzeugt werden. Das erfordert viel Übung.

So klingen die ersten Naturtöne auf einer B-Trompete:

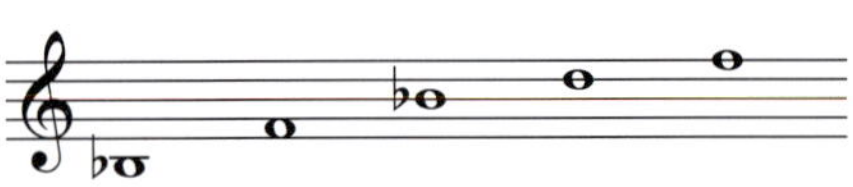

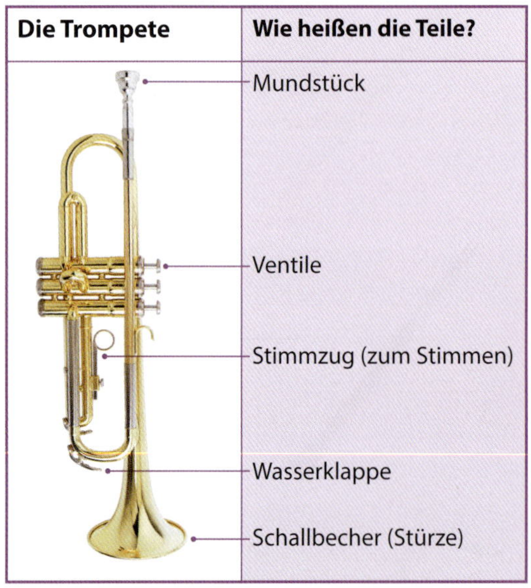

Die Tonhöhe kann auch verändert werden, indem die Luftröhre durch den Einsatz von Ventilen verlängert oder verkürzt wird:

Ventile sind kurze Rohrstücke, die hinzu- oder weggeschaltet werden und die Luftröhre damit verlängern oder verkürzen. Die Zeichnung rechts zeigt: Ventil 1 ist gedrückt, der blau gezeichnete Bogen ist zugeschaltet, der Ton klingt tiefer.

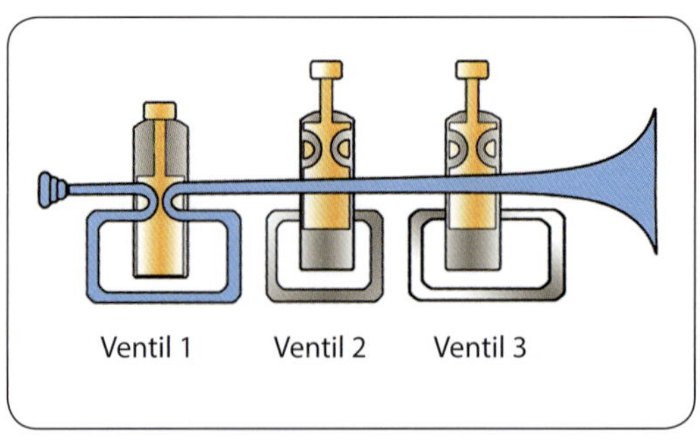

Bei der Posaune lässt sich die Luftsäule durch das **Zugrohr** gleitend verlängern oder verkürzen.

Beim Horn kann zu diesem Zweck eine Hand in den Schallbecher eingeführt werden (= „Stopfen").

- Versuche auf einem Schlauchstück Töne zu blasen und durch Anspannen der Lippen die Tonhöhe zu verändern.

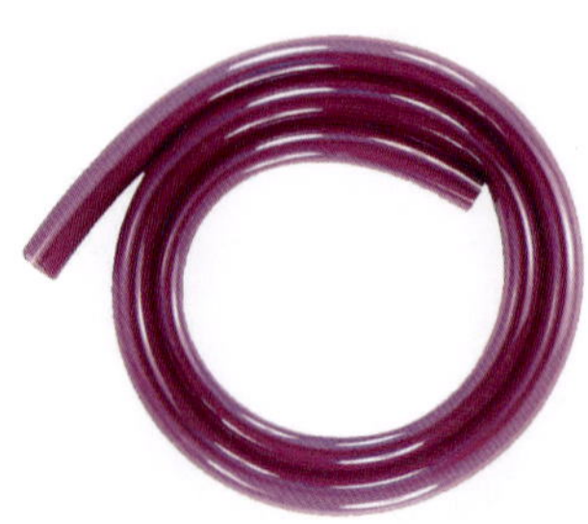

Blechblas-instrumente	Name	Baumerkmale	Verwandte Instrumente
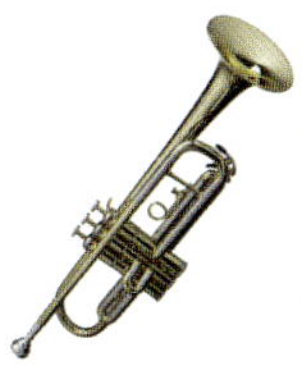	**Trompete**	Die **Trompete** hat vom Mundstück bis zum Schallbecher ein nahezu gleichbleibend weites Rohr. Die Ventile erlauben das Spiel aller Halbtöne.	Die **Bachtrompete** ist eine kleine Trompete, auf der auch hohe Töne leicht gespielt werden können. Das ist besonders für Barockmusik wichtig. 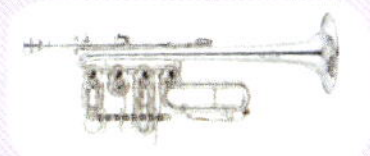 Das **Flügelhorn** ist etwas größer als die Trompete. Es klingt weicher und tiefer.
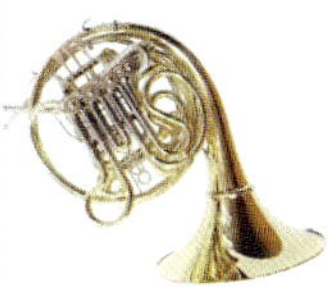	**Horn** (= Waldhorn)	Beim **Waldhorn** nimmt der Durchmesser des Rohres vom Mundstück bis zum Schallbecher zu. Das ausgerollte Rohr wäre ungefähr 3,70 Meter lang!	Ein **Naturhorn** (Jagdhorn) hat keine Ventile. 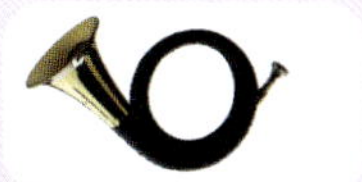 Unterschiedliche Tonhöhen können nur durch Veränderung der Lippenspannung erzeugt werden.
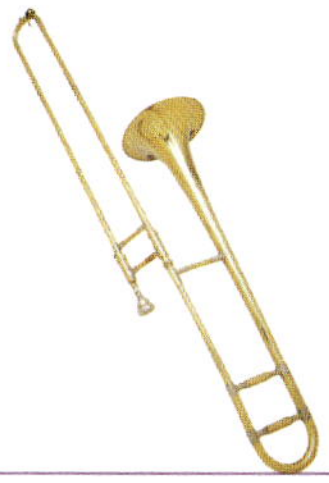	**Posaune**	Die **Posaune** hat ein Zugrohr zur Veränderung der Tonhöhe.	**Posaunen** gibt es in verschiedenen Größen. Am gebräuchlichsten ist die Tenorposaune.
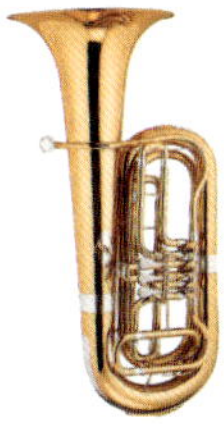	**Tuba** (Basstuba)	Die **Tuba** ist der Bass der Blechblasinstrumente. Ihr Rohr ist in mehreren Bögen geformt. Ausgerollt wäre es über fünf Meter lang!	Das **Tenorhorn** ist eine kleine Tuba. Sein Tonumfang beginnt, wie der Name sagt, ungefähr in der Tenorlage → 84. Das **Sousafon** ist größer als die Basstuba und klingt tiefer. 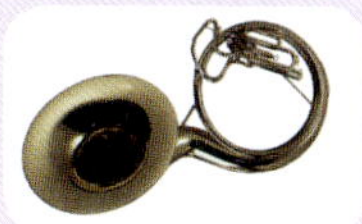

Besondere Spieltechniken	Erklärung
Flatterzunge	Die Zunge flattert beim Anblasen am Gaumen, dabei wird der Ton in sehr schneller Folge unterbrochen.
Sputato	Sehr kurzes, hartes Anblasen mit Zungen- und Zwerchfellstößen.
Whistle Sounds	Geheimnisvoll klingende Töne, die entstehen, wenn man in das Mundstück nicht bläst, sondern stimmlos hineinspricht oder flüstert.
Multiphonics	Mehrere Töne gleichzeitig, z. B. durch gleichzeitiges Spielen und Singen.
Zirkelatmung	Atemtechnik, mit der auch während des Einatmens gespielt werden kann.
Klappengeräusche	Geräusche mit Klappen (ohne Tonerzeugung durch den Atem).

- Welche Musik mit Blechblasinstrumenten kennst du? Zu welchem Musikbereich → 126 gehört sie?

Hörtipps

- *Trompetenkonzert Es-Dur,* 3. Satz, von Joseph Haydn
- *The Good Life* von Till Brönner (Jazztrompete)
- *Konzert für Horn und Orchester Nr. 4 Es-Dur KV 495,* 3. Satz, von Wolfgang Amadeus Mozart
- *Sequenza V für Posaune* von Luciano Berio
- *Konzert für Tuba und Orchester f-Moll* von Ralph Vaugham Williams

Weitere Blasinstrumente

Blasinstrumente aus dem Mittelalter → 94 ff. und der Renaissance → 96 ff. werden wegen ihres besonderen Klanges auch heute wieder gebaut und gespielt. Die **Schalmei** hat ein Doppelrohrblatt und einen lauten, oft näselnden Klang. Das **Krummhorn** klingt sanft und manchmal schnarrend. Sein Doppelrohrblatt ist meistens in einer „Windkapsel" verborgen. Auch den **Dudelsack** gab es schon im Mittelalter. Der Luftsack wird während des Spiels immer wieder aufgeblasen; gleichzeitig wird daraus Luft in die Pfeifen gedrückt. Aus einigen Pfeifen klingt nur ein Ton. Auf einer Pfeife mit Grifflöchern können Melodien gespielt werden.

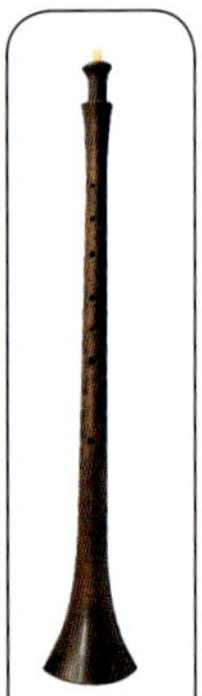
Schalmei

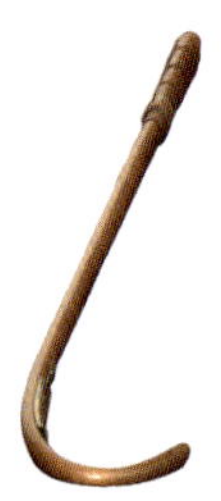
Krummhorn

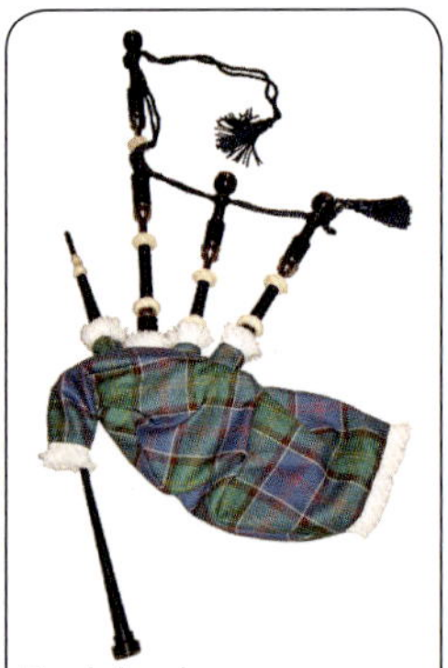
Dudelsack

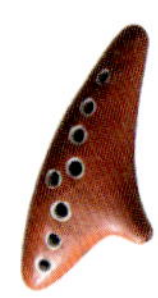
Okarina

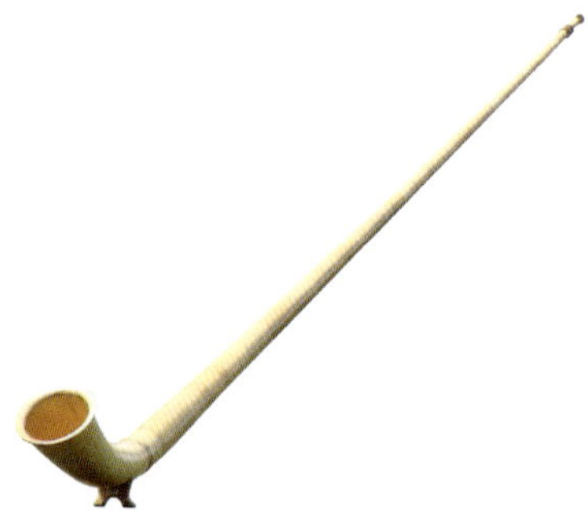
Alphorn

Die **Okarina** ist ein kleines Tongefäß mit Mundstück und Grifflöchern. Das **Alphorn** kann bis zu vier Meter lang sein. Nur Naturtöne → 62 können darauf gespielt werden.

- Wie klingt eine Schalmei, ein Krummhorn, eine Okarina …? – Beispiele findest du im Internet.

EUROVISIONSMUSIK VON MARC-ANTOINE CHARPENTIER

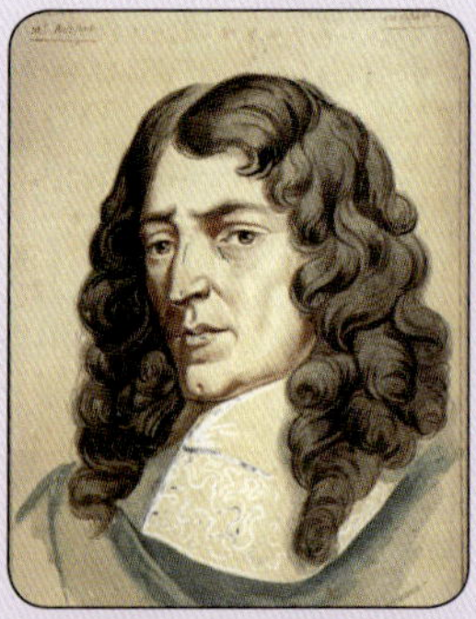

Viele Blasinstrumente tragen zum prächtigen Klang dieser Musik bei. Sie entstand in der Barockzeit → 100. Der Komponist Marc-Antoine Charpentier (um 1634–1704), der vom französischen König Ludwig XIV. sehr geschätzt wurde, schrieb für Staatsfeiern passende Musik – so auch ein Werk nach dem lateinischen Text „Te deum" (= „Dich, Gott, loben wir"). Das Eingangsstück trägt den Titel *Präludium* → 101. Sein festlich klingendes Thema ist seit 1954 das musikalische Erkennungssignal von Fernsehsendungen, die per „Eurovision" gleichzeitig in mehrere europäische Länder übertragen werden.

Die Rondo-Form und die Orchesterbesetzung

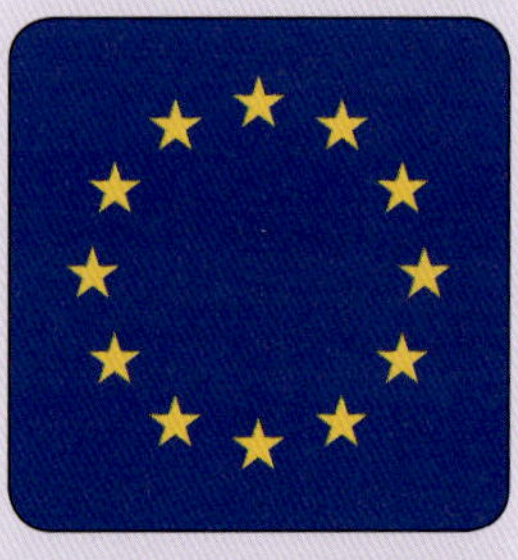

Charpentiers *Präludium* hat eine **Rondo-Form**. Die Musik beginnt mit einem Teil, der im Verlauf der Musik mehrmals unverändert wiederkehrt (= **Refrain**). Dazwischen hört man mehrere andere Teile, die Abwechslung bringen (= **Couplets**).

Man unterscheidet zwei Grundformen des Rondos:

Kettenrondo mit offener Form

A – B – A – C – A – D – A – … – A

Bogenrondo mit symmetrischer Form

A – B – A – C – A – B – A

9

Zum eindrucksvollen Orchesterklang des Präludiums von Marc-Antoine Charpentier tragen Flöten, Oboen, Trompeten, Fagotte und Pauken bei. Dazu kommen Streichinstrumente und Cembalo oder Orgel.

- Verfolge die Musik und ihren Ablauf mit Hilfe der folgenden Skizze. Welche Rondo-Form stellst du hier fest?

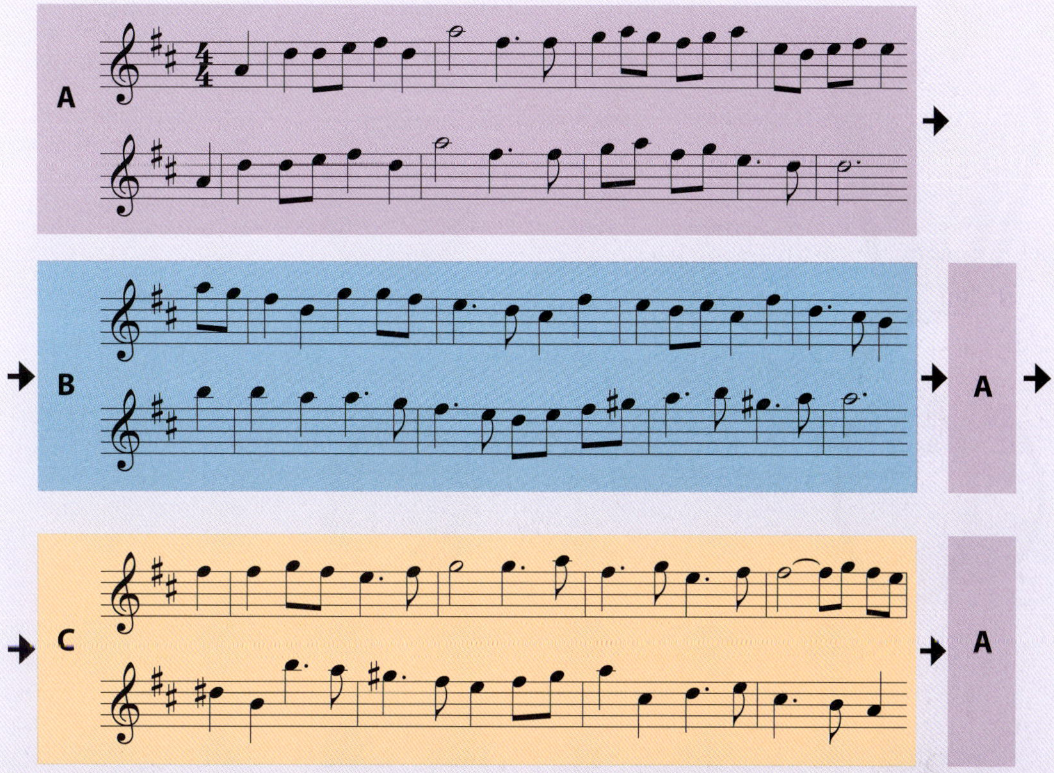

- Höre die Musik noch einmal und achte diesmal auf die **Instrumentierung** (= Zuordnung der Instrumente zu den Melodien, Harmonien und Rhythmen der Musik). Wie ändert sie sich in den Rondo-Teilen B und C?

- Den Original-Paukenrhythmus kannst du beim Hören mitspielen. Besonders gut passt er zu den Refrain-Teilen.

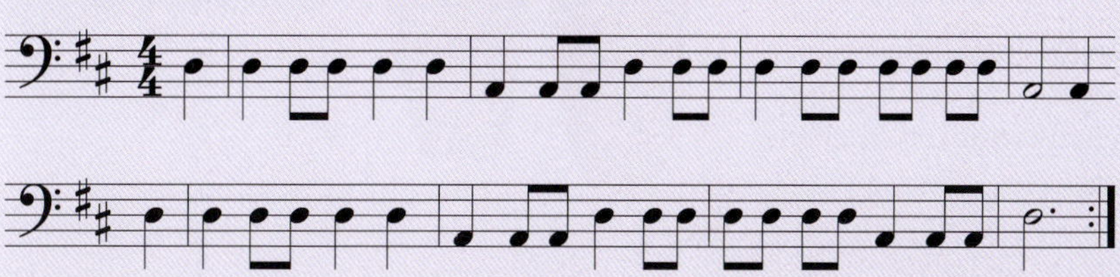

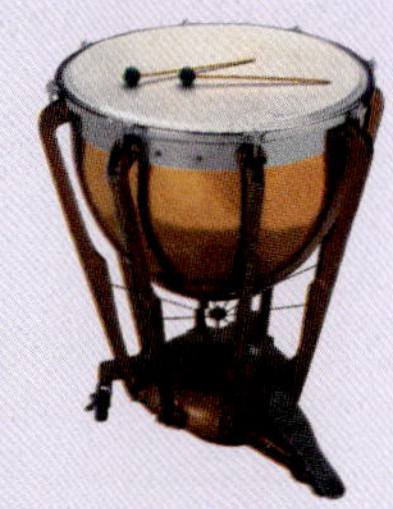

Hörtipps

Die Rondo-Form findet man in vielen Werken, z. B. auch in diesen:

- *La Joyeuse (Rondeau)* aus *Pièces de Clavecin* von Jean-Philippe Rameau
- *Rondo Alla Turca* aus der *Klaviersonate in A-Dur KV 331* von Wolfgang Amadeus Mozart
- *Für Elise* von Ludwig van Beethoven
- *Violinkonzert D-Dur op. 61*, 3. Satz *(Rondo)*, von Ludwig van Beethoven
- *Forellenquintett*, 4. Satz, von Franz Schubert

Schlaginstrumente

Schlaginstrumente gibt es in großer Zahl und unterschiedlichster Bauart. Schlagzeuger müssen Multitalente sein und viele Spieltechniken beherrschen.

Instrument	Beschreibung	Instrument	Beschreibung
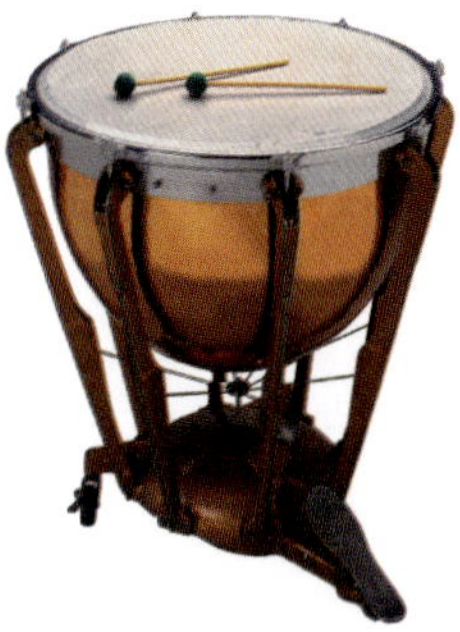	Die **Pauke** hat einen kesselförmigen Resonanzkörper und wird mit Filzschlägeln gespielt. Im Orchester werden Pauken oft paarweise verwendet und genau auf die in einem Musikstück vorkommenden Töne eingestimmt.	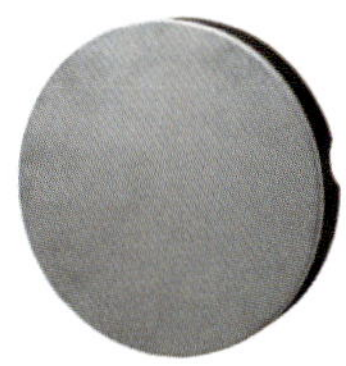	Bei der **Handtrommel** ist das Fell über einen schmalen Holzrahmen gespannt. Trotz der einfachen Bauart kann die Handtrommel abwechslungsreich und virtuos gespielt werden.
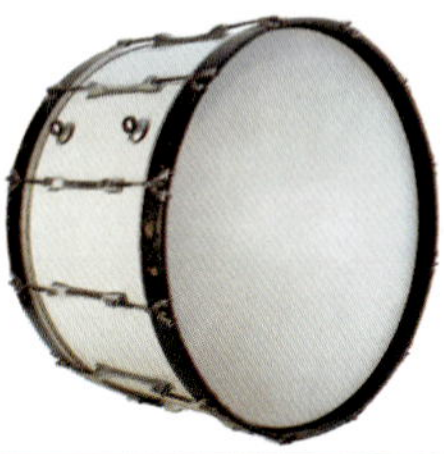	Die **Große Trommel** hat zwei Felle und wird mit Filzschlägeln angeschlagen. Sie kann von ganz leise bis laut krachend klingen.	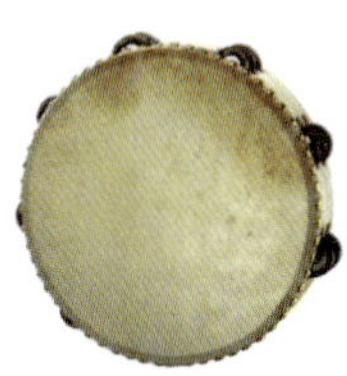	Das **Tamburin** ist eine Handtrommel mit Schellen im Holzrahmen. Auch ein Schellenring ohne Fell wird oft Tamburin genannt.
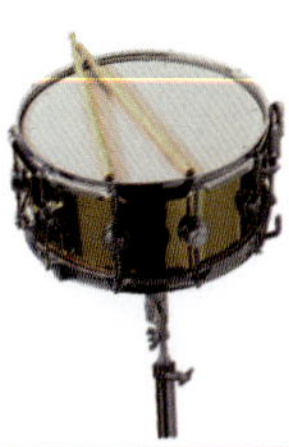	Die **Kleine Trommel** hat einen zylinderförmigen Resonanzkörper mit zwei Fellen. Auf der Unterseite können „Schnarrsaiten" aus Metall zu- und abgeschaltet werden.	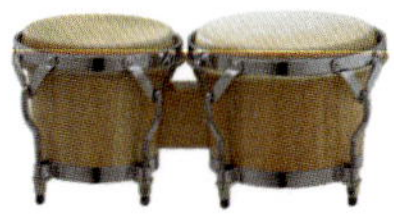	Die **Bongo** besteht meist aus einer kleineren und einer größeren Trommel; die eine klingt heller, die andere dunkler.
		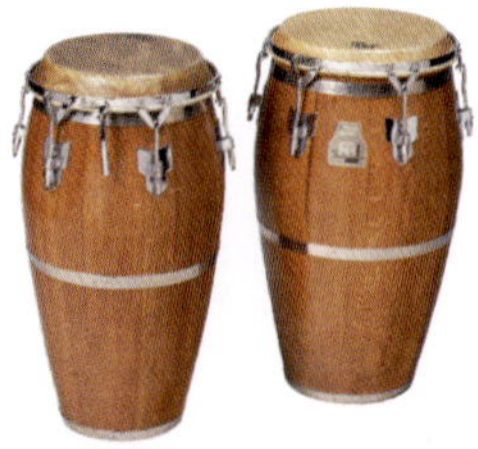	Die **Conga** wird meist paarweise gespielt. Ein Instrument klingt heller, das andere dunkler.

Die Tonhöhe aller Fellinstrumente kann durch die Spannung des Fells verändert werden.

Als **Trommeln** gelten alle Fellinstrumente, deren Tonhöhe nur ungefähr (heller, dunkler) bestimmbar ist. Dagegen können **Pauken** auf eine genaue Tonhöhe gestimmt werden.

Besondere Spieltechniken	Erklärung	Klang
open	Mit hohler Hand kurz am Fellrand anschlagen.	nachhallend
closed	Mit flacher Hand kurz in der Fellmitte anschlagen.	dunkel, dumpf
Tip	Mit Fingerspitzen kurz auf dem Fell anschlagen.	leise, gedämpft
Slap	Mit Fingerspitzen kräftig und kurz am Fellrand anschlagen.	hell, scharf

Häufig verwendete Schlägel:

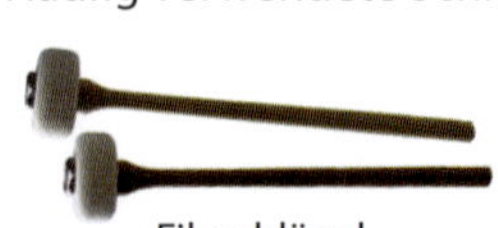

Filzschlägel

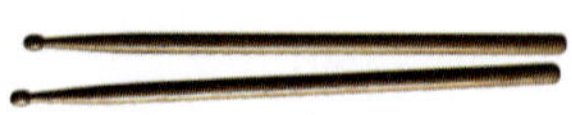

Drumsticks

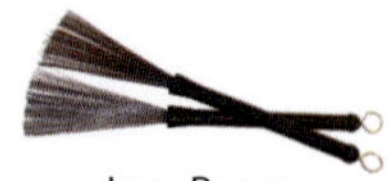

Jazz-Besen

Metallinstrumente

Instrument	Beschreibung	Instrument	Beschreibung
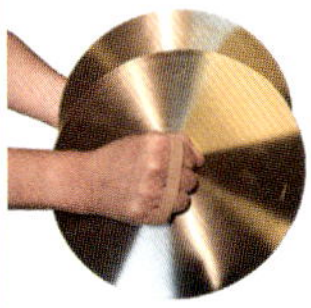	Im Orchester werden **Becken** paarweise gespielt und sanft oder kräftig aneinandergeschlagen.	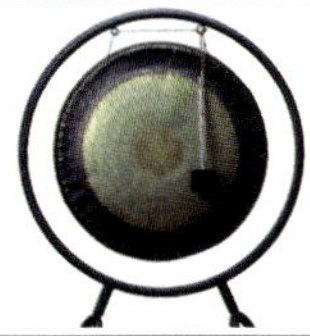	Das **Tamtam** ist eine große, leicht gewölbte Scheibe, die beim Anschlagen lange nachklingt. Die Tonhöhe ist unbestimmt.
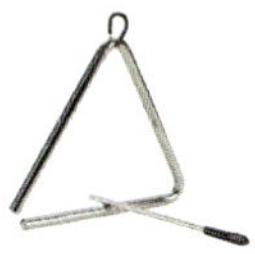	Der **Triangel** (von lat. triangulum = Dreieck) wird mit einem Metallstab angeschlagen. Sein Klang ist silberhell.	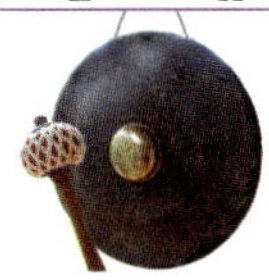	Im Gegensatz zum Tamtam hat der **Gong** eine bestimmte Tonhöhe.
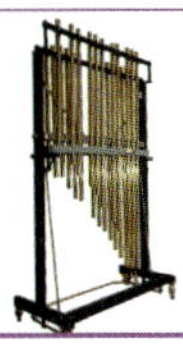	**Röhrenglocken** sind nebeneinander hängende, verschieden lange Metallrohre. Jedes Rohr hat eine bestimmte Tonhöhe.		

Holzinstrumente

Instrument	Beschreibung	Instrument	Beschreibung
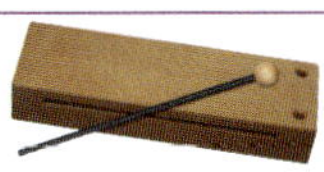	Der **Holzblock** ist aus sehr hartem Holz (ebenso wie Claves, Kastagnetten und die Peitsche).	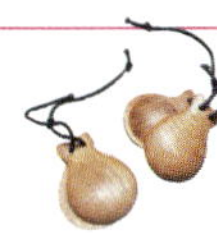	**Kastagnetten** werden in der Hand gehalten und mit den Fingern rasch im Wechsel aufeinander geschlagen.
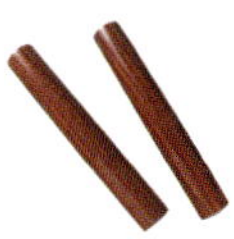	**Claves** (Klanghölzer) werden paarweise gegeneinander geschlagen. Der Klang kann laut und durchdringend sein.	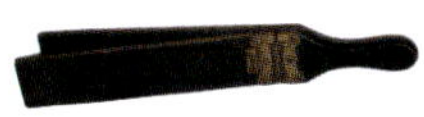	Die **Peitsche** besteht aus zwei miteinander verbundenen Latten, die aufeinander geschlagen werden.

Instrumente mit klingenden Stäben

Instrument	Beschreibung	Instrument	Beschreibung
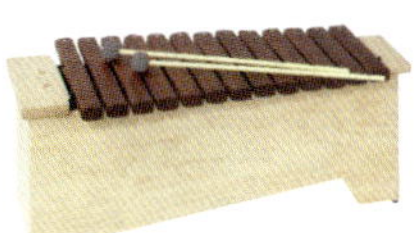	Das **Xylofon** (von griech. „xylos" = Holz) besteht aus verschieden langen gestimmten Holzstäben auf einem Resonanzkasten.	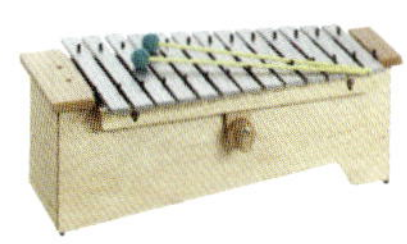	Das **Metallofon** hat verschieden lange gestimmte Metallstäbe, die auf einem Resonanzkasten sitzen.
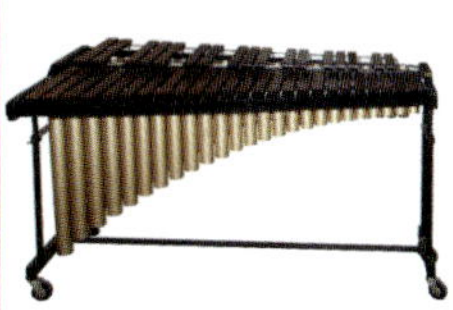	Das **Marimbafon** ist ein großes Xylofon. Der Tonumfang beträgt vier bis fünf Oktaven → 26/27. Unter jedem Stab sitzt eine Resonanzröhre (meist aus Aluminium).	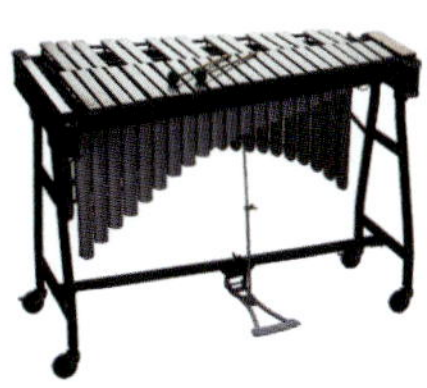	Das **Vibrafon** ist ein großes Metallofon mit etwa drei Oktaven Umfang. Von einem Elektromotor angetriebene Plättchen drehen sich in den Resonanzröhren und erzeugen ein Vibrato → 161.
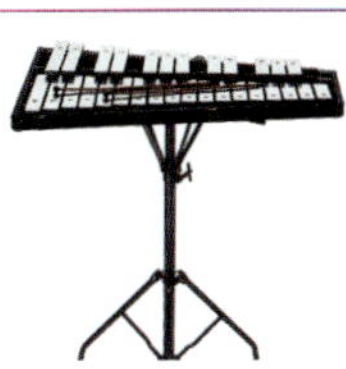	Das **Glockenspiel** hat unterschiedlich lange gestimmte Klangplatten aus Stahl. Es gibt Instrumente mit und ohne Resonanzkasten.		

Effektinstrumente

So nennt man eine Gruppe kleiner Instrumente mit einem auffallenden Klang. **Agogo Bells** (zwei Glocken verschiedener Größe) und **Cowbell** (Kuhglocke ohne Klöppel) werden mit einem Stick → 66 angeschlagen. Effektinstrumente sind auch **Cabasa** (mit Ketten oder Perlen umlegter Metallzylinder) und **Guiro** (hohle Kürbisfrucht mit Rillen zum „Ratschen" mit einem Stick), **Rasseln** und **Regenmacher** (Rohr, in dessen Inneren Körnchen über Hindernisse rieseln). Das **Vibraslap** erzeugt ein kurzes, schnarrendes Geräusch. Die schwingende Metallzunge der **Maultrommel** wird an die Mundhöhle angelegt und gezupft.

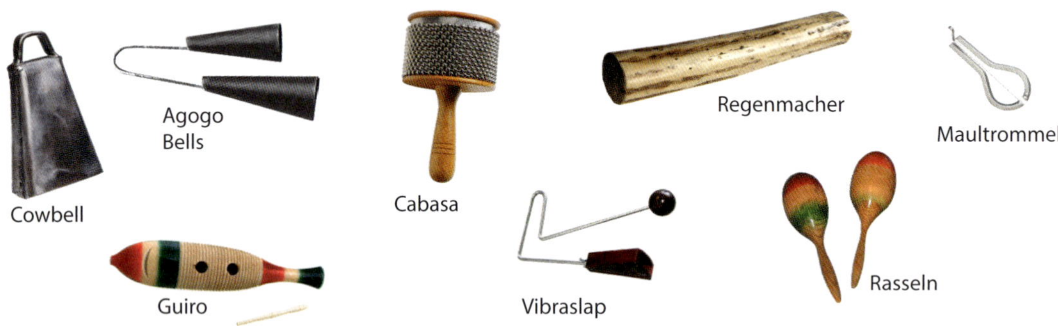

Auch das **Hackbrett** und das ungarische **Zimbal** gelten als Schlaginstrumente, weil ihre Saiten mit Klöppeln angeschlagen werden.

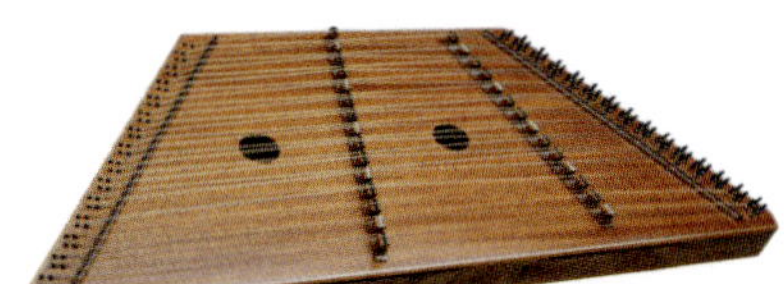
Hackbrett

Schlagzeug (Drumset)

Beim Schlagzeug sind verschieden klingende Trommeln und Becken miteinander kombiniert.

Teile	Das Standard-Drumset	Teile
Crash-Becken Hi-Hat mit zwei Hi-Hat-Becken und Fußmaschine Snaredrum (= kleine Trommel mit Schnarrsaiten) Bassdrum (= große Trommel mit Fußmaschine)	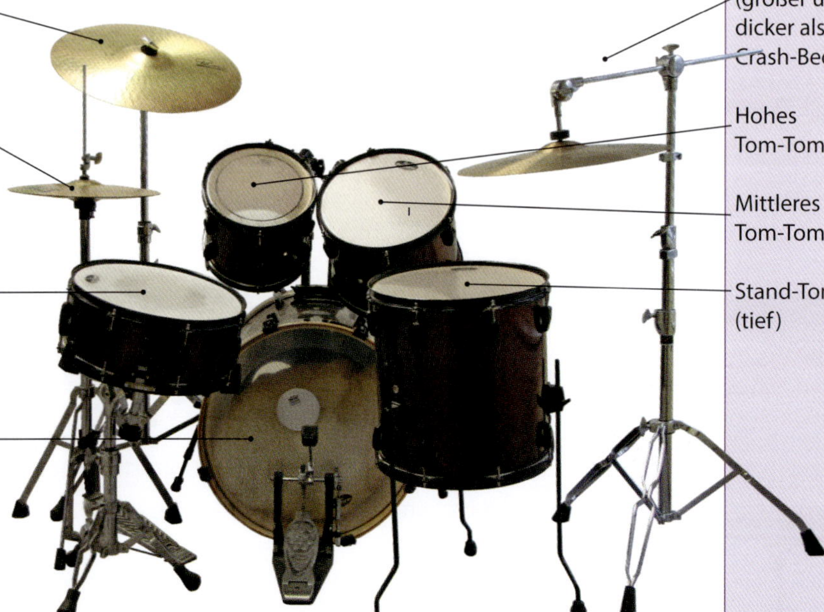	Ride-Becken (größer und dicker als Crash-Becken) Hohes Tom-Tom Mittleres Tom-Tom Stand-Tom (tief)

Die Klänge des Schlagzeugs können in fünf Notenlinien aufgeschrieben werden:

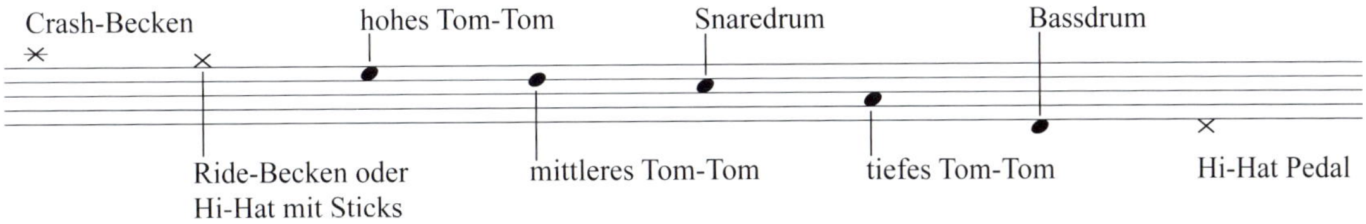

23

Rocky Rondo

M: Werner Stadler (Schlagzeugstimme) © Werner Stadler

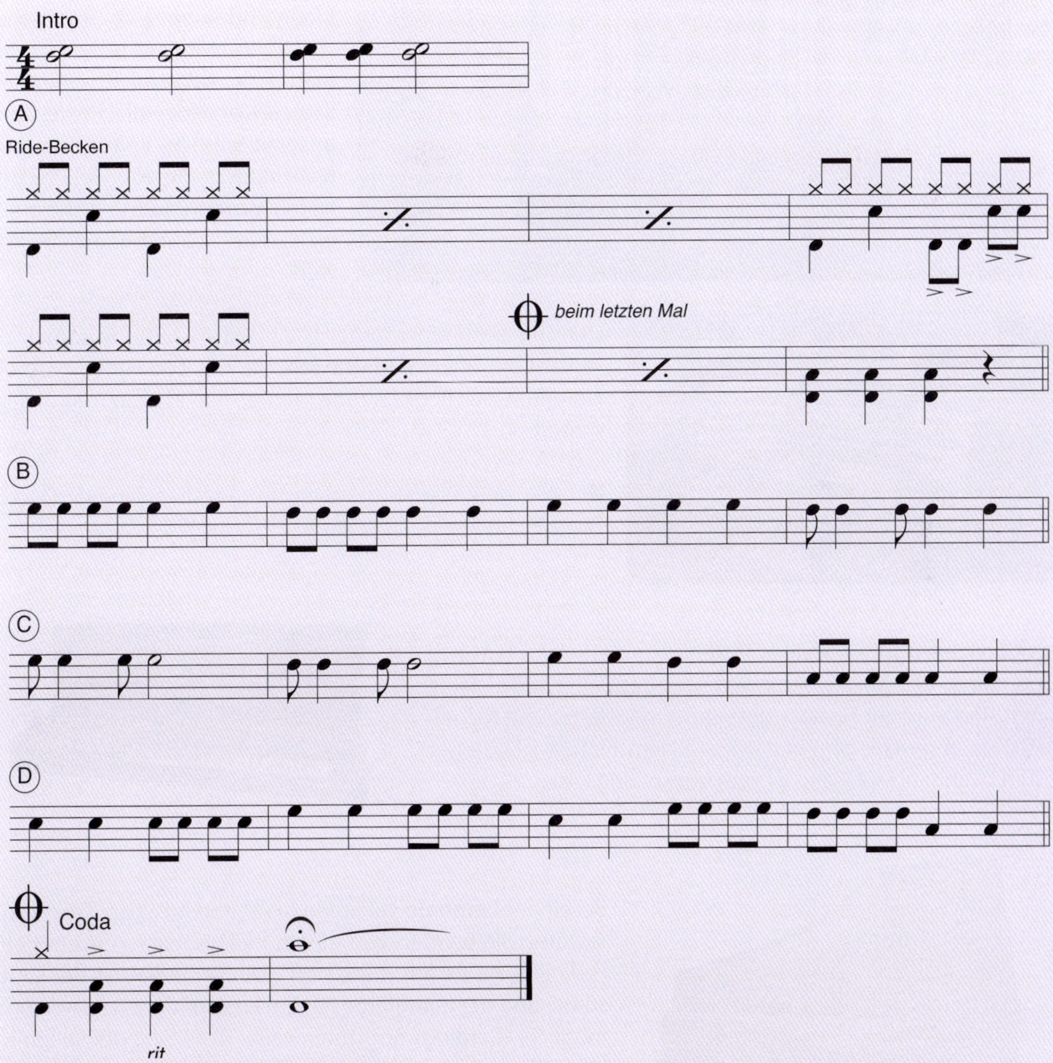

Ablauf des „Rocky Rondo“: Intro – A – B – A – C – A – D – A 𝄌 – 𝄌 Coda.

Das Zeichen 𝄌 heißt „Segno“ (ital. = „Zeichen“). Beim letzten A-Teil springt man vom ersten Segno-Zeichen zum zweiten.

- Verfolge die Klänge des Schlagzeugs in dieser Aufnahme mit einer Combo → 75.
- Spiele Teile der Schlagzeugstimme pantomimisch mit. Überlege auch, wo sich die Instrumente bei einem richtigen Schlagzeug befinden und wie Hände bzw. Füße spielen.

Tasteninstrumente

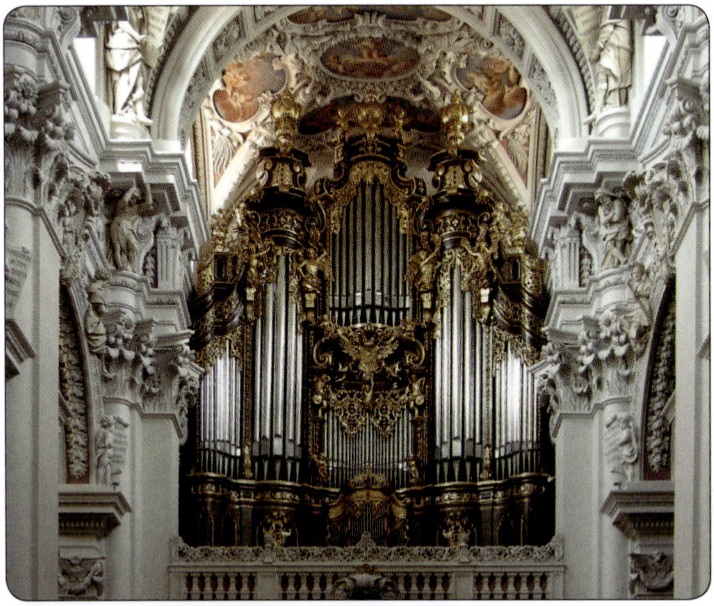

Die **Orgel** gibt es seit dem Mittelalter. Das Bild zeigt die sichtbare Seite der Hauptorgel im Dom St. Stephan in Passau. Der Klang einer Orgel entsteht in den Pfeifen, die je nach Material, Bauart und Größe verschieden klingen. Die Pfeifen sind nach Klangfarben in Gruppen zusammengefasst (= Register), deren Namen den Klang andeuten, z. B. „Trompete", „Posaune", „Violine" oder „vox humana" (= menschliche Stimme). Die Luft, mit der die Pfeifen angespielt werden, kam früher aus Blasebälgen, die von Helfern getreten wurden, heute aus einem elektrisch betriebenen Windwerk.

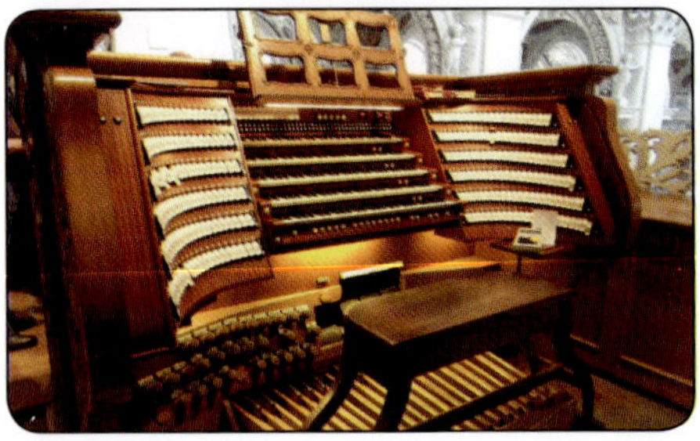

Der Spieltisch einer Orgel hat meist mehrere **Manuale** (= Tastaturen) sowie **Pedaltasten**, die mit den Füßen gespielt werden. Über Registerzüge werden die Klangfarben angesteuert.

■ Wie viele Pfeifen hat die größte bisher gebaute Orgel? Finde es heraus.

Das **Clavichord** ist ein kleines Tasteninstrument mit geringem Tonumfang, das in der Barockzeit viel gespielt wurde. Seine Saiten sind quer zur Tastatur gespannt und werden mit Metallplättchen angeschlagen, die sich auf dem hinteren Ende der Tasten befinden. Der Klang ist verhältnismäßig leise.

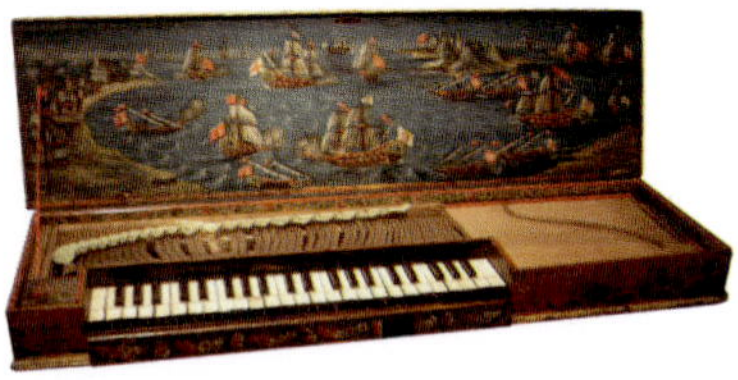

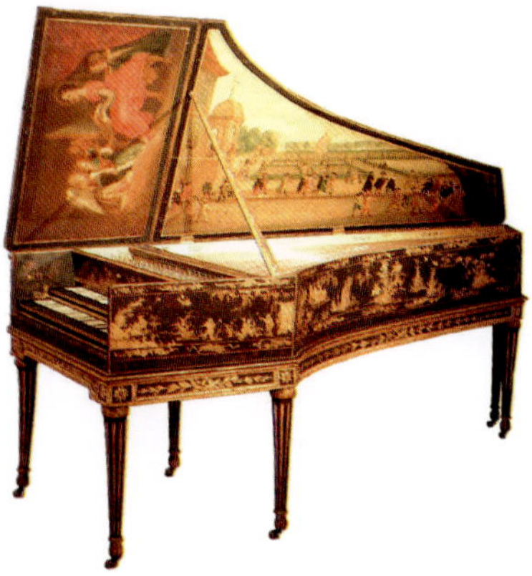

Bei einem **Cembalo** verlaufen die Saiten meist senkrecht zur Tastatur. Sie werden von einem Kiel angerissen (früher ein Federkiel, heute aus Kunststoff). Die Veränderung der Lautstärke und der Klangfarbe ist durch besondere Registerzüge möglich, allerdings nur stufenweise. Der Klang der Saiten ist klar, silbrig und glänzend. Die Blütezeit des Cembalos war das 18. Jahrhundert, danach wurde es vom „Hammerklavier" (= Klavier) abgelöst.

Bis in die Zeit J. S. Bachs → 102 wurden alle Tasteninstrumente „clavier" (von lat. „clavis" = Taste) genannt.

Beim **Klavier** werden die Saiten über eine komplizierte Mechanik angeschlagen, die im Laufe der Zeit immer weiterentwickelt wurde. 1790 wurde das erste Klavier gebaut. Weil man – anders als auf dem Cembalo – damit Lautstärken von leise bis laut abgestuft spielen konnte, nannte man es „Fortepiano".
Der große Flügel hat waagrecht liegende, das kleinere Pianino (oft einfach „Klavier" genannt) senkrecht stehende Saiten.

Das Klavier	**Wie heißen die Teile?**

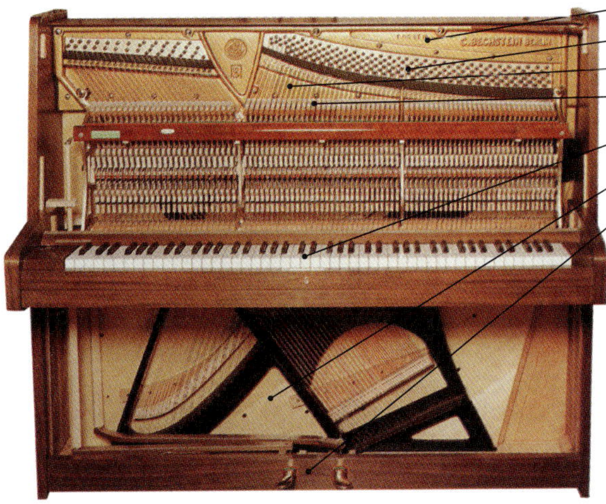

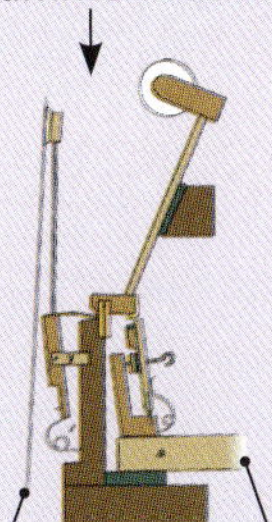

Die **Celesta** ist ein klavierähnliches Instrument, bei dem gestimmte Stahlplatten mit Hämmern angeschlagen werden. Der silbrige Klang wird im Orchester für besondere Klangeffekte eingesetzt.

Elektronische Tasteninstrumente

- Bei einer **Hammond-Orgel** drehen sich Räder, die aus Metall sind und einen gewellten Rand haben, an elektromagnetischen Tonabnehmern. Die Töne bekommen dadurch einen schwebenden Charakter. Passende Lautsprecher, die sich ebenfalls drehen, erzeugen den sogenannten „Leslie-Effekt".
- Bei einem **Fender Rhodes E-Piano** werden Metallstäbe von Gummihämmern angeschlagen. Die Schwingungen werden elektronisch verstärkt.
- Eine **Elektronische Orgel** ahmt unter anderem die Klangfarben der (Pfeifen-)Orgel nach und hat auch einen äußerlich ähnlichen Spieltisch. Hochwertige Instrumente imitieren den Klang großer Kirchenorgeln.
- Das **Keyboard** ist ein Instrument, das sich mit den Möglichkeiten der Elektronik ständig weiterentwickelt. Je nach Preisklasse bietet es alle denkbaren Klangfarben und verblüffende Musiziermöglichkeiten, z. B. die automatische Begleitung von Melodien mit Rhythmen und Harmonien. Die meisten Keyboards sind an einen Computer anzuschließen, wo alle Spielbefehle gespeichert und bearbeitet werden können.

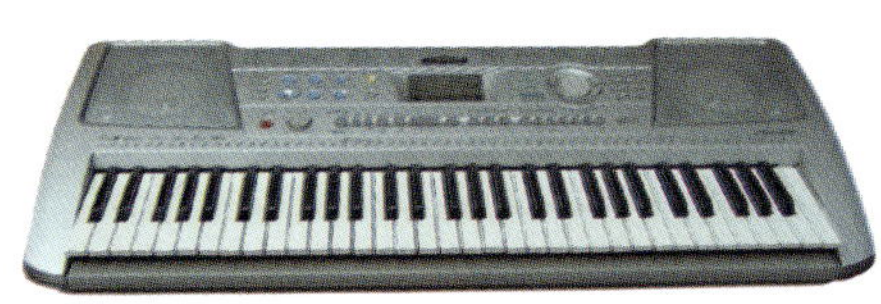

In der Popmusik und im Jazz ist „Keyboard" ein Name für jedes Instrument mit einer Tastatur.

Hörtipps

- *Toccata und Fuge in d-Moll für Orgel* von Johann Sebastian Bach
- Klaviermusik von Carl Philipp Emanuel Bach, auf einem Clavichord gespielt
- *Suite Nr. 4 für Cembalo* in d-Moll von Georg Friedrich Händel
- *Klavierkonzert Nr. 1* in b-Moll von Peter Tschaikowsky
- *Musik für Saiteninstrumente, Schlagzeug und Celesta* von Béla Bartók
- *Jimmy's Walk* von Barbara Dennerlein (Hammond-Orgel)

SARABANDE MIT ZWEI VARIATIONEN VON GEORG FRIEDRICH HÄNDEL

Tasteninstrumente sind seit der Barockzeit → 100 aus der Musik nicht mehr wegzudenken. Viele Arten von Musik können darauf gespielt werden. In einer musikalischen **Variation** wird ein musikalisches Thema erst vorgestellt und dann verändert. Auf Tasteninstrumenten wurden Variationen oft improvisiert – und besonders gelungene dann vielleicht aufgeschrieben. So könnten auch die Variationen entstanden sein, die hier abgedruckt sind.

Zwei Variationsformen	Beschreibung
Variation der Melodie und ihrer Begleitung	Die Melodie kann z. B. rhythmisch, in der Abfolge der Töne oder durch einen Wechsel zwischen Dur und Moll variiert werden. Auch die Begleitung wird oft verändert. In allen Variationen bleibt aber das Thema hörbar.
Variation über eine Harmoniefolge	Das Thema ist eine Harmoniefolge, die als Ostinato → 104 fortlaufend wiederholt wird. Die Harmoniefolge wird aber in jeder Variation musikalisch anders ausgeführt.

Die Sarabande

In der Barockzeit wurde die Musik verschiedener Tänze zu einer Suite → 101 zusammengefasst. Auch Georg Friedrich Händel → 103 komponierte Suiten, viele auch für Cembalo. In der Suite Nr. 4 findet sich eine Sarabande in d-Moll mit zwei Variationen.

■ Welche Variationsform hat G. F. Händel in der Sarabande gewählt? Wenn du dich mit der Musik näher beschäftigst, findest du es sicherlich heraus.

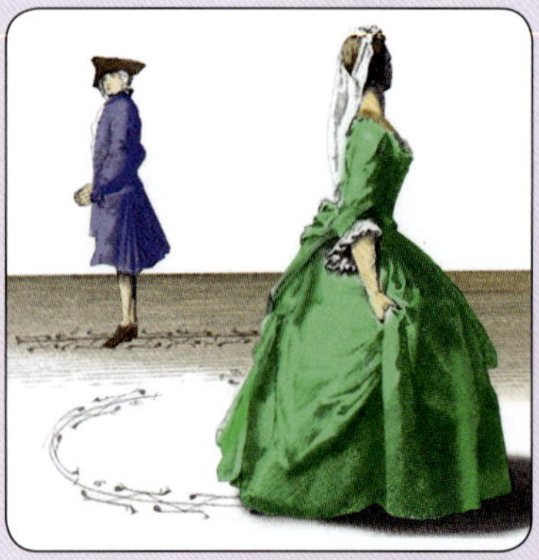

Die Sarabande steht in einem langsam empfundenen Dreiertakt und wird von einem rhythmischen Motiv geprägt:

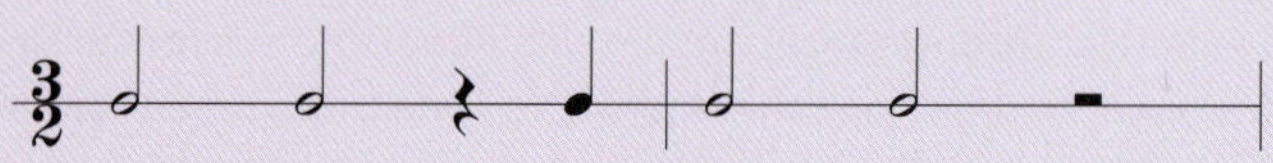

Die Sarabande war ursprünglich ein Tanz. Die Abbildung aus der Barockzeit zeigt die beim Tanzen getragene Kleidung und auch die Tanzschritte.

10

Thema der Sarabande aus der Suite für Cembalo Nr. 4 von G. F. Händel

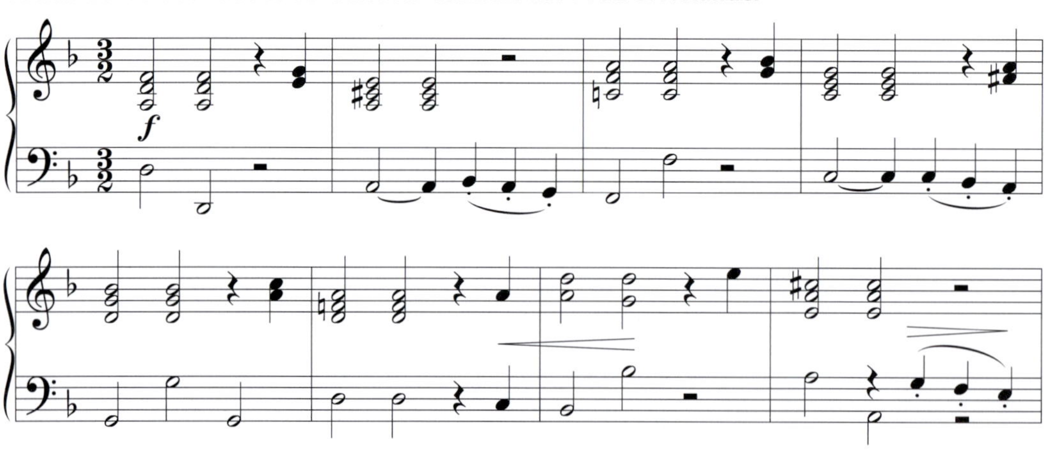

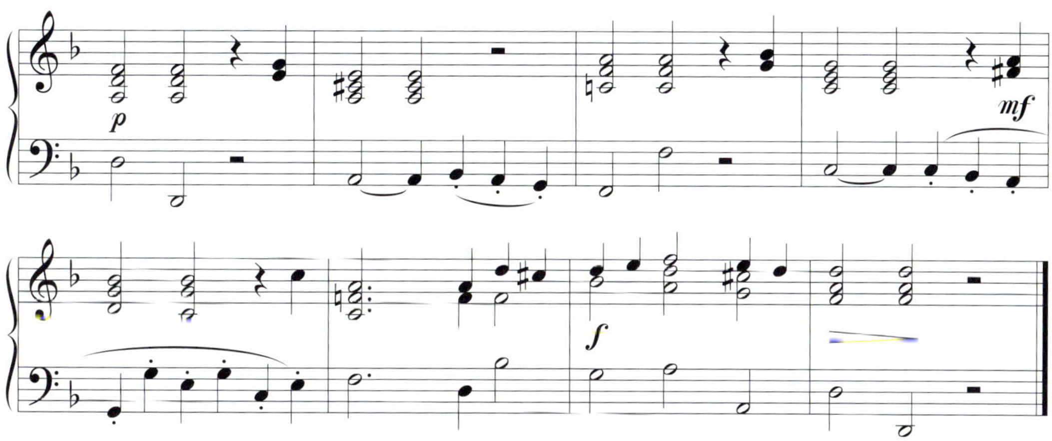

■ Höre das Thema, sein ruhiges Tempo und seinen Grundrhythmus. Du kannst zu den Taktschlägen in Schritten gehen und im Rhythmus der Melodie leise klatschen.

11

1. Variation

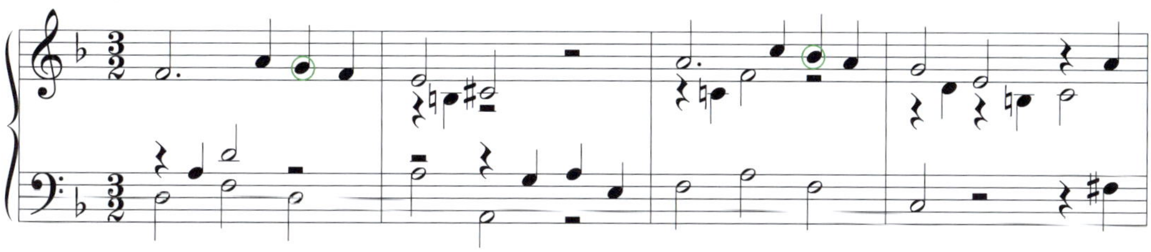

Die Noten der 1. Variation sehen ganz anders aus als die Noten des Themas. Und doch ist das Thema in der Musik deutlich zu hören. Händel hat die Melodie verändert und Durchgangstöne → 49 (hier grün markiert) eingebaut. Auch die Begleitung ist lebendiger geworden.

12

2. Variation

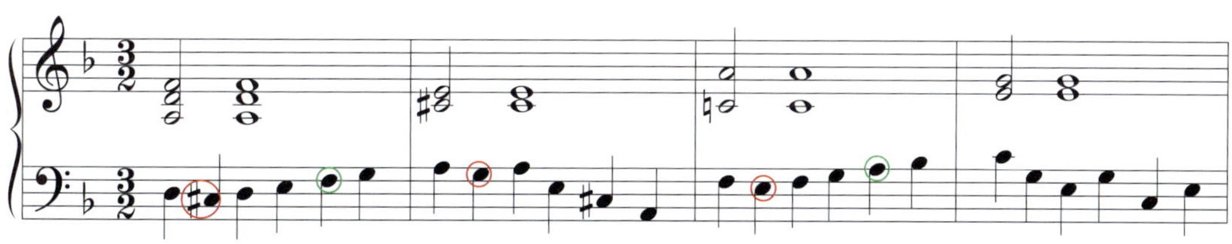

In der 2. Variation ist die Oberstimme ganz ruhig. Dafür bildet nun der Bass eine bewegte Linie. Betrachtet man sie genauer, sieht man, dass Händel hier neben Akkordtönen auch Durchgangstöne (grün) und Wechselnoten → 49 (rot) eingefügt hat.

■ Wie viele andere Komponisten seiner Zeit hat Händel gerne improvisiert. Willst du es auch versuchen? Du kannst z. B. mit der Melodie anfangen und die Töne variieren. Du kannst aber auch die Akkordfolge spielen, die du nun schon im Ohr hast, und sie rhythmisch gestalten:

Dm | A | F | C | Gm | Dm | Gm | A | Dm | A | F | C | C7 | F | Gm Dm A7 | Dm

Hörtipps

- *Variationen über „Ah, vous dirai-je, Maman"* von Wolfgang Amadeus Mozart
- *Forellenquintett*, 4. Satz, von Franz Schubert
- *Fantasia on Greensleeves* von Ralph Vaugham Williams

Zungeninstrumente

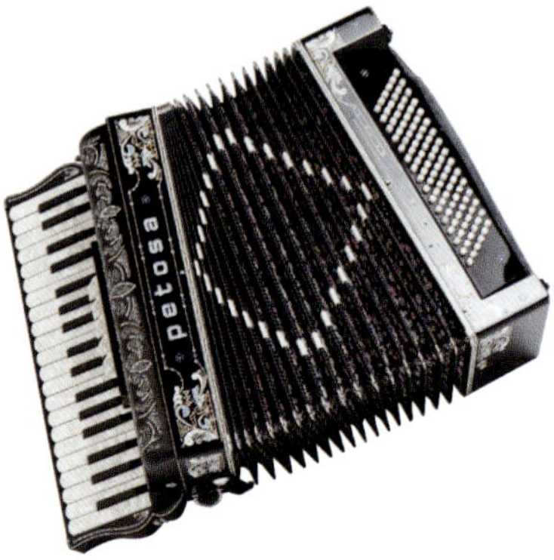

Das **Akkordeon** hat einen gefalteten Luftbalg. Die Töne entstehen durch schwingende Metallzungen im Inneren des Instruments. Es gibt Instrumente mit Tasten und Knöpfen oder nur mit Knöpfen zum Spiel von Tonhöhen, Basstönen und Akkorden.

In der **Mundharmonika** sind die Metallzungen paarweise angeordnet. Beim Blasen kann man mit Druck- und Saugluft unterschiedliche Töne spielen.

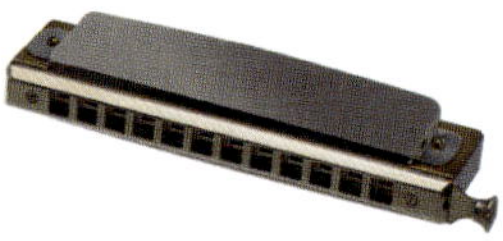

Hörtipps
- eine *Valse Musette* (Akkordeon)
- *Libertango* von Astor Piazzolla (Akkordeon)
- Titelmusik des Filmes *Spiel mir das Lied vom Tod* von Ennio Morricone (Mundharmonika)

Elektronische Geräte

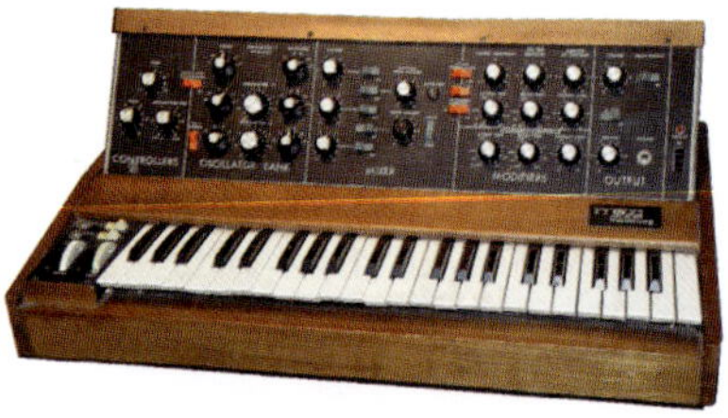

Im 20. Jahrhundert erweiterte sich die Vielfalt musikalischer Klänge rasant. Dazu trug bei, dass man Klänge elektrisch verstärken und vertraute und neuartige Klänge elektronisch erzeugen konnte. **Synthesizer** setzen Klänge aus vielen Teilschwingungen zusammen (= **Klangsynthese**). Die frühen Synthesizer waren unhandliche Apparaturen, dann wurden die Bauteile immer kleiner. Das Foto zeigt einen Synthesizer der Firma Moog aus den 1970er-Jahren. **Sampler** erlauben es, reale Instrumentenklänge elektronisch aufzuzeichnen und musikalisch weiter zu verarbeiten. Elemente von Synthesizern und Samplern sind heute auch Bestandteile z. B. von Keyboards → 71. Es gibt sie auch als Computer-Software.

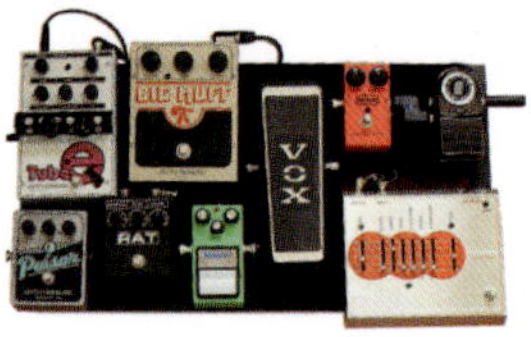

Auch **Effektgeräte** nutzen Möglichkeiten der elektronischen Klanggestaltung, z. B. Fußpedale für die Veränderung von Gitarrenklängen durch Tremolo, Wah-Wah, Hall oder Echo.

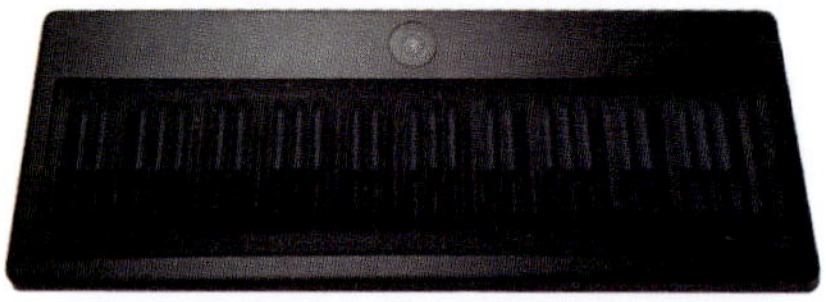

Das **Seaboard** ist ein Instrument mit einer weichen Tastatur. Durch feinste Fingerbewegungen (auch seitlich) kann man den Klang in einer bisher nicht gehörten Weise abändern.

13–14
- Höre die Sarabande von Georg Friedrich Händel → 72 in zwei neuen Variationen, gespielt auf einem Synthesizer und dem Seaboard.

Hörtipps
- *Pictures at an Exhibition* von Emerson, Lake and Palmer
- *Switched-On Bach* von Wendy (Walter) Carlos

Musik in Ensembles

In einem **Ensemble** spielen mehrere Spieler zusammen. Für einige Ensembles gibt es spezielle Bezeichnungen. Bei Besetzungen bis zu neun Spielern wird die Zahl der Mitwirkenden genannt.

Anzahl der Spieler	**1**	**2**	**3**	**4**	**5**	**6**	**7**	**8**	**9**
Bezeichnung	Solo	Duo, bei Singstimmen Duett	Trio, bei Singstimmen Terzett	Quartett	Quintett	Sextett	Septett	Oktett	Nonett

Zusätzlich können die beteiligten Instrumente genannt werden, z. B. **Streichtrio** (meist Violine, Viola, Violoncello), **Streichquartett** (2 Violinen, Viola, Violoncello), **Bläserquintett** (z. B. Querflöte, Oboe, Klarinette, Fagott, Horn). In einem **Klaviertrio** spielen nicht etwa drei Klaviere miteinander, sondern meistens Klavier, Violine und Violoncello. Der Name wurde gebräuchlich, weil es für diese Besetzung besonders viele Werke gibt.

Hörtipp
- *Klaviertrio Nr. 1 d-Moll* von Felix Mendelssohn Bartholdy

In der **Pop-** und **Rockmusik** und im **Jazz** wird jedes kleinere Ensemble **Band** genannt. Die Besetzung ist nicht festgelegt. Zu einer typischen **Rockband** gehören Gesang, E-Gitarre, Keyboard, E-Bass und Drumset. Eine **Combo** ist eine nicht allzu große Jazzband, meist mit einer **Rhythmusgruppe**, bestehend aus Gitarre oder Klavier, Bass und Schlagzeug. In einer **Bigband** spielen außerdem mehrere Trompeten, Posaunen und Saxofone mit.

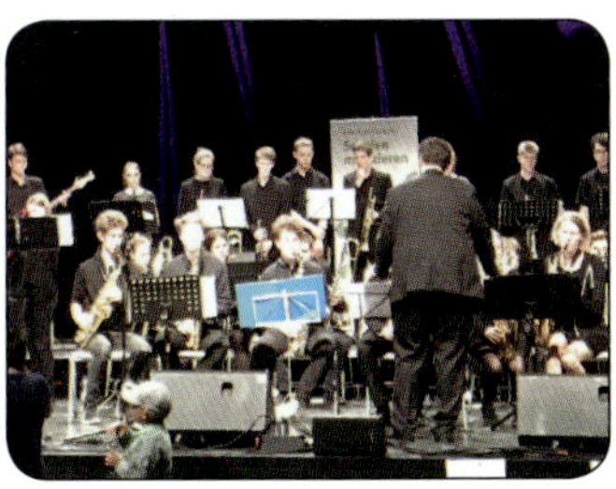

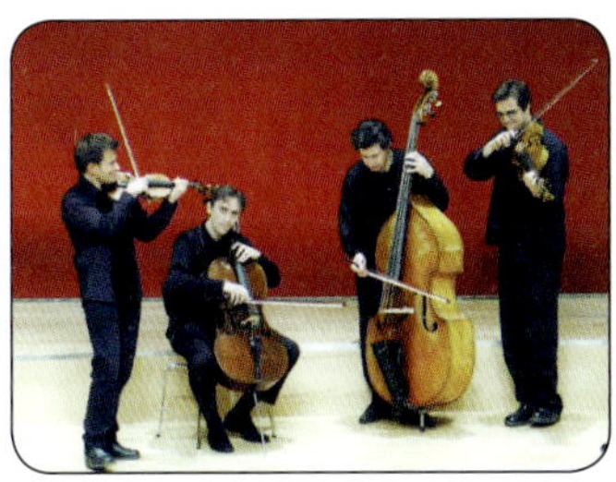

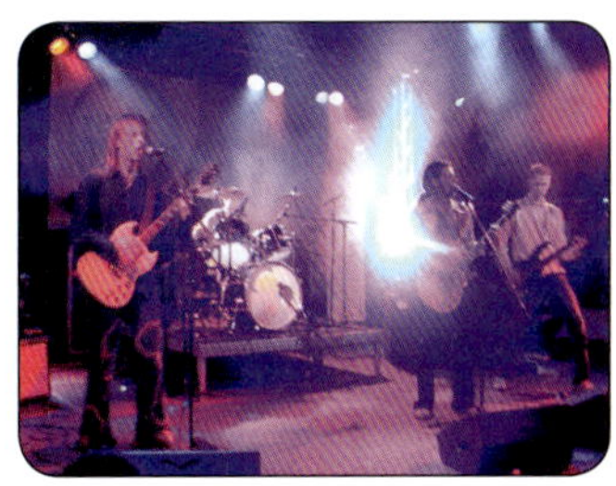

- Wie heißen diese Ensembles und welche Instrumente spielen mit?

In einem **Orchester** spielen viele Instrumente zusammen. Gleichartige Instrumente findet man z. B. in Streichorchestern oder Gitarrenorchestern. Zu einem typischen Blasorchester gehören neben Blasinstrumenten meist auch einige Schlaginstrumente.

Einstimmen von Instrumenten

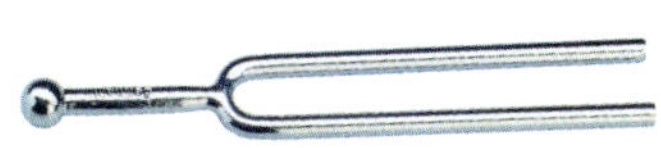

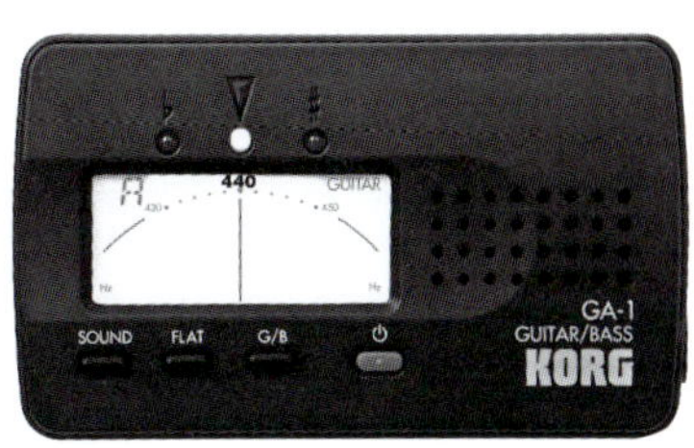

Damit Instrumente im Zusammenspiel „sauber" klingen, ist es wichtig, dass sie sich vor dem Musizieren auf die gleiche Tonhöhe **einstimmen**. Die Instrumente im Sinfonieorchester richten sich dabei nach dem **Kammerton a**, der mit ungefähr 440 Hz → 19 schwingt. Im Orchester gibt ihn die Oboe an, deren Ton besonders klar zu hören ist. Der Kammerton kann auch mit einer **Stimmgabel** oder einem **Stimmgerät** vorgegeben werden.

Das Sinfonieorchester

Zu einem **Sinfonieorchester** gehören verschiedene Instrumentengruppen mit einer großen Palette an Klangfarben und Lautstärkegraden. Um die Mitte des 18. Jahrhunderts spielten die Streichinstrumente (Violinen 1 und 2, Bratschen, Violoncelli, Kontrabässe) noch mit wenigen Bläsern zusammen. Für rhythmische und klangliche Akzente sorgten Pauken. Dann wurde die Bläsergruppe erweitert – bald gehörten Flöten, Oboen, Klarinetten und Fagotte, Hörner, Trompeten und Posaunen zur Standardbesetzung. Im großen Sinfonieorchester des 19. Jahrhunderts wurden die Streichinstrumente weiter verstärkt, und zu Blechbläsern und Schlagzeug kamen weitere Instrumente mit neuen Klangfarben hinzu.

Ein Sinfonieorchester kann mit mehr als 100 Musikern besetzt sein. Bei vielen Werken, z. B. aus der Wiener Klassik → 108, ist das Orchester aber kleiner. Dann können die Streicher z. B. mit 12 ersten und 12 zweiten Violinen, 8 Bratschen, 6 Violoncelli und 4 Kontrabässen spielen.

Holzblasinstrumente
1 = Bassklarinette
2 = Klarinetten
3 = Fagotte
4 = Kontrafagott
5 = Piccoloflöte
6 = Flöten
7 = Oboen
8 = Englischhorn

Blechblasinstrumente
9 = Trompeten
10 = Posaunen
11 = Tuba
12 = Hörner

Schlaginstrumente (Perkussion)
13 = Pauken
14 = Große Trommel
15 = Tamtam
16 = Kleine Trommel
17 = Becken
18 = Kastagnetten
19 = Triangel
20 = Marimbafon
21 = Röhrenglocken

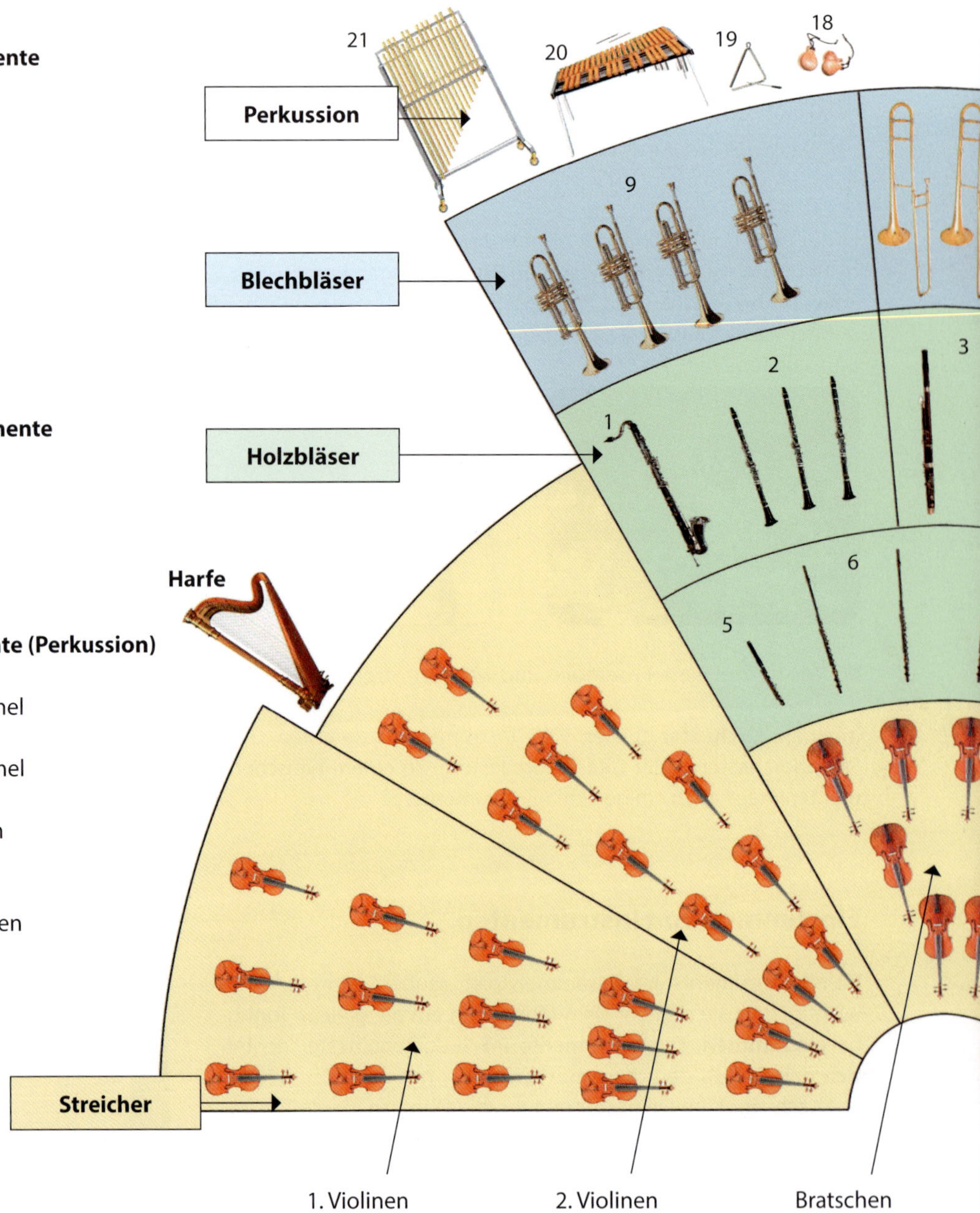

In der **Orchester-Sitzordnung** werden klanglich verwandte Instrumente zusammengeführt. Instrumente, die oft zusammenspielen, sitzen nahe beieinander, damit sich die Spieler gut hören können. Die leiseren Streichinstrumente befinden sich in der Nähe des Publikums, lautere Instrumente werden weiter hinten platziert. Bläser und Schlagzeug sind oft erhöht, damit ihr Klang nicht von den anderen Instrumenten „eingebremst" wird.

Das Schaubild zeigt eine mögliche Aufstellung der Instrumentengruppen im Sinfonieorchester. Manchmal sitzen z. B. die Holzbläser auch in einer Reihe vor den Blechbläsern.

- Höre ein Orchesterstück, das dir bereits vertraut ist. Finde die Instrumente, die du hörst, im Schaubild.

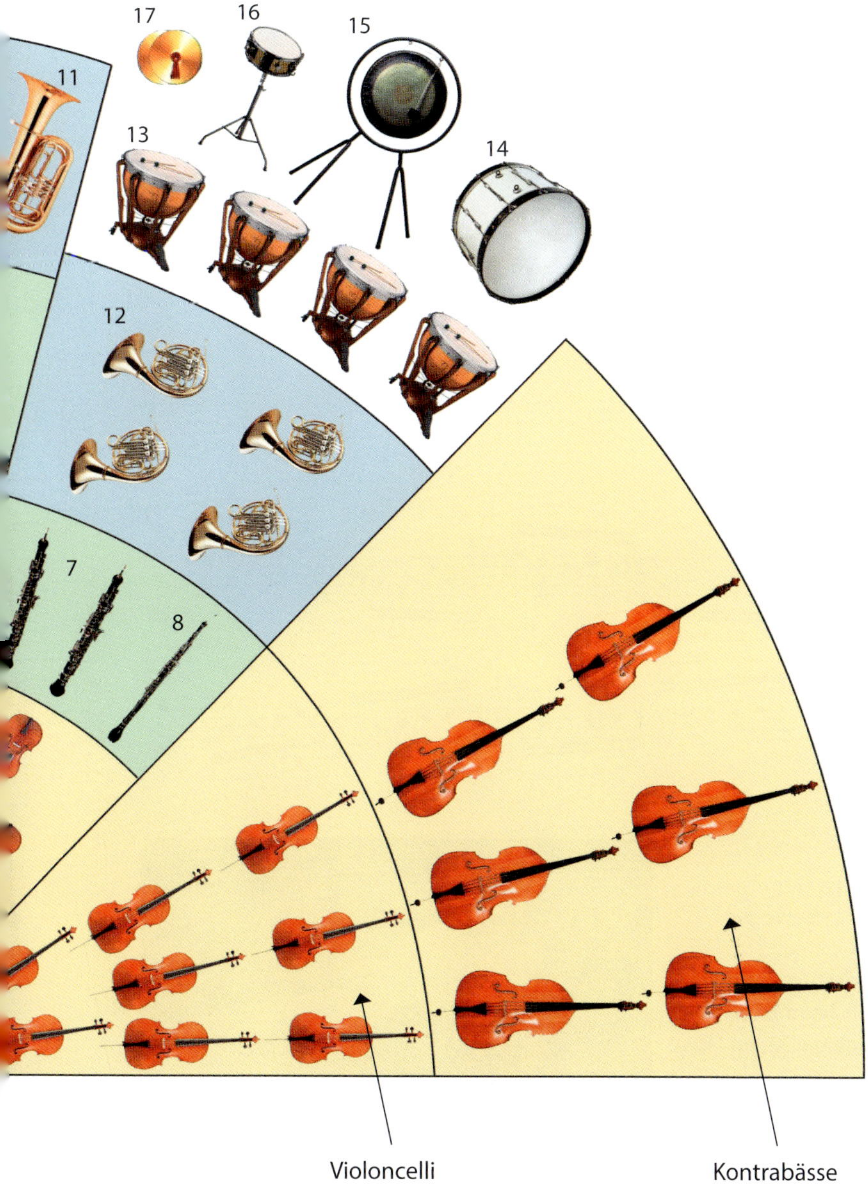

„DIE MOLDAU“ – EINE MUSIKALISCHE ERZÄHLUNG FÜR GROSSES ORCHESTER

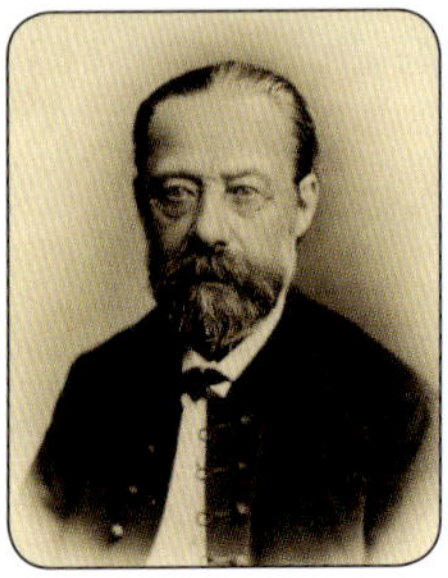

Musik kann etwas erzählen. In unserer Vorstellung kann so ein deutliches Bild oder sogar eine ganze Geschichte entstehen, zum Beispiel vom Verlauf eines Flusses. Der tschechische Komponist **Bedřich Smetana** (1824–1884) beschrieb den größten Fluss seines Landes, die Moldau, in einer Komposition. Mit den Klängen der Instrumente des Sinfonieorchesters → 76/77 schilderte er ihren Verlauf und vieles, was an den Ufern der Moldau passiert, in Tönen. *Die Moldau* gehört zu einer Reihe von Werken, denen Smetana den Titel *Mein Vaterland* gab. Der Komponist stellte darin seiner Heimat, ihrer Landschaft und den Menschen ein klingendes Zeugnis aus.

Zwei Quellen

Am Anfang seiner musikalischen Erzählung schildert Smetana die beiden Quellen der Moldau. Mit dem Klang der Flöte stellt er die erste Quelle als ein kleines, leise plätscherndes Wasserrinnsal dar. Dazu hört man die Violinen *pizzicato* (= gezupfte Saiten) – wie Wasserspritzer klingt das.

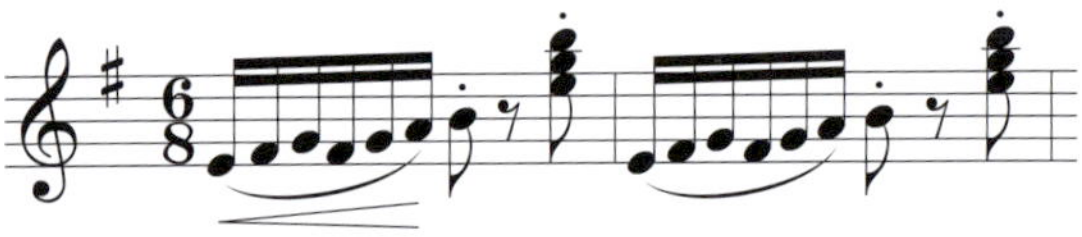

15

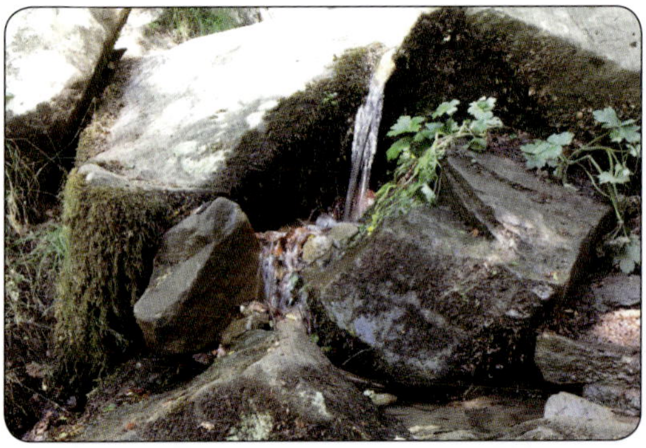

■ Betrachte die Noten. Wie passen die Notenwerte, Intervalle und der Rhythmus zum Fließen des Quellwassers?

Bald kommt das zweite Bächlein aus der anderen Quelle dazu. Smetana wählt dafür den Klang der Klarinette. Bächlein1 und 2 fließen nun miteinander und ineinander.

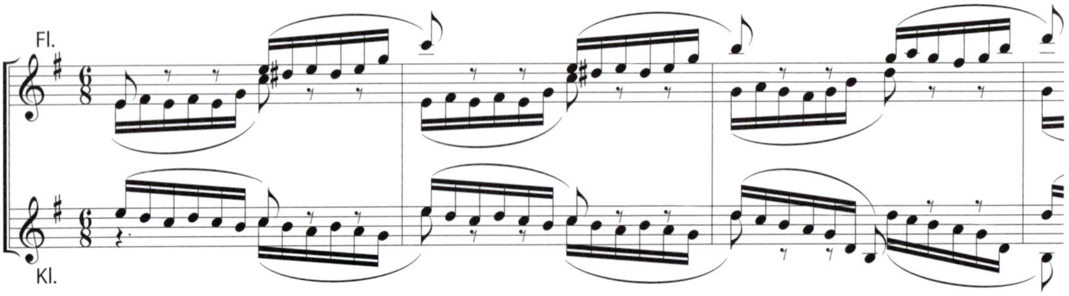

16

■ Höre und beschreibe, wie sich die Stimmen der Flöten und der Klarinetten zueinander bewegen.

Das Wasser sprudelt durch die Landschaft, wird kräftiger und kräftiger. Dann spürt man beim Hören der Musik plötzlich: Aus den beiden Bächlein ist ein Fluss geworden, die Moldau!

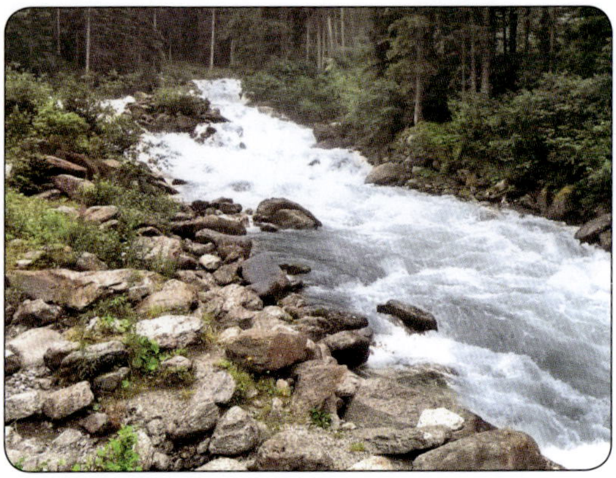

Die Erkennungsmelodie der Moldau

Violinen und Oboen spielen das Thema der Moldau, unterstützt von Fagotten, Hörnern und Triangel:

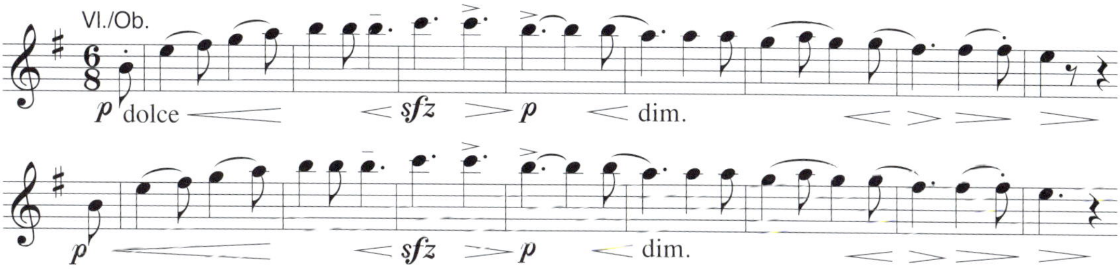

17

- Höre und beschreibe die Melodie: Wie stellt die Musik das Fließen des Wassers dar?

Smetana lässt den Zuhörern Zeit, um die Melodie der Moldau ganz in sich aufzunehmen. Viele Orchesterinstrumente bereichern den Klang. Noch etwas ist dabei in der Musik gut zu hören: Unter der dahinströmenden Oberfläche des Flusses bewegt sich das Wasser so lebendig wie das Quellwasser zu Beginn.

„Waldjagd"

Dann lenkt Smetana die Ohren auf zwei Geschehnisse am Ufer der Moldau. Das erste ist eine Jagd: Hörner und Trompeten sind dabei zu hören!

18

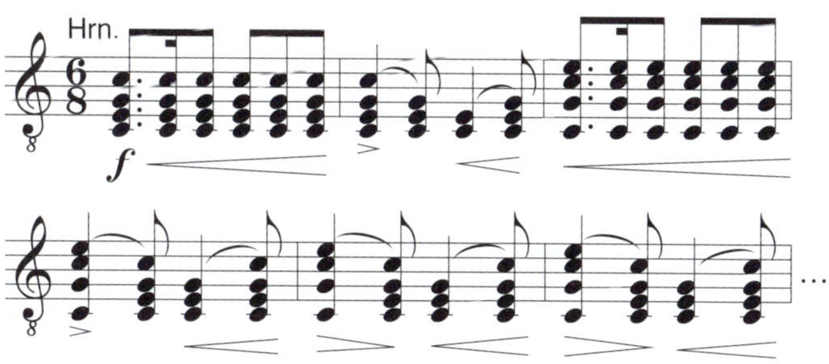

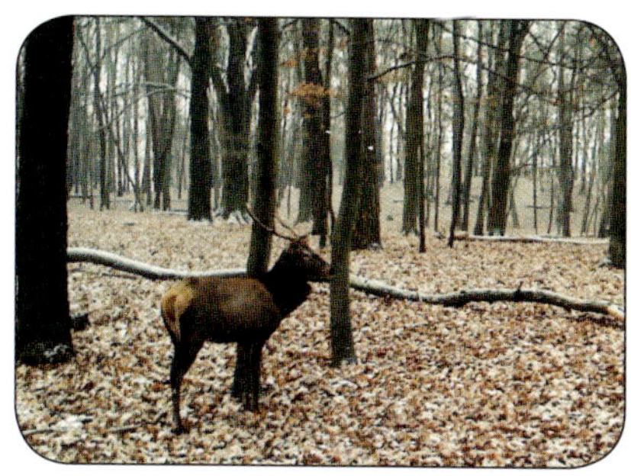

- Mit welchen musikalischen Mitteln hat Smetana diese Stelle in der Musik komponiert?

„Hochzeit"

Auch die Klänge einer bäuerlichen Hochzeit hat Smetana in seine Komposition eingefügt. Streichinstrumente, Klarinetten und Fagotte spielen eine **Polka**, einen Volkstanz im Zweivierteltakt.

19

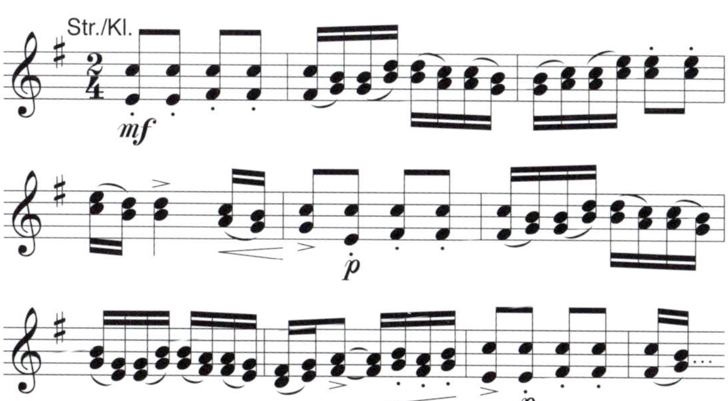

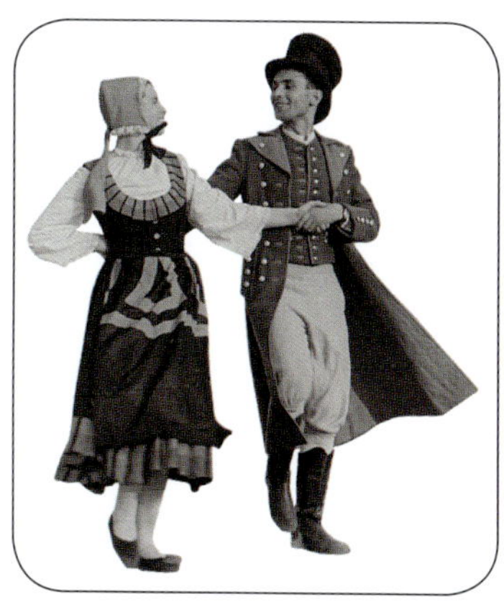

- Beschreibe das Verhältnis beider Stimmen zueinander.

„Nymphenreigen im Mondschein“

Die Hochzeitsszene verklingt und es wird still. Selbst die Moldau scheint zu schlafen. Leise deuten Flöten und Klarinetten feinste Wasserbewegungen an. Smetana schildert hier eine Traumszene: Über dem Wasser der Moldau wiegen sich Nymphen (= Naturgeister) im Mondschein.

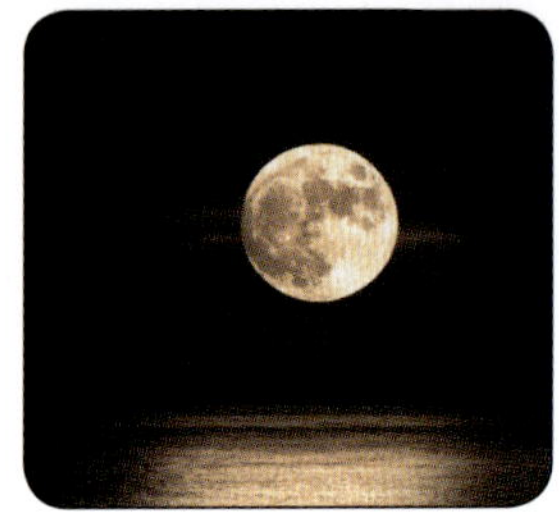

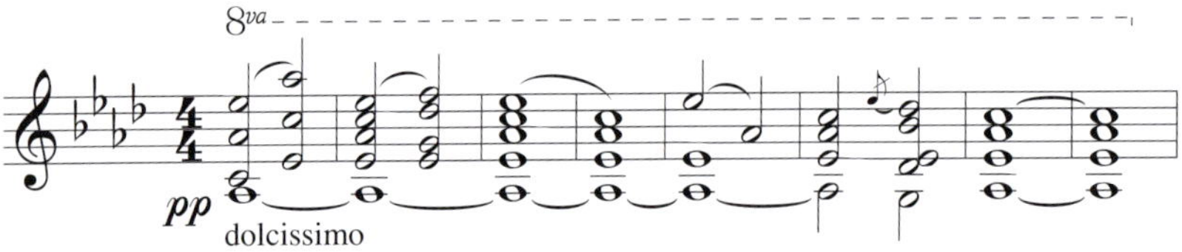

20 ■ In welcher Tonart → 40 steht die Musik jetzt?

„St. Johann-Stromschnellen“

Die Moldau setzt ihren Weg fort und bahnt sich den Weg durch felsiges Gelände. Im Orchester wird es jetzt wild. Auch Pauken und Große Trommel schildern die Dramatik.

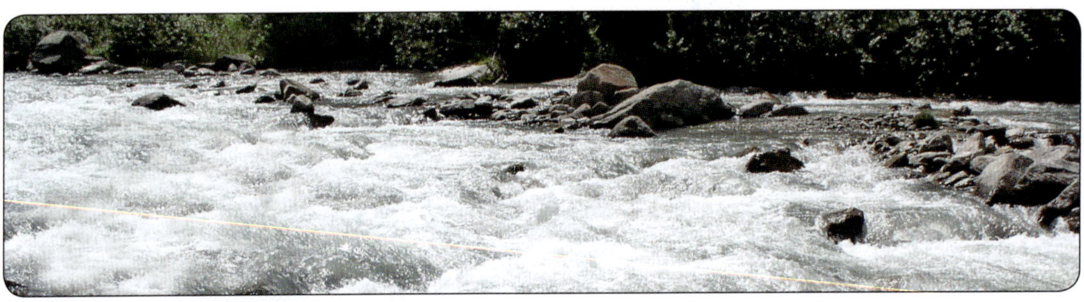

Zu Smetanas Zeit waren die „St. Johann-Stromschnellen“ südlich von Prag wegen ihrer Schönheit, aber auch ihrer Gefährlichkeit sehr bekannt. Inzwischen wurde hier ein Kraftwerk errichtet und die Stromschnellen verschwanden. So ist die 1874 komponierte Musik Smetanas heute auch ein Tondokument über eine Landschaft, die es so nicht mehr gibt.

21 ■ Beschreibe die Musik in eigenen Worten: Was ist hier anders als bei den Teilen zuvor?

Die Moldau strömt breit dahin – „Vyšehrad“

Wieder ist das Moldau-Thema zu hören – die Moldau ist ein breiter, stolzer Fluss geworden. Da taucht plötzlich in der Vorstellung das Bild einer großen Burg auf, über die viele tschechische Sagen erzählen: „Vyšehrad“. Smetana hat dafür ein Thema aus blockartig gesetzten Akkorden komponiert – stark wie die Steine, aus denen die Burg gebaut war. Heute ist „Vyšehrad“ eine Ruine, zu der viele Besucher kommen. Smetana und auch sein Komponisten-Kollege Antonín Dvořák → 122 sind hier begraben.

22

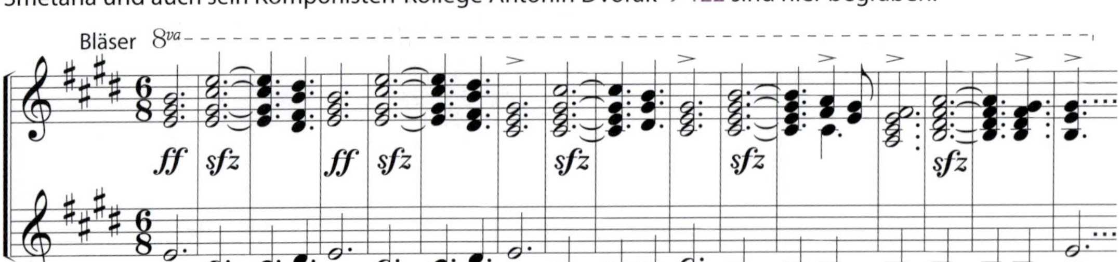

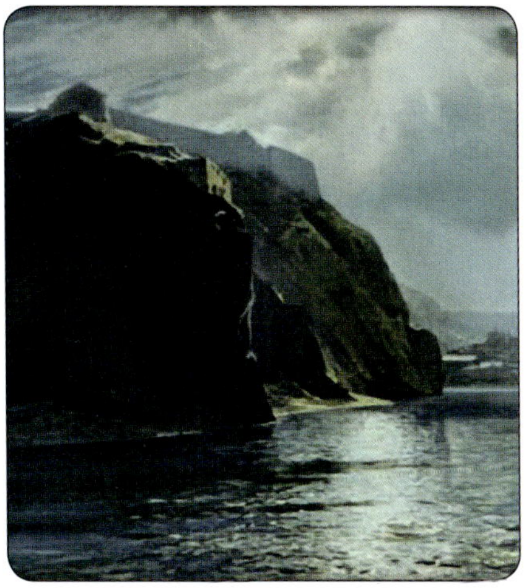

Die Moldau fließt weiter. Noch einmal lässt Smetana ihr Thema anklingen. Dann entschwindet der Fluss in der Ferne und verlässt das Land. Bald wird die Moldau in die Elbe münden.

23

Mit zwei kurzen Akkorden, gespielt vom ganzen Orchester, schließt Smetana sein Werk ab.

- Suche dir selbst eine Aufnahme des ganzen Stückes und höre alles im Zusammenhang. Versuche dabei, die Instrumente, die in der Partitur (rechts) genannt sind, beim Hören wiederzuerkennen.

Partitur = Noten zu einem Musikwerk, in denen alle Instrumental- und Gesangsstimmen untereinander aufgeschrieben sind.

Der Schluss der „Moldau" in der Orchesterpartitur

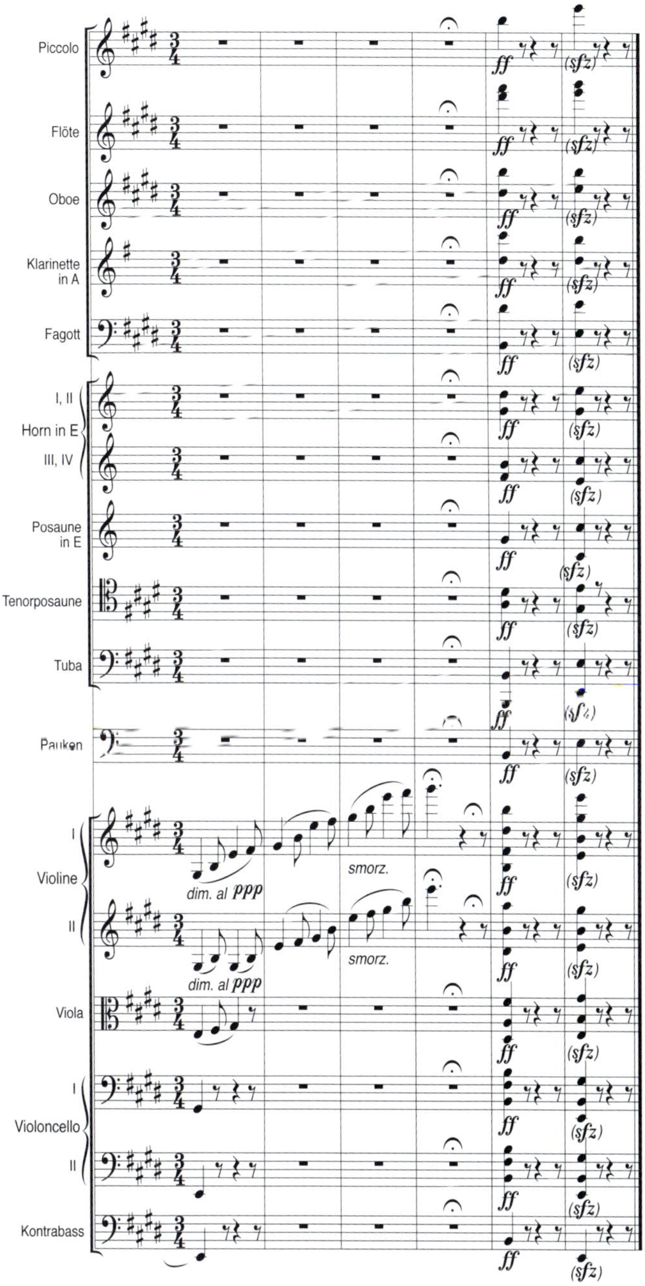

Was ist Programmmusik?

Die Moldau ist ein typisches Werk der **Progammmusik**. Darunter versteht man Musik, die einen außermusikalischen Inhalt in Tönen nacherzählt. **Absolute Musik** hingegen bezeichnet Musik, deren Inhalt „nur" die Töne und Klänge sind, aus denen sie besteht.

Hörtipps

Andere bekannte Werke der Programmmusik sind z. B.:

- *Die vier Jahreszeiten* von Antonio Vivaldi → 105
- *Der Zauberlehrling* von Paul Dukas nach dem Gedicht von Johann Wolfgang von Goethe
- *Bilder einer Ausstellung* von Modest Mussorgsky, für Orchester instrumentiert von Maurice Ravel
- *Eine Steppenskizze aus Mittelasien* von Alexander Borodin

Musik mit Stimme und Sprache

Aus Stimmklängen entsteht Musik

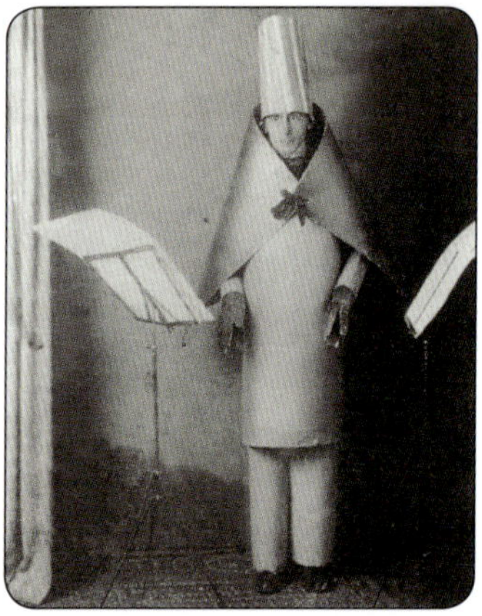

Die menschliche Stimme ist das natürlichste aller Instrumente. Aus allen ihren Lauten und Klängen – der Singstimme und der Sprechstimme – kann Musik entstehen.

Ein Lautgedicht mit klingenden Fantasiewörtern

Der Dichter Hugo Ball (1886–1927) arbeitete gerne mit Stimmlauten. Er fand heraus, dass daraus „Lautgedichte" mit Wörtern entstehen können, die keinen Sinn haben, aber interessant klingen. Seine Gedichte trug er in Fantasiekostümen vor, die er sich extra dafür ausgedacht hatte (Bild rechts).

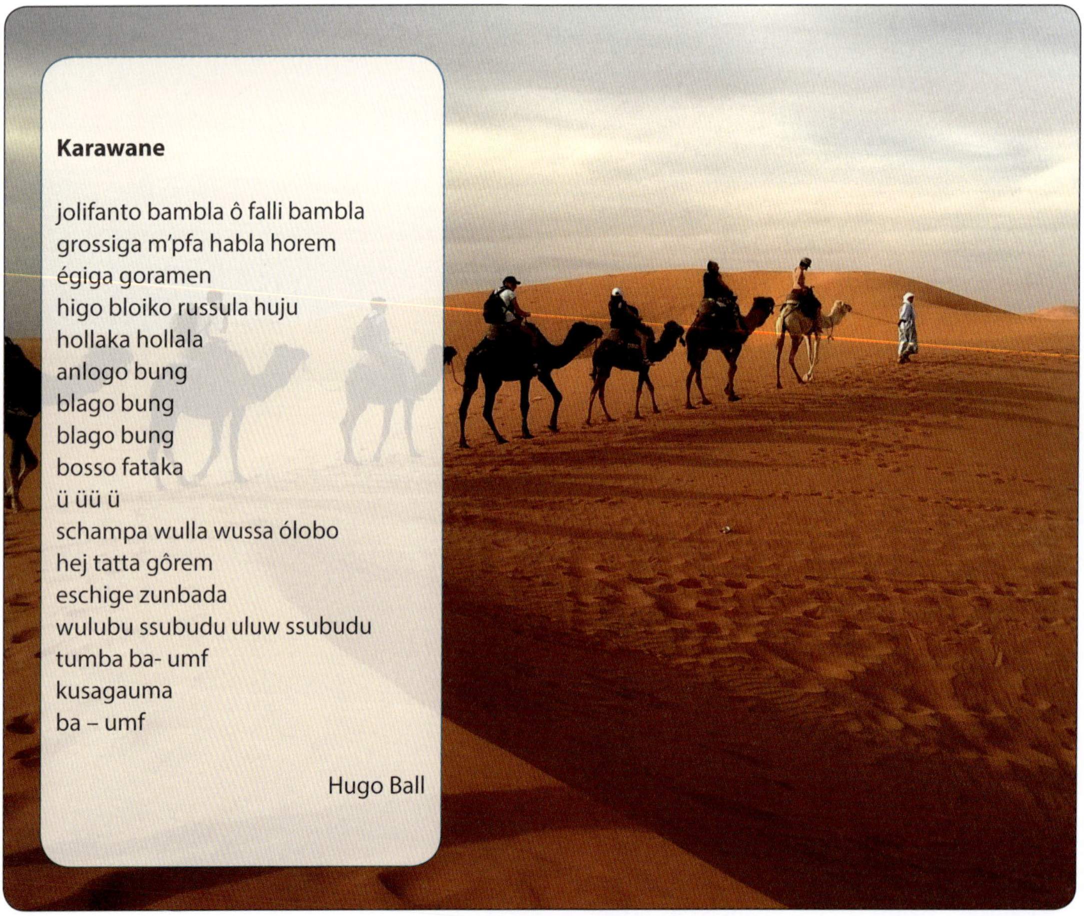

Karawane

jolifanto bambla ô falli bambla
grossiga m'pfa habla horem
égiga goramen
higo bloiko russula huju
hollaka hollala
anlogo bung
blago bung
blago bung
bosso fataka
ü üü ü
schampa wulla wussa ólobo
hej tatta gôrem
eschige zunbada
wulubu ssubudu uluw ssubudu
tumba ba- umf
kusagauma
ba – umf

Hugo Ball

- Sprich das Gedicht wie ein Schauspieler, der damit anderen etwas erzählen will – vielleicht etwas, das ihn begeistert hat, oder etwas Geheimnisvolles.
- Überlege: Was ist wichtig, damit das gesprochene Gedicht Musik wird?
- Schreibe selbst ein Lautgedicht! Mehr über Sprachlaute findest du hier → 14.

Kein Schlagzeug da? – Beatboxing!

Mit Stimmklängen lassen sich Instrumente nachahmen, z. B. ein Schlagzeug → 68. Dafür gibt es zwei Bezeichnungen: Mouth Percussion → 15 und den Fachbegriff: **Beatboxing**.

■ Sprich die Silben des Wortes „Putzekatze“ deutlich und gleichmäßig hintereinander. Wiederhole sie fortlaufend und lasse dann alle Vokale weg. Es bleibt also nur:

p – tz – k – tz p – tz – k – tz p – tz – k – tz p – tz – k – tz …

„p“ – wie der trockene Klang der Bassdrum

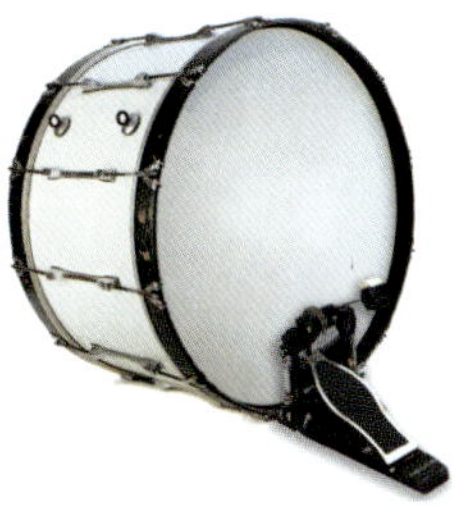

„tz“ – wie das kurze Zischen der geschlossenen Hi-Hat

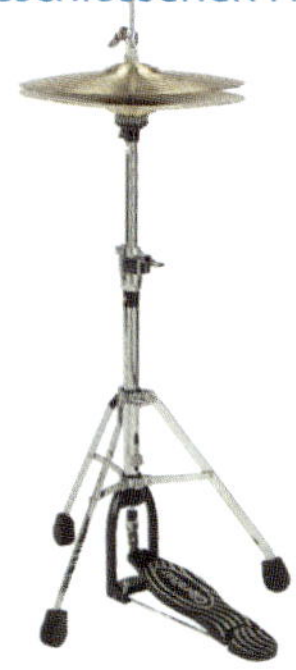

„k“ – wie ein Schlag mit einem Stick auf den Trommelrand

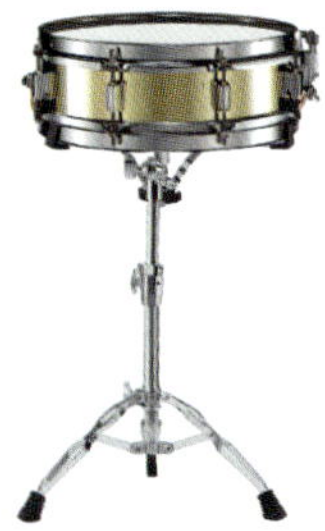

Hier sind drei Rhythmen, die du mit der Stimme üben kannst:

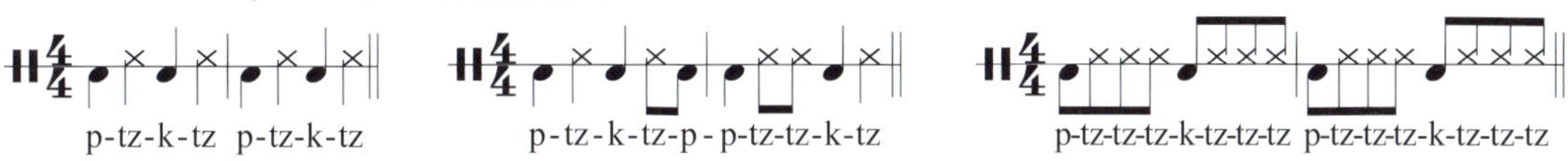

■ Mit diesen Rhythmen kannst du geeignete Musik begleiten, z. B. das Lied auf S. 25.

Unsere Singstimme

Wie funktioniert die Stimme?

Die Stimme entsteht im Kehlkopf an zwei Stimmbändern. Diese bilden eine „Stimmritze“, durch die der Atem aus der Lunge strömt. Feine Muskeln spannen die Stimmbänder so, dass sie in der Tonhöhe, die wir uns vorstellen, schwingen. Beim Singen müssen die Stimmbänder besonders genau funktionieren. Wenn verschiedene Töne hintereinander gesungen werden, müssen sich die Stimmbänder in raschester Folge darauf einstellen.

Wir haben eine **Kopfstimme** (feiner, heller) und eine **Bruststimme** (kräftig, tiefer). Beim Singen kommt es auch darauf an, die Stimme zu entwickeln: ihren Tonumfang, die Resonanzräume in Kopf, Mund und Brustraum und die Artikulation (= Aussprache) → 14 f.

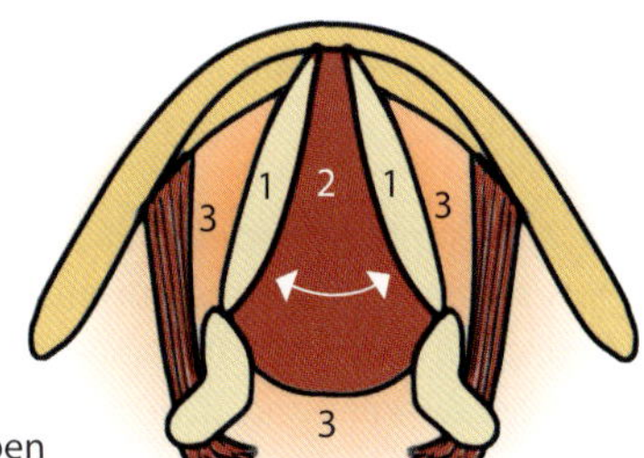

1 Stimmlippen (Stimmbänder)

2 Stimmritze

3 Rachenraum (Resonanzraum)

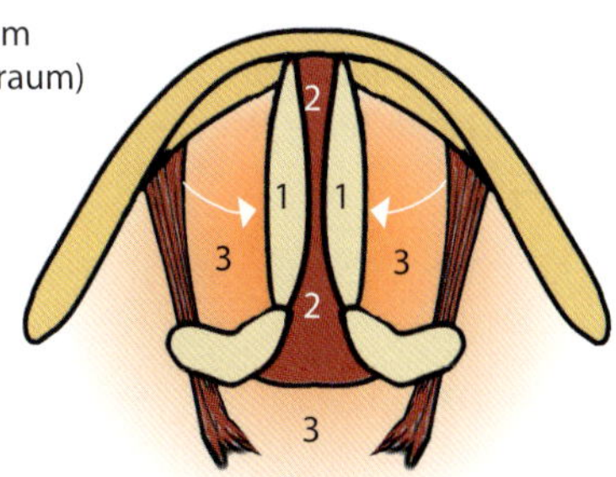

Hörtipp

■ Wie vielseitig eine Singstimme klingen kann, hörst du in der *Aria* von John Cage → 133.

Stimmlagen

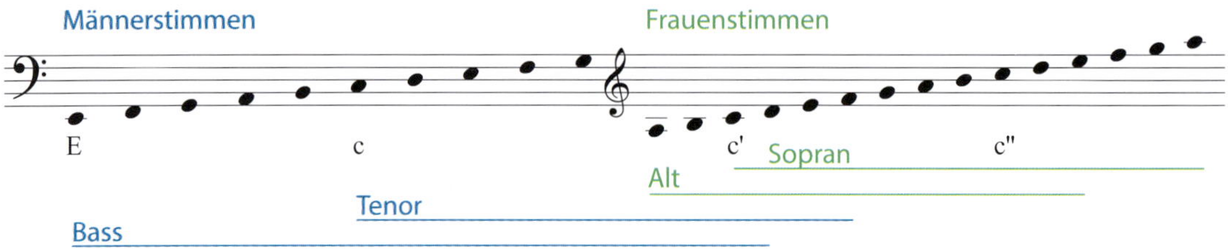

Mutation heißt der Übergang von der Kinderstimme zur Erwachsenenstimme. Bei Jungen wachsen Kehlkopf und Stimmbänder stärker als bei Mädchen. Ihre Stimme wird dadurch viel tiefer.

- Stelle fest, in welcher Stimmlage du selbst gut singen kannst.

Chöre

Wenn eine größere Gruppe von Menschen gemeinsam singt, entsteht ein **Chor**. Man unterscheidet Kinder-, Frauen- und Männerchöre. In gemischten Chören singen Frauen und Männer, evtl. auch zusammen mit Kindern. In Chören wird heute Musik aller Art gesungen: klassische, kirchliche und weltliche Chormusik, mehrstimmige Volkslieder, Spirituals, Gospels → 134 und aktuelle Popsongs.

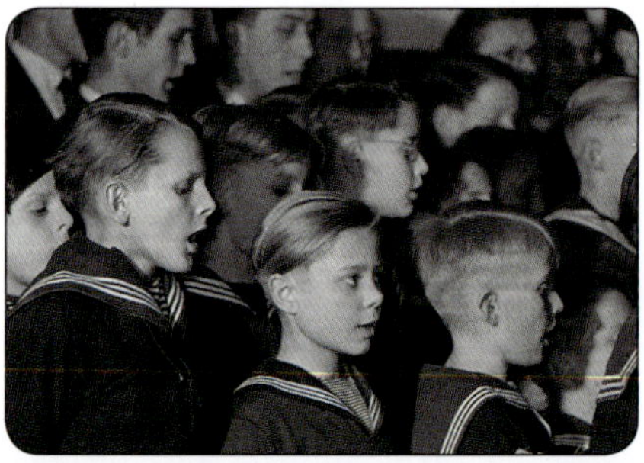

Manche bekannten Chöre haben eine lange Tradition wie der Leipziger „Thomanerchor" (Foto oben) oder die „Wiener Sängerknaben". In beiden Chören singen stets nur Jungen. Es gibt auch erfolgreiche Mädchenchöre wie z. B. den „Mädchenchor Hannover", der schon viele Wettbewerbe gewonnen hat (Foto Mitte).

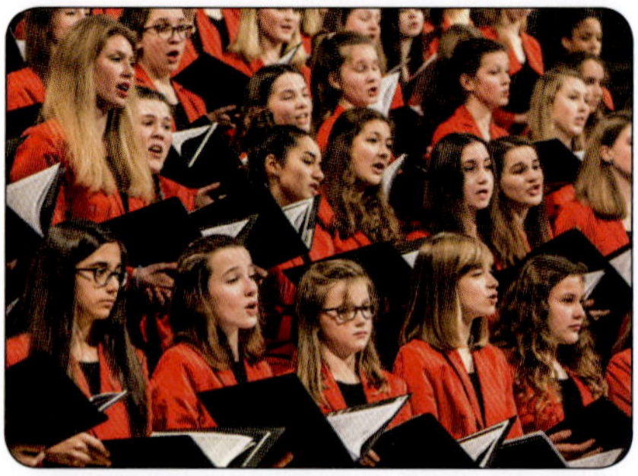

Chöre singen oft **a cappella**, das heißt ohne Instrumentalbegleitung. Manche Gesangsgruppen ahmen allerdings mit der Stimme auch Instrumente nach und machen so ihre eigene Instrumentalbegleitung. Die „Wise Guys" klingen bei ihren Auftritten fast wie eine Rockband (Foto unten).

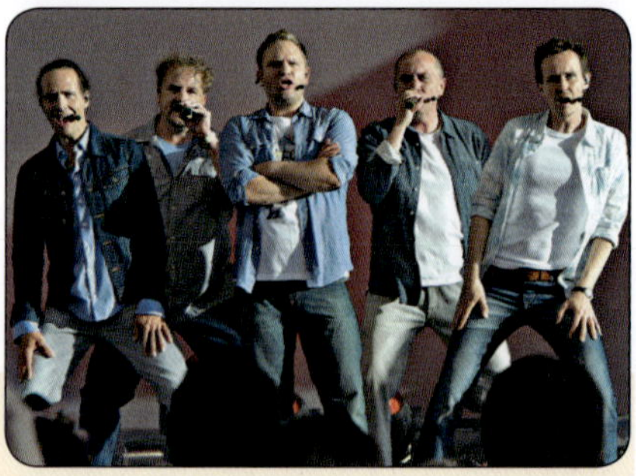

Chorsingen wurde in den letzten Jahren als Hobby immer beliebter. Wissenschaftler wiesen nach, dass beim Singen Glückshormone ausgeschüttet werden. Bei einem „Offenen Singen" kann jeder, der kommt, mitmachen. Manchmal werden dabei die Texte der Lieder per Beamer an die Wand projiziert.

Hörtipps

- Wiener Sängerknaben: *Libertango*
- Mädchenchor Hannover: *Witchcraft*
- Wise Guys: *Deutsche Bahn*
- The Real Group: *Chili con carne*
- The King's Singers: *Greensleeves*

Lieder genau betrachtet

Stichwort „Lied"

Ein **Lied** ist die einstimmige Vertonung eines Textes, oft eines Gedichts. Die meisten Lieder haben mehrere **Strophen** und viele einen **Refrain** (= Teil, der zwischen den Strophen unverändert wiederkehrt). Es gibt Lieder für verschiedenste Anlässe, z. B. Kirchenlieder, Kinderlieder oder Schlaflieder.

Volkslieder sind Lieder, die seit mehreren Generationen gesungen werden. Früher wurden sie durch Vor- und Mitsingen überliefert, seit langem gibt es aber auch spezielle Volkslied-Sammlungen und heute auch Tonaufnahmen aller Art. Die Verfasser von Volksliedern sind oft unbekannt.
Eine **Ballade** ist ein Lied über einen Text, der eine Geschichte erzählt.

Ein **Kunstlied** ist ein für den Vortrag geschaffenes, anspruchsvolles Lied, meist mit einer Klavierbegleitung, die – wie die Melodie – den Text (ein Gedicht) ausdeutet → 118. Die Komponisten sind bekannt.

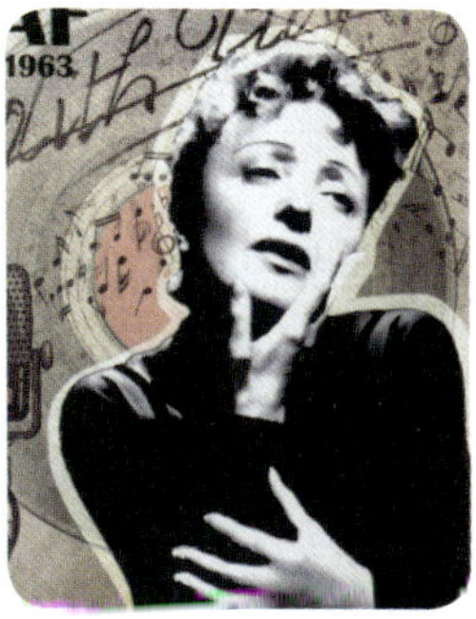

Song ist das englische Wort für „Lied". Ein **Popsong** ist ein Lied im Stil der Pop- und Rockmusik → 141 f.

Das Wort **Chanson** kommt aus dem Französischen. In einem Chanson werden oft Alltagssituationen aus dem Leben Erwachsener geschildert. Eine berühmte Chansonsängerin war die Französin Édith Piaf (1915–1963, Bild rechts).

Schlager → 147 sind für die deutsche Popularmusik produzierte Lieder. Sie haben meist mehrere Strophen und einen Refrain, der leicht ins Ohr gehen soll.

Hörtipps
- *Es waren zwei Königskinder* (Volkslied und Ballade)
- *Ich schnitt' es gern in alle Rinden ein* von Franz Schubert (Kunstlied)
- *Non, je ne regrette rien* von Édith Piaf (Chanson)

Passt die Melodie zum Text?

Wenn ein Text vertont wird, sollten Melodie und auch der Rhythmus dazu passen. Ob das im folgenden Lied der Fall ist? Wie passt das Wort „Tomatensalat" mit seinen fünf Silben in den Dreivierteltakt?

T/M: überliefert

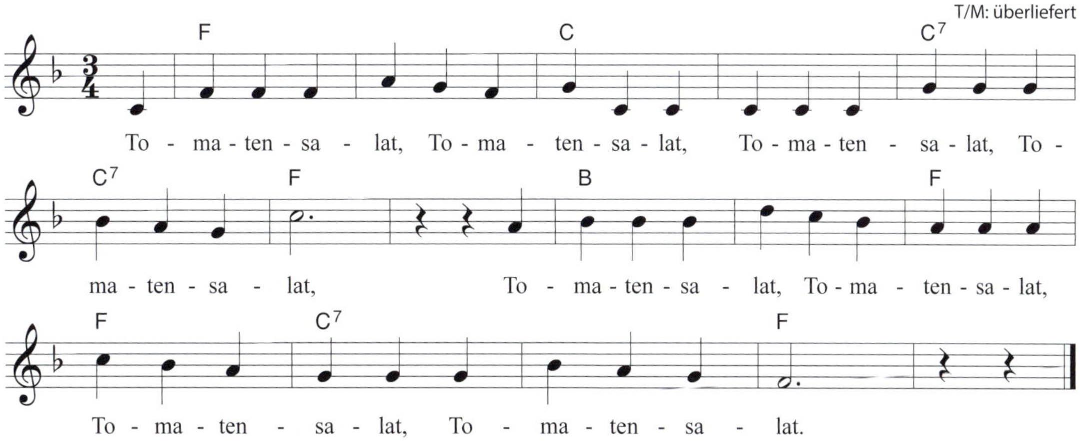

24

- Singe das Lied zum Playback. Du kannst auch andere fünfsilbige Wörter singen.
- Ist die Vertonung gelungen? Welche Note gibst du dafür, und warum?

Was heißt eigentlich „musikalische Analyse"?

Jedes Lied und jedes Musikstück hat einen bestimmten Aufbau. Kleinere und größere Teile können sich darin wiederholen, verändern oder abwechseln. Wenn wir Musik hören, singen oder spielen, achten wir nur selten darauf – wir sind zufrieden, wenn uns die Musik gefällt. Wenn wir ihren Aufbau aber bewusst beobachten und beschreiben, beschäftigen wir uns mit **musikalischer Analyse**. Sie kann uns Musik verständlicher machen und das Singen, Spielen und Hören bereichern.

Im Folgenden wird eine bekannte Liedmelodie genau untersucht. Dabei werden einige Begriffe geklärt, die in der musikalischen Analyse – auch in der Analyse größerer musikalischer Werke – oft nützlich sind.

Was ist eine Melodie?

Eine **Melodie** ist eine Tonfolge, die wir als musikalisch sinnvoll und abgeschlossen erleben. Jede Melodie hat besondere musikalische Merkmale und besteht aus mehreren Teilen. Das lässt sich auch am Lied *Winter ade* beobachten. Es ist ein bekanntes Volkslied, das schon seit vielen Generationen im Frühling gesungen wird.

T: Heinrich Hoffmann von Fallersleben
M: überliefert

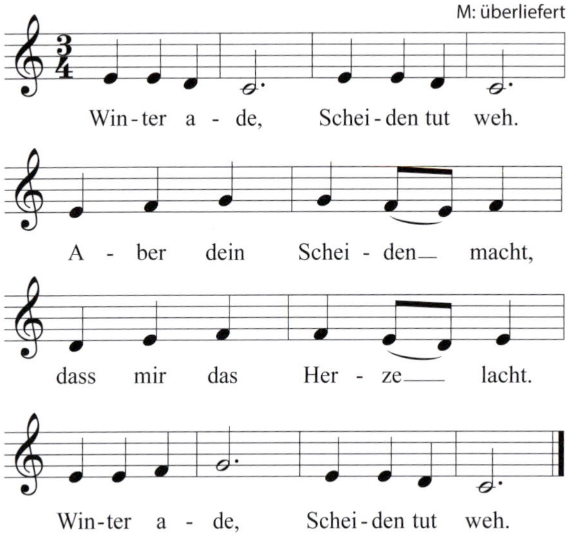

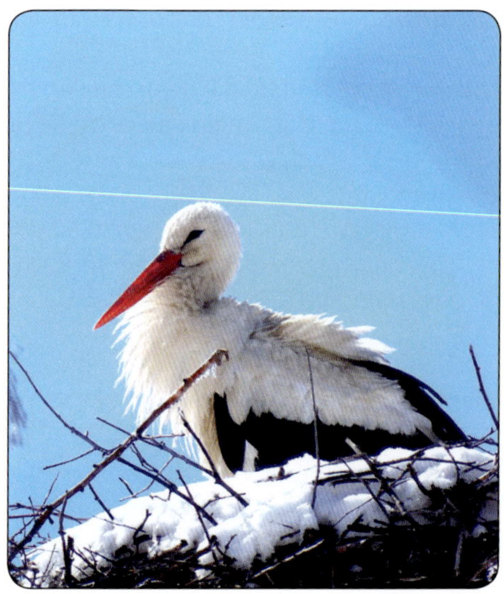

25

- Höre das Lied *Winter ade*. Kennst du es?
- Wie viele verschiedene Töne kommen in der Melodie vor?
- In welcher Tonart → 41 steht das Lied? Wie heißt der Grundton → 32?
- Wie viele Takte hat die Melodie?
- In welcher Taktart → 22 f. steht das Lied?

Was ist eine Phrase?

Die Melodie von *Winter ade* hat mehrere Teile. Sie stimmen mit den Abschnitten des Textes überein und sind auch wichtig, damit man beim Singen atmen kann. Eine **Phrase** ist ein Melodieteil, den man (in etwa) in einem Atemzug singen kann.

In der Melodie von *Winter ade* erlebt man drei Phrasen:

1. Phrase 2. Phrase 3. Phrase

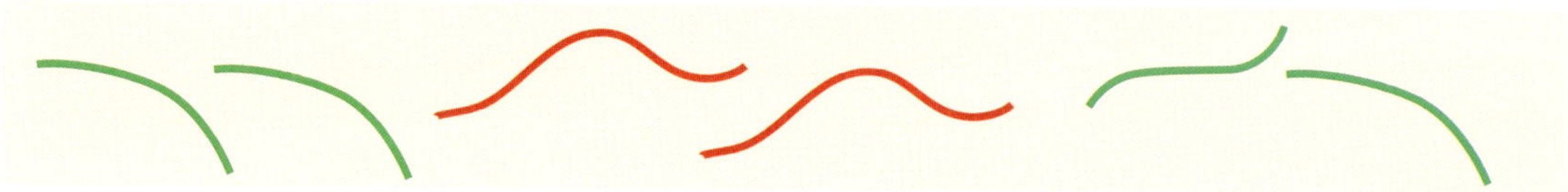

Die Zeichnung ist eine grafische Analyse. Passt sie zum Verlauf der Melodie von *Winter ade*? Würdest du etwas anders zeichnen?

Was ist ein Motiv?

Je genauer man sich mit einer Melodie beschäftigt, desto mehr Einzelheiten kann man darin erkennen: zum Beispiel, dass sich Phrasen aus noch kleineren Bausteinen zusammensetzen. Der kleinste musikalische Baustein heißt **Motiv**. Ein Motiv kann sich wiederholen oder verändern. Zwei Motive können zueinander einen **Kontrast** bilden. Verschiedene Motive sollten in einer Melodie sinnvoll aufeinanderfolgen.

Lies die folgende Analyse. Sie erklärt, wie die Melodie von *Winter ade* aufgebaut ist.

Motiv 1 der Melodie ist zwei Takte lang und hat drei Töne.

Motiv 1 wird in Takt 3 und 4 wiederholt.

Motiv 2 ist ebenfalls zwei Takte lang. Durch seinen Rhythmus und melodischen Verlauf bildet es zu Motiv 1 einen Kontrast.

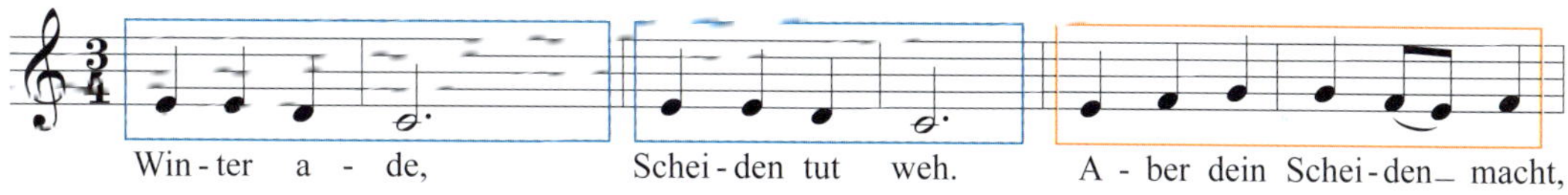

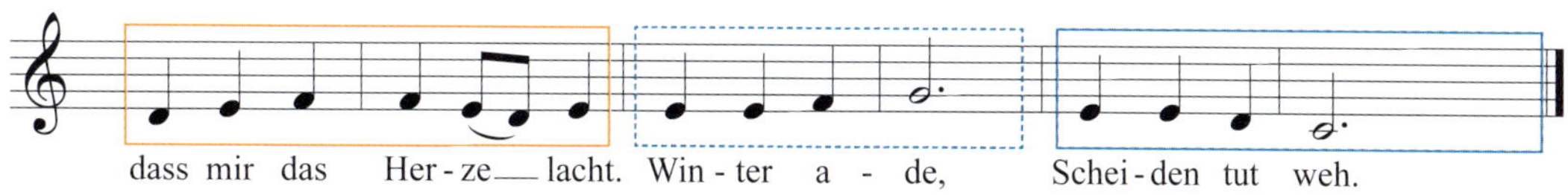

In Takt 7 und 8 wird Motiv 2 einen Ton tiefer wiederholt.

Dieses Motiv ist mit Motiv 1 eng verwandt. Die Tonschritte wechseln nur die Richtung. Man nennt das **Umkehrung** → 106.

Motiv 1 wird noch einmal wiederholt und bildet den Schluss der Melodie.

Wiederholung, **Veränderung** und **Kontrast** sind grundlegende Gestaltungsmittel – nicht nur in der Musik.

Welche Beispiele kannst du für diese Aussage finden?

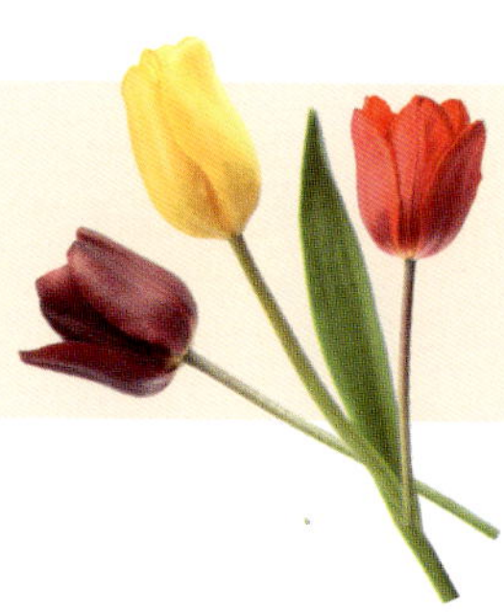

Ist die musikalische Gestaltung gut gelungen?

Nach einer musikalischen Analyse kann man versuchen, die Gestaltung der Musik zu bewerten. Das kann sich auf die Musik selbst beziehen (Ist sie gut und wirkungsvoll aufgebaut?) oder auch auf die Wiedergabe.

- Ist die Vertonung des Textes *Winter ade* deiner Ansicht nach gut gelungen, und wenn ja, warum?
- Stelle dir vor, das Lied würde in einem Viervierteltakt stehen. Wie könnte die Melodie dann klingen? Wäre das besser oder schlechter – und warum?

„DAS GLÜCKE" VON GEORG PHILIPP TELEMANN

Im Text dieses Liedes fallen altertümlich klingende Wörter auf: „Glücke" statt Glück, „Posta" statt Post. Und nicht der Lieferwagen bringt die Post, sondern sie kommt „zu Pferde". – Es ist die Sprache der Barockzeit → 100 ff., in der das Lied entstand. Georg Philipp Telemann → 102 war ein sehr angesehener Komponist. Er schrieb das Lied für den Unterricht seiner Schüler, die daran etwas über das Komponieren lernen konnten.

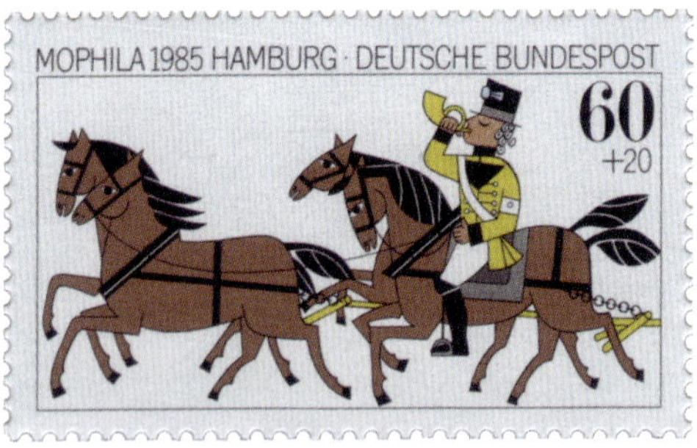

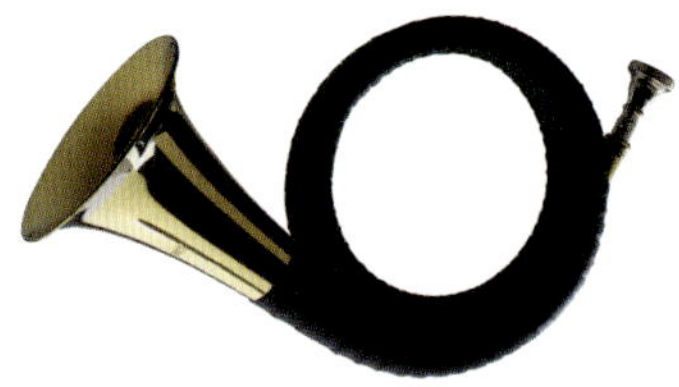

In Takt 1 und 2 besteht die Melodie nur aus Dreiklangstönen. Telemann komponiert damit ein Signal, wie es früher der Postillion auf einem Horn blies, um damit seine Ankunft anzukündigen.

T: Daniel Stoppe / M: Georg Philipp Telemann

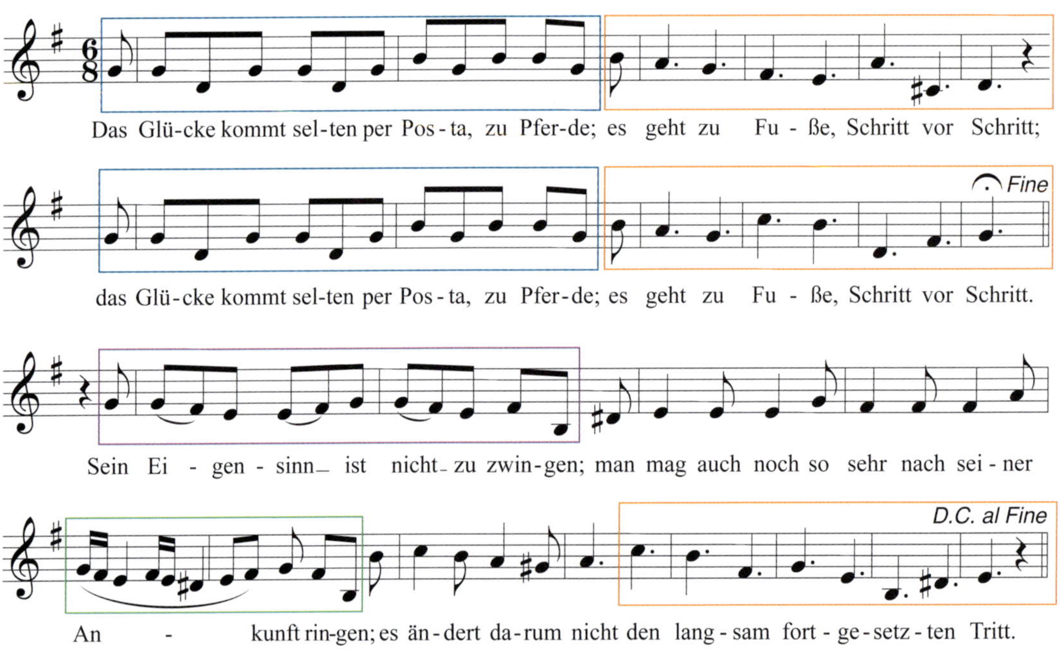

24

■ Höre das Lied. Telemann hat an mehreren Stellen die Melodie so komponiert, dass sie den Sinn des Textes ganz deutlich macht. Betrachte und erkläre dies an den farbig markierten Teilen der Melodie.

PDF
15

■ Hier findest du das Lied mit seiner Klavierbegleitung. Auch in der Begleitung hat Telemann etwas vom Sinn des Textes ausgedrückt.

Wie können Silben vertont werden?

Fachbegriff	Erklärung	Beispiel
syllabisch	Jede Silbe erhält einen eigenen Melodieton.	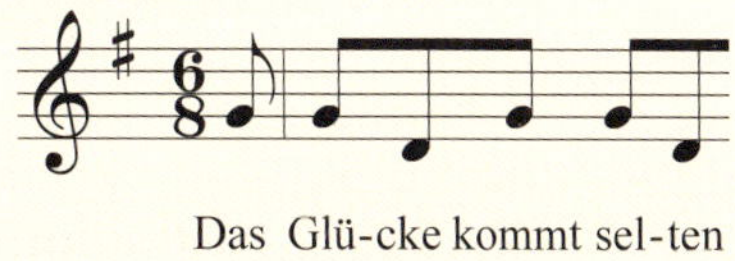
melismatisch	Auf eine Silbe werden mehrere Töne gesungen (= **Melisma**).	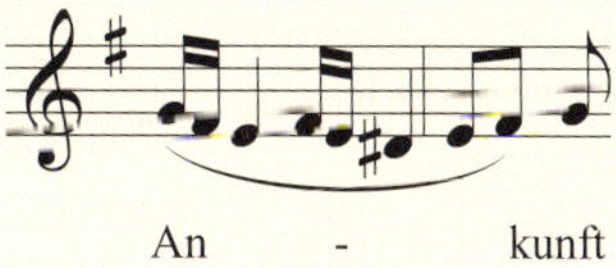

Drei häufige Liedformen

Fachbegriff	Erklärung	Volkslied-Beispiele
Einteilige Liedform	Die Melodie wird als *ein Teil* erlebt, auch wenn sie aus zwei oder drei Phrasen → 86 besteht.	*Jetzt fängt das schöne Frühjahr an*
Zweiteilige Liedform	Die Melodie hat zwei größere, gleich lange und einander meist ähnliche Teile.	*Der Mond ist aufgegangen*
Dreiteilige Liedform	Die Melodie hat drei größere, meist gleich lange Teile. Teil 1 und 3 sind sich oft ähnlich, Teil 2 bildet einen Kontrast.	*Alle Vögel sind schon da*

- Kennst du andere Volkslied-Beispiele? Welche Phrasen und größere Teile haben sie?

Musiktheater – Musik auf der Bühne

Das Theatergebäude

Ein Theatergebäude ist auffallend groß, denn der Zuschauersaal, die Bühne mit den Scheinwerfern und die großen Kulissen brauchen viel Platz. Die Kulissen müssen oft schnell gewechselt werden, indem sie z. B. in den Schnürboden über der Bühne gezogen werden. Im „Orchestergraben" sitzen die Musiker. Weiter gibt es Proberäume, Künstlergarderoben, eine Kantine, Werkstätten zur Herstellung von Kostümen und Bühnenbildern, Räume für die Aufbewahrung von Requisiten, Kulissen und Kostümen („Fundus" genannt) usw. Ein Theatergebäude muss flexibel sein, denn der Spielplan schreibt oft täglich ein anderes Stück vor.

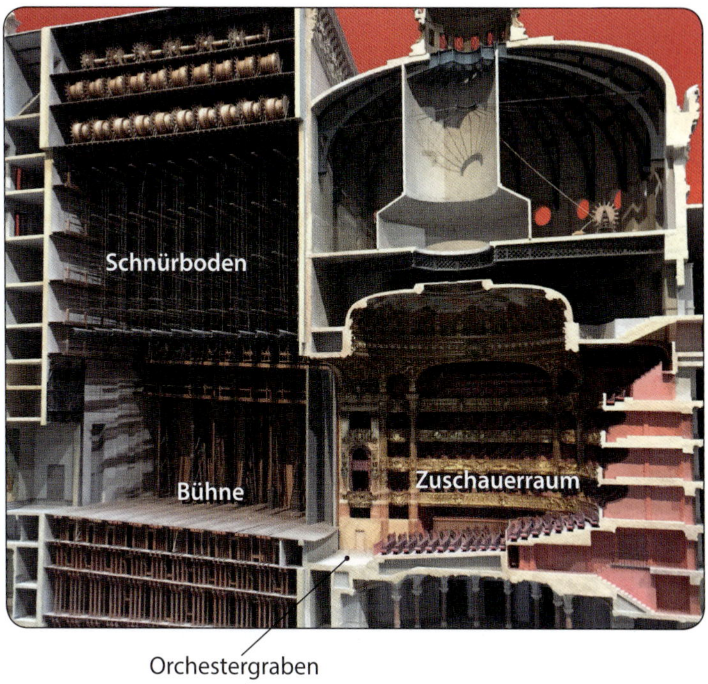

Zerstört und wieder aufgebaut

Das Gebäude der Dresdner Semperoper stammt ursprünglich aus dem Jahr 1878. Zahlreiche Opern wurden hier uraufgeführt → 161, z. B. *Der fliegende Holländer* von Richard Wagner → 121 und *Der Rosenkavalier* von Richard Strauss → 125. 1945, beim Bombenangriff auf die Stadt Dresden, wurde das Opernhaus fast völlig zerstört. Erst 1985 wurde es im alten Stil, aber mit neuer Technik, wieder eröffnet. Gespielt wurde die Oper *Der Freischütz* von Carl Maria von Weber → 91. Berühmte Dirigenten arbeiteten hier, z. B. Carl Maria von Weber im 19. und Karl Böhm im 20. Jahrhundert. 2012 wurde Christian Thielemann hier der Chefdirigent.

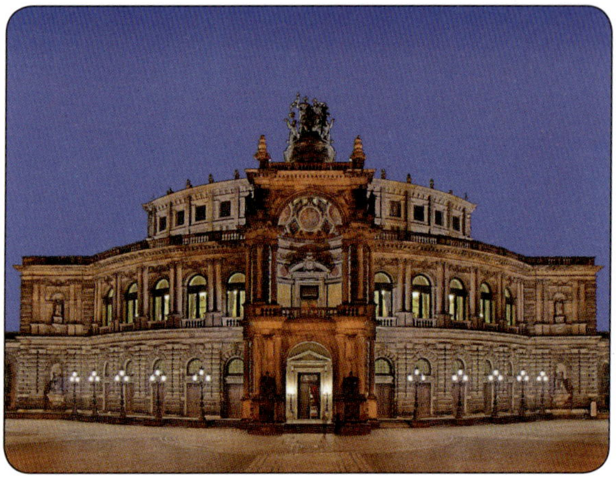

Der Bau und der Betrieb von Musiktheatern, Konzertsälen usw. ist ein wichtiges Anliegen vieler Städte.

- Welches Theater ist in deiner Nähe?
- Hast du schon einmal „hinter die Kulissen" geschaut?
- Erkundige dich, wann es eine Führung durch das Theatergebäude gibt.

Die wichtigsten Formen des Musiktheaters

Das Musiktheater kann viele Gestaltungsmittel einsetzen: Neben den Solosängern und dem Orchester (oder einer Band) können auch Chor und Ballett mitwirken. Aber auch die schauspielerische Darstellung beim Singen und Sprechen, ausdrucksvolle Kostüme und interessante Bühnenbilder sind für die Wirkung des Musiktheaters wichtig. Die Handlung jedes Stückes ist in einem **Libretto** (= Textbuch) enthalten.

Die **Oper** entstand um 1600 in Italien. Eine spannende Handlung wurde mit Gesang, Musik und Tanz (Ballett) in einer bis dahin nicht bekannten Weise dargestellt. Die erste mit Text und Noten vollständig überlieferte Oper ist *L'Orfeo* von Claudio Monteverdi → 103.

Opern sind oft in mehrere **Akte** (= größere Handlungsteile) gegliedert. In der **Ouvertüre** klingen die Hauptthemen der folgenden Musik an. Auf diese Weise wird das Publikum auf die Handlung und die Musik der Oper eingestimmt. Egal ob die Handlung der Oper ernst oder heiter ist, ob sie von der Vergangenheit oder der Jetztzeit erzählt – im Mittelpunkt steht immer die Musik, die packend und anspruchsvoll sein will.

Zu den Werken, die am häufigsten auf den Spielplänen stehen, gehören: *Die Zauberflöte* von Wolfgang Amadeus Mozart → 111 (Foto rechts), *La Traviata* von Giuseppe Verdi → 121 und *Carmen* von Georges Bizet → 122.

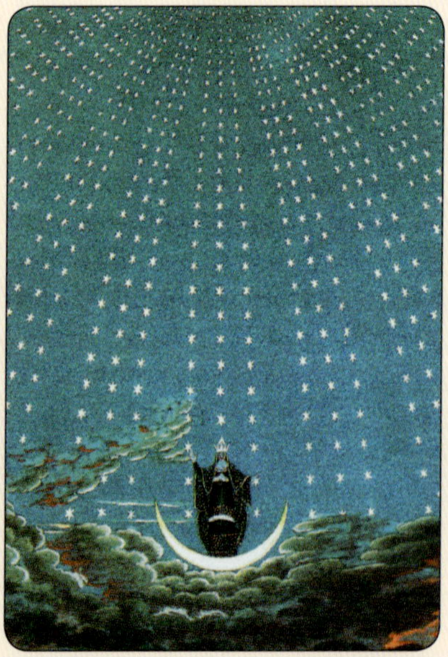

Die **Operette** (wörtlich = kleine Oper) soll vor allem unterhalten. Sie entstand um 1850 in Frankreich und richtete sich in Handlung und Musik nach dem Geschmack des breiten Publikums, z. B. mit Rhythmen und Melodien der Unterhaltungsmusik ihrer Zeit, schlagerähnlichen Liedern und unterhaltsamen Dialogen. Die in den letzten Jahren am häufigsten gespielten Operetten sind: *Die Fledermaus* von Johann Strauß (Sohn) → 123, *Die lustige Witwe* von Franz Léhar → 123 und *Im weißen Rößl* von Ralph Benatzky (1884–1957).

Das **Musical** (= Kurzbezeichnung für *musical comedy*) entstand in den 1920er-Jahren in den USA. Die Musik lebt von Rhythmen, Melodien und Sounds aus Pop, Rock und Jazz. Die Darsteller singen und tanzen, alles ist sehr lebendig und unterhaltsam und die Bühnenausstattung bietet meist ganz besondere Effekte. Für viele Musicals wird deshalb ein eigenes Theater eingerichtet, in dem ein Musical Abend für Abend gespielt wird, oft viele Jahre lang. Drei besonders erfolgreiche Musicals stammen aus der Feder des englischen Komponisten Andrew Lloyd Webber (*1948): *Starlight Express*, *Cats* (Foto rechts) und *Das Phantom der Oper*.

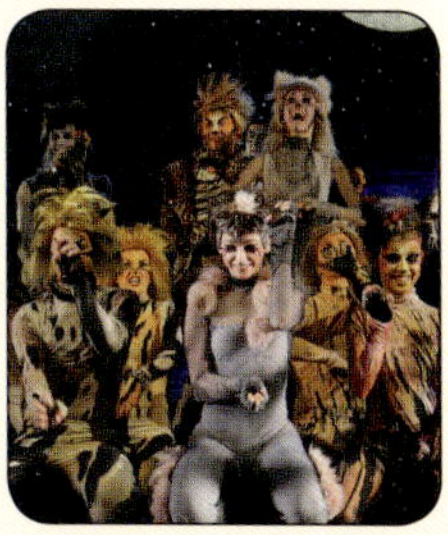

ZWEI SZENEN AUS DER OPER „DER FREISCHÜTZ" VON CARL MARIA VON WEBER

Carl Maria von Weber (1768–1826)

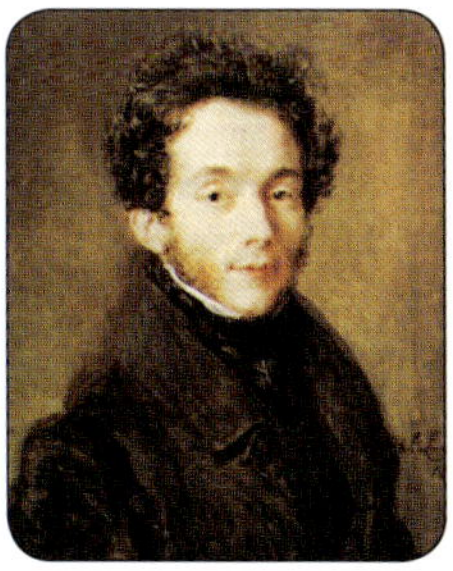

C. M. von Weber wurde in Eutin (Schleswig-Holstein) geboren. Schon als Kind lernte er die Theaterwelt kennen, denn sein Vater leitete eine Schauspieltruppe, die von Ort zu Ort zog. Weber wurde Komponist, Pianist, Operndirektor und Dirigent. Er achtete auf größte Genauigkeit im Orchester und dirigierte deshalb, was damals neu war, mit einem Dirigierstab von einem Dirigentenpult aus. Sein wichtigster Wirkungsort war Dresden. Zu Webers Kompositionen gehören u. a. Konzerte für Klavier und für Klarinette, Sinfonien, Klavier- und Kammermusik und die Oper *Der Freischütz*.

Eine spannende Oper

Jahrhundertelang hatten Opern italienische Texte. Deshalb galt *Der Freischütz* – uraufgeführt 1821 – aufgrund seines deutschen Textes und seiner packenden Musik als neu und besonders. Er wurde ein Riesenerfolg. Das lag auch an der aufregenden Handlung, die von Liebe, dunklen Mächten und teuflischer Zauberei erfüllt ist.

Der Jägergehilfe Max will Agathe, die Tochter des Försters, heiraten. Dazu muss ihm ein sicherer Probeschuss gelingen. Doch ausgerechnet jetzt verlässt ihn das Jagdglück. Max verzweifelt. Seine Stimmung wechselt zwischen größter Angst und glücklichen Erinnerungen an frühere Zeiten mit seiner Braut Agathe.

25 **„Nein, länger trag ich nicht die Qualen"**

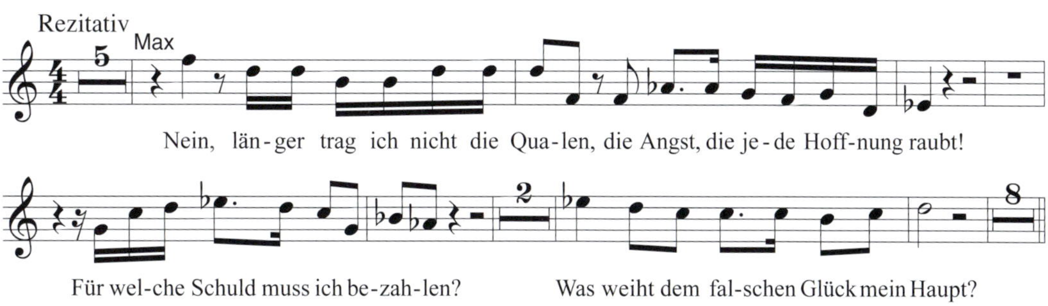

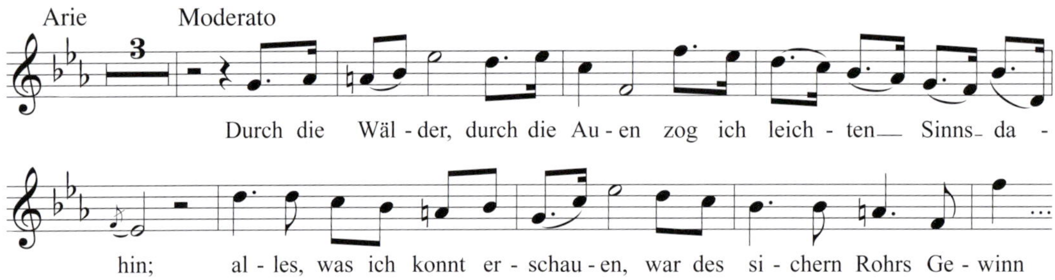

Kaspar, der zweite Jägergehilfe, weiß, wie man sicher trifft – mit „Freikugeln"! Er selbst hat sie für sich von Samiel (dem Teufel) bekommen und diesem dafür seine Seele versprochen. Max überredet Kaspar ebenfalls Freikugeln zu gießen – um Mitternacht in der Wolfsschlucht.

Das Kugelgießen in der Wolfsschlucht

In einer düsteren Waldschlucht ruft Kaspar Samiel herbei. Waldvögel hüpfen und flattern umher, ein schwarzer Eber jagt wild vorüber, ein Sturm erhebt sich, jagt Feuerfunken und bricht die Wipfel der Bäume, man hört Hundegebell, Peitschengeknall und Pferdegetrappel, funkenwerfende Räder rollen über die Bühne, der Himmel wird schwarz und Flammen schlagen aus der Erde … – mit schauerlichen Worten beschreibt der Komponist selbst das Bühnenbild der Szene in seiner Partitur → 81. Das Orchester schildert das Geschehen in düsteren Klangfarben, ansonsten wird in dieser Szene nur gesprochen. Am Ende erscheint Samiel.

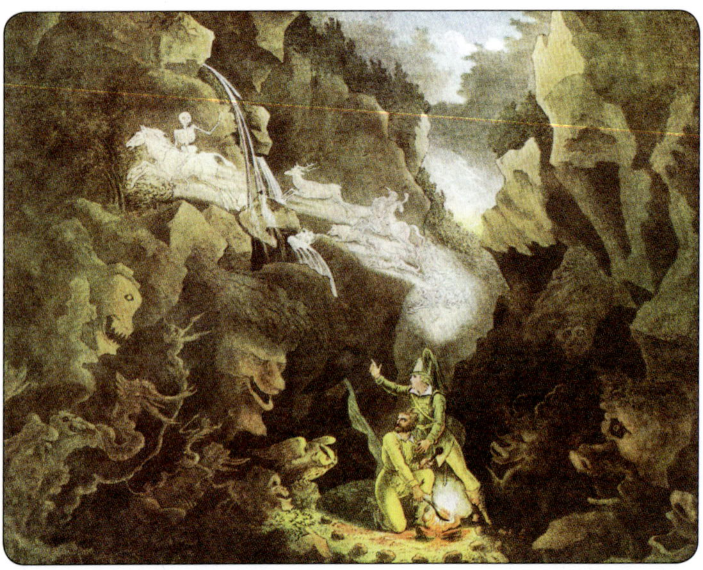

Ein Jahr nach der Uraufführung hat der Maler Carl Wilhelm Holdermann die Wolfsschluchtszene in einem Bild dargestellt.

26

„Hier erst das Blei"

- Höre dir die Szene an und stelle sie dir auf der Bühne oder auf einem Video vor.
- Willst du mehr über die Oper *Der Freischütz* wissen und erfahren, wie sie endet? Beschaffe dir Informationen und höre weitere Ausschnitte. Vielleicht kannst du die Oper sogar in einer Aufführung erleben!

Gestaltungselemente im Musiktheater	Erklärung
Rezitativ	Der Gesang richtet sich rhythmisch und melodisch nach dem Verlauf des Textes, ähnlich wie wenn man ihn sprechen würde. Auch die Begleitung kann die Aussage des Textes zum Ausdruck bringen. Rezitative treiben die Handlung voran.
Arie	Bei diesem Sologesang kann die Stimme besonders glanzvoll und virtuos klingen. Arien dienen meist dazu, einem Gefühl musikalisch Ausdruck zu verleihen. Wichtige Textteile werden oft mehrmals wiederholt.

„COOL" AUS DEM MUSICAL „WEST SIDE STORY" VON LEONARD BERNSTEIN

Leonard Bernstein (1918–1990)

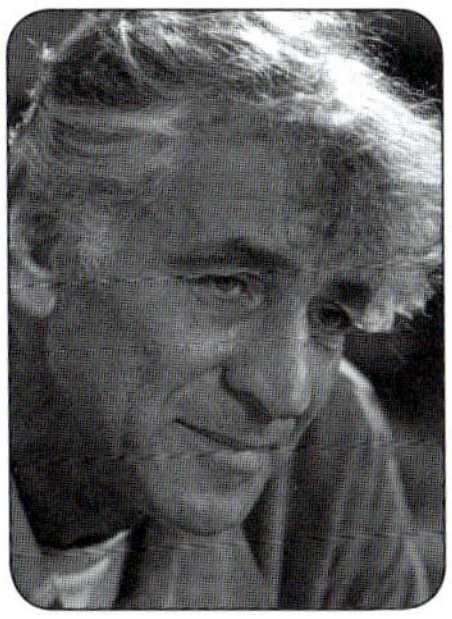

Dass der berühmte Dirigent Bruno Walter wegen einer Erkrankung ein Konzert mit den New Yorker Philharmonikern kurzfristig absagen musste, war für den 25-jährigen Bernstein ein großes Glück: Ohne jede Probe dirigierte er das Orchester und bewies damit seine große Begabung. Bernstein, bald ein international erfolgreicher Dirigent, Komponist und Pianist, verstand sich auch als Musikpädagoge: In Büchern, Fernsehsendungen und Konzerten gab er seine Begeisterung für Musik besonders auch an junge Menschen weiter. Bernstein war offen für viele musikalische Stile → 133. Das spürt man in allen seinen Orchester- und Bühnenwerken. Immer wieder setzte er sich für Frieden und Völkerverständigung ein, so auch im Musical → 91 *West Side Story*, das 1957 in New York uraufgeführt wurde.

Konflikte zwischen zwei Jugendgangs

Die Handlung der *West Side Story* spielt in Manhattan, einem Stadtteil New Yorks, in den 1950er-Jahren. Zwei Gangs tragen einen Bandenkrieg aus: die Jets (Jugendliche amerikanischer Herkunft) und die Sharks (Jugendliche puertoricanischer Herkunft). Tony, ein Jet, hat sich in Maria, die Schwester des Anführers der Sharks, verliebt. Er will bei den Jets aussteigen und ein geregeltes Leben beginnen. Maria, die Tonys Liebe erwidert, bittet ihn, die blutige Konfrontation zwischen den Banden zu verhindern.

Die Szene „Cool" spielt in einem kleinen Drugstore. Die Jets sprechen über den Kampf mit den Sharks. Jederzeit kann es losgehen, alle sind angespannt. Riff, der Anführer der Jets, rät dazu, auf alle Fälle die Nerven zu behalten: „Boy, boy, crazy boy, get cool, boy!"

27

„Cool"

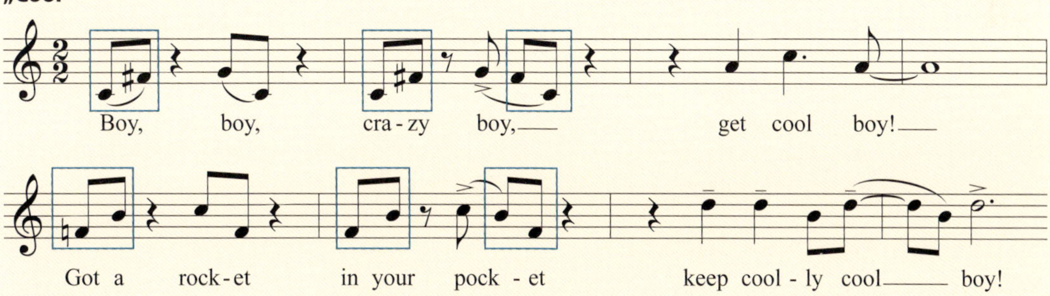

Die Musik des Songs ist im modernsten Jazz-Stil → 137 der damaligen Zeit geschrieben. Schnelle, kurze, nervöse Motive → 87 verbinden sich mit kühlen Harmonien. Die Melodie bleibt durch die häufige Verwendung des Tritonus (farbig markiert) → 43 in ständiger Spannung.

■ Welches Drama mag sich aus dem Konflikt zwischen den Jets und den Sharks ergeben? Du kannst darüber nachlesen oder dir auch den Film der Uraufführung der *West Side Story* besorgen.

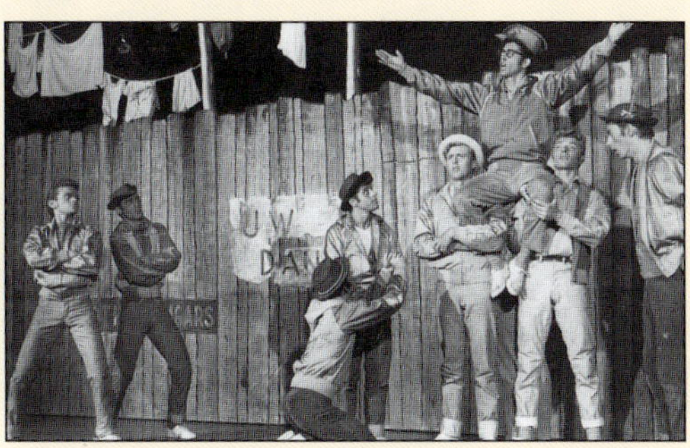

Das Foto links zeigt eine Szene aus einer Aufführung am Broadway, New York, 1957. Rechts: Plakat zur West Side Story.

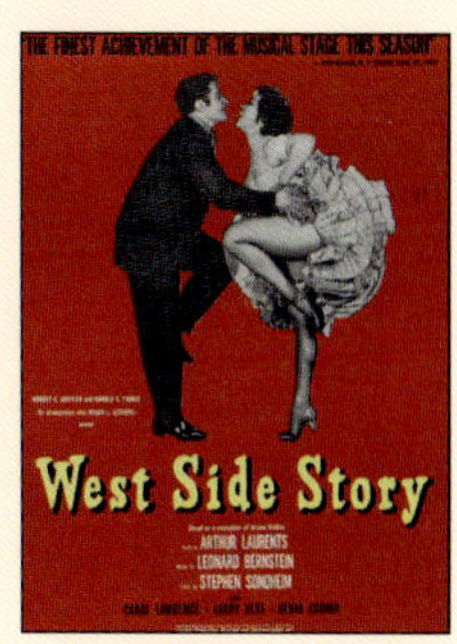

Aus der Geschichte der Musik

Musik im Mittelalter

Das Mittelalter umfasst beinahe 1000 Jahre – von ~ 500 nach Chr. und dem Ende der Völkerwanderung bis zum Beginn der Neuzeit und der Entdeckung Amerikas im Jahr 1492. Die Vorstellung von einer göttlichen Ordnung prägte das Leben der Menschen. Die meisten von ihnen waren Bauern oder Handwerker und Untertanen ihrer kirchlichen oder weltlichen Herrscher. Von der Musik des Mittelalters ist wenig überliefert.

Kirchengesang und Notenschrift

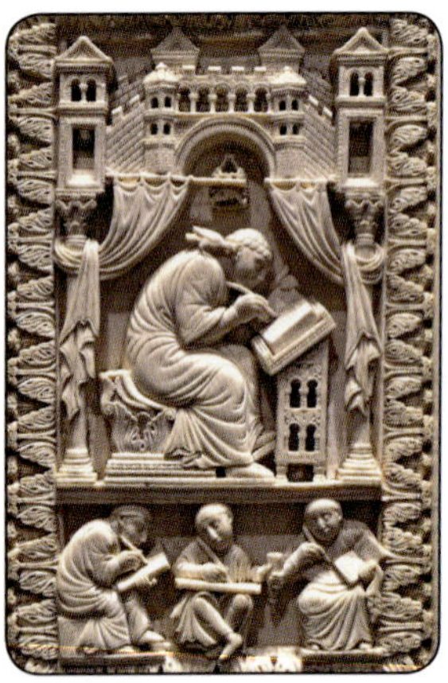

Ab dem 6. Jahrhundert wurden in vielen Gegenden Europas Klöster gegründet. Die Handschriften der Mönche geben Hinweise darauf, welche Musik während ihrer Gebete und Gottesdienste erklang: Es waren einstimmige Gesänge in lateinischer Sprache, die heute **Gregorianischer Choral** genannt werden. Der Name geht auf Papst **Gregor** I. (~ 540–604) zurück, der die Kirchengesänge seiner Zeit sammeln und ordnen ließ. Das Bild links (eine kostbare Elfenbeinschnitzerei) zeigt ihn beim Aufschreiben von Chorälen, die ihm der Heilige Geist in Gestalt einer Taube eingegeben haben soll.

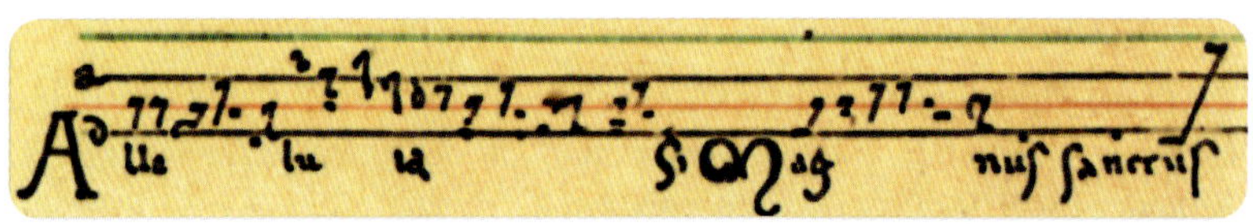

Lange Zeit hatte die Musikschrift der Mönche wenig Ähnlichkeit mit unserer heutigen Notenschrift und von Kloster zu Kloster konnte die Schreibweise anders sein. Zuerst schrieb man Töne in **Neumen** auf. Das griechische Wort „Neuma" bedeutet „Wink". Neumen waren kaum mehr als Gedächtnisstützen für das Steigen und Fallen der Melodien, die die Sänger durch mündliche Überlieferung schon kennen sollten. Erst nach und nach entwickelte sich daraus unsere heutige **Notation**. Der Mönch Guido von Arezzo (~ 992–1050) schrieb Neumen in ein System aus vier Linien und legte auch schon Namen für die Töne fest. Ab dem 12. Jahrhundert entstand eine Notation, die in der katholischen Kirche bis heute verwendet wird

EIN GREGORIANISCHER CHORAL

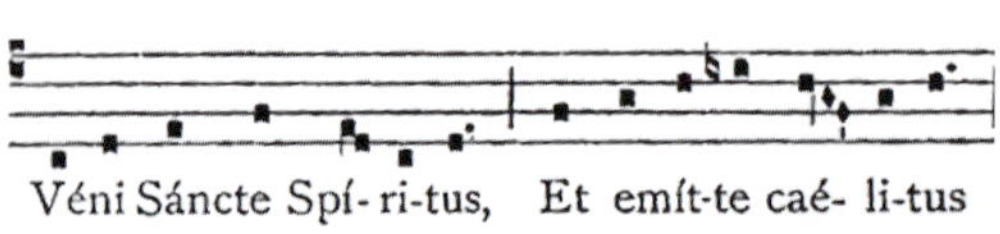

28

- Höre eine Aufnahme dieses Gesanges zum Pfingstsonntag und verfolge den Anfang im Notenbild.
- Wo hast du ähnliche Gesänge bereits gehört?

Gregorianische Gesänge werden bis heute vor allem in Klöstern gepflegt. Das Foto zeigt Mönche im Stift Heiligenkreuz bei Wien.

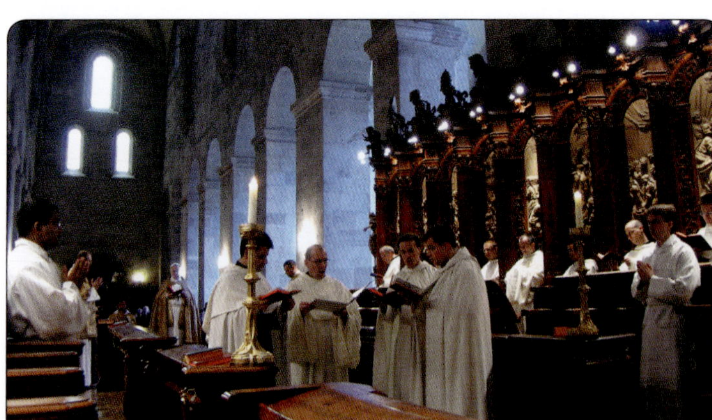

Zuerst einstimmig, dann mehrstimmig

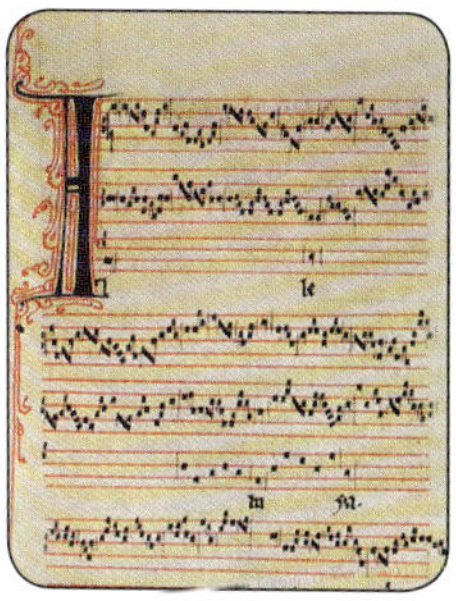

Im Laufe des Mittelalters trat zum einstimmigen Gesang eine zweite Stimme hinzu. Diese zweite Stimme konnte ein **Bordun** (= Liegeton) sein. Oder sie konnte in einem weitgehend gleichbleibenden Abstand parallel zur ersten Stimme verlaufen. Die zweite Stimme wurde entweder gesungen oder auf der Orgel gespielt. Mit dieser Praxis – **Organum** genannt – begann die **Mehrstimmigkeit**. Seit dem 14. Jahrhundert sind auch mehrstimmige **Messen** → 97 überliefert.

Weltliche Musik im Mittelalter

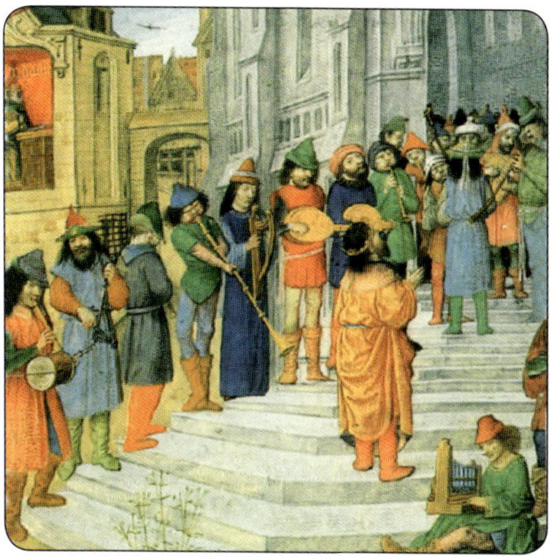

Instrumente waren im Kirchenraum lange Zeit verpönt. Doch vor den Kirchen, auf Jahrmärkten, zur Unterhaltung und zum Tanz traten **Spielleute** (= umherziehende Musikanten) auf. Das Bild zeigt eine Gruppe vor dem Portal eines gotischen Doms. Von links nach rechts erkennt man Trommel und Flöte (ein Spieler), Triangel, Trompete (damals in langer Form), Harfe, Lauten, Schalmeien → 64, Dudelsack→ 64 (der Spieler ist nur von hinten sichtbar). Rechts oben ist ein Zink zu sehen, rechts unten ein Portativ (= kleine tragbare Orgel). – Was hat eine solche Gruppe gespielt und wie hat ihre Musik wohl geklungen? Genaue Aufzeichnungen darüber gibt es nicht.

- Wie klingt eine Schalmei, ein Zink, ein Portativ? Beispiele findest du im Internet.

Erst seit dem 13. Jahrhundert ist ein Teil der weltlichen Musik genauer überliefert: die Lieder adeliger Sänger, die oft von Burg zu Burg zogen und ihre Lieder vortrugen. Diese Sänger werden **Minnesänger** genannt, ihre Lieder **Minnesang**, weil viele von der Minne (= Liebe) handeln.

Musiker im Mittelalter	
Drei berühmte Minnesänger	Walther von der Vogelweide (~ 1170–1230) Wolfram von Eschenbach (~ 1160–1220) Oswald von Wolkenstein (~ 1377–1445)
Die erste Frau der Musikgeschichte	Hildegard von Bingen (1098–1179), eine Benediktiner-Äbtissin. Von ihr sind geistliche Gesänge überliefert.

29

- Höre eine Aufnahme des Minneliedes *Wach auf, mein Hort* von Oswald von Wolkenstein (Bild rechts). Der Sänger wird auf einem mittelalterlichen Streichinstrument (Fidel) und einem Tasteninstrument (Dulcemelos) begleitet.

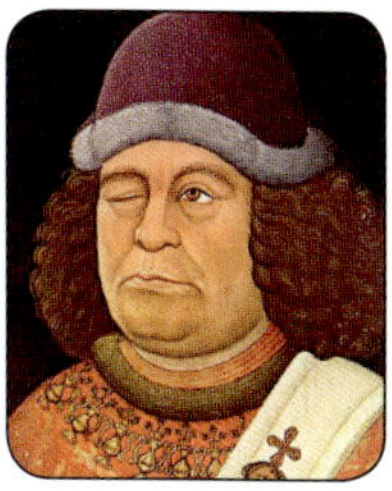

Text der ersten Strophe:
Wach auf, mein Hort (= Schatz)! Es leucht dort her von Orient (= von Osten) der lichte Tag. Blick durch die Brau, vernimm den Glanz, wie gar ein Blau im Himmelskranz mengt durch das Grau. Ein rechte Schanz! (= Abwehr). Ich fürcht ein kurzes Tagen.

Hörtipps
- *De Sancta Maria* von Hildegard von Bingen
- *Viderunt omnes* (zweistimmig) von Leonin (~1150–1201)
- *Messe de Nostre Dame* (vierstimmig) von Guillaume de Machaut (~ 1300–1377)

Musik in der Renaissance

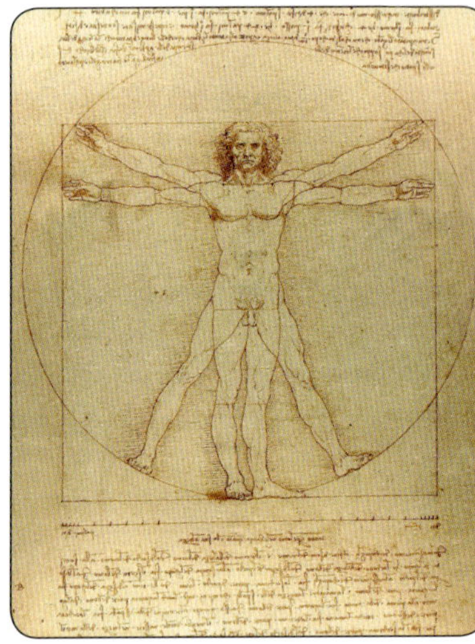

Die Entdeckung Amerikas im Jahr 1492 durch Christoph Kolumbus ist nur ein Beispiel für Entwicklungen, die in dieser Zeit den Horizont der Menschen erweiterten. Zwei berühmte Forscher – Nikolaus Kopernikus und Galileo Galilei – bewiesen im Gegensatz zur offiziellen Glaubenslehre, dass die Erde nicht das Zentrum des Universums ist, sondern um die Sonne kreist. Leonardo da Vinci war Wissenschaftler, Künstler und Erfinder zugleich. In einer Zeichnung (rechts) zeigte er die Harmonie des menschlichen Körpers, eingebettet in die Formen Kreis und Rechteck.
Im Rückblick wurde die Zeit von ~1450 bis 1600 **Renaissance** genannt. Das französische Wort bedeutet „Wiedergeburt", weil die kulturellen Leistungen der **Antike** → 156 wiederbelebt und mit den Möglichkeiten der neuen Zeit verbunden wurden.

Förderung der Künste

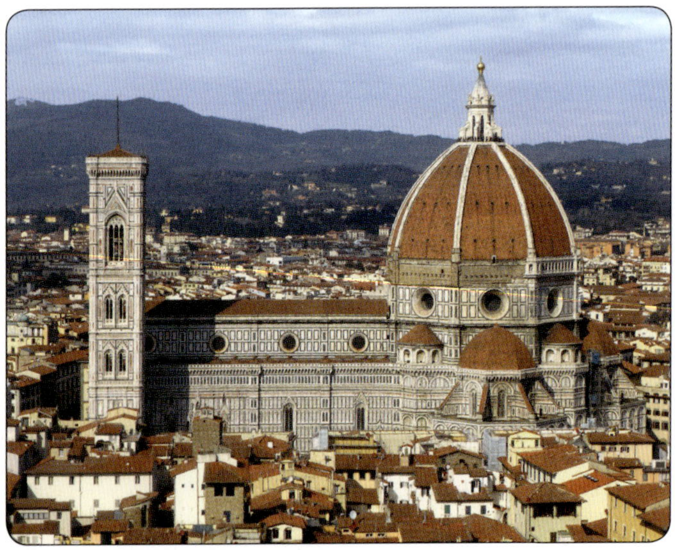

In italienischen Städten, die durch Handel reich geworden waren, wurden die Künste besonders gefördert. Prächtige Bauten entstanden hier, so der im 14. und 15. Jahrhundert erbaute Dom in Florenz. Sein Glockenturm und die Kuppel, die ganz ohne inneres Gerüst gebaut wurde, überragen bis heute eindrucksvoll die Altstadt. Auch in anderen Teilen Europas blühten die Künste auf und damit auch die Musik.
Fürsten und Bischöfe leisteten sich eigene **Hofkapellen** mit Instrumentalisten und Sängern. Diese Hofkapellen wurden von den bekanntesten Komponisten der Zeit geleitet. Mehrere bedeutende Musiker der Zeit stammten aus Burgund, einer Gegend in der Mitte des heutigen Frankreichs, andere aus den Niederlanden. In ihrer Jugend wurden sie als Sänger in der Hofkapelle eines musikbegeisterten Fürsten ausgebildet, später gingen sie oft nach Italien, manche auch nach Deutschland. Ein musikalischer Austausch quer durch Europa begann.

Buchdruck und Notendruck

Der um 1450 erfundene **Buchdruck** veränderte die Welt und beschleunigte viele andere Entwicklungen. Wenig später folgte der **Notendruck**. Dadurch entfiel das bisherige mühsame Abschreiben. Texte, Bilder und Noten konnten schneller, preiswerter und in größerer Zahl verbreitet werden. Neue Musikwerke konnte man nun auch außerhalb ihres Entstehungsortes studieren und aufführen.

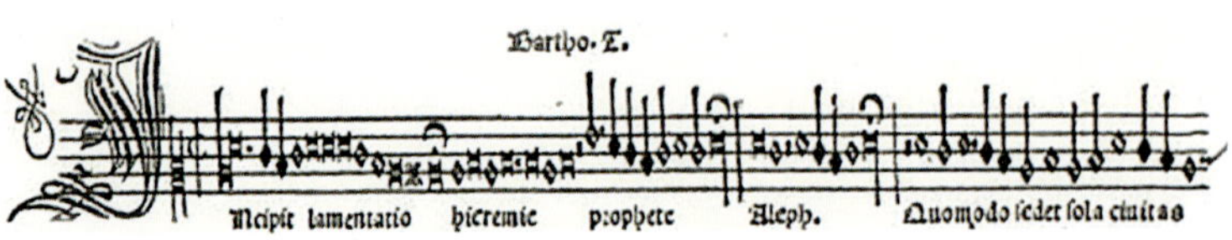

Abb. links: Eine Zeile aus einem 1506 in Rom entstandenen Notendruck von Ottaviano dei Petrucci.

Welche Musik war typisch?

Auch in der Renaissance stand die **Vokalmusik** im Mittelpunkt.

- Die wichtigsten geistlichen (= kirchlichen) Kompositionen waren **Messen** (= Vertonung der Messtexte zur feierlichen Gestaltung des katholischen Gottesdienstes) und **Motetten** (= kunstvolle Vertonung eines meist geistlichen Textes, oft für vier oder mehr Stimmen).
- Häufige weltliche Kompositionen waren **Madrigale** (= Vertonung eines meist weltlichen Textes, oft für vier oder mehr Stimmen).

Zwei Kompositionsweisen lassen sich unterscheiden. Sie sind bis heute bedeutsam:

Bezeichnung	Erklärung	Grafisches Symbol
Polyphonie	Die Stimmen wirken rhythmisch und melodisch selbstständig.	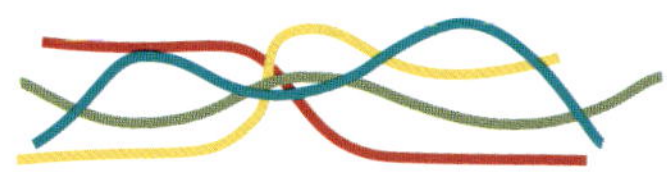
Homophonie	Die Stimmen verlaufen rhythmisch weitgehend gleich. Dabei bildet die Oberstimme oft eine ins Ohr gehende Melodie.	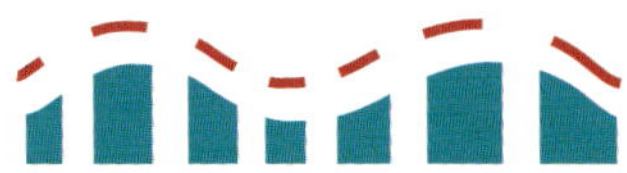

Die **Polyphonie** ist eine besonders kunstvolle Kompositionstechnik:

- Alle Stimmen gelten als selbstständig, sollen aber auch gemeinsam gut klingen.
- Die Stimmen werden nach den Regeln des **Kontrapunkts** (lateinisch punctus contra punctum = Note gegen Note) zueinander gesetzt. Dissonanzen → 43 lösen sich in Konsonanzen auf.
- In den Stimmen erklingen gleiche oder ähnliche Motive → 87. Dies erleichtert das Hören.
- Bei einer **Imitation** tritt ein Motiv nacheinander in einem engen Abstand in allen Stimmen auf. Die strengste Form einer Imitation ist der **Kanon** → 104.

■ Höre und vergleiche die Invention C-Dur von Johann Sebastian Bach → 106 (polyphon) und den Chorsatz *A lieta vita* von Giovanni Gastoldi → 99 (homophon).

Instrumentalmusik

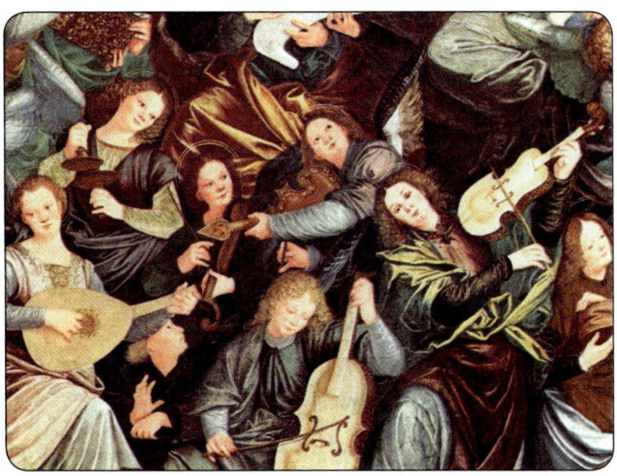

In der Renaissance schätzte man schöne Dinge und deshalb auch den Klang kunstvoll gespielter Instrumente. In der Vokalmusik spielten Instrumente anfangs nur zur Verstärkung der Singstimmen mit, erst später konnten sie die Singstimmen auch musikalisch frei ergänzen. Passend zu den Stimmlagen → 84 baute man geeignete Blas- und Streichinstrumente in **Instrumentenfamilien**. Der italienische Maler Gaudenzio Ferrari malte um 1535 einen Engelschor, den viele Instrumente begleiten.

Eine **eigenständige Instrumentalmusik** entstand außerhalb des Kirchenraums. Man spielte z. B. Tänze, Variationen über bekannte Melodien oder auch Vokalmusik, bearbeitet für Instrumente.

Martin Luther (1483–1546)

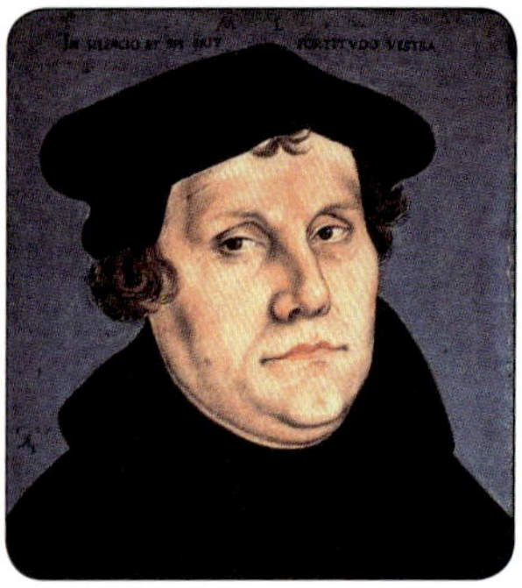

Als Mönch und Universitätslehrer in Wittenberg empörte sich Luther über das prunkvolle Leben katholischer Geistlicher, über teure Kirchenbauten und darüber, dass man sich mit Geldspenden von Sünden freikaufen konnte. Seine Lehren lösten die **Reformation** aus und begründeten den evangelisch-lutherischen Glauben. Luther reformierte den Gottesdienst und gestaltete ihn in Deutsch, der Volkssprache. An die Stelle lateinischer Gesänge setzte er das **Kirchenlied**, das alle Gläubigen singen konnten.

■ Hörtipp: *Ein feste Burg ist unser Gott*

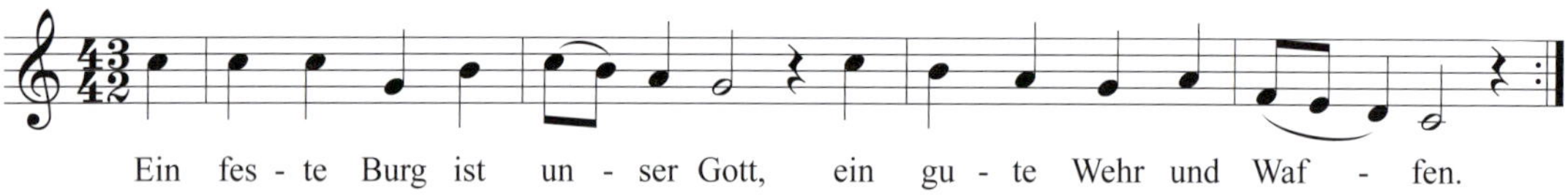

Giovanni Pierluigi da Palestrina (1525–1594)

Palestrina wurde nahe bei Rom geboren. Er war Kapellmeister an römischen Kirchen. Mehr als 90 Messen sind von ihm überliefert. Die berühmteste heißt *Missa Papae Marcelli*. Er soll sie 1562 auf einem päpstlichen Konzil vorgestellt haben, wo man nach Wegen suchte, das Wort Gottes musikalisch möglichst verständlich zum Ausdruck zu bringen. Palestrinas Musik war polyphon und wohlklingend zugleich und der Text war gut zu verstehen. So wurde der **Palestrina-Stil** für die mehrstimmige katholische Kirchenmusik als vorbildlich erklärt.

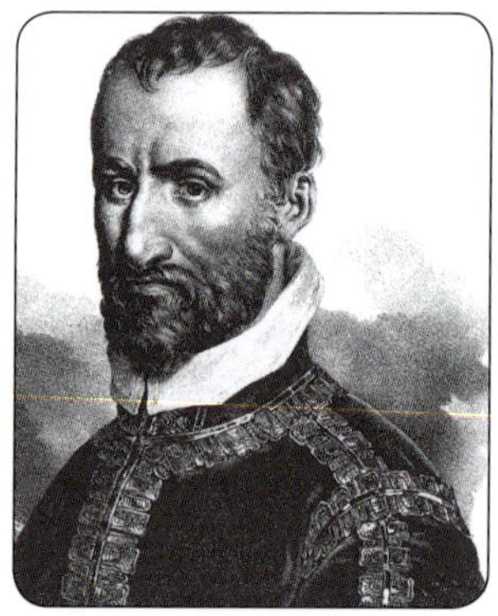

■ Hörtipp: *Missa Papae Marcelli*

Weitere bedeutende Komponisten der Renaissance (Auswahl)

■ Musik aus der Renaissancezeit kann sehr verschieden klingen: polyphon oder homophon, harmonisch kompliziert oder einfach mit klaren Dreiklängen – so wie die in den Hörtipps genannten Werke. Hör mal rein!

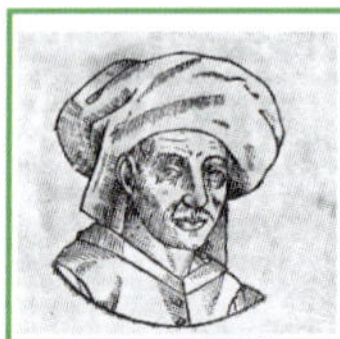	**Josquin Desprez** (~1450–1521) ■ Hörtipp: *El grillo*	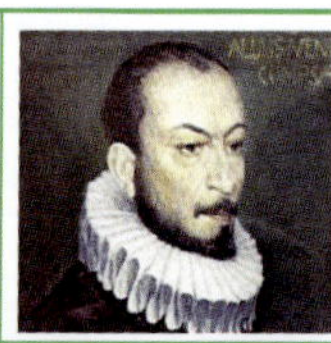	**Carlo Gesualdo** (1566–1613, Italien) ■ Hörtipp: *Moro, lasso, al mio duolo*
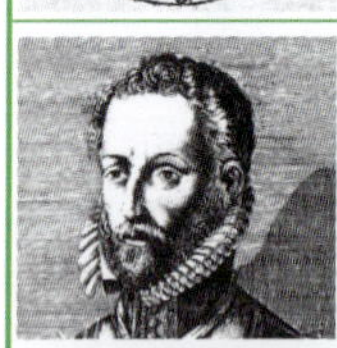	**Orlando di Lasso** (1532–1594, Rom, München) ■ Hörtipp: *O là, o che bon echo*	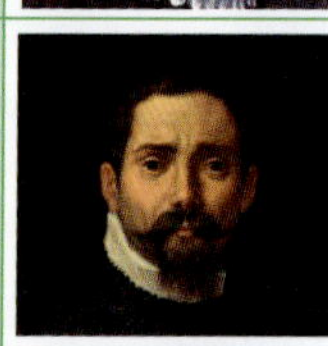	**Giovanni Gabrieli** (1557–1612, Italien) ■ Hörtipp: *Gloria* aus *Symphoniae Sacrae*
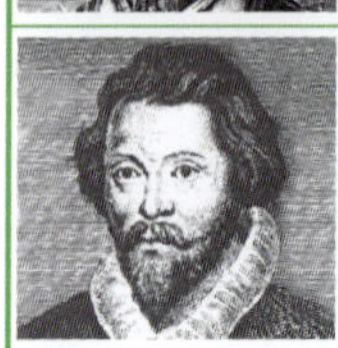	**William Byrd** (~1543–1623, England) ■ Hörtipp: *The Bells*	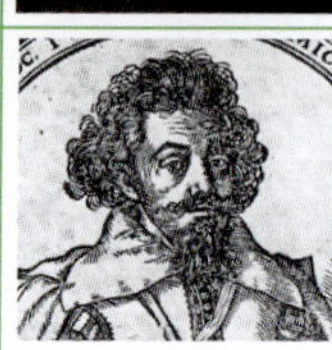	**Michael Praetorius** (1571–1621, Deutschland) ■ Hörtipp: Tänze aus *Terpsichore*

EIN FRÖHLICHES CHORSTÜCK VON GIOVANNI GASTOLDI

Giovanni Gastoldi (~1553–1609) war Kapellmeister in Mantua (Italien). *A lieta vita* ist ein fünfstimmiges Chorlied mit dem Charakter einer **Galliarde**, eines lebhaften Tanzes im Dreiertakt. Der italienische Textanfang bedeutet wörtlich übersetzt „Zu frohem Leben lädt Liebe uns ein". Der deutsche Text zur Melodie entstand erst im 19. Jahrhundert.

30

- Klatsche den Rhythmus der Melodiestimme beim Hören mit und singe auch die Melodie.
- Im zweiten Notensystem sind vier Dreiklänge farbig umrandet. Welche Dreiklänge sind das? Wie heißt diese Dreiklangsverbindung → 48-50?

Giovanni Gastoldi: „A lieta vita"

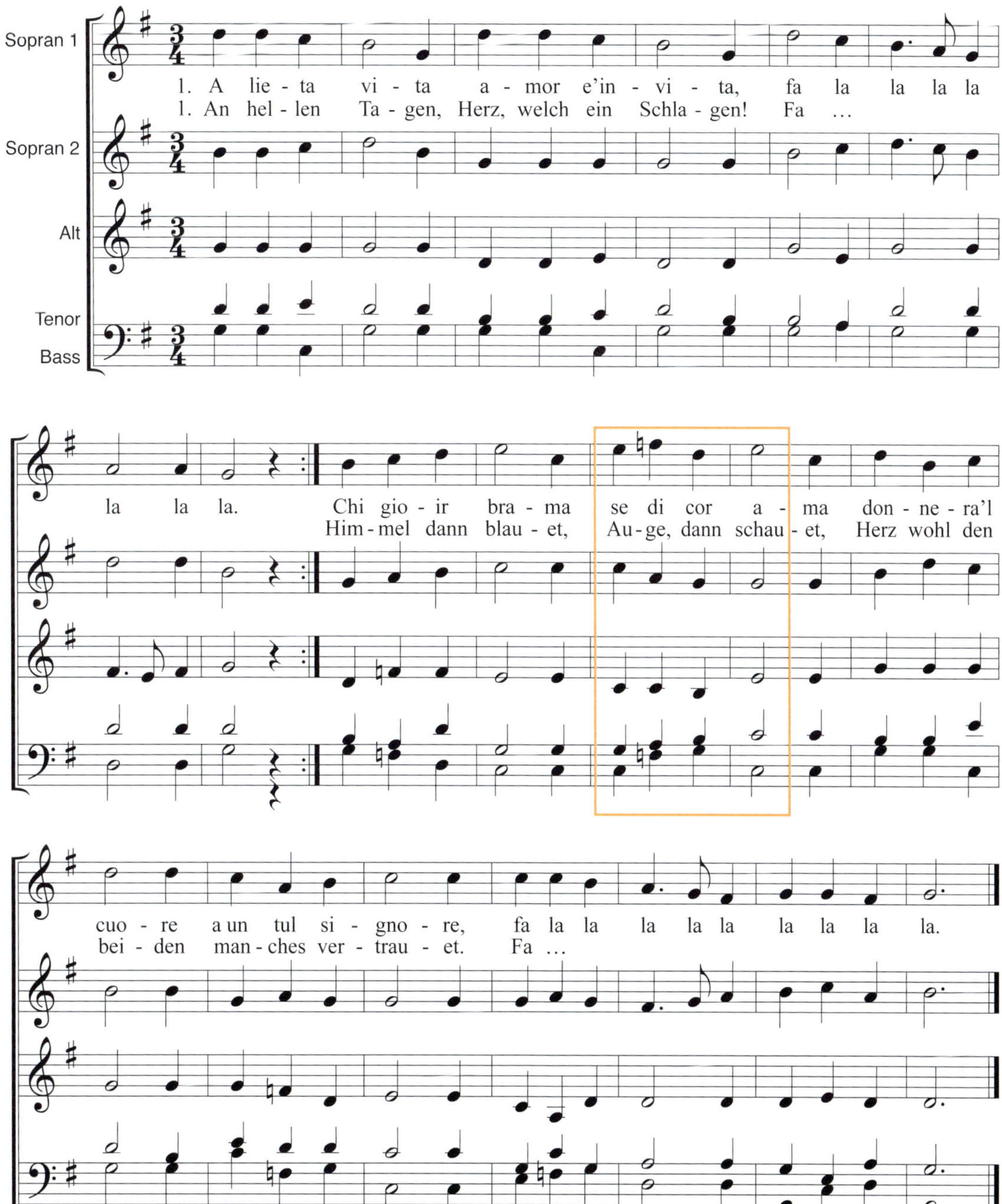

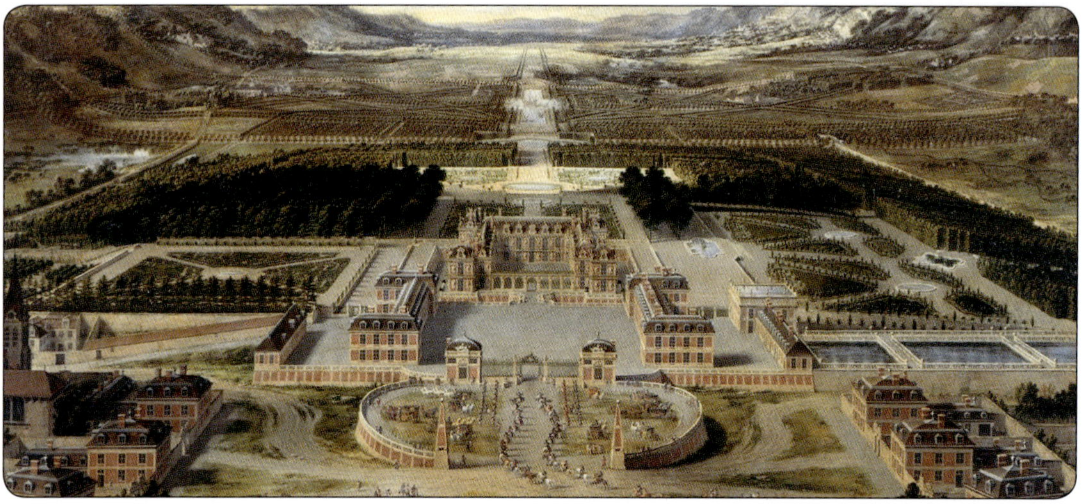

Musik in der Barockzeit

Das Gemälde zeigt die berühmte Schlossanlage von Versailles in der Nähe von Paris. Gartenanlagen, Straßen, Wasserflächen, ja selbst die Berge zeigen gemeinsam auf das Schloss in der Mitte, die Residenz der französischen Könige. Versailles wurde zum Vorbild vieler anderer Schlösser der Barockzeit. In ihnen zeigte sich die unumschränkte (= absolute) Herrschaft der damaligen Könige und Fürsten.
Als **Barockzeit** gilt die Zeitspanne von ~1600 bis 1750. An ihrem Beginn stand der Dreißigjährige Krieg (1618–1648), der den Menschen unermessliches Leid, Hunger und Seuchen brachte. In den prunkvollen Schlössern war davon nichts zu spüren.

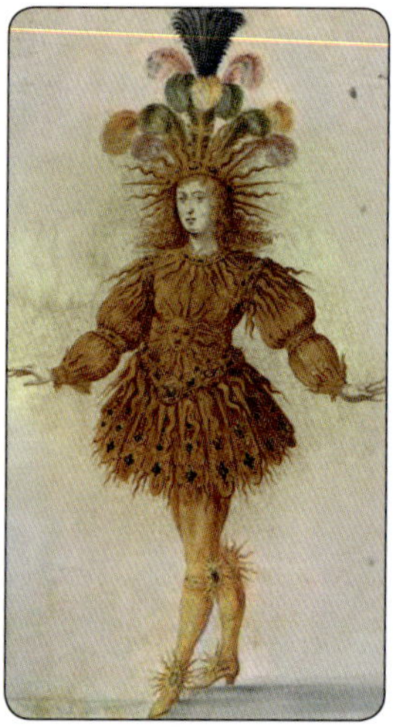

Barocke Kultur

Weltliche oder kirchliche Fürsten, aber auch reiche Bürger in wohlhabenden Städten förderten die Kunst und die Wissenschaft. Auch Musik und Tanz wurden sehr geschätzt. Das Bild zeigt den französischen König Ludwig XIV. (1638–1715), der in Versailles selbst im Ballett mittanzte.

Musikberufe in der Barockzeit

Musiker arbeiteten als Angestellte bei einer Stadt, einer Kirche oder einem Adelshof. Viele beherrschten ihr Handwerk umfassend und waren Instrumentalisten, Komponisten, Orchester- und Chorleiter zugleich.

Musikberufe	Aufgaben
Stadtpfeifer	Sie spielten bei hohen Festen auf verschiedenen Instrumenten, darunter auf Pauken und Trompeten zu besonders festlichen Anlässen. In Städten bliesen sie oft auch Zeitsignale.
Kantoren	Sie waren in Kirchen zuständig für die musikalische Ausgestaltung der Messe (Beschaffung der Musik, Einstudierung und Leitung der Aufführung) sowie für das Orgelspiel.
Hofmusiker	Sie spielten bei Hofe jede Art von Musik, z. B. „Tafelmusik" bei Tisch, Tanzmusik, festliche Musik oder Opern. Zu einer **Hofkapelle** gehörten neben dem Hofkapellmeister die Orchester- und Kammermusiker und die Sänger.

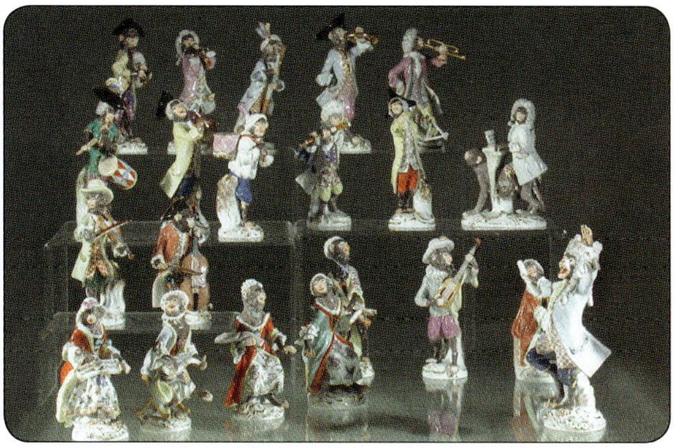

Das Foto zeigt die „Affenkapelle" mit Instrumenten der Barockzeit.
Die Figuren spielen Trompete, Horn, Dudelsack, Fagott, Flöte, Klarinette, Bassgeige, Gitarre, Clavichord, Triangel, Schellen, Trommel, Pauke, Drehleier und Harfe. Auch Sängerinnen und einen Dirigenten gibt es.
Die Figuren entstanden um 1750 in der Porzellanmanufaktur Meißen. Zu den ersten Käufern gehörten europäische Adelige.

Welche Musik war typisch?

Vokalmusik	Beschreibung
Oper → 90	Darstellung einer dramatischen Handlung mit Gesang (Solisten und Chor), Instrumenten und Tanz. Die Oper war die wichtigste neue Musikform der Barockzeit.
Oratorium **Passion**	Große, mehrteilige Vertonungen geistlicher Texte für Soli, Chor und Orchester. In Rezitativen, Arien → 92, Chorsätzen und Chorälen wird eine Geschichte erzählt. Es gibt auch weltliche Oratorien. Passionen schildern die Leidensgeschichte Jesu Christi.
Kantate	Ein kleineres mehrteiliges Werk, in dem meist geistliche Texte vornehmlich von Solostimmen – mit Instrumenten begleitet – vorgetragen werden.

Instrumentalmusik	Beschreibung
Concerto grosso	Werk für Orchester und Solisten in mehreren Sätzen. Eine Solistengruppe, z. B. einzelne Streicher oder Bläser (= Concertino), spielt im Wechsel mit dem Orchester (= „grosso" oder Ripieno). Der Wechsel führt zu sprunghaften Lautstärkewechseln, die als Terrassendynamik → 161 bezeichnet werden.
Solokonzert	Ein oder mehrere Soloinstrumente treten dem Orchester gegenüber. Solokonzerte des Barock haben oft drei kontrastierende Sätze: schnell – langsam – schnell.
Sonate (von lat. sonare = klingen)	Werk für ein oder zwei Soloinstrumente, meist mit Begleitung eines Basso continuo.
Fuge	Polyphone → 97 Komposition, oft für ein Tasteninstrument. Ein Thema erklingt nacheinander in verschiedenen Stimmen, danach wird es kunstvoll verarbeitet. Häufig geht der Fuge ein **Präludium** (= einleitendes Vorspiel) voraus.
Suite	Folge von Tanzsätzen wie z. B. Allemande, Courante, Sarabande → 72 und Gigue zum genussreichen Zuhören. In der Barockzeit wurde dazu nicht mehr getanzt. Es gibt Suiten für Soloinstrumente oder für Orchester.

Man unterscheidet Kammermusik und Orchestermusik. Werke der **Kammermusik** (von italienisch camera = Zimmer) sind „klein" besetzt, d. h. mit einzelnen Instrumenten oder Singstimmen. In der **Orchestermusik** sind Instrumente, die stärker klingen sollen, mehrfach besetzt. Im Zentrum des Orchesters stehen meist Streichinstrumente, dazu kommen z. B. Blockflöten, Querflöten, Oboen, Trompeten, Pauken und Cembalo.
Der **Basso continuo** (ital. = fortlaufender Bass) bildet das Klangfundament vieler Werke der Vokal- und Instrumentalmusik. Im Notenbild sieht man eine Bassstimme mit Harmonieangaben → 104, die auch **Generalbass** genannt wird. Zwei Instrumente führen diese Bassstimme aus:
Ein tief klingendes Melodieinstrument (z. B. Violoncello, Gambe, Fagott) spielt die Basslinie.
Ein Harmonieinstrument (z. B. Cembalo, Laute, Gitarre, Orgel) spielt die passenden Akkorde.

Antonio Vivaldi (1678–1741)

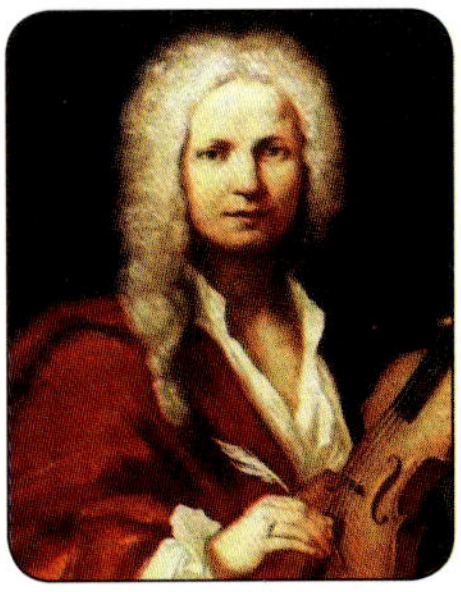

Vivaldi stammte aus Venedig und unterrichtete dort an einer kirchlichen Waisenhausschule für Mädchen. Aus dem Kreis der begabten Schülerinnen bildete er ein Orchester, das man bald in ganz Europa kannte. Vivaldi schrieb mehr als 400 Solokonzerte für verschiedene Instrumente. Zudem sind Opern, Kammermusik und kirchliche Werke von ihm überliefert. Vivaldi war auch Priester. Das Portrait stellt vermutlich Vivaldi dar, auch wenn die roten Haare, die ihm den Beinamen „Der rote Priester" einbrachten, hier unter einer weißen Perücke verborgen sind.

Hörtipp: Violinkonzerte *Die vier Jahreszeiten* → 105

Georg Philipp Telemann (1681–1767)

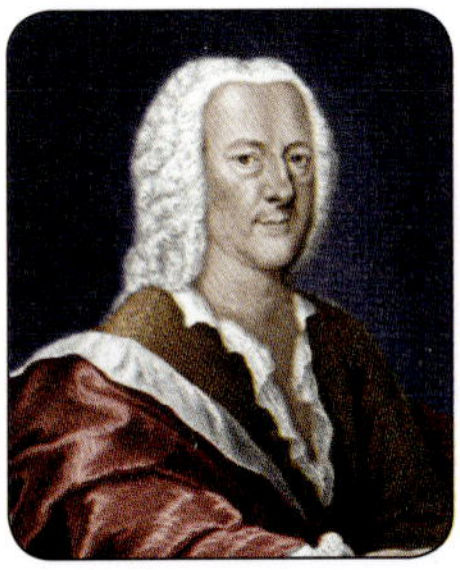

Der in Magdeburg geborene Telemann bildete sich musikalisch weitgehend selbst aus. Er arbeitete in mehreren deutschen Städten und ab 1721 in Hamburg als Musikdirektor an den Kirchen und der Oper. Für Kenner galt Telemann zu seiner Zeit als der bedeutendste deutsche Komponist. Er war äußerst produktiv: Überliefert sind zahlreiche Orchestersuiten, Solokonzerte, Lieder, 25 Opern sowie Kantaten für 23 Kirchenjahre (für jede Woche eine Kantate). – Lied *Das Glücke* → 88.

Hörtipp: Musik aus der *Tafelmusik*

Johann Sebastian Bach (1685–1750)

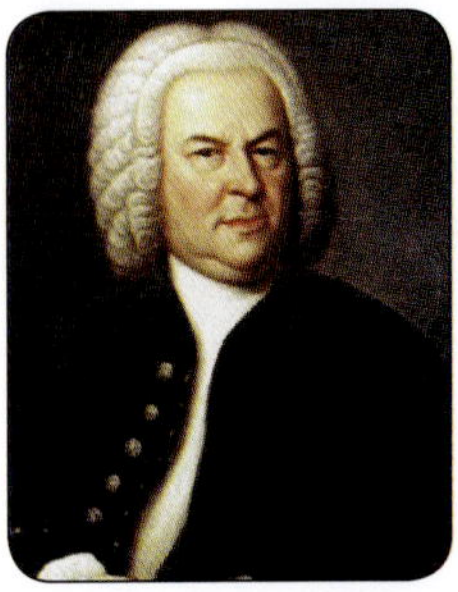

Bach wurde in Eisenach (Thüringen) geboren. Da seine Eltern früh starben, kam er mit 10 Jahren in die Familie seines ältesten Bruders. Er lernte Musik, wann immer er konnte. Ganze Werke soll er heimlich bei Kerzenlicht abgeschrieben haben, um sie ganz genau kennenzulernen. In seinem Berufsleben war er Geiger in der Hofkapelle von Weimar, Organist in den Städten Arnstadt und Mühlhausen und Musiker und Hofkapellmeister an den Höfen in Weimar und Köthen. Als Kantor der Thomaskirche in Leipzig leitete er fast 30 Jahre lang die Musik an Leipzigs Hauptkirchen. Für jeden Sonntagsgottesdienst verfasste er eine neue Kantate → 101.

Bach führte fast alle Musikarten der Barockzeit zu einem Höhepunkt. Zu den weltlichen Werken gehören Sonaten und Suiten für Soloinstrumente, Kammermusik, Konzerte für Orchester (darunter sechs *Brandenburgische Konzerte*), Orgel- und Klaviermusik (darunter *Das wohltemperierte Klavier* mit Präludien und Fugen → 101 in jeder Dur- und Moll-Tonart). Zu den kirchlichen Werken gehören neben den Kantaten auch große Werke für Solisten, Chor und Orchester, darunter die *h-Moll-Messe*, das *Weihnachtsoratorium* und die *Matthäuspassion*.

- Finde heraus, wo sich die in Bachs Lebenslauf genannten Orte in Deutschland befinden.

Hörtipp: Zu Bachs Orchesterwerken gehören vier Suiten → 101 für Orchester. Auf eine große Ouvertüre → 159 folgen jeweils mehrere Tanzsätze. Die *Air* aus der Suite Nr. 3 D-Dur ist sehr bekannt. Über dem ruhigen Fundament des Basso continuo → 101 entfaltet sich eine gesangliche Melodie, gespielt von den Violinen.

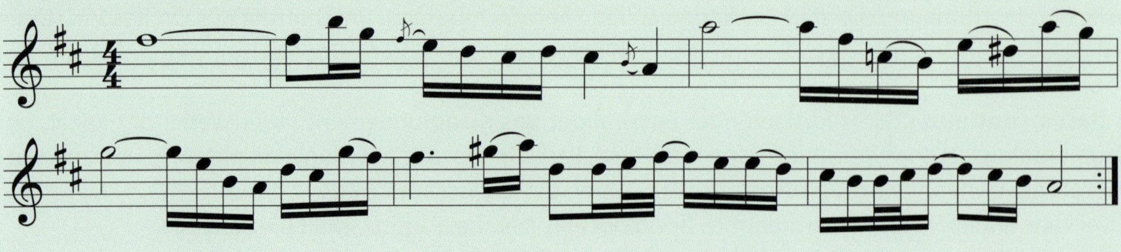

Georg Friedrich Händel (1685–1759)

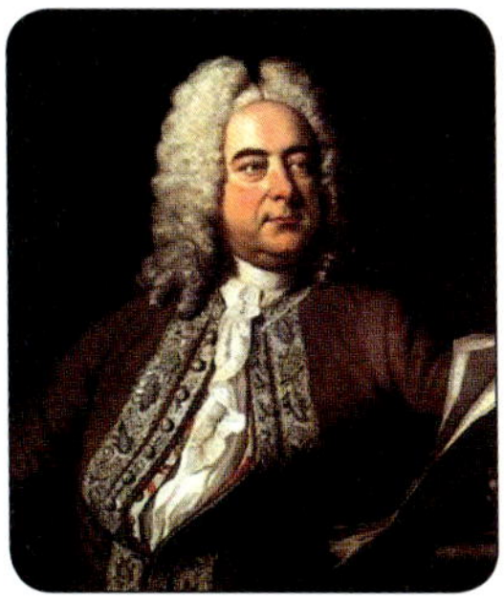

Händel wurde in Halle an der Saale geboren. Zuerst war er Geiger und Cembalist an der Hamburger Oper, dann arbeitete er in Italien. 1710 ging er zum ersten Mal nach England, wo er Hofkapellmeister des Königs wurde und dazu selbstständiger Unternehmer: Er führte ein eigenes Opernhaus und veranstaltete Konzerte. Als Opernunternehmer ging er jedoch mehrfach bankrott. Die Engländer waren auf Händel und seine Musik aber sehr stolz und ehrten ihn nach seinem Tod mit einer Beisetzung in der Westminster Abbey neben ihren Königen. Händel schrieb viele Opern und Orchesterwerke (darunter die beiden Suiten *Wassermusik* und *Feuerwerksmusik*), Kammermusik und Musik für Tasteninstrumente (*Sarabande* mit zwei Variationen → 72).

Hörtipp: Händels Oratorium → 101 *Der Messias* kennt man in der ganzen Welt. Im *Halleluja* verbinden sich homophone und polyphone Satzweisen → 97. Der Chor wird von einem großen Orchester begleitet.

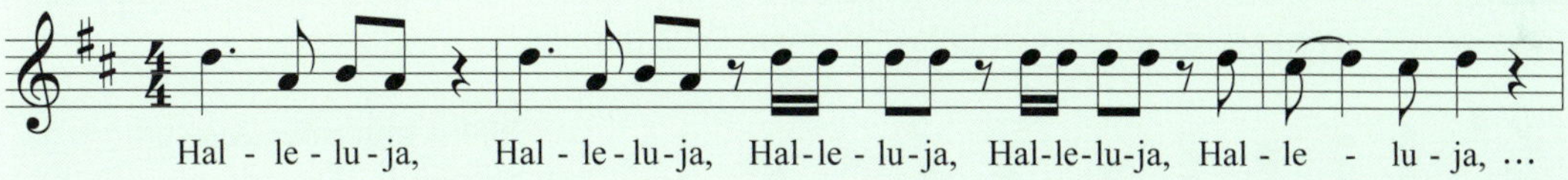

Weitere bedeutende Komponisten der Barockzeit (Auswahl)

Barockmusik, das ist weltliche und geistliche Musik, Vokalmusik und Instrumentalmusik. Sie kann sehr gefühlvoll und sehr virtuos sein. Hör mal rein!

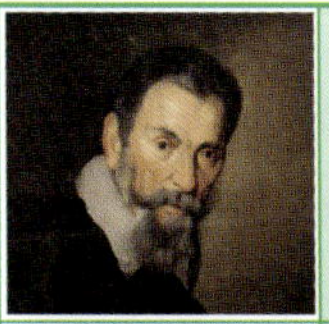	**Claudio Monteverdi** (1567–1643 – Frühbarock) Hörtipp: 1. Akt Nr. 5 aus der Oper *L'Orfeo*	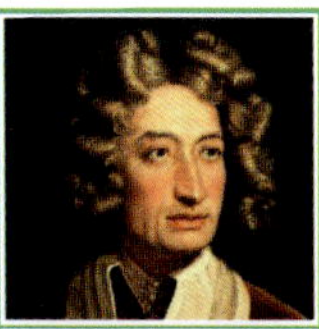	**Arcangelo Corelli** (1653–1713) Hörtipp: *Pastorale* aus dem *Concerto grosso op. 6, Nr. 8*
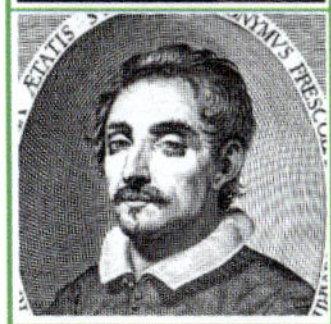	**Girolamo Frescobaldi** (1583–1643) Hörtipp: *Toccata* für Cembalo oder Orgel	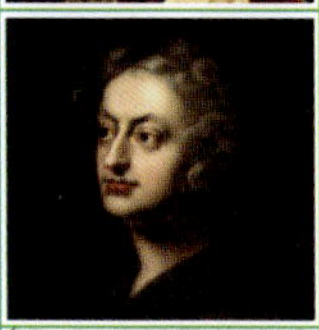	**Henry Purcell** (1659–1695) Hörtipp: Arie *When I Am Laid in Earth* aus der Oper *Dido and Aeneas*
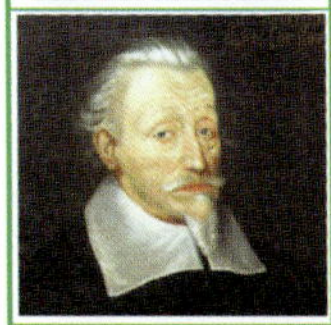	**Heinrich Schütz** (1585–1672) Hörtipp: *Lobet den Herren* aus *Psalmen Davids*	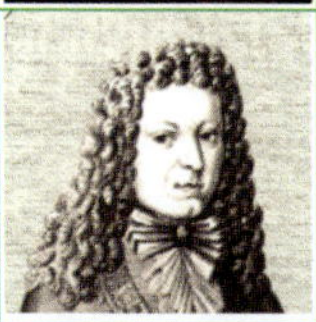	**Johann Kuhnau** (1660–1722) Hörtipp: *Der Streit zwischen David und Goliath* aus *Biblische Sonate Nr. 1*
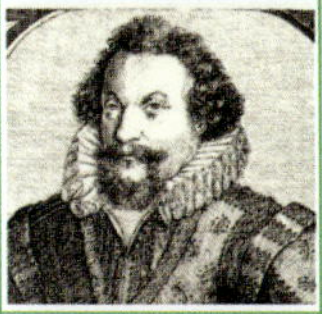	**Samuel Scheidt** (1587–1654) Hörtipp: *Nun komm, der Heiden Heiland* aus *Cantiones Sacrae*	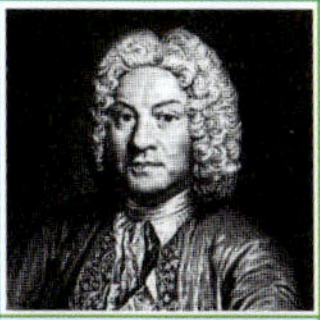	**François Couperin** (1668–1733) Hörtipp: *Le Tic-Toc-Choc ou Les Maillotins*
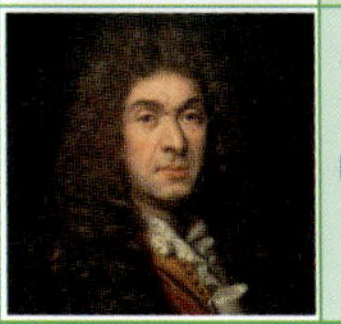	**Jean-Baptiste Lully** (1632–1687) Hörtipp: Musik aus den *Trios de la chambre du roi*	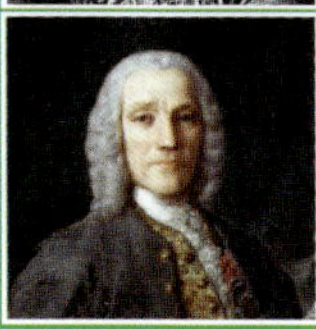	**Domenico Scarlatti** (1685–1757) Hörtipp: *Sonate in G (K 108)* für Cembalo

EIN RAFFINIERTER KANON VON JOHANN PACHELBEL

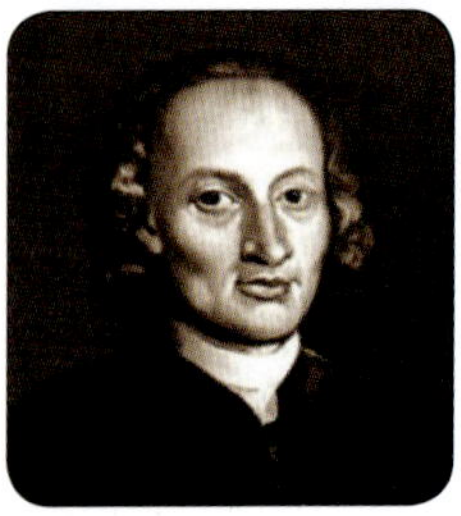

Johann Pachelbel (1653–1706)

Pachelbel wurde in Nürnberg geboren. Er arbeitete in mehreren deutschen Städten als Organist und Komponist, zuletzt in Nürnberg. Wie viele andere Musiker seiner Zeit gab er auch Unterricht. Einer seiner Schüler war Johann Christoph Bach, der ältere Bruder Johann Sebastian Bachs. In Pachelbels Werk nimmt Orgelmusik den größten Platz ein.

Kanon für drei Stimmen in D-Dur

Ein **Kanon** ist eine Melodie, die zeitversetzt genau gleich wiederholt wird und dabei eine mehrstimmige Musik ergibt. Pachelbels einziger überlieferter Kanon wurde in unserer Zeit ein richtiger Hit. Die Melodie baut sich über einer Akkordfolge und einer Bassfigur auf. Sie besteht nur aus zwei Takten und wird als **Ostinato** (= ständig wiederkehrende Tonfolge) bis zum Schluss wiederholt. Dieses Fundament, der Basso continuo → 101, wird oft von einem Cembalo und einem Cello gespielt.

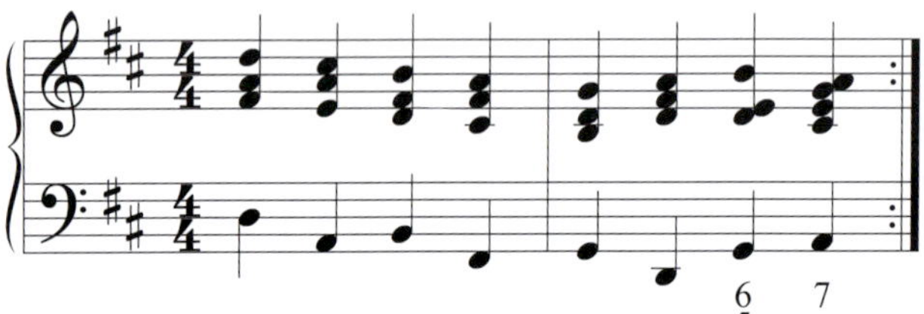

Die Ziffern unter der Bassstimme geben an, welche Akkorde gespielt werden sollen. Über einem Ton ohne Ziffer spielt man den Dreiklang, der zur Tonart gehört. 5/6 bedeutet Dreiklang + Sexte, 7 bedeutet Dreiklang + Septe.

Drei Violinen spielen die Kanon-Melodie. Nach zwei Takten Vorspiel beginnt Violine 1, die Violinen 2 und 3 folgen nach jeweils zwei Takten. Weil sich die Melodie rhythmisch und melodisch immer wieder ändert, wechselt auch der Charakter der Musik.

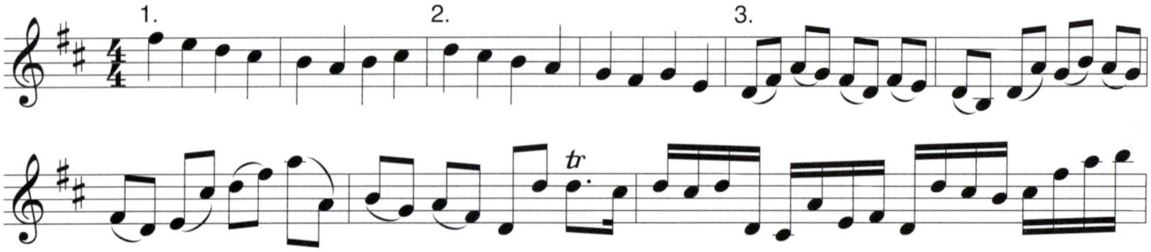

31

- Verfolge den Kanon der drei Violinen über der gleichbleibenden Begleitung.

Der unterschiedliche Verlauf von gleichzeitig erklingenden Stimmen macht Musik lebendig. Möglichkeiten:

Verlauf zweier Melodiestimmen	Beschreibung	Verlauf zweier Melodiestimmen	Beschreibung
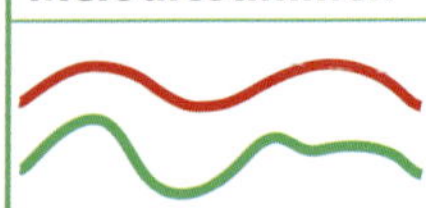	**Gleiche Richtung:** Die Stimmen steigen oder fallen in gleicher Richtung.	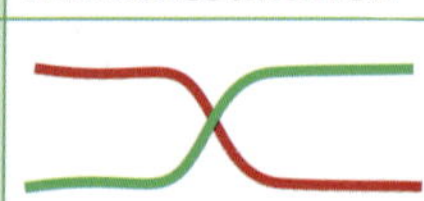	**Stimmkreuzung:** Eine Stimme kreuzt den Verlauf einer anderen Stimme.
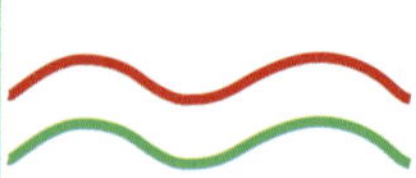	**Parallelbewegung:** Die Stimmen steigen oder fallen im gleichen Abstand.	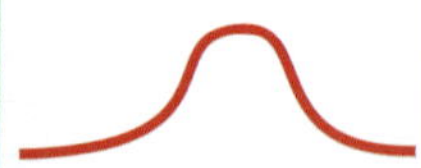	**Seitenbewegung:** Eine Stimme bewegt sich, die andere bleibt auf dem gleichen Ton.
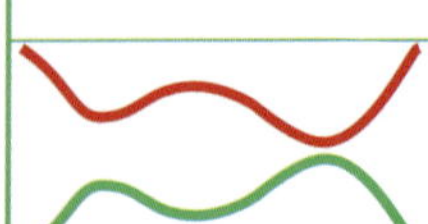	**Gegenbewegung**: Zwei Stimmen verlaufen in entgegengesetzter Richtung.	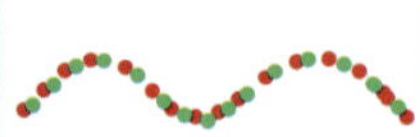	**Unisono:** Alle Stimmen spielen die gleichen Töne (auch in verschiedenen Oktavlagen → 26-27).

„DER SOMMER" VON ANTONIO VIVALDI

Vier Violinkonzerte Antonio Vivaldis → 102 wurden unter dem Titel *Die vier Jahreszeiten* weltberühmt. Die Musik stellt Szenen aus der Natur dar. Im Konzert *Der Sommer* erklingt zuerst der Zephir, ein sanfter Sommerwind. Ihm folgt Boreas, ein jäher Nordwind, der einen Wetterwechsel mit Gewitter bringt. Die vier Konzerte sind ein Beispiel für **Programmmusik** → 81. Direkt zu den Noten schrieb Vivaldi passende Gedichte.

Der Sommer
Unter der harten Zeit sengender Sonne leiden Mensch und Herde, und es glüht die Pinie.
Kuckuck erhebt seine Stimme, und bald singen ihr Einverständnis Taube und Distelfink.
Der sanfte Zephir weht, doch plötzlich fängt Boreas Streit an mit seinem Nachbarn.
Und der Hirte klagt, denn er bangt vor dem wilden Sturm und um sein eigenes Schicksal.
Den müden Gliedern nimmt ihre Ruhe: Furcht vor Blitzen und wilden Donnern und der Fliegen und Mücken wildes Schwirren.
Ach, wie wahr sind seine Befürchtungen, es donnert und blitzt der Himmel, und Hagel bricht das Haupt der Ähren und des hohen Getreides.

32

- Höre Ausschnitte des Konzerts und verfolge die wechselnden Stimmungen.

Die Anfangsakkorde schwanken hin und her, eine bedrückte Stimmung entsteht.

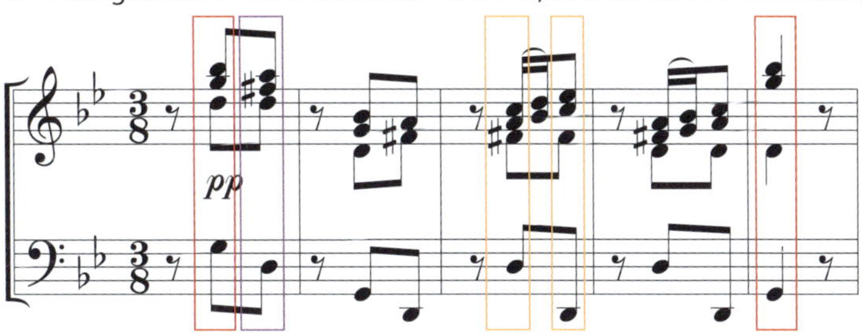

- Wie heißen die farbig eingerahmten Akkorde?

Mit rasenden Sechzehntelnoten stellt die Solovioline zusammen mit dem Orchester Blitze und Donner dar:

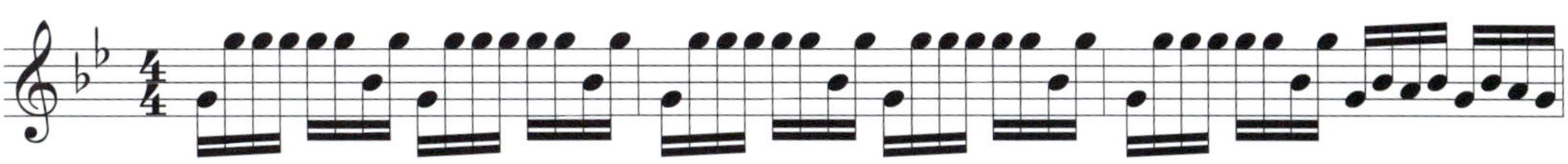

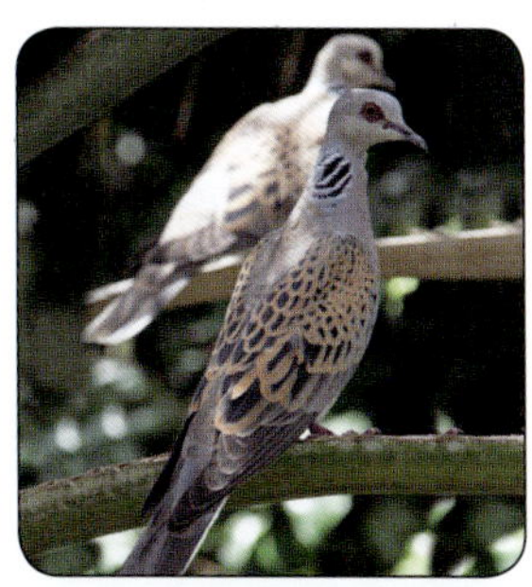

Vivaldi schildert neben dem Rufen des Kuckucks auch die Stimmen zweier anderer Vogelarten:

Turteltaube:

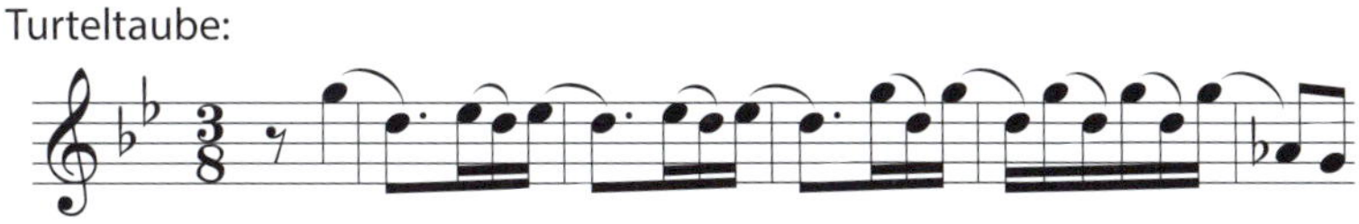

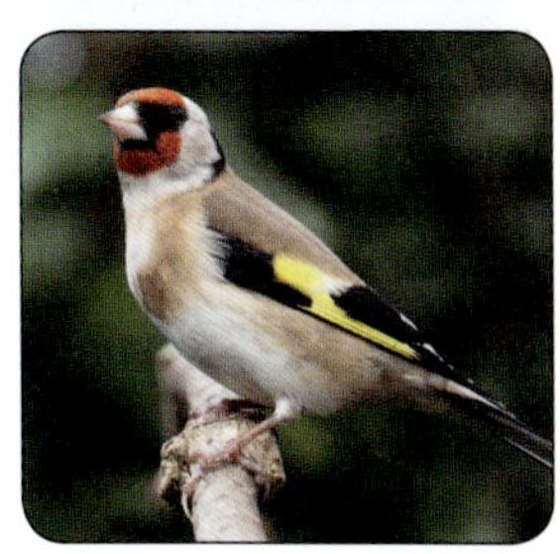

Distelfink:

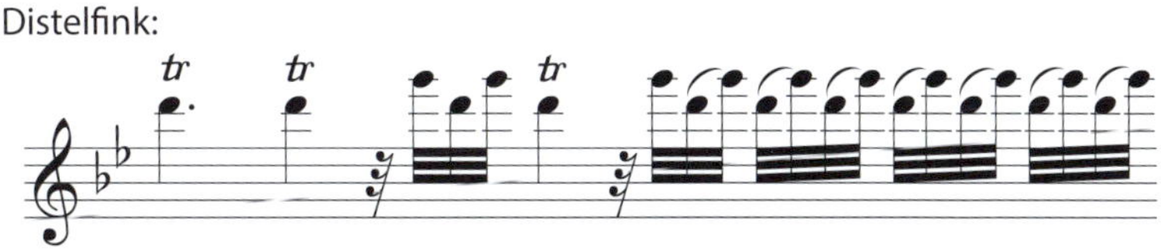

- Höre das ganze Konzert – von Vivaldis *Die vier Jahreszeiten* gibt es zahlreiche Aufnahmen.

EINE KUNSTVOLLE INVENTION VON JOHANN SEBASTIAN BACH

Für den Klavierunterricht seiner Söhne und seiner ersten Frau Maria Barbara schrieb Bach leichtere und schwerere Klavierstücke, darunter eine Reihe von **Inventionen**. Das lateinische Wort „inventio" bedeutet Einfall, Gedanke. In jeder Invention stellte Bach einen anderen musikalischen Einfall in den Mittelpunkt.

Bachs Invention C-Dur ist ein zweistimmiges Stück für Klavier. In der oberen Notenzeile steht jeweils die Musik für die rechte, darunter die Musik für die linke Hand.
Wie hat Bach dieses Stück komponiert? – Stellen wir uns einen Augenblick vor, ihm beim Komponieren zuzuhören. Vielleicht hat er leise vor sich hingesprochen und Folgendes gesagt …

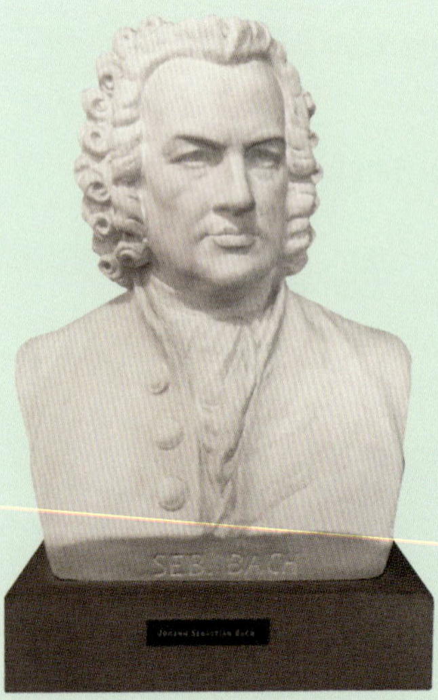

Hmm, ein hübscher Einfall ist das! Ich werde darüber eine Invention schreiben und das Motiv darin recht oft vorkommen lassen. Natürlich werde ich das Motiv auch abwandeln, meine Musik soll ja abwechslungsreich und unterhaltsam sein. Meine lieben Schüler sollen sich nicht langweilen! Mal sehen, was ich alles damit machen kann …

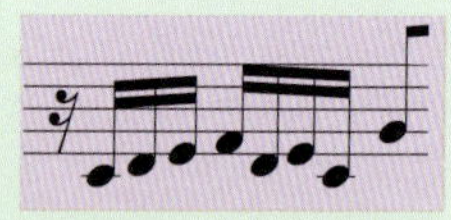

*Ohne **Transposition** geht es sicher nicht. Dabei setze ich das Motiv auf eine andere Tonstufe und lasse es zum Beispiel auf dem Ton g beginnen.*

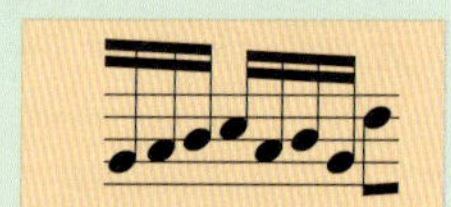

*Schau an, eine **Umkehrung** geht mit diesem Motiv auch sehr gut. Dazu führe ich die Töne in die jeweils andere Richtung.*

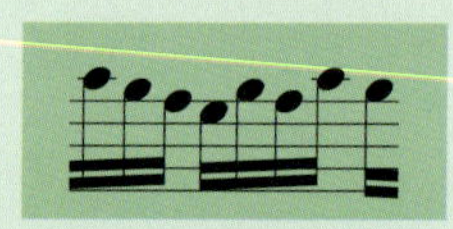

Nun ist die Frage, wie ich meinen Einfall begleite. Ich will ja keine einstimmige, sondern eine zweistimmige Invention schreiben! Wieder Sechzehntel? Ich glaube eher nicht! Das wäre zum Spielen zu schwierig, und auch das Ohr will ab und zu ruhigere Stellen. Ich suche ein paar langsame Töne, die zu meinem Einfall gut als Begleitung passen. Moment mal … – ja, diese Achtel sind ok. Sie passen wirklich gut als zweite Stimme.

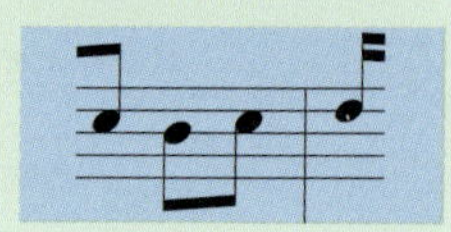

*Hmm, wenn ich mir meinen Einfall jetzt noch einmal so anschaue, entdecke ich noch eine Möglichkeit. Ich nehme die ersten vier Töne und schreibe sie in der **Vergrößerung**. Dazu verdopple ich die Notenwerte, aus Sechzehnteln werden also langsame Achtel. Die setze ich zum ersten Mal in Takt 3 ein. Bestimmt werde ich sie danach noch öfter gebrauchen können!*

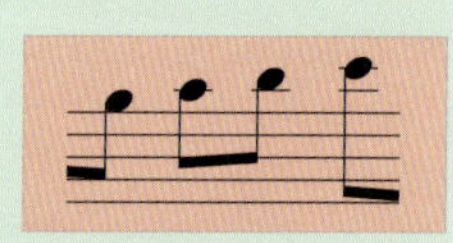

Nun habe ich genug musikalisches Material zusammen – jetzt noch ein wenig Arbeit, dann sollte mir die Invention wohl gelingen.

Ich bin gespannt, was mein Sohn Wilhelm Friedemann, der die Invention bald spielen wird, dazu sagt. Zu schwer wird sie nicht für ihn sein, er hat ja auf dem Clavichord → 70 schon gute Fortschritte gemacht. Ob er aber erkennt, wie sich das ganze Stück aus dem ersten kleinen musikalischen Einfall entwickelt?

33

Johann Sebastian Bach: Zweistimmige Invention C-Dur

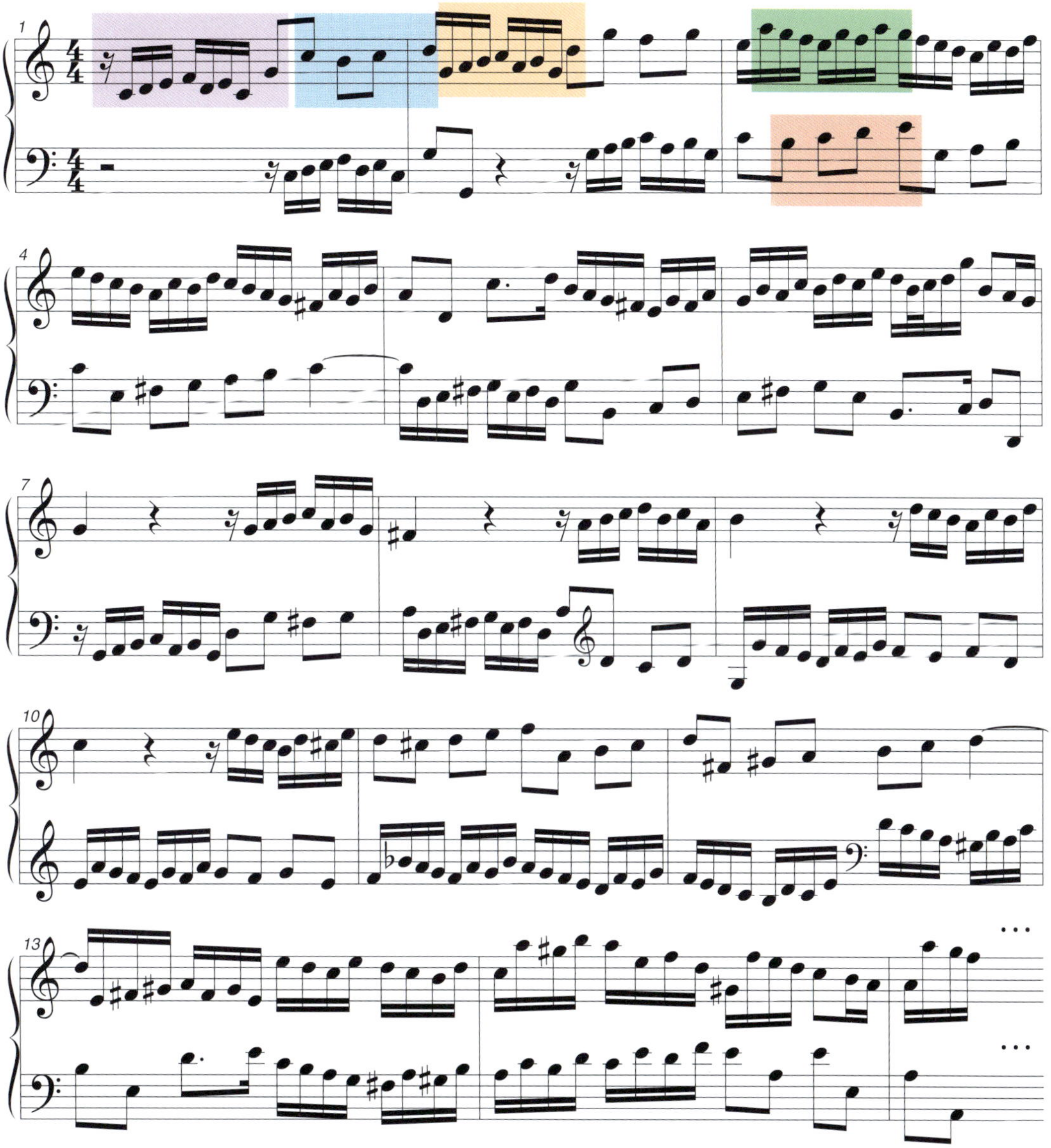

■ Höre die Invention Bachs und schau dir die Noten genau an. Das Ausgangsmotiv und seine Veränderungen sind beim ersten Auftreten in den Noten farbig hervorgehoben. Wo kommen sie noch vor?

PDF 16

■ Hier kannst du in das Notenbild eintragen, was du bei deiner musikalischen Analyse entdeckst.

Die kunstvolle Verarbeitung von musikalischen Motiven wird **motivische Arbeit** genannt. Für Johann Sebastian Bach war diese Arbeit wohl mehr ein wunderbares Spiel, das ihn fesselte, ein Spiel mit Tönen. Ein Spiel mit Buchstaben und Formen findet sich in dem Siegel, mit dem Bach Schriftstücke verschloss. Bach hat es selbst entworfen und darin die Anfangsbuchstaben von Vor- und Nachnamen miteinander verbunden.

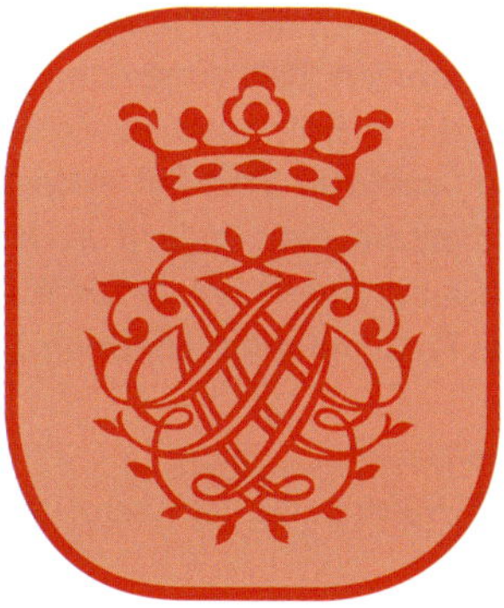

■ Wo sind in Bachs Siegel die Buchstaben J S B zu sehen?

Musik der Wiener Klassik

Als **Wiener Klassik** gelten die Jahre von etwa 1770 bis 1827 – die Zeit also, in der Beethoven → 114 lebte. Die drei bedeutendsten Komponisten dieser Zeit – Joseph Haydn, Wolfgang Amadeus Mozart, Ludwig van Beethoven – lebten damals überwiegend in Wien und schufen dort Werke, die viele Menschen in aller Welt bis heute hoch schätzen. Die Übergangszeit von der Barockzeit zur Wiener Klassik wird **Vorklassik** (~1730–1770) genannt.

„Klassisch" – was heißt das?

Das lateinische Wort „classicus" kann man mit „mustergültig" und „erstrangig" übersetzen. Heute spricht man bisweilen von „klassischer Schönheit". Man kann sie in Musik, Mode, Dichtung oder auch Architektur finden, so z. B. in der Architektur der griechischen Antike → 156. Aus wenigen Bauelementen (Stufen, Säulen, Giebel) sind damals Gebäude von einfacher und klarer Schönheit entstanden. Das Bild links zeigt den Tempel des griechischen Meeresgottes Poseidon, erbaut im 5. Jahrhundert v. Chr. in Süditalien. Seine typischen Bauelemente wurden sehr viel später wieder aufgegriffen, z. B. in der Glyptothek in München, die 1816–1830 errichtet wurde (Bild rechts). Dieser Stil heißt „Klassizismus".

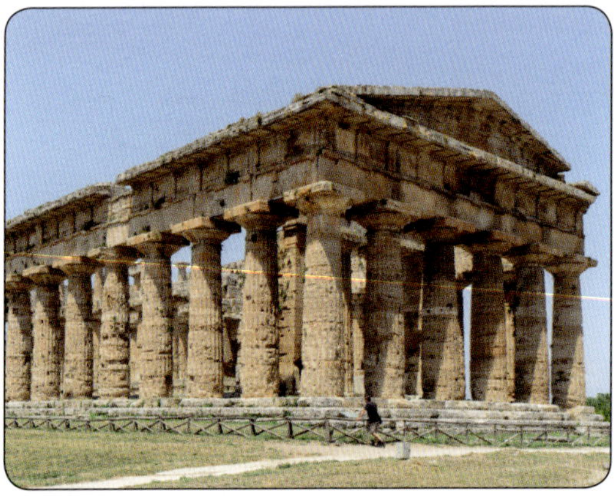

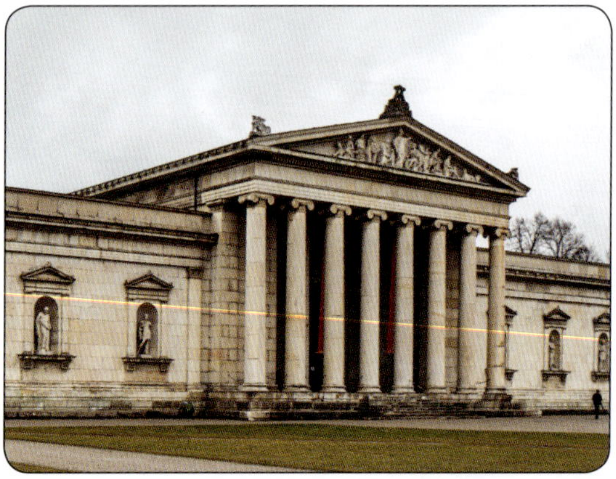

- Was bedeutet das Wort „klassisch" für dich selbst und verwendest du es manchmal?

Ein neuer Musikstil setzte sich durch

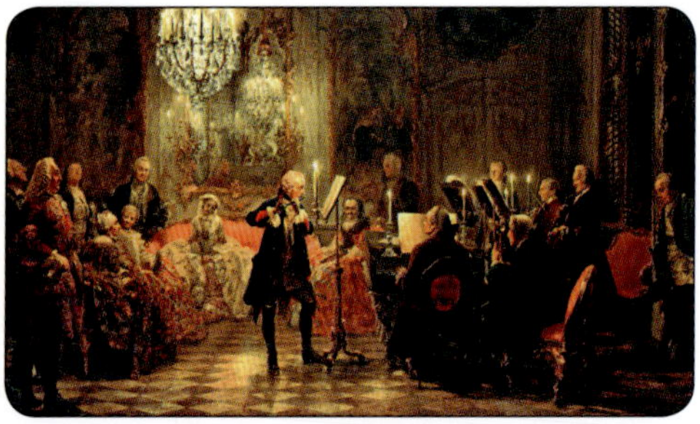

Soll Musik einfach oder kompliziert sein? Soll sie mehr den Geist ansprechen oder eher unterhalten? Bevorzugen die Hörer kunstvoll ineinander verschlungene Stimmen oder klare Melodien, die sich rasch einprägen? Im Laufe der Musikgeschichte änderten sich die Meinungen darüber immer wieder.

Die Musik Johann Sebastian Bachs → 102 wurde dem **„gelehrten Stil"** zugerechnet. Noch zu Bachs Lebzeiten wurde er unmodern. Geschätzt wurde stattdessen nun ein **„galanter Stil"** mit einfacheren Harmonien und Melodien, wie man ihn z. B. in der Musik von Bachs Sohn **Carl Philipp Emanuel Bach** hören konnte. Das im 19. Jahrhundert entstandene Gemälde zeigt ihn am Cembalo bei einem abendlichen Musizieren am Hof des Preußenkönigs Friedrich des Großen. Der König selbst spielt Flöte.

- Hörtipp: *Württembergische Sonate Nr. 1 a-Moll* für Cembalo von Carl Philipp Emanuel Bach

Von der Vorklassik zur Wiener Klassik

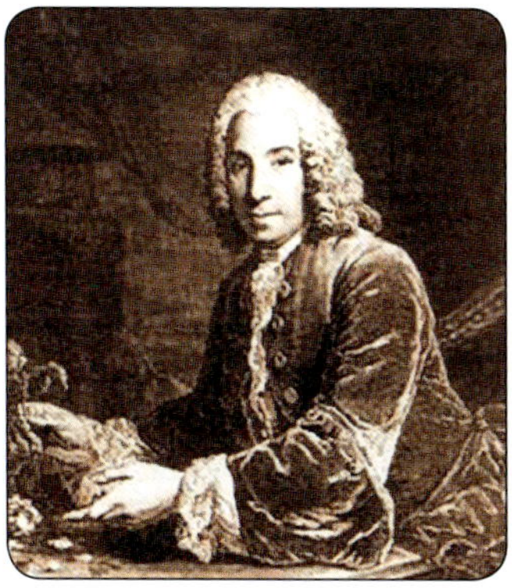

In der Zeit der Vorklassik wurde die jeweils neue und modische Musik immer noch von Hofkapellen → 100 gespielt. So z. B. in Mannheim, wo der damalige Kurfürst die Musik großzügig förderte. Er hörte in Konzerten den Geiger **Johann Stamitz** und war von ihm so angetan, dass er ihn als Leiter und Komponist seiner Hofkapelle anstellte. Einen Orchesterklang, wie ihn Stamitz hervorbrachte, hatte man bisher noch nicht gehört. Besonders packende Motive bekamen sogar Namen, z. B. „Mannheimer Rakete", „Mannheimer Seufzer" oder „Mannheimer Walze". Von weit her kamen Zuhörer, um diese Musik zu hören, so auch Wolfgang Amadeus Mozart → 111, der davon sehr beeindruckt war. Die Musik von Stamitz und seinen Schülern wurde wegweisend für die Entwicklung der Orchestermusik in der Zeit der Wiener Klassik.

34

EINE NEUARTIGE SINFONIE VON JOHANN STAMITZ

In der Sinfonie op. 3 Nr. 2 von Johann Stamitz erstaunte schon die Einleitung des ersten Satzes die damaligen Zuhörer. Auf mehrere „Überraschungsakkorde" folgt das erste Thema: eine aufsteigende „Mannheimer Walze" – ein langes Orchester-Crescendo auf aufsteigenden Tönen, damals ein völlig neuartiger Effekt. Streicher- und Bläserklänge schließen sich an. Das zweite Thema klingt weich und verspielt.

- Verfolge selbst, was den Zuhörern damals gefiel.

Joseph Haydn (1732–1809)

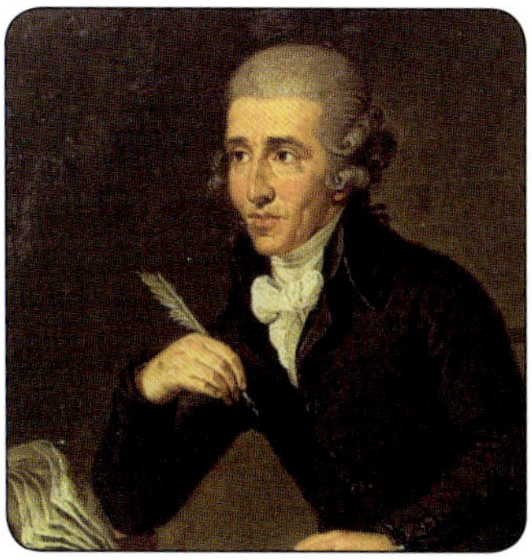

Haydn wuchs in dem kleinen Dorf Rohrau bei Wien auf. Mit sechs Jahren sang er dort im Kirchenchor und spielte Klavier und Geige. Lehrer förderten die musikalische Ausbildung des begabten Jungen. Bis zum Eintritt des Stimmbruchs im Alter von 17 Jahren durfte er im Wiener Stephansdom singen. Nach einer schwierigen Zeit, in der Haydn Unterricht gab, zum Tanz aufspielte und sich im Komponieren übte, stellte ihn der österreichisch-ungarische Fürst Esterházy als Kapellmeister an. Für die Fürsten Esterházy und ihre Gäste komponierte Haydn fast 30 Jahre lang Sinfonien, Solokonzerte, Werke für Klavier, Opern, Messen und Kammermusik wie z. B. Streichtrios, Klaviertrios und Streichquartette → 75. In Haydns Dienstvertrag heißt es:

> *Wenn vor der HOHEN HERRSCHAFT eine MUSIK gemacht wird, soll er samt den Untergebenen allezeit in UNIFORM sauber erscheinen, […] in weißen Strümpfen, weißer Wäsche, eingepudert, und entweder in Zopf, oder Haarbeutel (= Perücke), jedoch durchaus gleich sich sehen lassen …*
> *Auf Befehl SEINER HOCHFÜRSTLICHEN DURCHLAUCHT soll er MUSIK KOMPONIEREN, welche HOCHDIESELBE verlangen werden; sodann neue Kompositionen niemandem mitteilen, noch weniger abschreiben lassen …*

1790 löste ein neuer, wenig an Musik interessierter Fürst die Hofkapelle auf. Haydn war jedoch inzwischen so berühmt, dass er als selbstständiger Komponist leben konnte. Er wurde nach England eingeladen, führte dort neue Sinfonien auf und wurde dafür gut bezahlt. Seinen Lebensabend verbrachte er in Wien, wo einige seiner bis heute bekanntesten Werke entstanden, so die Oratorien → 101 *Die Schöpfung* und *Die Jahreszeiten*.

- Hörtipp: *Die Himmel erzählen* aus *Die Schöpfung* von Joseph Haydn

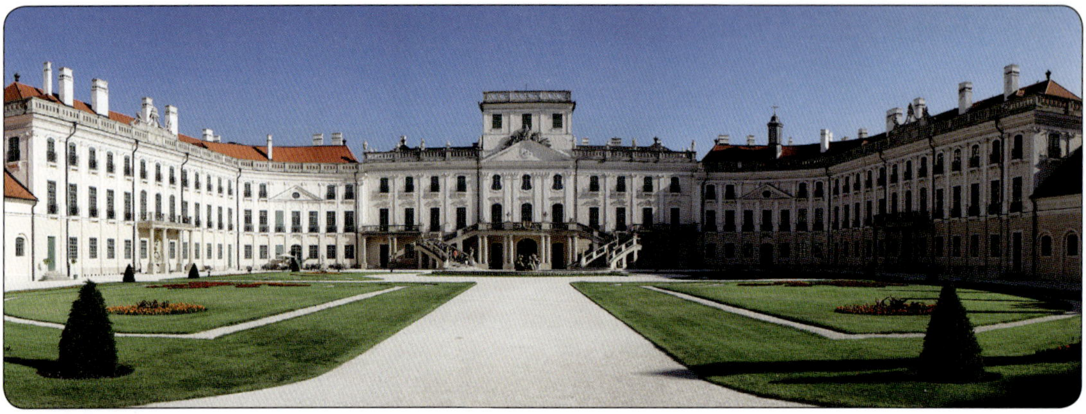

Schloss der Esterházys in Ungarn. Hier hielten sich der Hof und auch Haydn während der Sommermonate auf.

Zur Zeit der Wiener Klassik bahnten sich bedeutende gesellschaftliche Veränderungen an: **Die Französische Revolution** (1789) beschleunigte den Übergang der Macht vom Adel an das Bürgertum. Diese Entwicklung beeinflusste auch das Leben der Komponisten: Joseph Haydn konnte nach dem Ende seiner Anstellung bei den Esterházys freischaffend leben → 109. Wolfgang Amadeus Mozart und Ludwig van Beethoven kamen in Wien bereits ganz ohne feste Anstellung aus. Komponisten konnten sich also durch Unterricht und Einnahmen bei Konzerten und Aufführungen, die immer mehr Menschen besuchten, zunehmend selbst finanzieren.

EINE BERÜHMTE MELODIE

Österreich war zu Haydns Zeit ein Verbund von Ländern mit Menschen vieler Nationalitäten. Der Kaiser war ihr oberster Herrscher. Die Bedeutung einer den Untertanen bekannten **Hymne** hatte Haydn in England erfahren, wo „God save the King" sehr bekannt war und zum Lob des Königs und des Staates gesungen wurde. So nahm er den Auftrag gerne an, anlässlich eines Geburtstages des österreichischen Kaisers eine Hymne zu komponieren. Die Melodie wurde sehr populär und blieb es bis heute: Inzwischen ist es die Melodie der **Nationalhymne** der Bundesrepublik Deutschland. Auch Haydn selbst schätzte die Melodie sehr und schrieb darüber in einem Streichquartett einen Satz mit vier Variationen → 72.

35

Joseph Haydn: Streichquartett C-Dur op. 76, Nr. 3, 2. Satz (Ausschnitte)

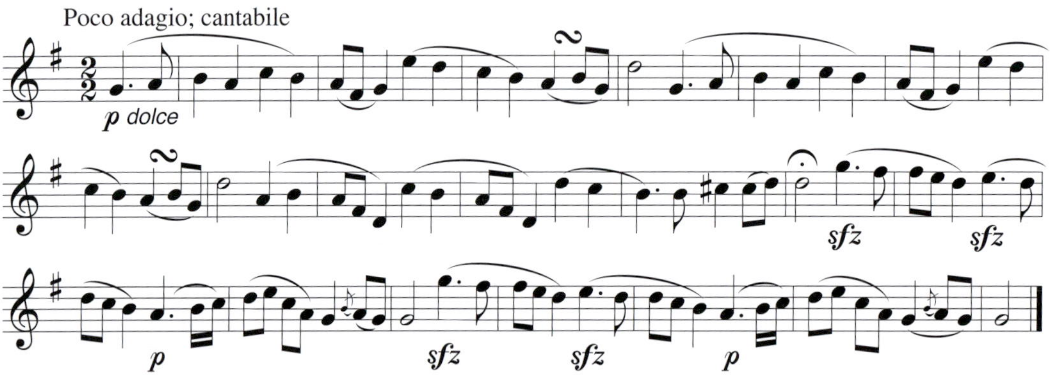

Das Thema erklingt in den Stimmen des Streichquartetts → 109 in der Art eines cantus firmus (lat. = „feststehender Gesang"), d. h. das Thema selbst bleibt unverändert (= Cantus firmus-Variation). Was aber ändert sich?

PDF 17

- Höre Ausschnitte und finde eine Möglichkeit, den ganzen Variationensatz zu hören.
- Auf dem PDF kannst du die Variationen im Notenbild verfolgen und die Variationstechnik Haydns studieren.

Merkmale der Musik der Wiener Klassik

- Der barocke Generalbass → 101 hat ausgedient und ebenso die strenge Polyphonie → 97 mit gleichberechtigten Stimmen.
- Deutlich hört man im Vordergrund eine **Hauptstimme** und dazu **Nebenstimmen**. Auch die Begleitstimmen können kunstvoll ausgestaltet sein.
- Musikalische **Themen** sind meist klar aufgebaut, oft symmetrisch, also z. B. 4 + 4 = 8 Takte lang.
- Ein Thema ist oft in der Oberstimme zu hören, der gesamte musikalische Inhalt kann aber auch auf alle Stimmen aufgeteilt werden (= **durchbrochener Satz**).
- Die beliebtesten musikalischen Gattungen → 157 sind die **Oper** → 90 und die **Sinfonie** → 114.
- In der Oper gibt es die ernstere **Opera seria**, die heitere **Opera buffa** und das **Singspiel** → 113.
- Eine zentrale musikalische Gestaltungsweise ist die **Sonatenhauptsatzform** → 114.

Wolfgang Amadeus Mozart (1756–1791)

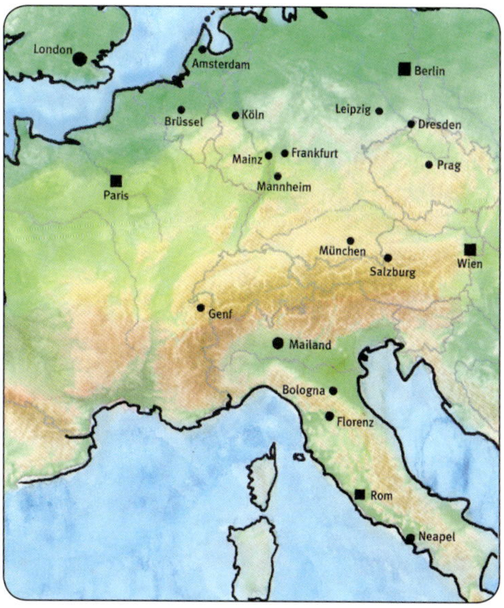

Mozart wurde in Salzburg geboren. Den ersten Unterricht gab ihm sein Vater Leopold. Schon im frühen Kindesalter organisierte er für Wolfgang ausgedehnte Konzertreisen, anfangs auch mit dessen Schwester Nannerl. Sie reisten nach München, Wien, Frankfurt, Paris und London. Der Familie brachte das Einkünfte und Wolfgang die Möglichkeit, sein unglaubliches Können in vielen Ländern vorzustellen und zu erweitern.
Mozarts musikalische Entwicklung war beispiellos: Seine erste Sinfonie komponierte er im Alter von 8 oder 9 Jahren und mit 11 Jahren seine erste Oper. In der Sixtinischen Kapelle in Rom hörte er ein neunstimmiges Chorwerk und schrieb es anschließend aus dem Gedächtnis auf. In Mailand komponierte er innerhalb weniger Monate eine Oper, die zwanzigmal vor ausverkauftem Haus gespielt wurde. Als Mozart erwachsen wurde, stellte er fest, dass er in Salzburg weder die ihm entsprechende Anerkennung bekam, noch wirklich gute Berufsaussichten hatte. Nach einigen Jahren in der Kapelle von Salzburgs Erzbischof Colloredo endete sein dortiger Dienst in einem heftigen Streit.
Die Karte rechts oben zeigt alle Städte, die Mozart in jungen Jahren besuchte. Das Gemälde unten zeigt die Familie Mozart im Jahr 1780: Nannerl, Wolfgang, das Bild der Mutter (sie war auf einer Reise nach Paris verstorben) und Vater Leopold.

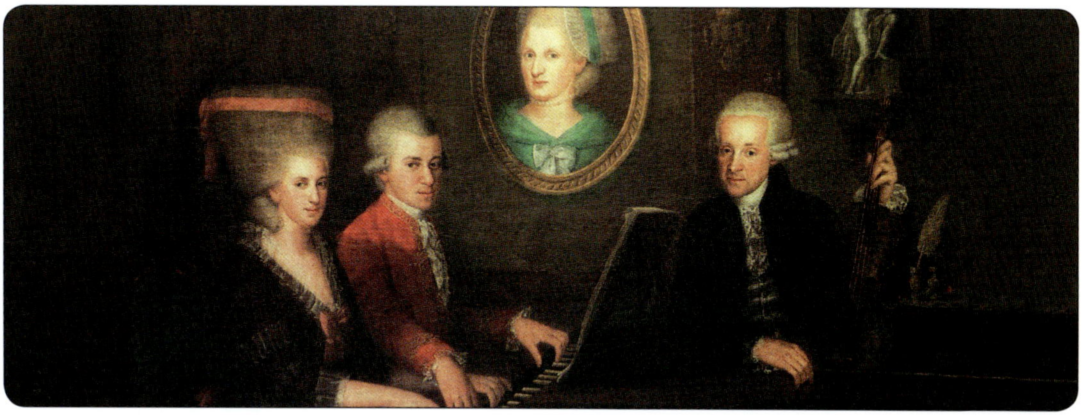

Ab 1781 lebte Mozart freischaffend in Wien. Er war ein hervorragender Pianist, gab Unterricht und Konzerte. Für manche Werke erhielt er Aufträge, andere schrieb er auf eigenes Risiko und hoffte, dass sie dem Publikum gefallen würden. Viele Konzerte dirigierte er selbst, auch glänzte er als Solist der eigenen Klavierkonzerte. Mehrere seiner Opern wurden in Wien und Prag ein Erfolg. In Wien heiratete er Constanze Weber. Sie bekamen sechs Kinder, von denen aber nur zwei überlebten. Jahrelang hatte Mozart hohe Einkünfte und ebensolche Ausgaben. Oft bat er Gönner um Geld. Mozart starb praktisch mittellos.

KV 1 – KLEINES KLAVIERSTÜCK MIT GROSSER FANTASIE

Schon mit fünf Jahren, so erzählte seine Schwester, schrieb Wolfgang eigene Klavierstücke auf. Das Notenblatt mit dem ersten von ihm komponierten Stück ist erhalten geblieben – ob es Mozart aber wirklich selbst aufgeschrieben hat, ist umstritten. Die Musik beweist jedenfalls schon die große musikalische Fantasie, die Mozart zeitlebens auszeichnete. Spielend leicht fielen ihm immer wieder neue Motive → 87 ein.

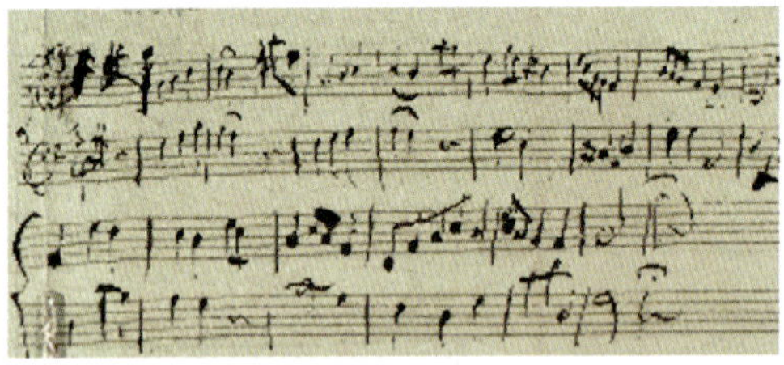

KV ist die Abkürzung für **Köchelverzeichnis**. Alle Kompositionen Mozarts sind darin in der Reihenfolge ihrer Entstehung aufgeführt. Der Name erinnert an Ritter von Köchel, der das Verzeichnis begonnen hat. KV 1 (= Köchelverzeichnis 1) ist also das erste von Wolfgang komponierte Werk.

Wolfgang Amadeus Mozart: Menuett KV 1 (1. Teil)

36

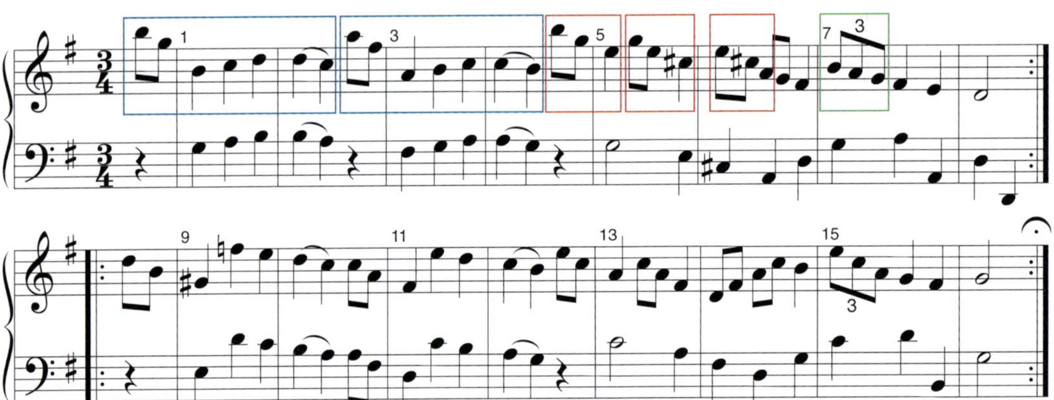

- Höre die Musik mehrmals und beantworte folgende Fragen:

1. Die Musik hat zwei Teile, die jeweils wiederholt werden. Wie viele Takte hat jeder Teil?
2. Was geschieht mit dem Motiv aus Takt 1–2 in Takt 3–4?
3. Ab Takt 4 wählt Mozart einen Dreiklang → 44 als neues Motiv. Was für Dreiklänge folgen aufeinander?
4. Wie nennt man den grün markierten Notenwert in Takt 7?
5. Was könnte Mozart gereizt haben, in Takt 7 ein neues Motiv zu verwenden?
6. In Teil 2 hat die Musik in beiden Stimmen zwar andere Töne als in Teil 1, doch etwas ist fast gleich geblieben. Was ist es?

PDF 18

- Hier kannst du die Ergebnisse deiner Analyse festhalten, dich auch mit der Fortsetzung des Klavierstücks beschäftigen und dabei ein weiteres Motiv entdecken.

„O, WIE WILL ICH TRIUMPHIEREN" – EINE GROSSSPRECHERISCHE ARIE

Von Mozarts 20 Opern sind die meisten in italienischer Sprache, z. B. *La Nozze di Figaro*, *Don Giovanni* und *Cosi fan tutte*. Die *Zauberflöte* ist dagegen ein unterhaltsames **Singspiel** mit deutschem Text und vielen gesprochenen Dialogen, ebenso wie *Die Entführung aus dem Serail*. Mozart hatte dieses Werk im Auftrag des österreichischen Kaisers geschrieben. Die Handlung spielt in einem Serail, dem Palast eines türkischen (osmanischen) Herrschers. Nach der Befreiung Westeuropas von der Bedrohung durch die Türken um 1700 war es Mode geworden, Elemente der osmanischen Kultur als interessante „Zutaten" in die eigene Kultur aufzunehmen. Aus dem Grund wird auch Mozart dieses Thema gestaltet haben. Das Bild zeigt den Darsteller des Osmin.

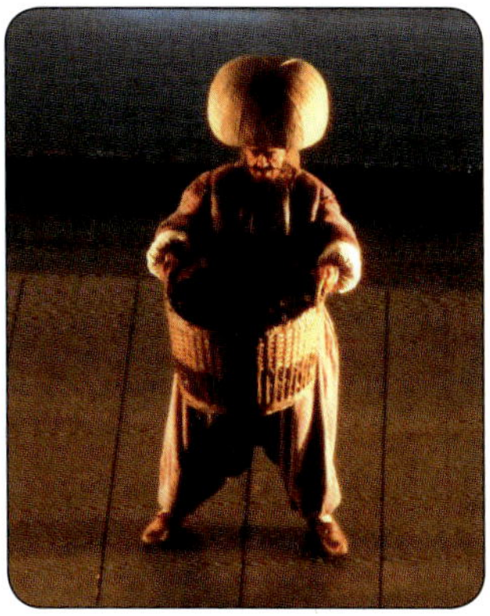

Die Handlung

Belmonte, ein spanischer Adeliger, will seine Braut Konstanze, ihre Dienerin Blonde und den Diener Pedrillo aus der Gewalt des Fürsten Bassa Selim befreien. Nach einem Piratenüberfall waren sie auf einem Sklavenmarkt an den Fürsten verkauft worden.

Die Aufsicht über die Gefangenen hat Osmin, der Diener des Bassa. Osmin ist ein etwas einfältiger und komischer, mitunter aber auch bösartig und bedrohlich wirkender Mann. Als die Gefangenen eines Nachts fliehen wollen, ertappt er sie und lässt sie von der Wache ergreifen. Dann stimmt er eine Arie an, in der er seine finsteren Gedanken offenbart („O, wie will ich triumphieren").

Doch die Handlung hat ein glückliches Ende: Bassa Selim zeigt sich gegenüber Belmonte und den Gefangenen als großmütiger Fürst und schenkt allen die Freiheit.

Text der Arie des Osmin

A

O, wie will ich triumphieren,
wenn sie euch zum Richtplatz führen
und die Hälse schnüren zu ...

B

Hüpfen will ich, lachen, springen
und ein Freudenliedchen singen,
denn nun hab ich vor euch Ruh ...

C

Schleicht nur säuberlich und leise,
ihr verdammten Haremsmäuse,
unser Ohr entdeckt euch schon;
und eh' ihr uns könnt entspringen,
seht ihr euch in unsern Schlingen
und erhaltet euren Lohn ...

Wolfgang Amadeus Mozart: Arie des Osmin „O, wie will ich triumphieren"

37

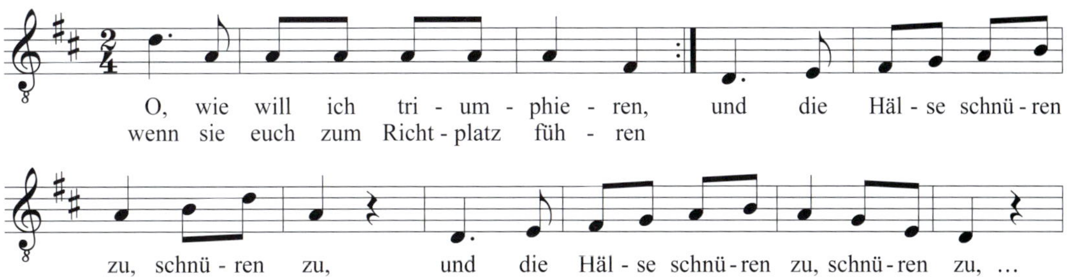

19

- Höre die Arie und überlege, wie Mozart den grimmigen Ausdruck Osmins musikalisch schildert.
- Achte beim Hören auf den Ablauf der Arie und die Rondoform A – B – A – C – A – B – A → 64.
- Auf dem PDF kannst du die ganze Arie und Einzelheiten darin im Notenbild verfolgen.

Sonaten, Sinfonien und Solokonzerte ...

... waren in der Zeit der Klassik sehr beliebt. Die **Sonate** ist seit dieser Zeit ein Werk für ein Soloinstrument oder für ein Melodieinstrument mit Klavierbegleitung. Eine **Sinfonie** ist ein Werk für Orchester. In einem **Solokonzert** spielt ein Solist mit einem Orchester.

Sonaten, Sinfonien und Solokonzerte haben meist drei oder vier Sätze:

1. Satz	**2. Satz**	**3. Satz**	**4. Satz**
rasch (z. B. Allegro), oft in Sonatenhauptsatzform	*langsam (z. B. Andante), mit liedhaften Melodien*	*Menuett mit Trio oder Scherzo, meist im 3/4-Takt*	*schnell (z. B. Presto), oft Sonatenhauptsatzform oder Rondo*

Die Sonatenhauptsatzform

Diese Form findet man häufig in den ersten Sätzen von Klaviersonaten, Sinfonien, Instrumentalkonzerten und auch in Kammermusik. Im Mittelpunkt stehen zwei Themen mit gegensätzlichem Charakter:

‖: Exposition :‖	**Durchführung**	**Reprise**
Thema 1 (Hauptthema, Grundtonart), Überleitung, Thema 2 (Seitenthema, Dominant-Tonart)	*thematische Arbeit* → 115 *mit den Motiven der beiden Themen*	*wie Exposition mit Thema 1 und 2 (in der Grundtonart), Überleitung, Schlussgruppe*

Dieses Formmodell der Sonatenhauptsatzform wurde von den Komponisten oft individuell ausgestaltet.

Ludwig van Beethoven (1770–1827)

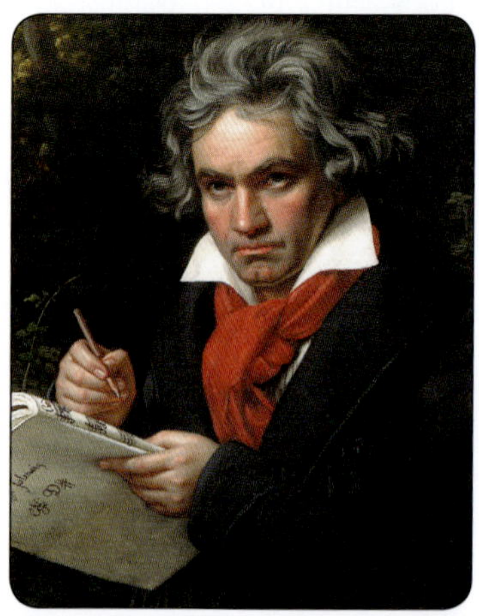

Beethoven wuchs in Bonn auf. Sein Vater war Sänger in der kurfürstlichen Hofkapelle. Er und seine Kollegen bildeten Ludwig aus. Auch der Kurfürst unterstützte Beethoven und schickte den 16-Jährigen zu einem Studienaufenthalt nach Wien. Als französische Truppen Bonn besetzten, wurde die Hofkapelle dort aufgelöst und Beethoven musste sich in Wien ein berufliches Auskommen schaffen. Adelige Musikfreunde förderten ihn dabei. Beethoven gab Klavierunterricht, trat als Pianist auf (er konnte auch hervorragend improvisieren), veranstaltete Konzerte und verkaufte Noten seiner eigenen Kompositionen.

Bereits mit 30 Jahren wurde Beethoven schwerhörig. Eine Zeit lang half er sich noch mit Hörrohren (Bild rechts unten). Als er vollständig taub war, konnte er jedoch nicht mehr dirigieren und keine Konzerte mehr geben. Seine Kompositionen entstanden fortan allein in seiner Vorstellung. „Gespräche" führte er nun wenn möglich schriftlich, in Konversationsheften. Beethoven litt unter seinem Schicksal sehr und beklagte sich bitter darüber, dass ihn die Menschen für abweisend hielten und nicht verstünden.

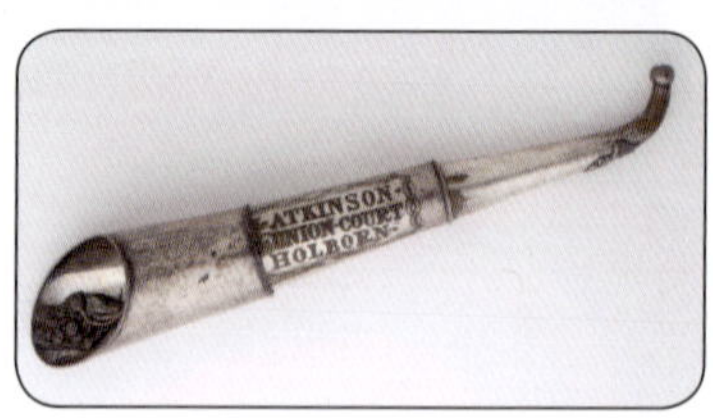

Zu Beethovens bekanntesten Werken gehören neun Sinfonien, fünf Klavierkonzerte, ein Violinkonzert, die Oper *Fidelio*, die *Missa solemnis*, 32 Klaviersonaten (darunter die *Mondscheinsonate*), 16 Streichquartette und das Klavierstück *Für Elise*. Weltbekannt ist seine Melodie zu Schillers Gedicht *Ode an die Freude*. Sie spielt im Schlusssatz seiner *9. Sinfonie* eine wichtige Rolle und ist heute die Melodie der Europahymne.

EINE SINFONIE MIT EINEM WELTBEKANNTEN MOTIV

38

Ludwig van Beethoven: 5. Sinfonie c-Moll, 1. Satz (Exposition)

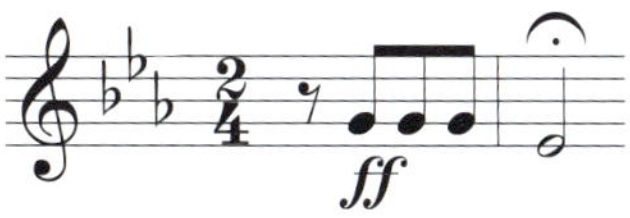

Dieses kurze Motiv am Beginn der Sinfonie prägt sich augenblicklich ein. Das Motiv wird auf verschiedenen Tonstufen wiederholt. Aus ihm hat Beethoven nicht nur das Hauptthema gestaltet, sondern den ganzen ersten Satz mit seiner düsteren Stimmung.

Das zarte Seitenthema tritt gegenüber dem ersten Thema etwas zurück:

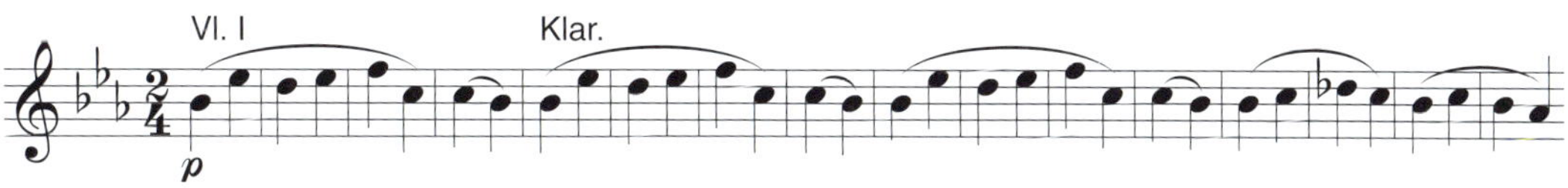

Höre die Exposition → 114 des ersten Satzes und verfolge das Anfangsmotiv. Achte auf das Hauptthema, die Überleitung und das Seitenthema.

An vielen Kompositionen arbeitete Beethoven sehr lange. In einem Gespräch beschrieb er einmal, wie Musik in seinem Kopf entstand:
Ich trage meine Gedanken lange, oft sehr lange mit mir herum, ehe ich sie niederschreibe. Dabei bleibt mir mein Gedächtnis so treu, dass ich sicher bin, ein Thema, was ich einmal erfasst habe, selbst nach Jahren nicht zu vergessen. Ich verändere manches, verwerfe und versuche aufs Neue, so lange, bis ich damit zufrieden bin; dann beginnt in meinem Kopfe die Verarbeitung in die Breite, in die Enge, Höhe und Tiefe …

Die intensive Bearbeitung von musikalischem Material in einem Werk wird heute als **thematische Arbeit** bezeichnet.

Weitere Komponisten aus Vorklassik und Wiener Klassik (Auswahl)

Musik aus Vorklassik und Wiener Klassik klingt oft unterhaltsam und bietet überwiegend einen leichten Zugang. Manchmal entdeckt man darin richtige „Ohrwürmer". Hör mal rein!

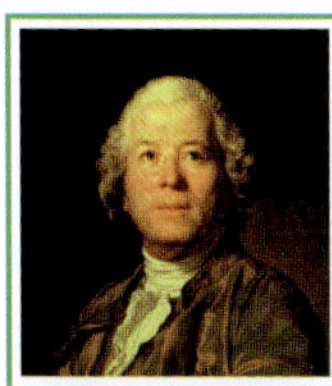	**Christoph Willibald Gluck** (1714–1787) Hörtipp: *Reigen seliger Geister* aus *Orpheus und Euridice*	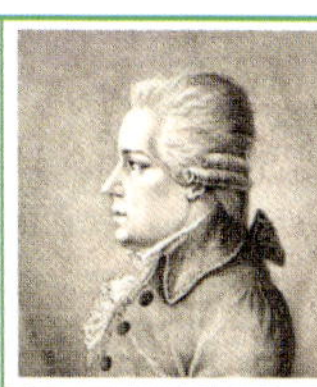	**Carl Ditters von Dittersdorf** (1739–1799) Hörtipp: *Kontrabasskonzert Nr. 1 Es-Dur*
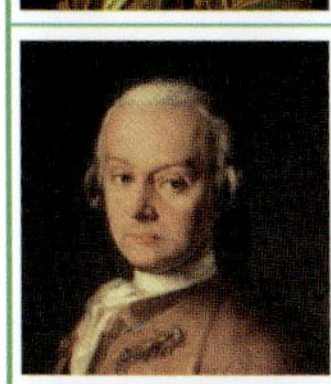	**Leopold Mozart** (1719–1787) Hörtipp: *Eine musikalische Schlittenfahrt*	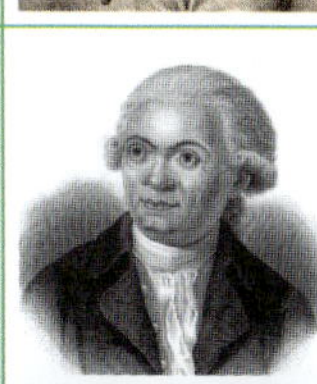	**Johann Abraham Peter Schulz** (1747–1800) Hörtipp: *Der Mond ist aufgegangen*
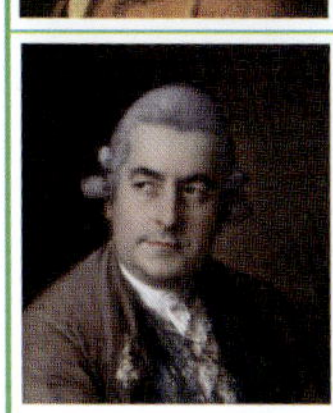	**Johann Christian Bach** (1735–1782) Hörtipp: *Quintett op. 11 Nr. 1* für Flöte, Oboe, Violine, Viola und Violoncello	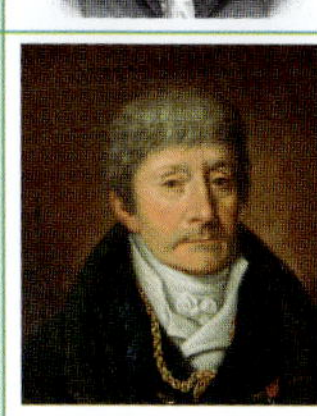	**Antonio Salieri** (1750–1825) Hörtipp: *Sinfonie D-Dur La Veneziana*

Musik im 19. Jahrhundert

Neue Erfindungen und Entwicklungen

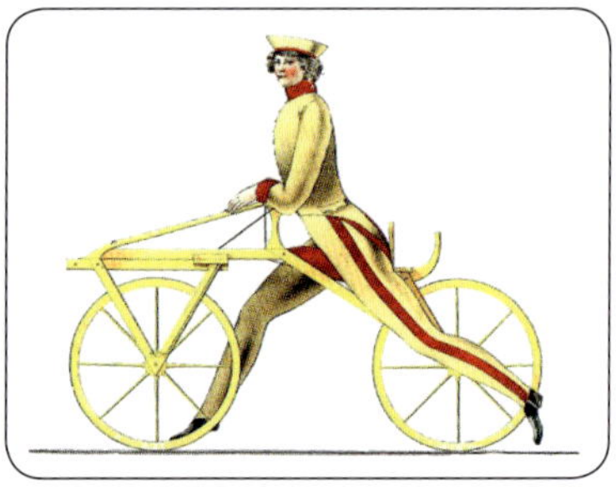

Neue Erfindungen und technische Entwicklungen veränderten das tägliche Leben. Elektrizität und Gaslicht machten die Nacht zum Tag, Telegrafie überbrückte große Entfernungen, Maschinen revolutionierten die Herstellung vieler Dinge. Mit der Eisenbahn kam man nun schnell voran, mit dem Fahrrad noch etwas langsamer. Nicht allen brachten die neuen Techniken Vorteile: So verloren Weber durch mechanische Webstühle ihre Arbeit. Viele verarmten und sahen sich zum Auswandern gezwungen.
Das Leben der meisten Menschen aber wurde leichter und besser. Die Idee von Freiheit und gleichen Rechten für alle Bürger verbreitete sich. Viele strebten für sich und ihre Kinder nun nach mehr Bildung und fanden Zugang zu Literatur, Kunst und Musik. Große öffentliche **Konzertsäle** wurden gebaut, z. B. der „Goldene Saal" des Wiener Konzerthauses (Bild links). Nicht wenige Familien konnten sich ein Klavier leisten und machten **Hausmusik**, wie auf einer Zeichnung von Ludwig Richter zu sehen ist (rechts).

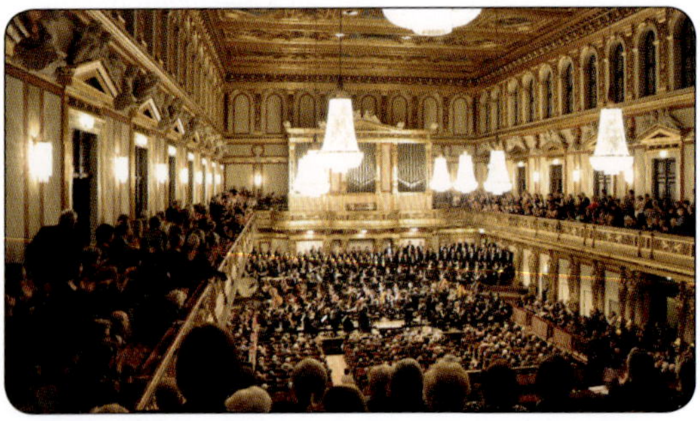

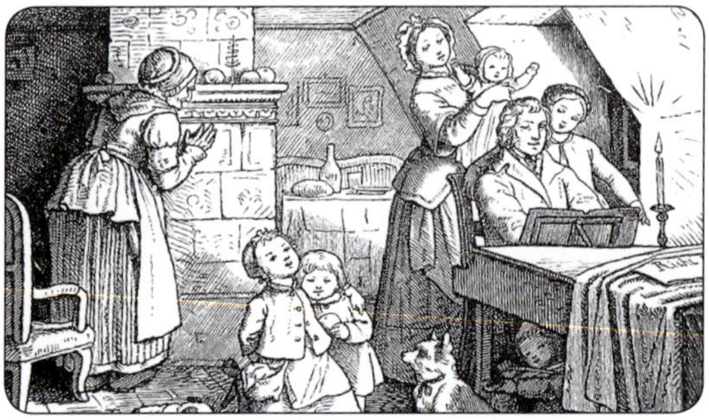

„Romantisch" – was heißt das?

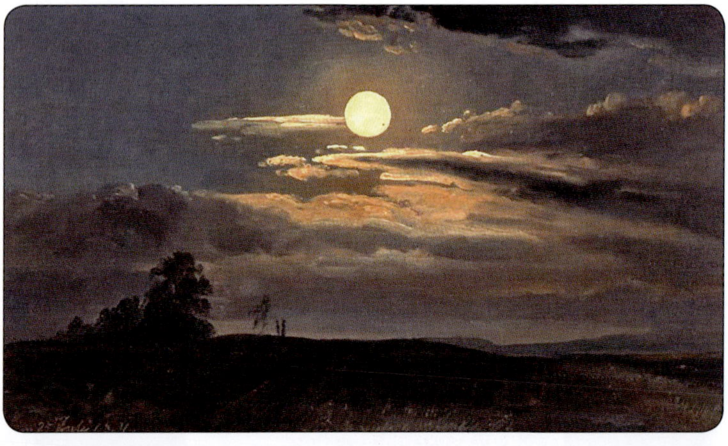

Besonders die erste Hälfte des 19. Jahrhunderts wird in Kunst und Musik oft mit dem Wort **Romantik** verbunden. Was heißt das eigentlich? Wenn man „romantisch" denkt, fühlt oder handelt, ist man auf jeden Fall gefühlvoll. Man sucht stimmungsvolle Augenblicke und sehnt sich oft nach etwas, das in der Wirklichkeit nicht immer zu finden ist.
Viele Künstler träumten damals von einer Welt, die geheimnisvoller und fantastischer war als die Wirklichkeit. Manche stellten sich eine überirdisch schöne „blaue Blume" vor und beschrieben sie in Geschichten oder Gedichten. Eine Mondnacht, wie sie Christian Friedrich Gille 1831 malte (Bild), ist auch heute noch für viele Menschen ein romantisches Erlebnis. Der Mond führt den Blick in die Unendlichkeit des Weltalls… Auch die Musik schilderte in dieser Zeit oft innere Stimmungen, Traumbilder und märchenhaften Szenen, wie z. B. Carl Maria von Weber in seiner Oper *Der Freischütz* → 91/92.

Besonderheiten der Musik im 19. Jahrhundert

Formen der Musik aus der Zeit der Wiener Klassik → 108 ff. (z. B. Sonaten, Sinfonien, Kammermusik) wurden im 19. Jahrhundert weitergeführt, die Themen und Durchführungen jedoch ausgeweitet. Viele Werke dauern deshalb länger als früher. Die Gestaltungsmittel der Musik wurden verfeinert:

- Die **Harmonik**, das Zusammenspiel von Tönen und Akkorden, wurde zunehmend differenzierter.
- Die **Rhythmik**, die zeitliche Abfolge von Klängen, blieb zwar noch auf den Takt → 21 bezogen, doch überlagerte sie ihn oft und verschleiert ihn dadurch.
- Die **Klangfarben** des Orchesters wurden durch zusätzliche Instrumente und eine kunstreiche Instrumentierung → 65 vielseitiger.
- Besondere Schwerpunkte der Musik im 19. Jahrhundert waren das **Kunstlied** → 85 und die **Programmmusik** → 81.

Die Welt der Musik wurde größer

Im 19. Jahrhundert bildete sich in vielen Ländern ein starkes Nationalbewusstsein heraus. Komponisten in ganz Europa bauten ihre Musik nun bewusst auf den Traditionen und der Volksmusik ihres Landes auf. So entstanden sogenannte **Nationale Schulen** → 122. Auch an **Alter Musik** (= Werke aus Renaissance und Barock) fand man wieder Gefallen. Felix Mendelssohn Bartholdy → 120 führte 1829, nach fast 100-jähriger Unterbrechung, die *Matthäuspassion* von Johann Sebastian Bach → 102 wieder auf. Zu einem festen Bestandteil des öffentlichen Musiklebens wurde die **Unterhaltungsmusik** → 123.

Franz Schubert (1797–1828)

Schuberts Vater, ein Dorflehrer in einem Vorort Wiens, gab seinem Sohn Franz den ersten Geigenunterricht. Als Sängerknabe in der Wiener Hofmusikkapelle wurde Schubert weiter in Musik ausgebildet. Kurze Zeit war er Hilfslehrer bei seinem Vater, doch mit knapp 20 Jahren bereits ein „freischaffender Künstler". Oft fehlte es ihm am Nötigsten, sogar an Geld für Notenpapier. Wie ein Freund erzählte, schrieb Schubert Musik außerordentlich schnell und verbrauchte Notenpapier „in unglaublicher Menge".

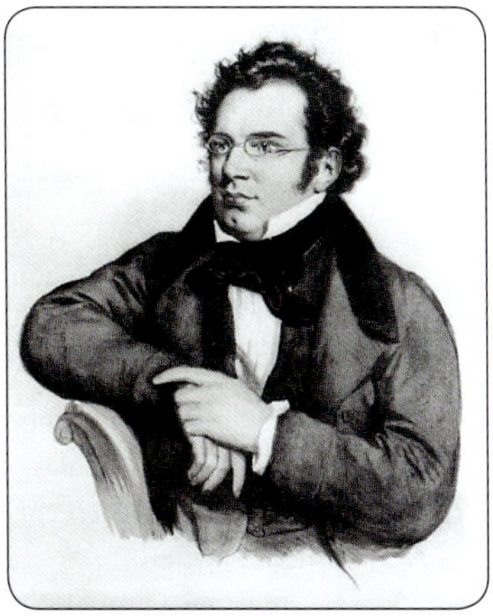

Von seinen Kompositionen konnte Schubert kaum leben. Mehrfach kam er bei Freunden unter. Sie schätzten seine Musik und führten sie im privaten Kreis auf. Bei solchen Treffen von Musikern, Malern, Dichtern und Kunstfreunden – „Schubertiaden" genannt – stellte Schubert seine neuen Werke vor. Die Zeichnung unten zeigt ihn am Klavier, er begleitet den Sänger Johann Michael Vogl.

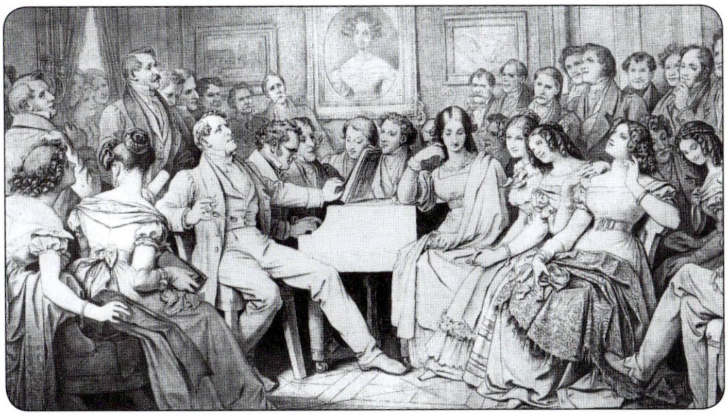

In seinem kurzen Leben schrieb Schubert u. a. zahlreiche Klaviersonaten, Kammermusik und Sinfonien. Den Schwerpunkt seines Schaffens bilden über 600 Kunstlieder → 85 nach Texten bekannter Dichter. Schubert dachte sich tief in jeden Text hinein und brachte die darin liegenden Gedanken und Stimmungen zum Klingen – in der Gesangsstimme und in der ausdrucksvollen Klavierbegleitung.

MIT EINER LIST GEFANGEN: „DIE FORELLE“

Das Gedicht *Die Forelle* verfasste der Journalist und Dichter Christian Schubart (1739–1791), nachdem er wegen seiner politischen Ansichten mit Hilfe einer List gefangen genommen und inhaftiert worden war. Auch die Forelle in seinem Gedicht wird mit einer List gefangen. Deutete der Dichter hier sein eigenes Schicksal an?

39

Franz Schubert: „Die Forelle“

Schubert komponierte dieses Lied im Alter von etwa 20 Jahren. Den ersten beiden Liedstrophen gab er die gleiche Melodie und eine munter bewegte Begleitung, in der man das Wasser des hellen Bächleins plätschern hören kann.

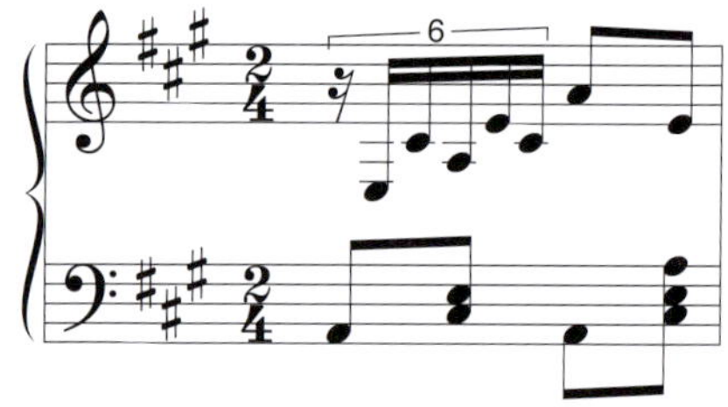

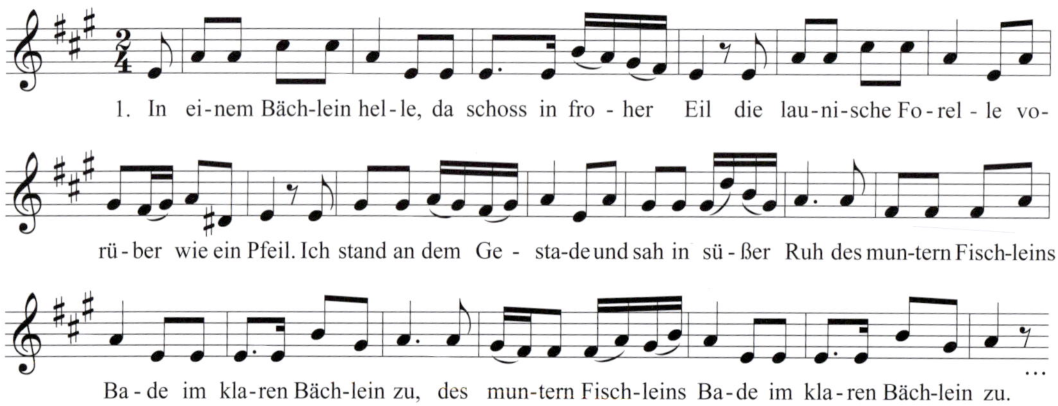

2. Ein Fischer mit der Rute wohl an dem Ufer stand,
   und sah's mit kaltem Blute, wie sich das Fischlein wand.
   So lang dem Wasser Helle, so dacht' ich, nicht gebricht,
   so fängt er die Forelle mit seiner Angel nicht.

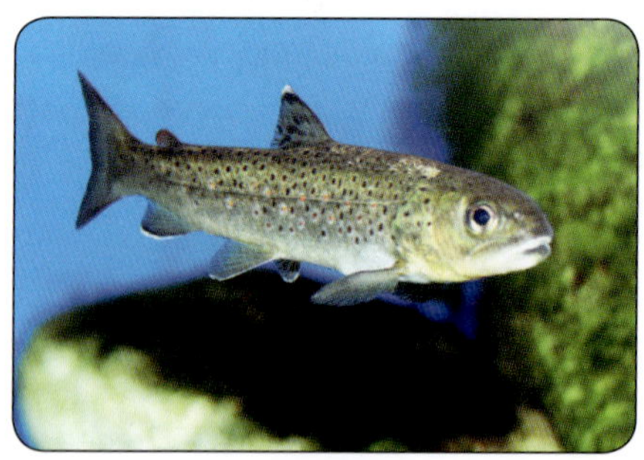

Die dritte Strophe komponierte Schubert anders! Denn hier erzählt der Text, welches Drama sich im Wasser abspielt:

3. Doch endlich ward dem Diebe die Zeit zu lang;
   er macht das Bächlein tückisch trübe:
   Und eh' ich es gedacht, so zuckte seine Rute,
   das Fischlein zappelt dran.
   Und ich, mit regem Blute, sah die Betrogne an.

- Höre das ganze Lied und verfolge, wie Schubert die musikalische Stimmung in der 3. Strophe verändert.

PDF 20

- Hier kannst du das Lied „Die Forelle“ noch genauer studieren.

- Hörtipp: Die Melodie der ersten beiden Strophen verwendete Schubert auch in dem berühmt gewordenen *Forellenquintett*. Sie bildet das Thema der Variationen → 72 im 4. Satz. Klavier, Violine, Viola, Cello und Kontrabass spielen zusammen.

Robert Schumann (1810–1856)

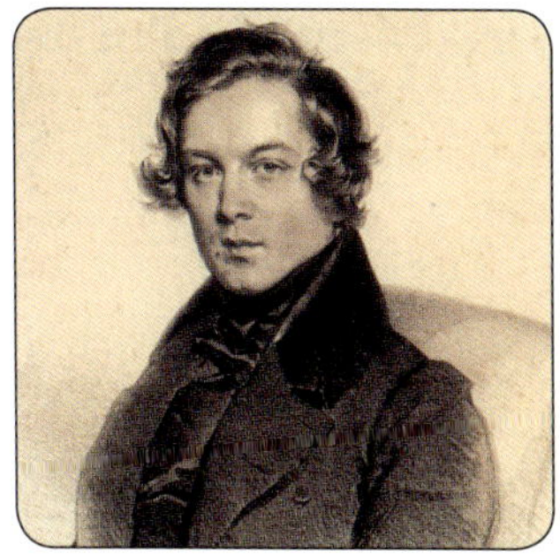

Schumann wurde in Zwickau geboren. Er begann ein Jura-Studium, widmete sich dann aber ganz der Musik. Sein Klavierlehrer war der Pianist Friedrich Wieck, dessen Tochter Clara er später heiratete. Beim Versuch, seine Finger mit einer Art Trainingsmaschine gewaltsam unabhängiger zu machen, zog sich Schumann eine Lähmung an der rechten Hand zu und musste seine Virtuosenlaufbahn aufgeben. Fortan arbeitete er als Komponist und Musikschriftsteller. Er komponierte u. a. Sinfonien, Kammermusik, Kunstlieder, Chorwerke und viele Klavierstücke.

EINE MUSIKALISCHE TRÄUMEREI

Eine Sammlung kurzer Klavierstücke nannte Schumann *Kinderszenen*. Jedes Stück darin hat einen Titel, der aussagt, was sich Schumann selbst beim Komponieren vorgestellt hat. Auch Hörer und Spieler können nun mit der Musik eine Vorstellung verbinden, die sie näher an die Musik führen kann.

- Welche Musik kannst du dir zum Titel *Träumerei* vorstellen?

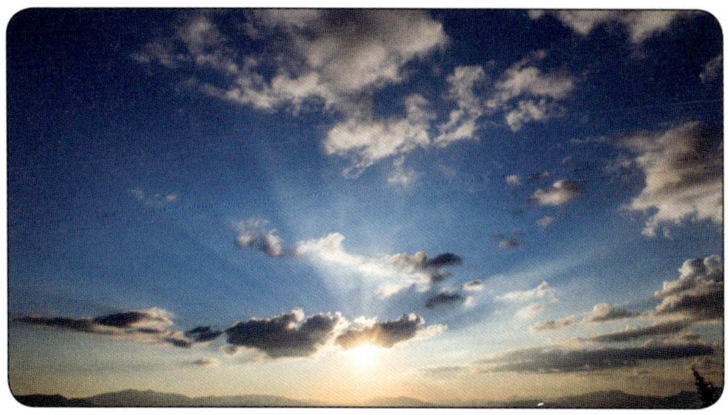

40

Robert Schumann: „Träumerei"

Ein einziges Thema zieht sich durch das ganze Stück. Es beginnt mit einer Quarte und kommt schon auf dem zweiten Ton zur Ruhe. Dann bewegen sich die Töne „schwebend" nach oben und zerfallen in kleine Motive.

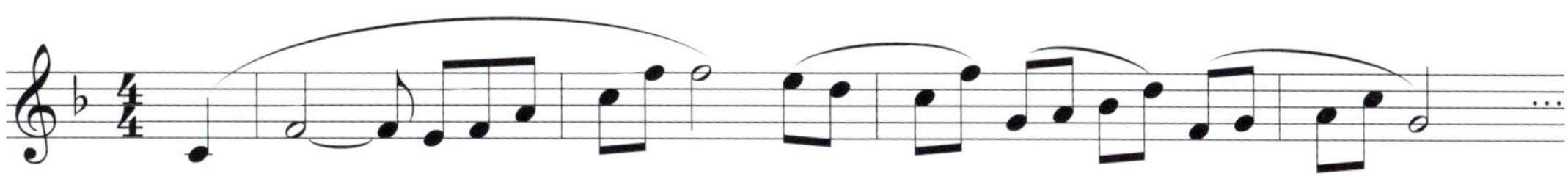

PDF 21

- Verfolge die Töne. Wie Wolken treiben sie in die Höhe und Tiefe des Tonraumes.
- Auf dem PDF kannst du das Klavierstück *Träumerei* genau studieren.

Clara Schumann (1819–1896)

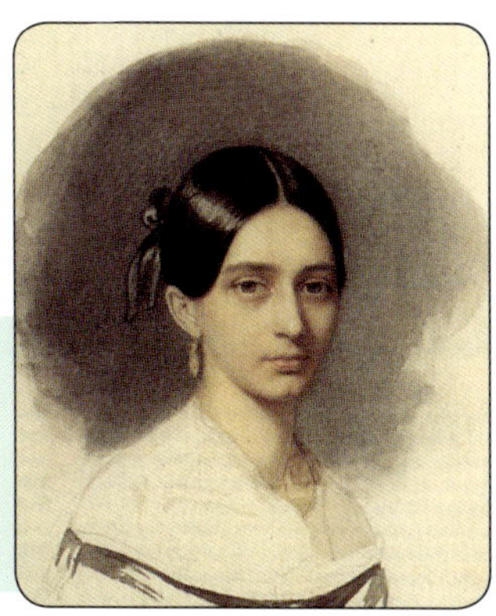

Bereits vor ihrer Ehe mit Robert Schumann war Clara eine gefeierte Pianistin. Auch sie komponierte gern, musste dies aber im Laufe ihrer Ehe immer mehr zurückstellen. In ihrem Tagebuch klagte sie:

> *Wie gern möchte ich komponieren. Früh muss ich üben und spät abends haben wir Besuche; dann ist mein Geist völlig erschöpft. Ich tröste mich damit, dass ich ja ein Frauenzimmer bin, und die sind nicht zum Komponieren geboren.*

Als Pianistin feierte Clara Zeit ihres Lebens große Erfolge und führte auch die Werke ihres Mannes auf.

- Hörtipp: *Klavierkonzert a-Moll op. 7* (Allegro maestoso) von Clara Schumann

Felix Mendelssohn Bartholdy (1809–1847)

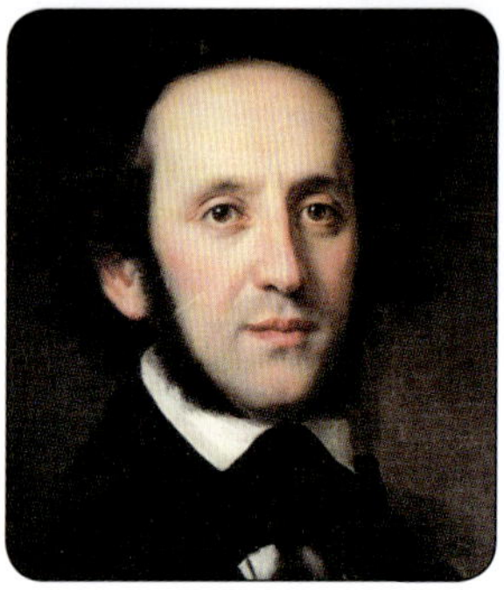

Mendelssohn wuchs in Berlin auf. Bereits als Jugendlicher komponierte er viel und lernte eigene Werke aufzuführen. Als Pianist und Dirigent machte er sich in ganz Europa einen Namen. In Leipzig leitete er das Gewandhaus-Orchester und gründete die erste Musikhochschule Deutschlands. Besondere Verdienste erwarb er sich durch sein Eintreten für die Musik früherer Zeiten → 117. Mendelssohn komponierte u. a. Sinfonien, Solokonzerte, Musik zu Schauspielen (z. B. *Der Sommernachtstraum* von William Shakespeare) sowie Klavier- und Kammermusik.

VIOLINKONZERT IN E-MOLL OP. 64, 1. SATZ

Mendelssohns Violinkonzert weicht vom Aufbau eines klassischen Instrumentalkonzertes etwas ab. Meist beginnt das Orchester mit dem ersten Thema, doch bei Mendelssohn spielt es die Solovioline:

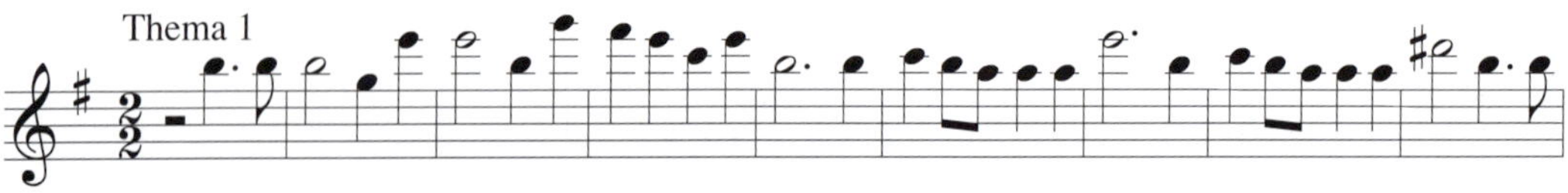

Gleich danach folgt für die Violine eine erste **Kadenz**. (Das ist der Teil des Stücks, in dem Solisten mit ihren virtuosen Fähigkeiten besonders glänzen können.) Diese frühe Kadenz überrascht die Zuhörer, weil sie in Solokonzerten normalerweise gegen Ende des ersten Satzes zu hören ist. Nach der Überleitung erklingt das Seitenthema, gespielt von den Bläsern und wiederholt von der Solovioline.

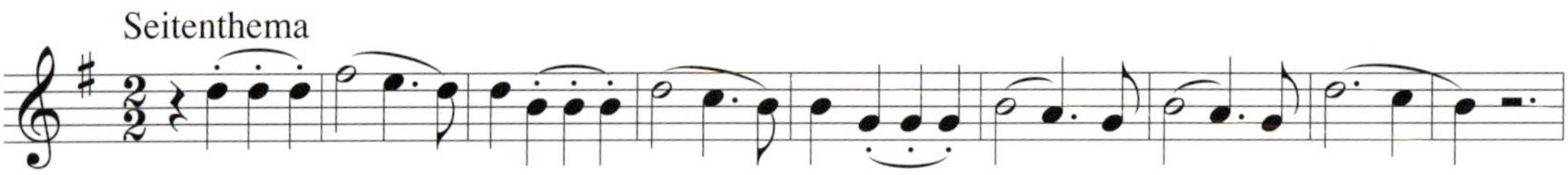

41

■ Höre den Anfang des Violinkonzerts. Das erste und das zweite Thema sind – auch in Teilen – immer wieder zu hören. Finde eine Möglichkeit, den ganzen ersten Satz im Zusammenhang zu hören.

Virtuosen wurden bewundert

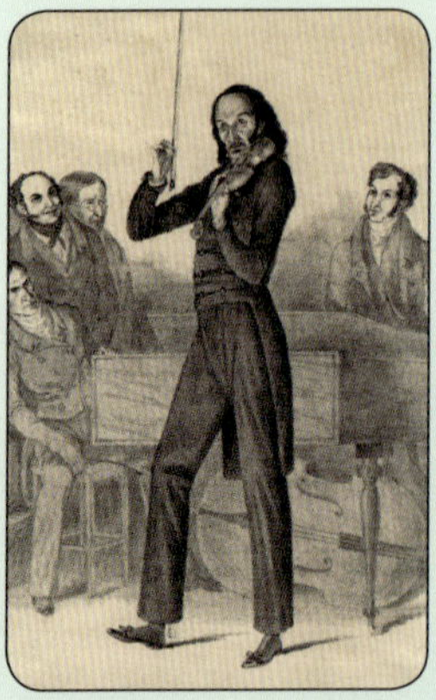

Das virtuose Spiel auf Instrumenten fasziniert viele Menschen bis heute, unabhängig vom Musikstil. Schon Wolfgang Amadeus Mozart → 111 und Ludwig van Beethoven → 114 fesselten ihr Publikum durch ihr außergewöhnliches pianistisches Können. Seit dem 19. Jahrhundert ließen sich verstärkt Virtuosen in Konzerten feiern. Niccolò Paganini (1782–1840) wurde „Teufelsgeiger" genannt, weil er Figuren spielte, die bis dahin als unspielbar galten. Sein Lieblingsinstrument, eine Geige des italienischen Geigenbauers Guarneri del Gesù, nannte er „Die Kanone", weil ihr Klang unter seinen Händen zu explodieren schien. Das Bild links zeigt ihn mit gebannt lauschenden Zuhörern.

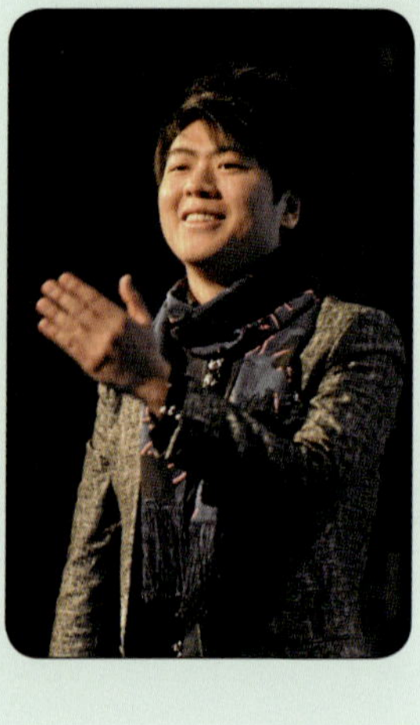

Auch heute sind Virtuosen gefragt. Der deutsche Geiger David Garrett oder der chinesische Pianist Lang Lang (Bild rechts) ziehen mit Konzerten regelmäßig ein großes Publikum an. Oft sind auf den Plakaten die Namen der Interpreten sehr viel größer gedruckt als die Namen der Komponisten!

Johannes Brahms (1833–1897)

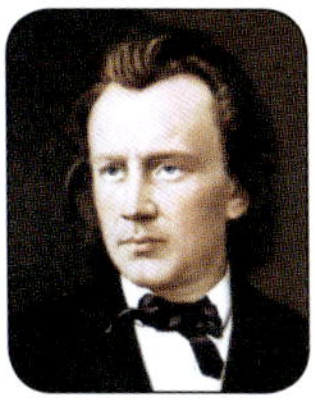

Brahms wuchs in Hamburg auf. Robert Schumann → 119 erkannte die musikalische Bedeutung des jungen Brahms und unterstützte die Veröffentlichung seiner Werke. Von 1872 an lebte Brahms in Wien, wo er auch als Pianist erfolgreich war. Neben Liedern und Chorwerken komponierte er viel Klavier- und Kammermusik, Solokonzerte und Sinfonien. Brahms' Musik erscheint oft grüblerisch und ernst, doch er schrieb auch unterhaltsame Kompositionen, die großen Anklang fanden.

- Hörtipp: *Ungarischer Tanz Nr. 5*

Richard Wagner (1813–1883)

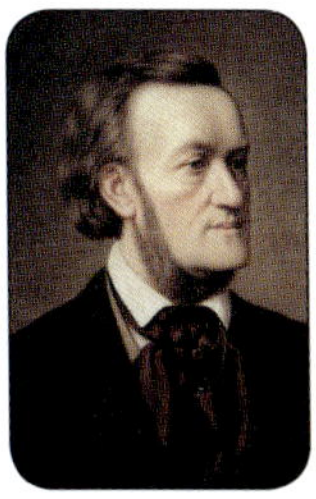

Das Schaffen des in Leipzig geborenen Wagner galt dem Musiktheater. Zur Aufführung von Wagners Bühnenwerken baute der bayerische König Ludwig II. in Bayreuth sogar ein eigenes Festspielhaus. Bis heute werden hier Wagners Werke aufgeführt, z. B. *Der fliegende Holländer*, *Tristan und Isolde*, *Die Meistersinger von Nürnberg* und der vierteilige Zyklus *Der Ring des Nibelungen*. Frühe Werke Wagners waren, wie allgemein üblich, als „Nummernopern" noch in kurze Abschnitte wie z. B. Rezitative und Arien eingeteilt. Später komponierte er durchgehende Musikdramen. Die handelnden Personen, Situationen oder Gefühle kennzeichnete er mit **Leitmotiven** (= Motive, die in der Musik immer wiederkehren).

- Hörtipp: *Lied an den Abendstern* aus *Tannhäuser*

Anton Bruckner (1824–1896)

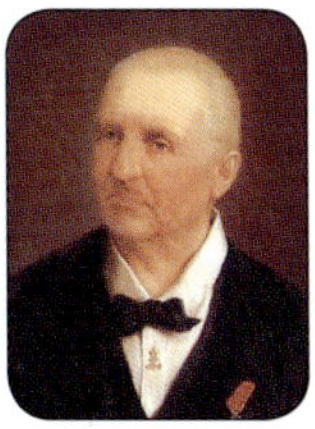

Der in Ansfelden in Österreich geborene Bruckner war zuerst Sängerknabe und dann Organist im Stift St. Florian, später Domorganist in Linz. In Wien unterrichtete er Musiktheorie und war zudem Hoforganist. Erst mit 40 Jahren begann er Sinfonien zu komponieren – seine neunte Sinfonie blieb unvollendet. Er war sehr religiös und komponierte auch kirchliche Musik. Bruckner wurde häufig von Selbstzweifeln geplagt und schrieb seine Werke immer wieder um, sodass es häufig verschiedene „Fassungen" gibt.

- Hörtipp: *Te Deum*

Giuseppe Verdi (1813–1901)

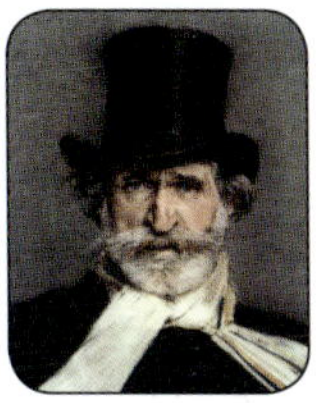

Verdi stammte aus der Provinz Parma in Italien und wurde vor allem durch seine Opern in italienischer Sprache berühmt. Mit ihnen hat er viel zur nationalen Identität seines Volkes beigetragen. *Nabucco*, *La Traviata*, *Die Macht des Schicksals*, *Aida*, *Otello*, *Falstaff* – bis heute stehen Verdis Opern weltweit am häufigsten auf den Spielplänen der Opernhäuser. Mit feinem Gespür für Sängerstimmen und einer gefühlvollen Melodik gab er den dargestellten Figuren eine seelische Tiefe, die bis heute viele Menschen bewegt.

- Hörtipp: „Gefangenenchor" aus *Nabucco*

Frédéric Chopin (1810–1849)

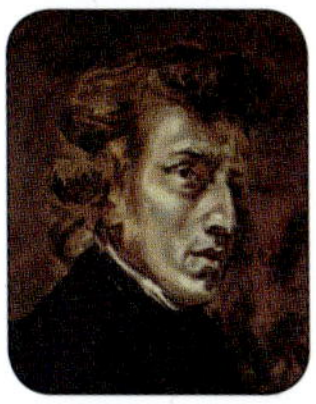

Chopin war Pole, lebte aber überwiegend in Paris. Er schrieb fast nur Musik für Klavier solo und Klavierkonzerte. Seine **Polonaisen** (= polnischer Volkstanz im 3/4-Takt) und **Mazurken** (= ein weiterer Volkstanz Polens) erinnern an sein Heimatland. Seine Musik ist technisch sehr anspruchsvoll und voller Eleganz. Ihr Ausdruck reicht von größter Zartheit bis zu höchster Energie. Seine Werke werden sowohl auf dem Podium als auch im Klavierunterricht gerne gespielt.

- Hörtipp: Prélude op. 28 Nr. 15 („Regentropfen-Prélude")

Franz Liszt (1811–1886)

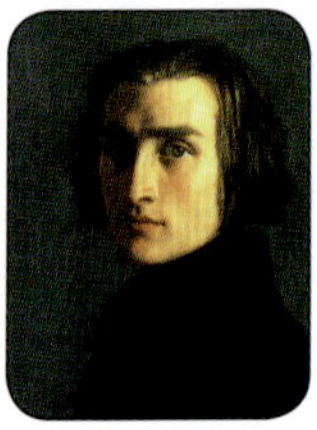

Der ungarische Komponist begeisterte durch sein unglaublich virtuoses Klavierspiel, seine Kompositionen und Improvisationen. Liszt fühlte sich als Ungar, lebte aber in Paris, Weimar, Wien, Rom und Budapest – überall gab er Konzerte. Deshalb sagt man, dass ganz Europa seine Heimat war. Im Klavierspiel nutzte er alle Möglichkeiten des Instruments. Er komponierte aber auch Lieder, Chöre, Sinfonische Dichtungen und vieles andere.

Hörtipp: *La Campanella*

Weitere Komponisten der Romantik (Auswahl)

Die folgenden Hörtipps nennen Komponisten aus verschiedenen europäischen Ländern und jeweils ein besonders bekanntes Musikstück. Vielleicht kannst du etwas vom Nationalstil der Musik → 117 heraushören!

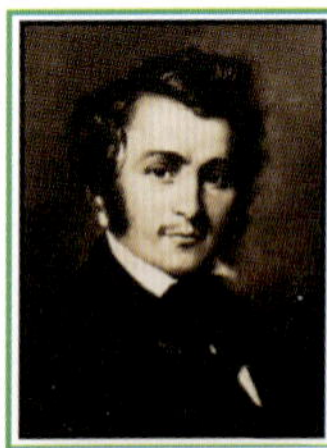	Deutschland **Albert Lortzing** (1801–1851) Hörtipp: *Holzschuhtanz* aus der Oper *Zar und Zimmermann*	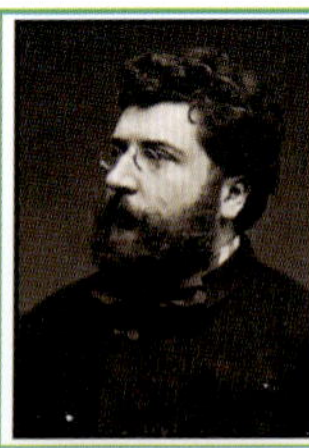	Frankreich **Georges Bizet** (1838–1875) Hörtipp: *Habanera* aus der Oper *Carmen*	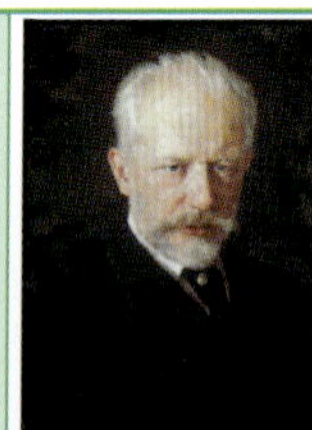	Russland **Pjotr I. Tschaikowsky** (1840–1893) Hörtipp: *Blumenwalzer* aus *Der Nussknacker*
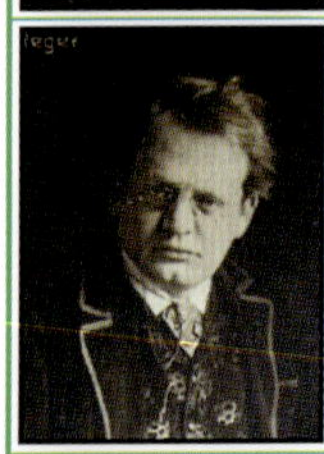	Deutschland **Max Reger** (1873–1916) Hörtipp: *Fantasie und Fuge über B-A-C-H*	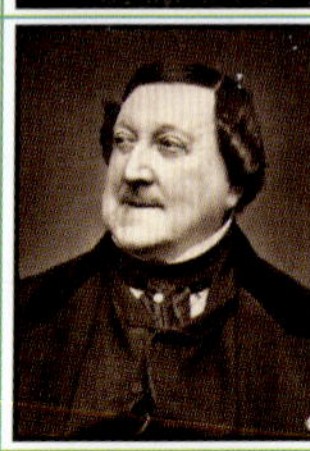	Italien **Gioachino Rossini** (1792–1868) Hörtipp: *Arie des Figaro* aus *Der Barbier von Sevilla*	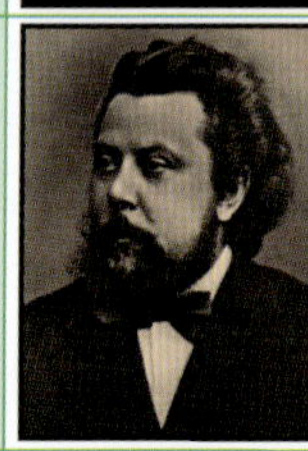	Russland **Modest Mussorgsky** (1839–1881) Hörtipp: *Bilder einer Ausstellung*
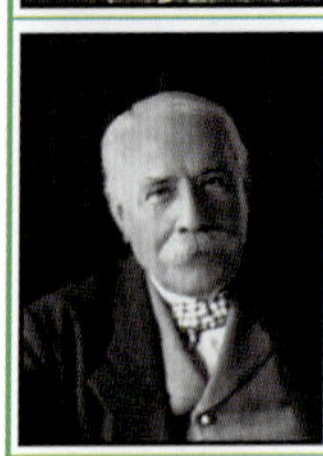	England **Edward Elgar** (1857–1934) Hörtipp: *Land of Hope and Glory*	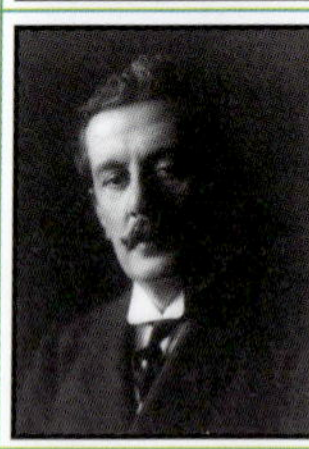	Italien **Giacomo Puccini** (1858–1924) Hörtipp: *O soave fanciulla* aus *La Bohème*	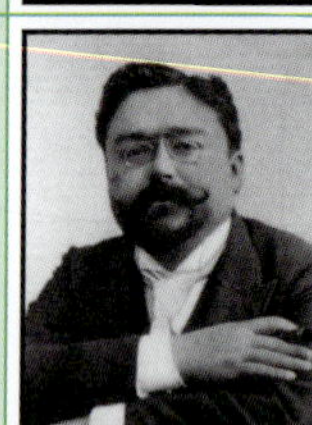	Spanien **Isaac Albéniz** (1860–1909) Hörtipp: *Malagueña* (für Gitarre)
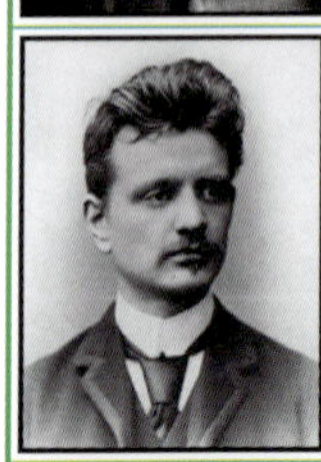	Finnland **Jean Sibelius** (1865–1957) Hörtipp: *Finlandia*	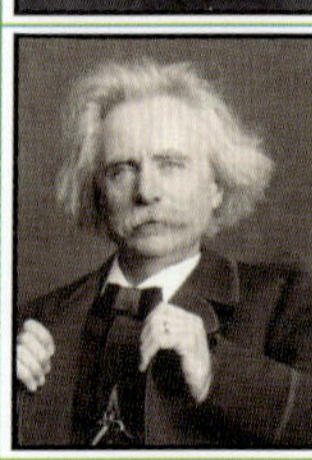	Norwegen **Edvard Grieg** (1843–1907) Hörtipp: *Morgenstimmung* aus *Peer Gynt Suite Nr. 1*	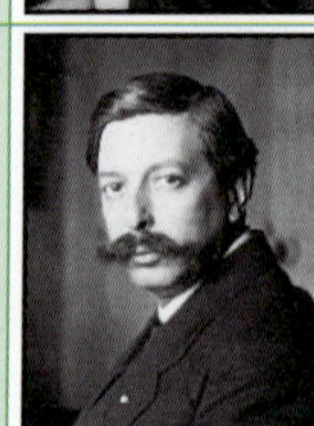	Spanien **Enrique Granados** (1867–1916) Hörtipp: *Oriental* aus *Danzas españolas*
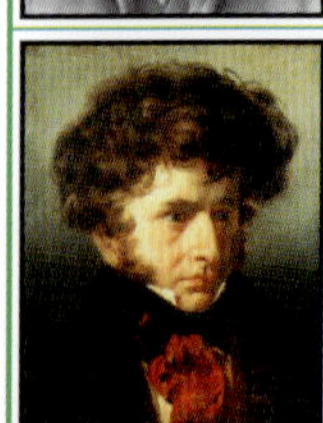	Frankreich **Hector Berlioz** (1803–1869) Hörtipp: *Marche au supplice* aus *Symphonie fantastique*	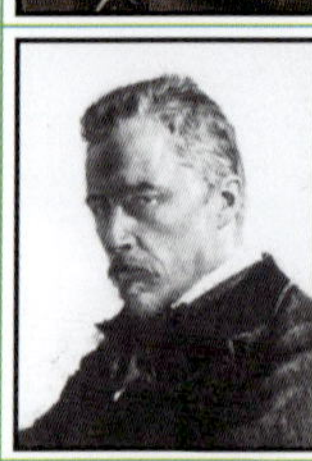	Österreich **Hugo Wolf** (1860–1903) Hörtipp: *Der Rattenfänger*	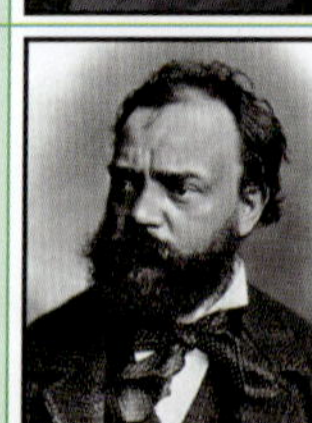	Tschechien **Antonín Dvořák** (1841–1904) Hörtipp: 1. Satz aus der *Sinfonie Nr. 9*
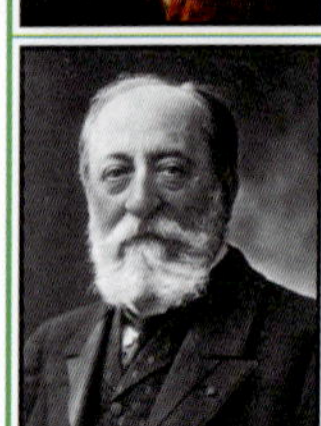	Frankreich **Camille Saint-Saëns** (1835–1921) Hörtipp: *Aquarium* aus *Der Karneval der Tiere*	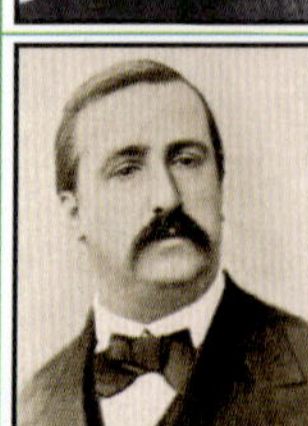	Russland **Alexander Borodin** (1833–1887) Hörtipp: *Eine Steppenskizze aus Mittelasien*	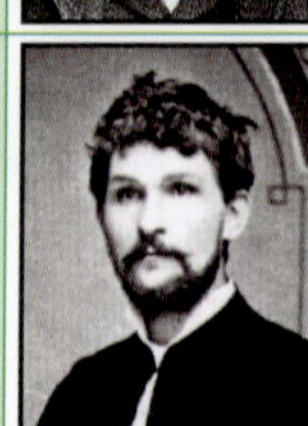	Tschechien **Leoš Janáček** (1854–1928) Hörtipp: *Allegretto I* aus *Sinfonietta*

Unterhaltungs- und Tanzmusik im 19. Jahrhundert

Unterhaltungsmusik nennt man Musik, die von vorneherein für das Hören „nebenbei" gedacht ist, als angenehme akustische Begleitung im Alltag. Sie verlangt nicht besonders viel Aufmerksamkeit vom Hörer. Auch Tanzmusik zählt dazu. Davon unterschieden wird Musik, die für das aufmerksame Zuhören komponiert ist. Häufig wird sie **Ernste Musik** genannt.
Schon im 18. Jahrhundert drehte man sich in Süddeutschland und Österreich zu den Melodien der Ländler – die meisten von ihnen waren im Dreivierteltakt und im Tempo nicht sehr schnell. Der schnellere **Walzer** entstand in Wien zu Beginn des 19. Jahrhunderts. Man tanzte ihn paarweise mit Körperkontakt, was damals neu und aufregend war. Komponisten wie Joseph Lanner und Johann Strauß (Vater) machten Walzermusik populär. Johann Strauß (Sohn) nannte man den „Walzerkönig". Mit seinem Orchester wurde er nach St. Petersburg, Paris und London, ja sogar nach Nordamerika eingeladen. Andere populäre Tänze der damaligen Zeit hießen z. B. **Quadrille**, **Polka**, **Mazurka** und **Galopp**.

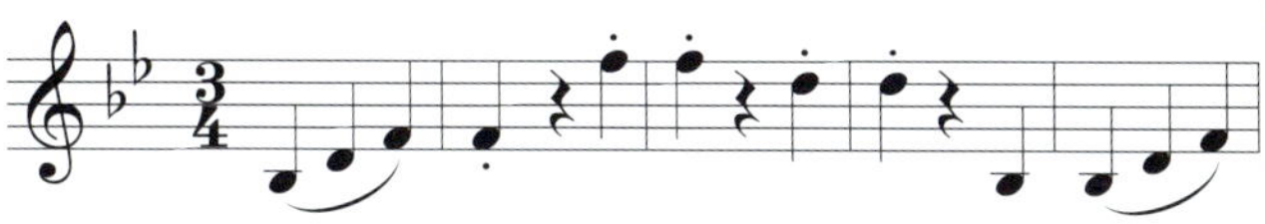

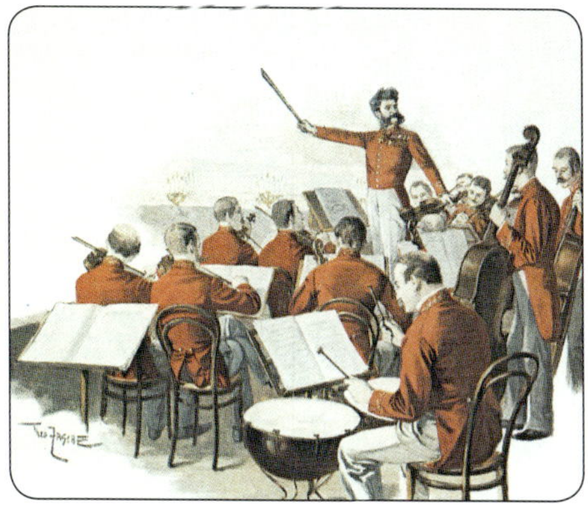

Hörtipp: *An der schönen blauen Donau* von Johann Strauß (Sohn)

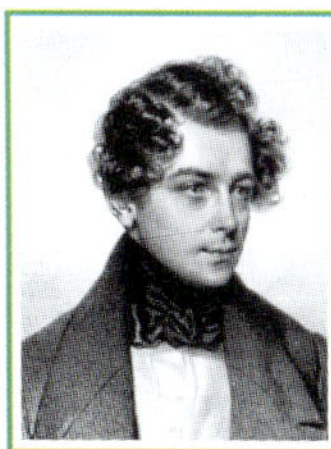

Joseph Lanner
(1801–1843)
Hörtipp: Walzer *Die Schönbrunner*

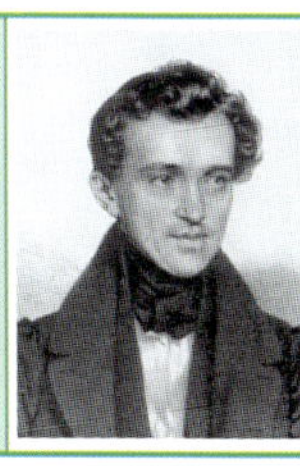

Johann Strauß (Vater)
(1804–1849)
Hörtipp: *Radetzky-Marsch*

Die Operette – Unterhaltung auf der Bühne

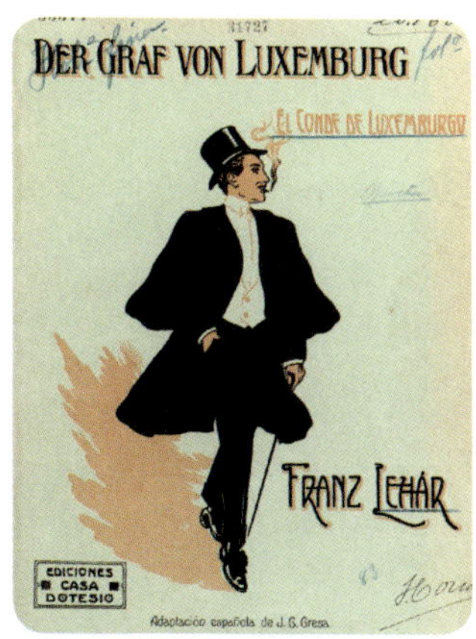

Auch **Operetten** → 91 sollen unterhalten – mit einer meist heiteren Handlung, leicht verständlichen Texten, lebendigen Dialogen, beschwingten Melodien, Tanzeinlagen und einer ansprechenden Bühnengestaltung. Operetten entstanden in der Mitte des 19. Jahrhunderts. *Orpheus in der Unterwelt* von Jacques Offenbach war mit feurigen Tänzen (**Galopps** und **Cancans**) in Paris ein großer Erfolg. In Wien begeisterte Johann Strauß (Sohn) mit Operetten wie *Die Fledermaus* und *Der Zigeunerbaron*. Später wurde Berlin zu einem Zentrum der Operette. Die größten Erfolge hatte hier Paul Lincke, z. B. mit *Frau Luna*. In Wien führte Franz Lehár die Tradition der Operette noch einige Jahrzehnte fort, unter anderem mit *Die lustige Witwe*. In der ersten Hälfte des 20. Jahrhunderts ging die Zeit der Operetten langsam zu Ende und Musicals → 91 traten an ihre Stelle.

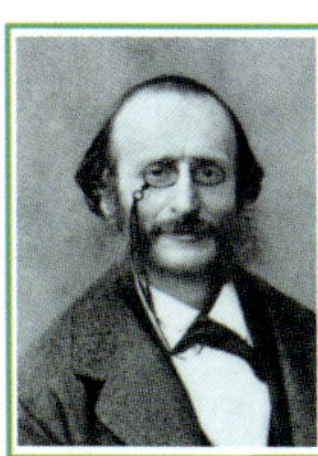

Jacques Offenbach
(1819–1880)
Hörtipp: Cancan aus *Orpheus in der Unterwelt*

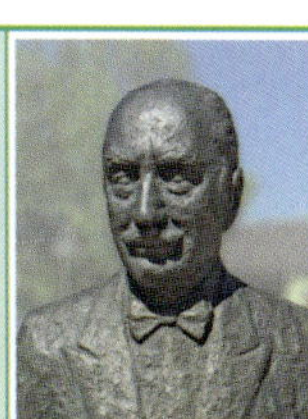

Paul Lincke
(1866–1946)
Hörtipp: *Berliner Luft* aus *Frau Luna*

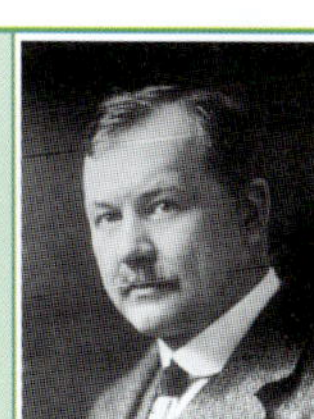

Franz Lehár
(1870–1948)
Hörtipp: *Lippen schweigen* aus *Die lustige Witwe*

Brücken ins 20. Jahrhundert

Das 20. Jahrhundert brachte viel Neues, auch in der Musik → 126 ff. Das Neue entstand aber nicht plötzlich, sondern wurde vorbereitet: Komponisten, die im 19. und im 20. Jahrhundert lebten, bauten musikalische Brücken zwischen den verschiedenen Zeiten und Stilen.

Claude Debussy (1862–1918)

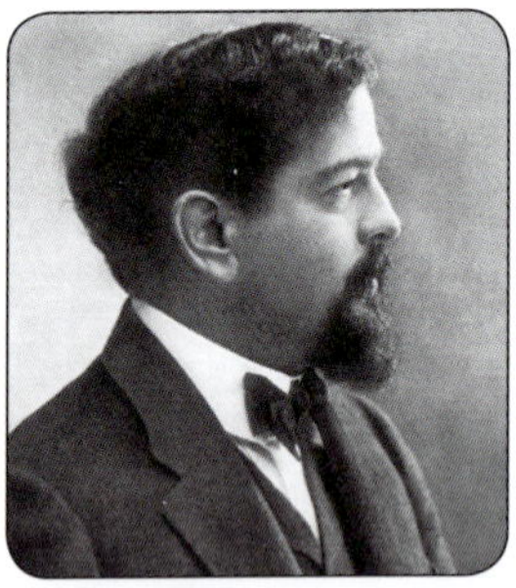

Debussy wurde in der Nähe von Paris geboren. Seine Musik wird dem musikalischen Impressionismus zugerechnet. Mit der Vielfalt der Orchesterklänge gestaltete er farbenreiche Klangbilder, z. B. im Werk *La mer* (*Das Meer*). Beim Hören dieser Musik hat man die Meeresoberfläche vor Augen, die sich im Sonnenlicht und im Wind in jeder Sekunde verändert. Neben Orchester- und Bühnenwerken komponierte Debussy auch viele Klavierstücke, z. B. *La cathédrale engloutie* (*Die versunkene Kathedrale*).

Hörtipp: *La mer*

KLÄNGE EINER VERSUNKENEN KATHEDRALE

42

Claude Debussy:
„La cathédrale engloutie"

Wie aus einem tiefen Wasser steigen Glockentöne auf. Du siehst dies auch in den Noten.

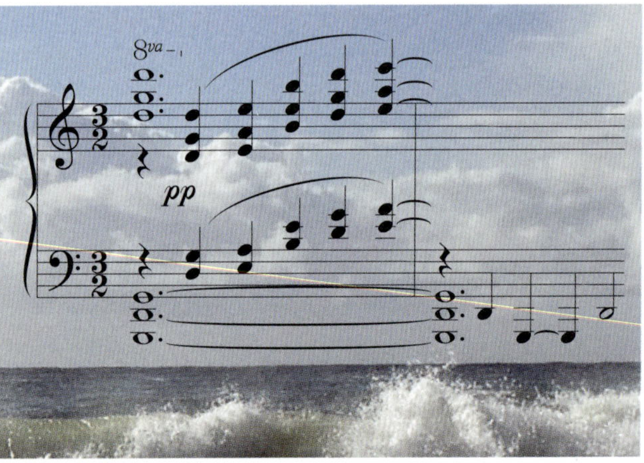

Drei zukunftsweisende Stile in der Malerei

Impressionismus: Eine Impression ist der unmittelbare Eindruck eines Augenblicks, wie ihn z. B. der französische Maler Claude Monet in dem 1872 entstandenen Gemälde *Impression soleil levant* (*Eindruck Sonnenaufgang*) einfing. Mit kurzen Pinselstrichen hielt er das Licht und die Farben fest, die sich von Minute zu Minute änderten (Bild unten links).

Expressionismus: Hier werden intensive innere Eindrücke in ausdrucksstarken neuen Formen und Farben sichtbar gemacht, z. B. im Bild *Der Schrei* des Norwegers Edvard Munch (Bild unten Mitte). Auch Werke der Neuen Musik → 126 wirken oft wie ein „Aufschrei" und können „expressionistisch" genannt werden.

Surrealismus: Nicht die Wirklichkeit, sondern die fast grenzenlose fantasievolle Vorstellung des Menschen steht hier im Mittelpunk. Ein Beispiel ist das Bild *Der Traum* von Henri Rousseau (Bild unten rechts).

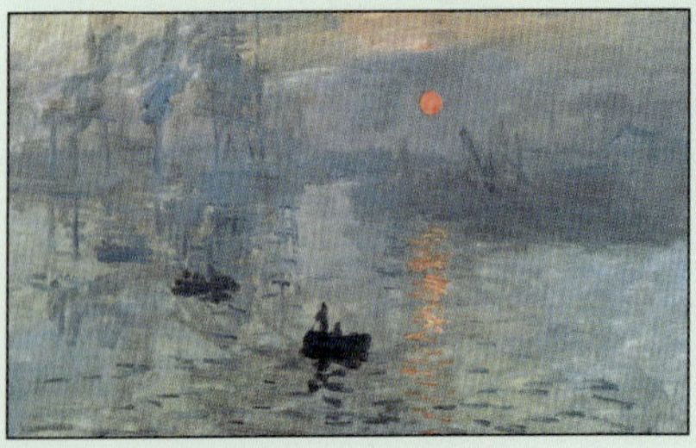

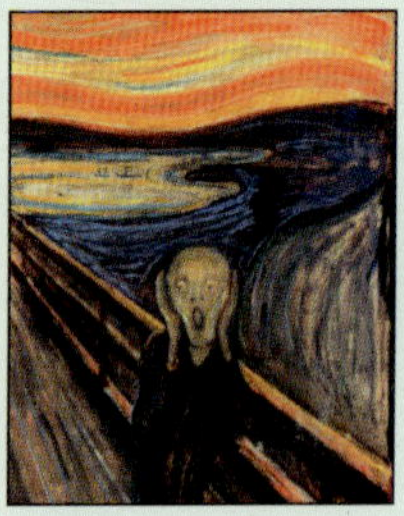

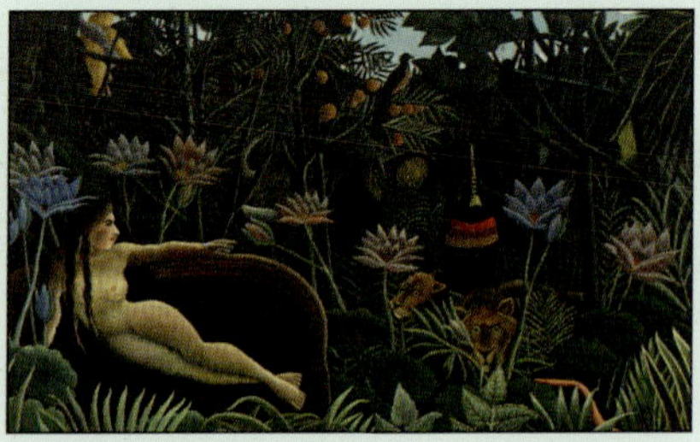

Maurice Ravel (1875–1937)

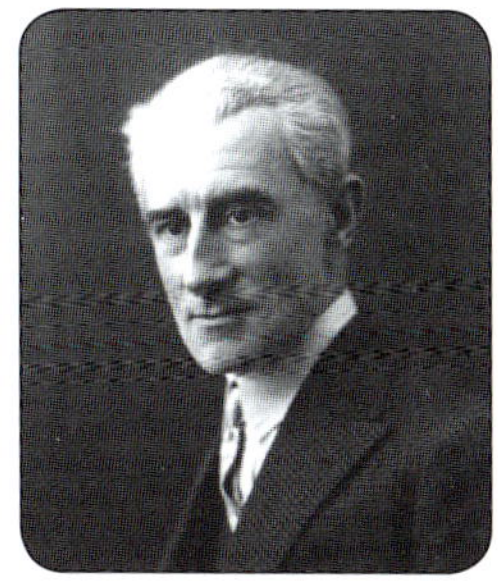

Ravel wuchs im Süden Frankreichs nahe der spanischen Grenze auf. Seine Musik zeichnet sich durch feinste Harmonien und Klangfarben aus und wird damit auch dem musikalischen Impressionismus zugeordnet. Ravel schrieb u. a. Klavier- und Kammermusik, Werke für Orchester sowie Ballettmusik.
Ravels berühmtestes Werk ist der *Boléro*, eine Ballettmusik, die heute oft als selbstständiges Orchesterstück aufgeführt wird. Das Werk lebt von zwei Melodien und einem spanischen Rhythmus, der das ganze Stück über unverändert wiederholt wird. Wechselnde Klangfarben und die Lautstärke, die sich mit jedem Abschnitt steigert, machen die Musik ungeheuer spannend.

■ Hörtipp: *Boléro*

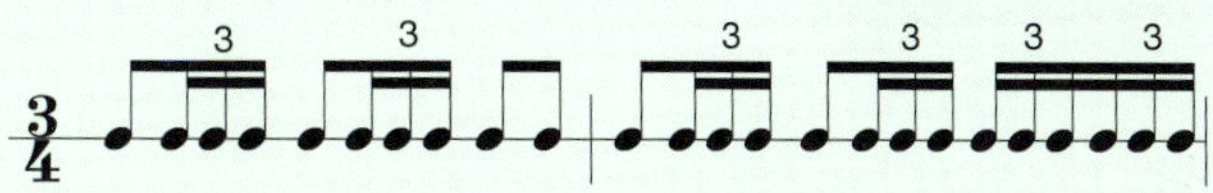

Gustav Mahler (1860–1911)

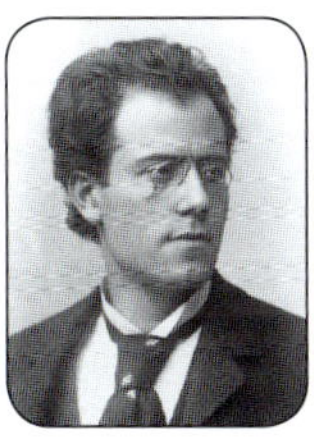

Der österreichische Komponist wurde in einem Dorf im heutigen Tschechien geboren. In seinen zehn Sinfonien und in seinen Liedern klingen viele Erinnerungen an die Musik an, die er in seiner Kindheit gehört hatte: Volkslieder, Märsche und Tanzmusik. Mahler verbindet sie in der Art einer **Collage** (= Zusammenfügung verschiedenartiger Elemente). Neben größter Schönheit spürt man in seinen Kompositionen immer wieder eine tiefe Verzweiflung. Als Dirigent legte Mahler größten Wert auf Genauigkeit. Er förderte junge Komponisten, z. B. Schönberg, Berg und Webern → 129.

■ Hörtipp: *Adagietto* aus der *5. Sinfonie*

Richard Strauss (1864–1949)

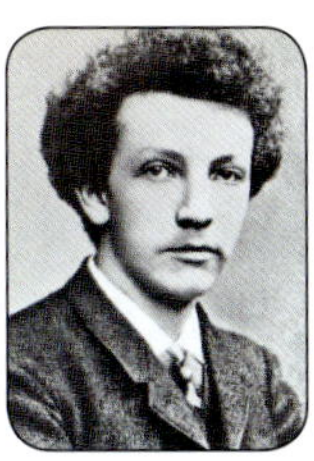

Der in München geborene Strauss war Komponist und Dirigent an verschiedenen Orten in Deutschland und der Schweiz. Er war ein Meister der kunstvollen Instrumentierung → 56. Seine Musik steht zwischen Spätromantik und Moderne. Einige seiner Werke sind auch vom Impressionismus beeinflusst. Zu seinen bekanntesten Opern gehören *Der Rosenkavalier* und *Salome*. Auch seine Lieder mit Klavier- oder Orchesterbegleitung und seine **Tondichtungen** (= große Orchesterstücke im Sinne der Programmmusik → 81) sind bis heute in Konzerten zu hören.

■ Hörtipp: *Till Eulenspiegels lustige Streiche*

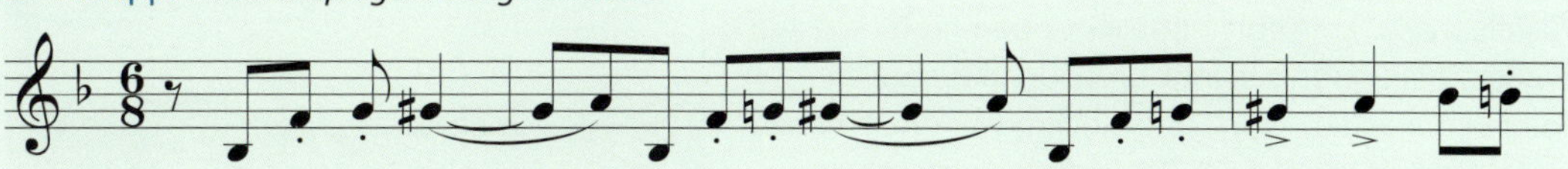

Weitere Komponisten der Zeit (Auswahl)

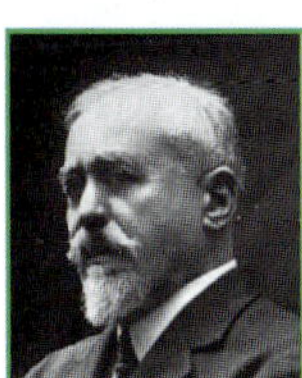

Frankreich
Paul Dukas
(1865–1935)
■ Hörtipp: *Der Zauberlehrling*

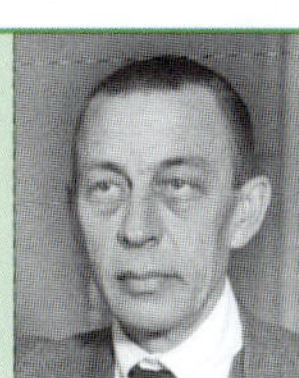

Russland
Sergej Rachmaninow
(1873–1943)
■ Hörtipp: 1. Satz aus *Klavierkonzert Nr. 2*

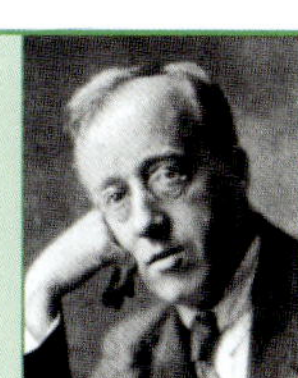

England
Gustav Holst
(1874–1934)
■ Hörtipp: *Saturn* aus *Die Planeten*

Musik im 20. Jahrhundert und in der Gegenwart

Welt in Veränderung

Das 20. Jahrhundert brachte für die Menschen umwälzende Neuerungen. Eine auch für unsere Zeit bedeutsame Veränderung ist die Beschleunigung vieler Vorgänge: Autos und Flugzeuge machen die Menschen mobil. Fremde Länder und Kontinente werden damit schneller erreichbar. Die **Massenmedien** (= Rundfunk, Fernsehen, Presse, Internet) transportieren Texte, Bilder und Töne sekundenschnell um die Erde. Ein intensiver Austausch zwischen Wirtschaftsräumen und Kulturen ist die Folge und damit auch ein umfassender Austausch von Musik.

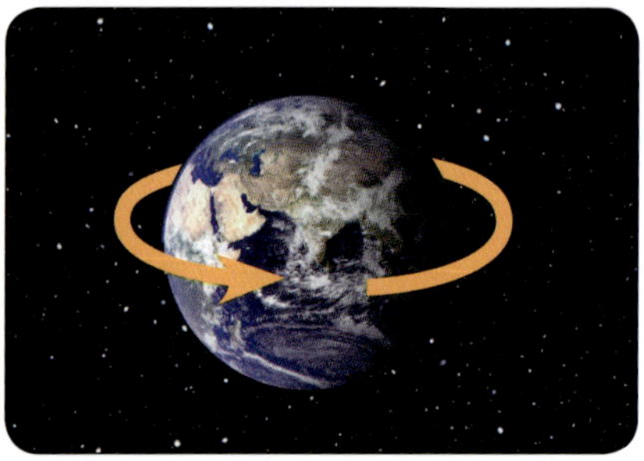

Musikstile in unserer Zeit

Durch die im 20. und 21. Jahrhundert perfektionierten technischen Möglichkeiten → 10/11 sind unterschiedlichste Musikstile gleichzeitig verfügbar geworden. Es ist wichtig, sie zu unterscheiden:

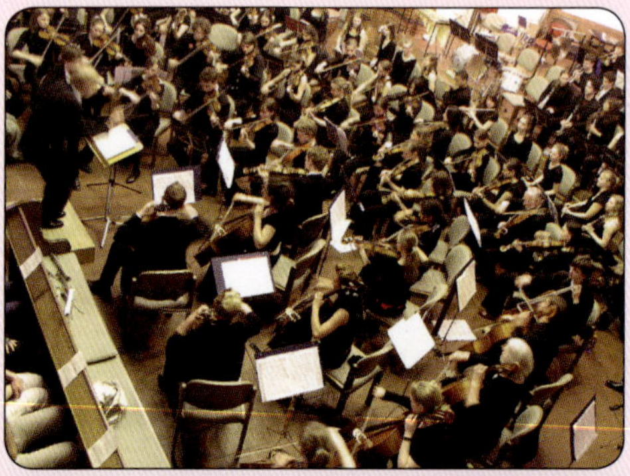

- **Alte Musik**: So wird oft die Musik vom Mittelalter bis zur Barockzeit genannt.
- **Klassische Musik**: Die meisten Menschen verstehen darunter inzwischen jede Musik aus früherer Zeit – nicht nur die Werke der Wiener Klassik → 111.
- **Neue Musik**: Seit dem 20. Jahrhundert bezeichnet man damit Musik, die anders klingt als jede Musik aus früheren Zeiten → 131. Komponisten der Neuen Musik suchten bewusst nach neuen Klangmöglichkeiten und musikalischen Formen. Das Bild zeigt Karlheinz Stockhausen → 132 bei der Arbeit mit Geräten zur elektronischen Klangerzeugung.

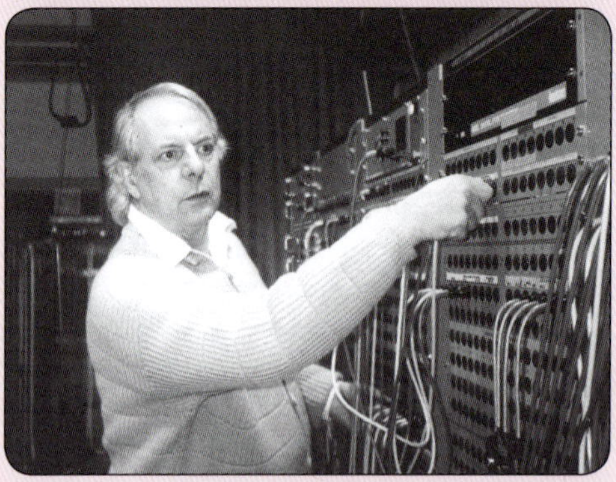

- **Jazz**: Er entwickelte sich zu Beginn des 20. Jahrhunderts in Nordamerika. Seine Wurzeln liegen in der Kultur der Afroamerikaner, die als Sklaven in das Land gebracht worden waren → 134.
- **Pop- und Rockmusik**: Sie entsteht weltweit in immer neuen Strömungen, die unterschiedlichste Medien rasch verbreiten. Pop- und Rockmusik ist vergleichsweise kurzlebig. Ihre Gruppen und Solisten wollen ihre Songs bekannt und auch kommerziell erfolgreich machen. Pop- und Rockmusik dient häufig der Unterhaltung → 123. Sie wird als Ausdruck des eigenen Lebensgefühls empfunden und eignet sich oft zum Tanzen.
- **Volkstümliche Musik**: Sie ist ein Teilbereich der Pop- und Rockmusik mit Elementen aus der traditionellen Volksmusik.
- **Volksmusik**: Sie umfasst Lieder und Melodien „aus dem Volk" mit z. T. langer Überlieferung, gespielt auf typischen Instrumenten. Internationale Bezeichnung: **Folklore**.

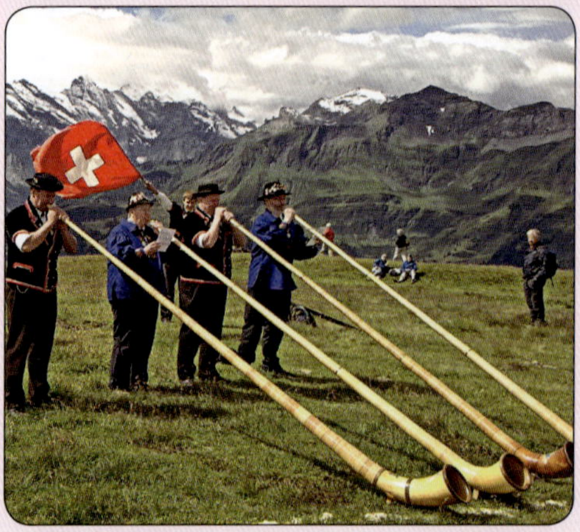

Warum klingt Musik seit dem 20. Jahrhundert oft neu und ungewohnt?

Jahrhundertelang gehorchte die Musik dem Gesetz der Tonalität, bei der alle Töne auf einen Grundton oder einen Grundakkord bezogen sind. Dissonanzen → 43 waren eine „Würze" im Zusammenklang, wurden am Ende aber stets in Konsonanzen aufgelöst. Seit dem 20. Jahrhundert darf Musik Dissonanzen enthalten, die nicht mehr aufgelöst werden müssen. Auch neue Instrumentaltechniken oder elektronische Klänge → 131–133 machen eine Musik möglich, die mit unerwarteten Hörerlebnissen überraschen und manchmal verstören kann.
An solche Musik muss man sich oft erst gewöhnen. Es kann Jahrzehnte dauern, bis entsprechende Werke vom Publikum anerkannt und ihre Schöpfer sogar als moderne „Klassiker" angesehen werden.

„Klassiker" der Musik des 20. Jahrhunderts

Béla Bartók (1881–1945)

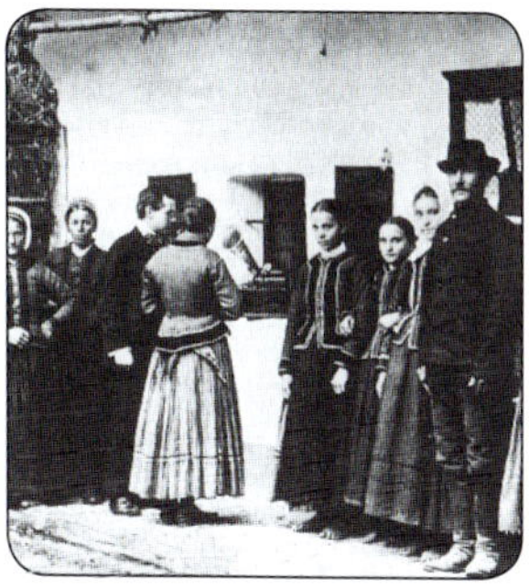

Der ungarische Komponist war ein leidenschaftlicher Erforscher der Volksmusik Ungarns und anderer Länder. Ungefähr 10.000 Melodien nahm er mit einem Phonographen → 10 auf und übertrug sie danach in Noten. Das Foto zeigt ihn in einem ungarischen Dorf bei einer Tonaufnahme. Auf den Melodien, Rhythmen und Harmonien der Volksmusik gründete Bartók viele seiner Kompositionen. Neben Kammermusik, Orchesterwerken und Opern komponierte er auch viele Klavierstücke, z. B. das Unterrichtswerk *Mikrokosmos*. 1940 floh er vor dem Nationalsozialismus in die USA.

3. SATZ AUS DER „TANZ-SUITE"

Die *Tanz-Suite* ist ein Orchesterwerk. Sie entstand zur 50-Jahr-Feier der Verbindung der Städte Buda und Pest zu Ungarns Hauptstadt Budapest. In den Themen des 3. Satzes, so erläuterte Bartók, „wechseln sich ungarische, rumänische, sogar arabische Einflüsse ab". Die folgenden Noten zeigen die Anfänge der Themen.

1. Thema „ungarisch". – Die farbig markierten Töne a – h – cis – e – fis sind eine pentatonische Tonreihe → 52, wie man sie in der überlieferten ungarischen Volksmusik immer wieder hören kann.

43

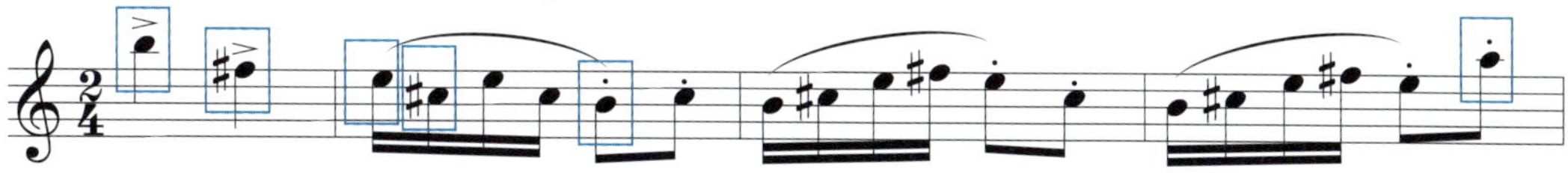

2. Thema „rumänisch". – Hier fallen die raschen Taktwechsel auf, die für rumänische Volksmusik typisch sind.

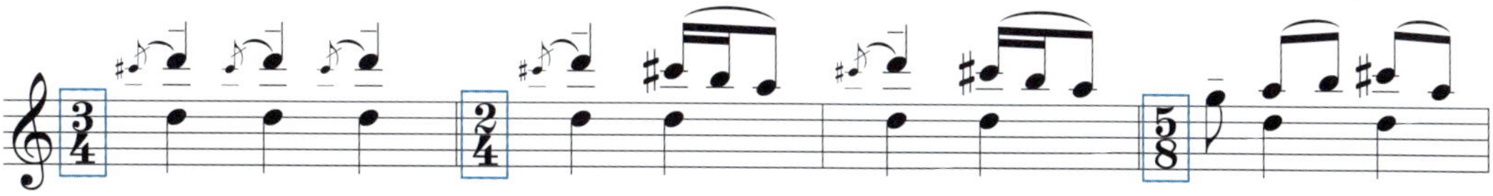

3. Thema „arabisch". – Halbtonschritte und die verminderte Quarte cis – f → 42 bestimmen diese Melodie.

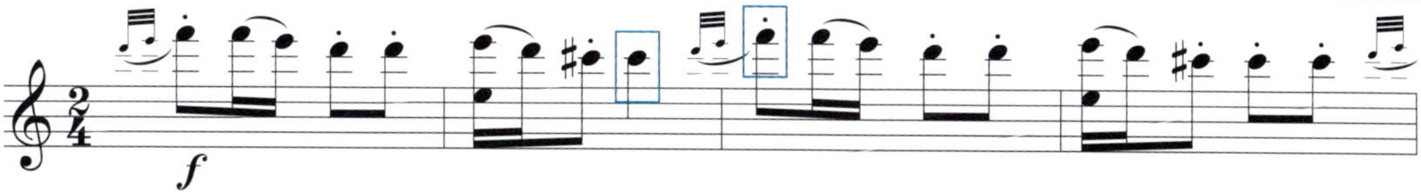

- Versuche die Themen mit Hilfe eines Instruments langsam nachzusingen und den Rhythmus von Thema 2 zu klatschen.
- Wo ist dir schon einmal Volksmusik aus anderen Ländern begegnet und wie hat sie geklungen?

Carl Orff (1895–1982)

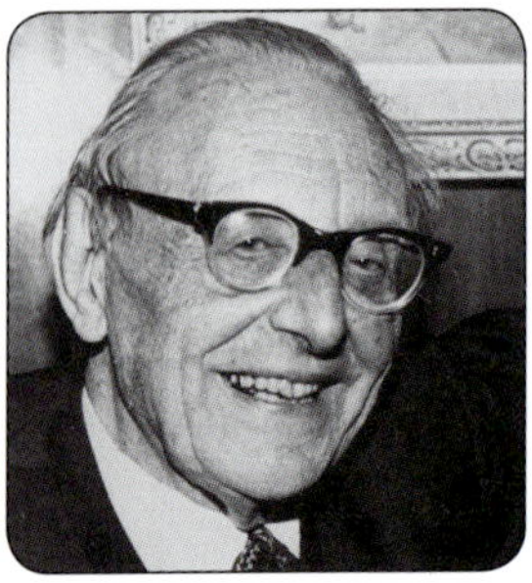

Der in München geborene Komponist schuf zahlreiche Bühnenwerke. Er vertonte darin Texte altgriechischer Dichter, aber auch Märchenstoffe, z. B. in den Opern *Der Mond* und *Die Kluge*. Seine erfolgreichste Komposition ist *Carmina Burana*, benannt nach einer Sammlung von Texten und Liedern aus dem Mittelalter, die im Kloster Benediktbeuren (Oberbayern) gefunden wurde und auch dort aufbewahrt wird. Es ist ein Werk für Solisten, Instrumente und einen großen Chor. Auch als Pädagoge ist Orff bekannt: Zusammen mit Gunild Keetman (1904–1990) verfasste er das **Orff-Schulwerk**, nach dessen Ideen Kinder in vielen Ländern Musik, Sprache und Bewegung erleben können.

„O FORTUNA" AUS „CARMINA BURANA"

„Fortuna" hieß die römische Schicksals- und Glücksgöttin. Das Glücksrad auf dem Titelbild der Partitur ist das Sinnbild für das Auf und Ab des Lebens. Der Beginn des lateinischen Textes bedeutet übersetzt: „Schicksal, wie der Mond dort oben, so veränderlich bist du …"

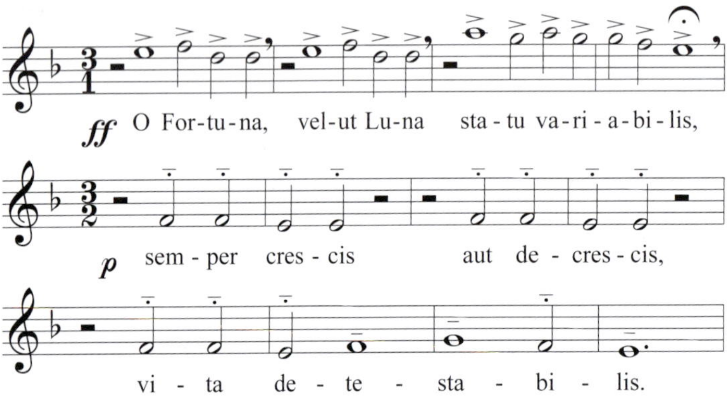

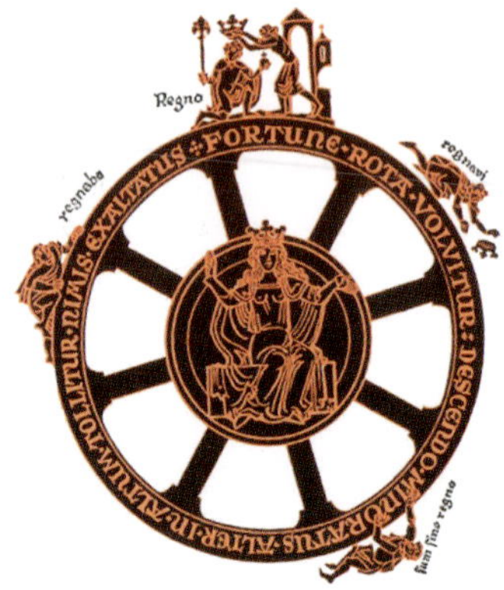

44

■ Höre die Musik. Kennst du sie vielleicht schon und wenn ja, woher? Wie entsteht ihre Wirkung?

Weitere „Klassiker" des 20. Jahrhunderts (Auswahl)

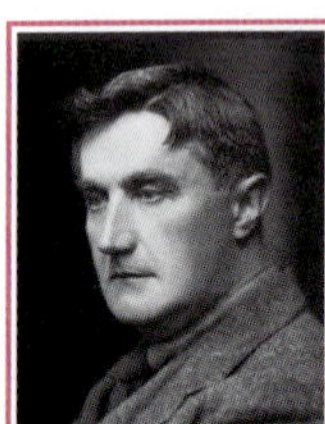

Ralph Vaughan Williams
(1872–1958)
(England)
■ Hörtipp:
Fantasia on Greensleeves

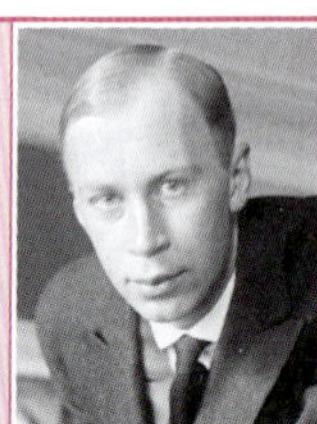

Sergej Prokofjew
(1891–1953)
geb. in Russland
■ Hörtipp:
Sinfonie classique

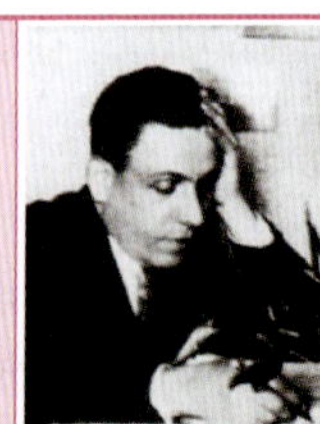

Francis Poulenc
(1899–1963)
(Frankreich)
■ Hörtipp:
L'Histoire de Babar, le petit éléphant

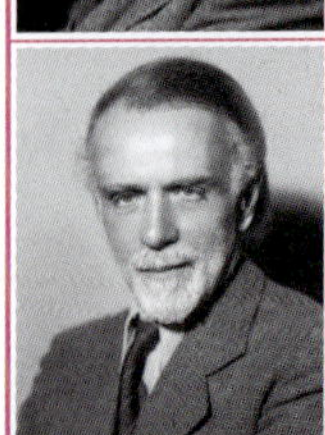

Zoltán Kodály
(1882–1967)
(Ungarn)
■ Hörtipp:
Tänze aus Galánta

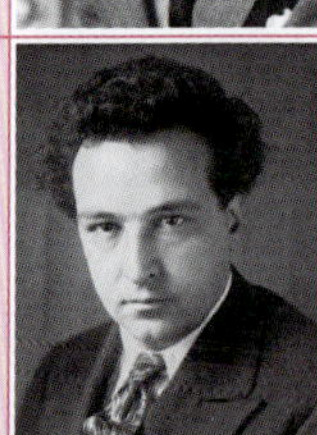

Arthur Honegger
(1892–1955)
(Schweiz)
■ Hörtipp:
Pacific 231

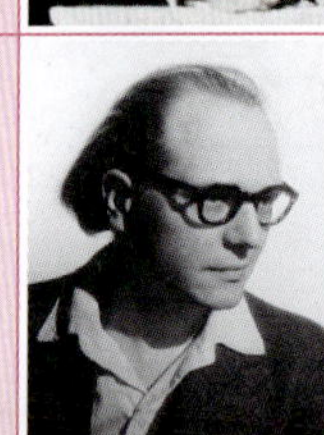

Olivier Messiaen
(1908–1992)
(Frankreich)
■ Hörtipp:
Oiseaux Exotiques

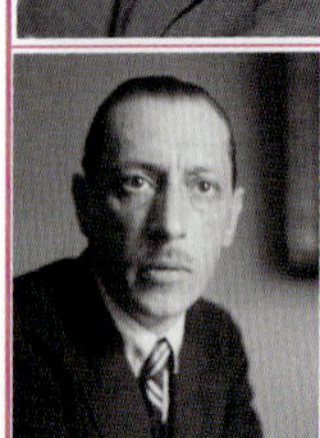

Igor Strawinsky
(1882–1971)
geb. in Russland
■ Hörtipp:
Petruschka
(Ballett)

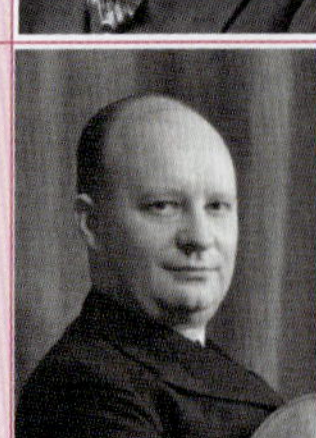

Paul Hindemith
(1895–1963)
geb. bei Frankfurt
■ Hörtipp:
Ragtime für
Klavier

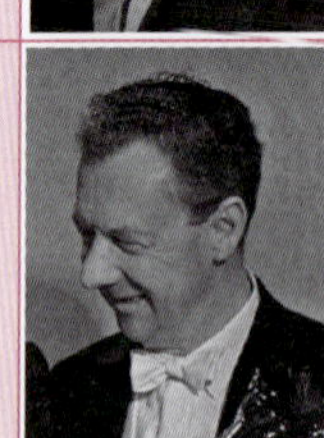

Benjamin Britten
(1913–1976)
(England)
■ Hörtipp:
The Young Person's Guide to the Orchestra

Die „Zweite Wiener Schule“

Nach der Wiener Klassik → 108 ff. und vielen Komponisten, die im 19. Jahrhundert in Wien lebten, blieb die österreichische Hauptstadt auch am Beginn des 20. Jahrhunderts ein europäisches Musikzentrum. Der Komponist **Arnold Schönberg** und seine Schüler **Alban Berg** und **Anton Webern** bildeten, wie man heute sagt, eine „Zweite Wiener Schule“. Sie wurde vor allem durch ein neues Kompositionsverfahren bekannt: die Zwölftontechnik.

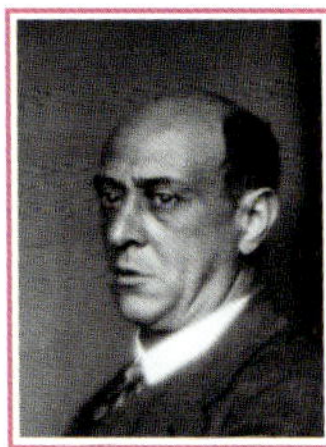

Arnold Schönberg
(1874–1951)
geb. in Wien
Hörtipp:
Suite für Klavier op. 25

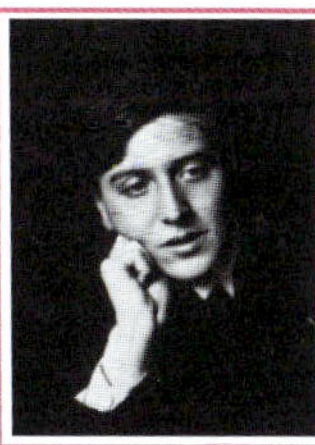

Alban Berg
(1885–1935)
geb. in Wien
Hörtipp:
Lyrische Suite für Streichquartett

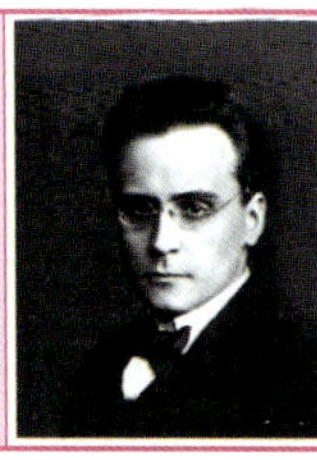

Anton Webern
(1883–1945)
geb. in Wien
Hörtipp:
Sechs Stücke für großes Orchester op. 6

Die Zwölftontechnik

Die **Zwölftontechnik** wurde maßgeblich von Arnold Schönberg entwickelt. Alle 12 Töne der chromatischen Tonleiter sind hier gleichberechtigt – einen Grundton oder eine Grundtonart wie bei der Tonalität → 127 gibt es nicht. Die Musik ist damit atonal (**Atonalität** = kein Ton ist auf einen Grundton oder Grundakkord bezogen).

Die zwölf Töne der Tonleiter werden für jedes Werk in eine bestimmte Reihenfolge gebracht, die sogenannte **Zwölftonreihe**. Nach ihr werden alle Melodien und Akkorde aufgebaut. Die Tonreihe kann in jeder Oktavlage → 27 erklingen. Sie kann auch auf andere Tonstufen versetzt und z. B. rückwärts gespielt werden.

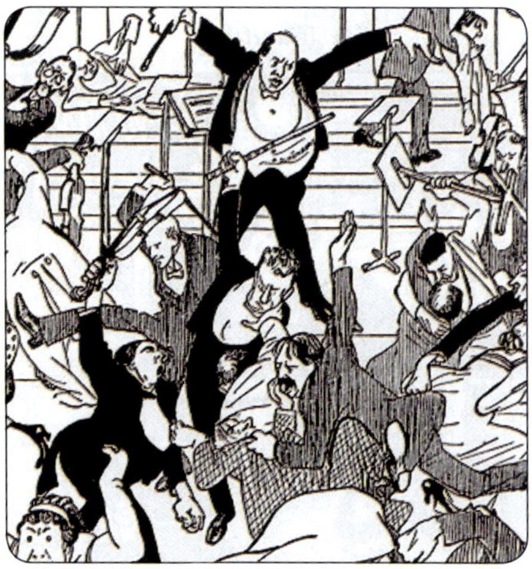

Zwölftonmusik war anfangs sehr umstritten. Die Zeitungskarikatur rechts erschien nach einer von Schönberg geleiteten Aufführung im Jahr 1913. Zuhörer hatten gelacht, gepfiffen und protestiert. Andere Hörer und Schönberg selbst hatten Ruhe verlangt. Es gab Ohrfeigen und ein gerichtliches Nachspiel. Doch bald beeinflusste die Zwölftontechnik andere Komponisten des 20. Jahrhunderts und beschleunigte die Suche nach weiteren neuartigen Kompositionsmöglichkeiten.

VIOLINKONZERT „DEM ANDENKEN EINES ENGELS“ VON ALBAN BERG

Alban Berg schrieb dieses Konzert zum Andenken an eine junge Frau, deren überraschender Tod ihn sehr getroffen hatte. Die Zwölftonreihe zu diesem Konzert enthält die Töne der leeren Saiten der Violine → 56.

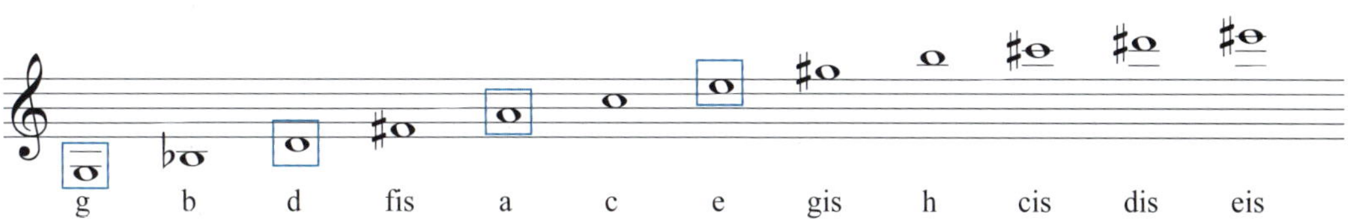

45 Höre den Beginn des Konzerts mit den Tönen der leeren Saiten der Solovioline.

Kunst und Musik im Nationalsozialismus

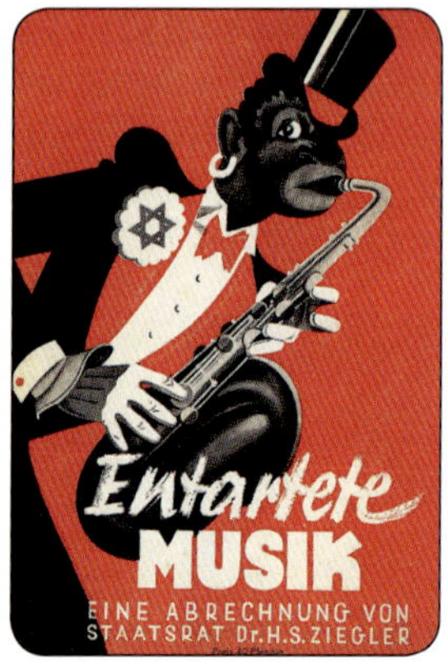

In der Zeit von 1933–1945 waren die Werke vieler Schriftsteller, Maler und Musiker in Deutschland verboten. Dies betraf Künstler jüdischer Abstammung und solche, die sich gegen den Nationalsozialismus stellten. Sogar die Musik des längst verstorbenen Felix Mendelssohn Bartholdy → 120 durfte wegen dessen jüdischer Abstammung nicht mehr gespielt werden! Das Titelbild rechts aus dem Jahr 1938 gehört zu einer Schrift, in der Nationalsozialisten gegen Musiker hetzten, die nicht in ihr Weltbild passten. Unliebsame Künstler, die nicht auswanderten, endeten oft in einem Konzentrationslager.

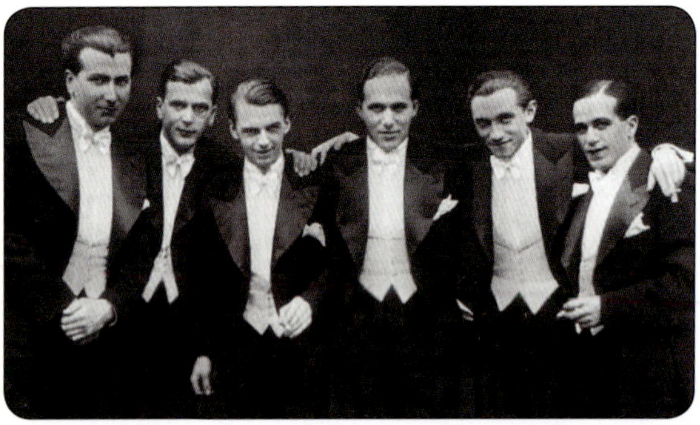

Die seit etwa 1927 bekannte und sehr beliebte Gesangsgruppe Comedian Harmonists musste sich 1935 auflösen, da Mitglieder „nichtarischer Abstammung" mit einem Berufsverbot belegt wurden. Drei von ihnen emigrierten in die USA.

Hörtipp: *Mein kleiner grüner Kaktus*

Das Verhältnis von Diktaturen zur Kunst ist immer angespannt. Diktatoren sehen Malerei, Bildhauerei, Theater, Musik, Film und Fernsehen am liebsten in der Rolle einer **staatlichen Propaganda**, um die Kunst unter ihrer Kontrolle zu haben. Doch Kunst will sich frei entwickeln. Zahlreiche Beispiele für diesen Konflikt gibt es bis heute.

Musik als politische Stellungnahme

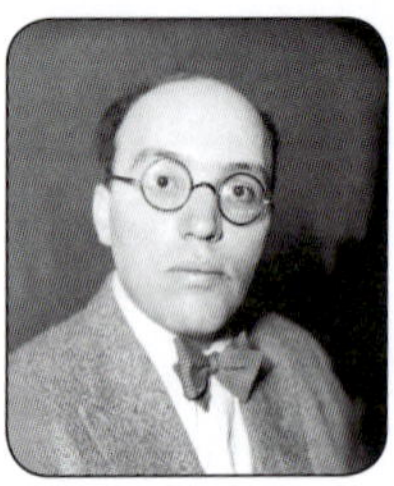

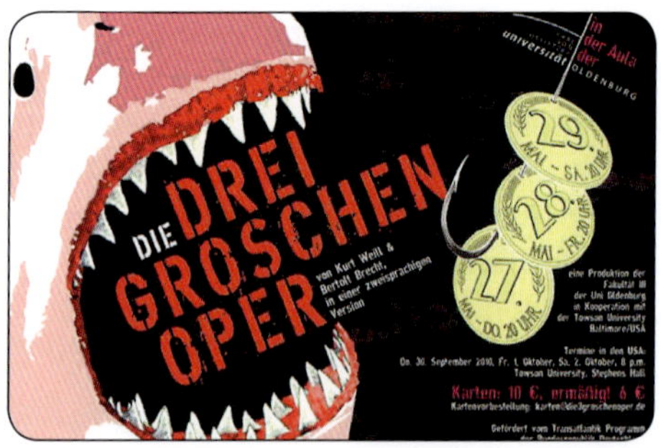

Immer wieder setzen sich Musiker in ihrer Musik kritisch mit der Situation ihrer Zeit auseinander. In den 1920er-Jahren arbeitete der Komponist Kurt Weill (1900–1950; Foto links) mit dem Dichter Bertolt Brecht zusammen. Dabei entstanden zwei Werke, die gesellschaftliche Verhältnisse kritisch, aber auch unterhaltsam beleuchten: *Die Dreigroschenoper* und *Aufstieg und Fall der Stadt Mahagonny*. Weill schrieb dafür Songs mit jazzigem Charakter. Nach der Emigration in die USA 1935 verstand er sich als amerikanischer Komponist. Am Broadway in New York hatte er mit Musicals Erfolg. (Das Plakat rechts entstand für eine Aufführung mit deutschen und amerikanischen Studierenden im Jahr 2010.)

Hörtipp: *Song der Seeräuber-Jenny* aus *Die Dreigroschenoper* von Kurt Weill

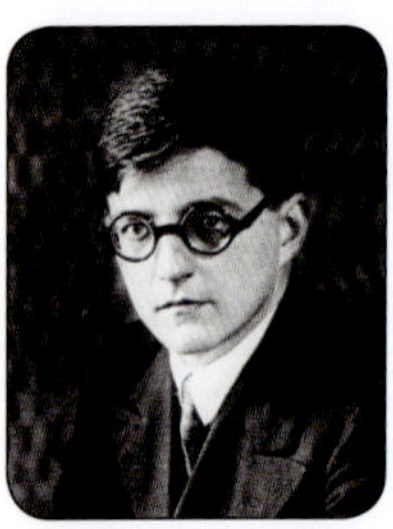

Der russische Komponist Dmitri Schostakowitsch (1906–1975) lebte zur Zeit des russischen Diktators Josef Stalin. Ständig drohte ihm ein Berufsverbot. Er musste seine Musik den staatlichen Vorschriften anpassen und im Stil des geforderten „sozialistischen Realismus" schreiben. Dennoch gelang es ihm oft, seine Vorstellungen von Humanität in der Musik verschlüsselt darzustellen.

Hörtipp: 1. Satz der *9. Sinfonie* von Dmitri Schostakowitsch

Neue Musik

Bereits die Zwölftonmusik → 129 war eine im 20. Jahrhundert neu erdachte Kompositionsweise. Nach dem Zweiten Weltkrieg entstanden weitere, bis dahin unbekannte Gestaltungsmöglichkeiten für Musik. Darauf aufbauende Werke werden heute oft Neue Musik genannt → 126. Viele hatten ein ungewohntes Klangbild, das den Zugang für Zuhörer oft schwierig machte. Zahlreiche Werke wurden nur einmal aufgeführt.

Serielle Musik
In der seriellen Musik wird der Ablauf verschiedener Klangeigenschaften genau geplant. In einer Zahlenreihe – einer „Serie" – wird bestimmt, wie Tondauern, Tonhöhen, Lautstärken und Klangfarben aufeinander folgen sollen. Werke einer solchen seriellen Musik findet man z. B. bei Pierre Boulez → 132.

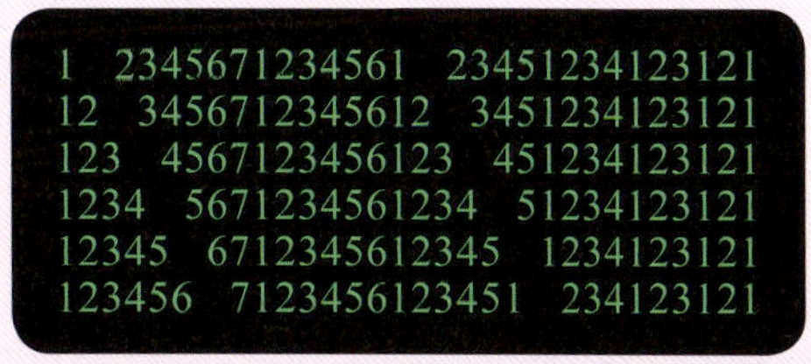

Musique concrète
Hier nahm man Klänge der Umwelt auf Tonband → 10 auf, z. B. die Geräusche an einem Meeresstrand. Man konnte sie klanglich abwandeln und durch Schneiden des Bandes neu anordnen. Musique concrète schuf zum Beispiel Pierre Schaeffer → 132.

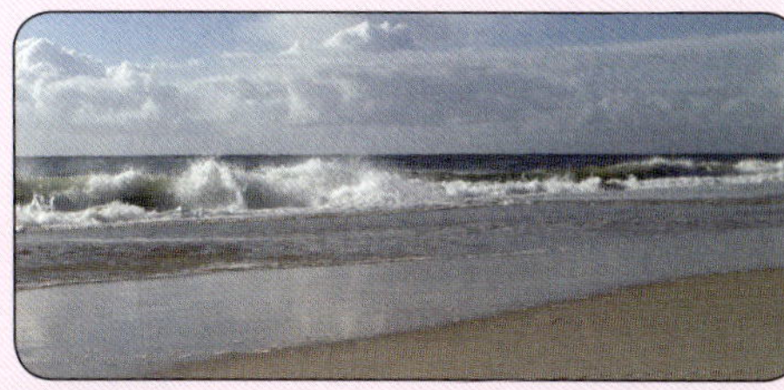

Aleatorische Musik
Der Begriff stammt vom lateinischen Wort „alea" (= Würfel). Hier soll der „Zufall" zum Komponisten werden. Die Interpreten können z. B. spontan darüber entscheiden, welche Töne, welche Teile der Partitur oder auch welche Instrumente sie spielen.

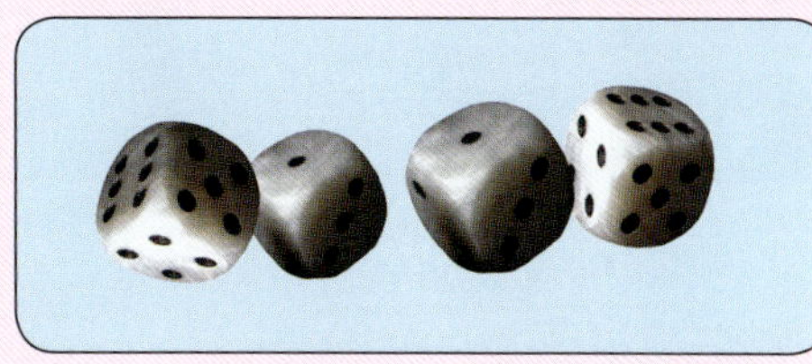

Einige Werke wurden nicht mehr in Noten aufgeschrieben. In seinem Werk *Unbegrenzt* gab der deutsche Komponist Karlheinz Stockhausen → 132 den Musikern nur eine einzige Anweisung: *Spiele einen Ton mit der Gewissheit, dass du beliebig viel Zeit und Raum hast.* Wie viele und welche Instrumente mitspielen und wie lange das Stück dauern soll, ist nicht festgelegt.

Elektronische Musik
In der elektronischen Musik entstanden Töne aus elektronischen Generatoren, die später auch über Computer gesteuert wurden. Karlheinz Stockhausen → 132 beschäftigte sich auch damit ausführlich.

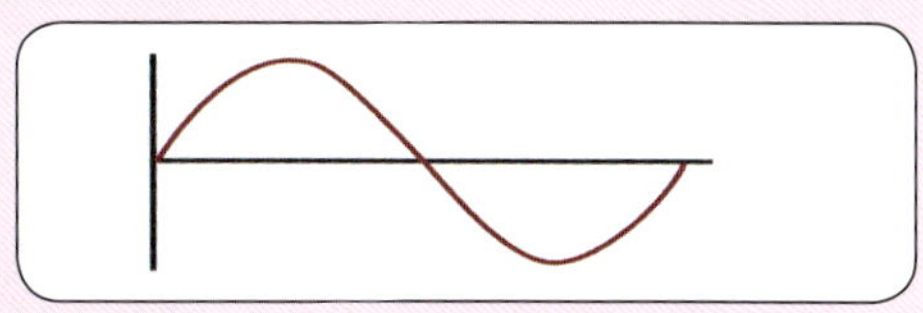

Cluster und „Klangflächenmusik"
Ein Cluster ist ein Zusammenklang aus mehreren eng beieinander liegenden Tonhöhen. Der Ungar György Ligeti → 132 schuf faszinierende Klangflächen aus sehr vielen eng benachbarten Stimmen, z. B. in seinem Orchesterwerk *Atmosphères*. Diese Kompositionsweise wird auch **Mikropolyphonie** genannt.

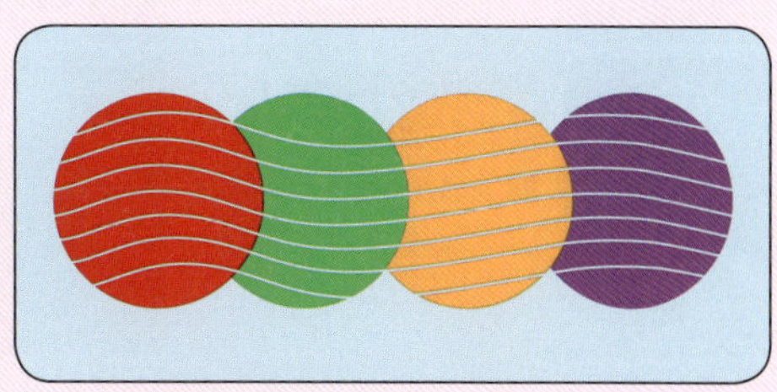

Neue Notationsmöglichkeiten

Die neuen Kompositionstechniken wirkten sich auch auf die Notenschrift aus. In der grafischen Notation, die nicht alles genau festlegt, wird das Auf und Ab von Klängen, ihre Dauer und Lautstärke oder auch die Lockerheit und Dichte von Klängen besonders anschaulich.

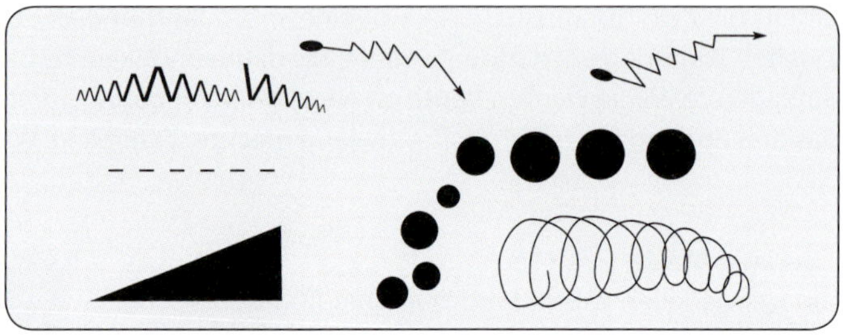

- Betrachte die Zeichen. Was für Klänge könnten gemeint sein?
- Singe oder spiele die einzelnen Zeichen.
- Zeichne und realisiere ein interessantes Stück mit grafischer Notation.

Komponisten der Neuen Musik in Europa (Auswahl)

Komponisten und Komponistinnen unserer Zeit entwickeln oft eine eigenwillige und ganz persönliche Musiksprache. Sei offen für Klänge, die du vielleicht so noch nicht gehört hast.

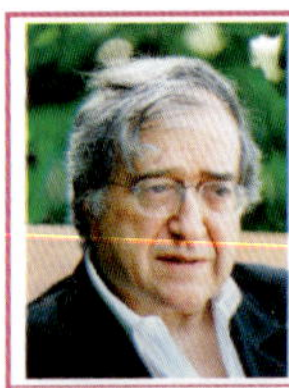	**Luciano Berio** (1925–2003) Hörtipp: *Sequenza III für Frauenstimme* (1965)	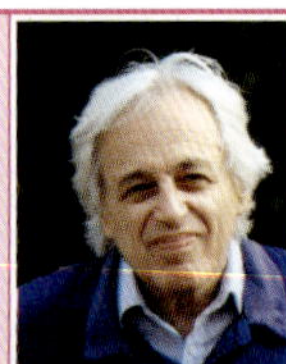	**György Ligeti** (1923–2006) Hörtipp: *Atmosphères* (1961)	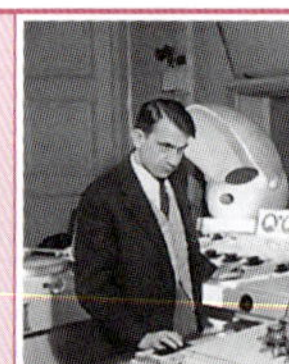	**Pierre Schaeffer** (1910–1995) Hörtipp: *Études de bruits* (1948)
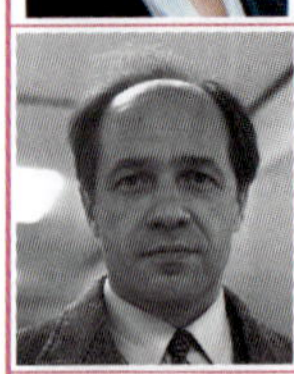	**Pierre Boulez** (1925–2016) Hörtipp: *Répons* (1981)	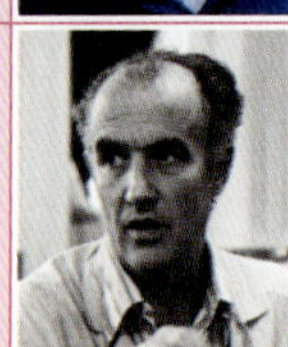	**Luigi Nono** (1924–1990) Hörtipp: *Il canto sospeso* (1956)	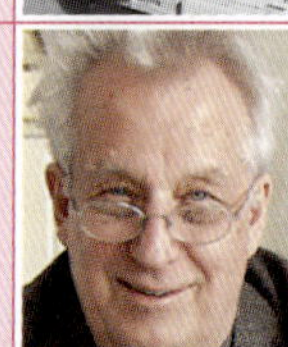	**Dieter Schnebel** (1930–2018) Hörtipp: *Maulwerke* (1970)
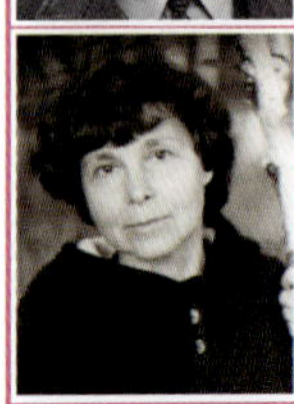	**Sofia Gubaidulina** (*1931) Hörtipp: *Offertorium* (Violinkonzert, 1981)	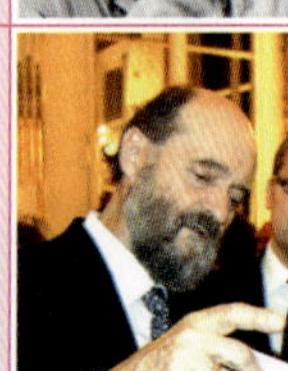	**Arvo Pärt** (*1935) Hörtipp: *Cantus in memoriam Benjamin Britten* (1980)	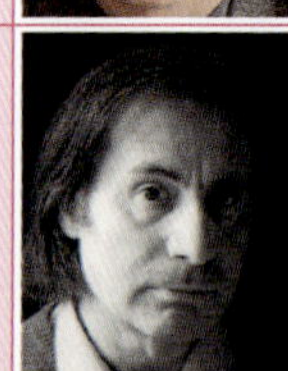	**Alfred Schnittke** (1934–1998) Hörtipp: *Concerto grosso Nr. 1* (1977/1988)
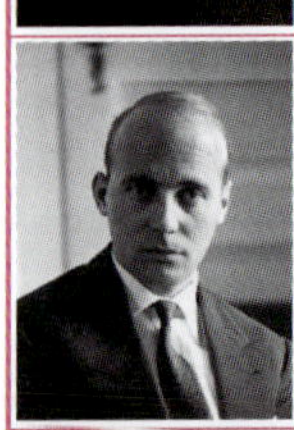	**Hans Werner Henze** (1926–2012) Hörtipp: *Pollicino* (Kinderoper, 1960)	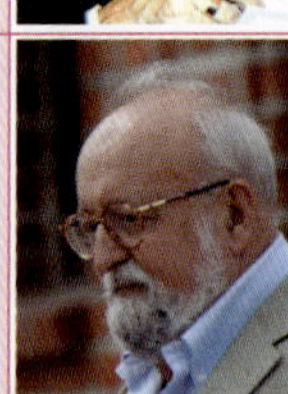	**Krzysztof Penderecki** (*1933) Hörtipp: *Anaklasis* (1959/60)	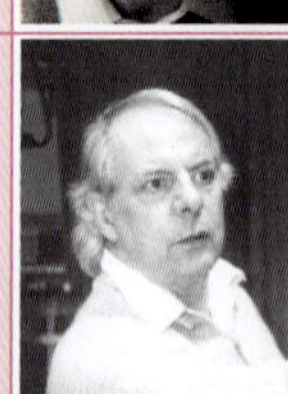	**Karlheinz Stockhausen** (1928–2007) Hörtipp: *Gesang der Jünglinge* (1956)
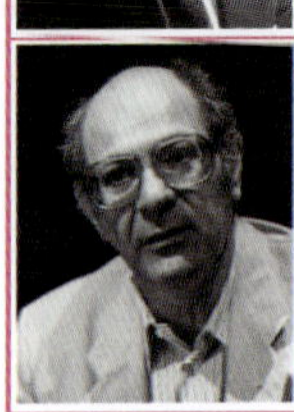	**Mauricio Kagel** (1931–2008) Hörtipp: *Match* für drei Spieler (1966)	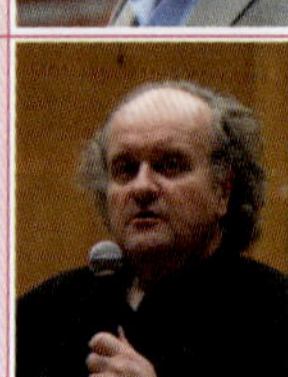	**Wolfgang Rihm** (*1952) Hörtipp: *Lichtes Spiel* (2009)	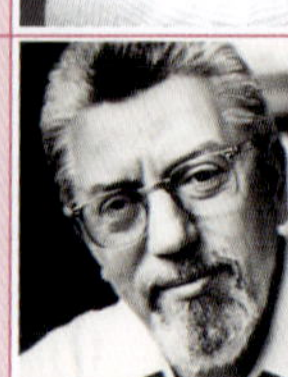	**Bernd Alois Zimmermann** (1918–1970) Hörtipp: *Nobody knows de trouble I see*

Komponisten der Neuen Musik in den USA (Auswahl)

In den USA arbeiteten die Komponisten nach ganz eigenen Vorstellungen. Einige bezogen auch Jazz und Populäre Musik ein, wie z. B. George Gershwin → 139 oder Leonard Bernstein → 93, der einmal sagte: *Es gibt keine leichte oder ernste Musik, es gibt nur gute oder schlechte Musik!*

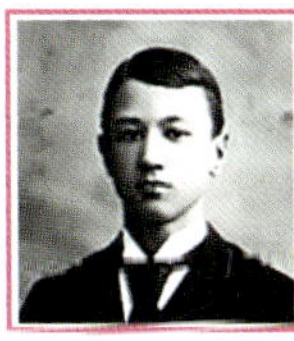

Charles Ives
(1874–1954)
Hörtipp: *Three Places in New England*

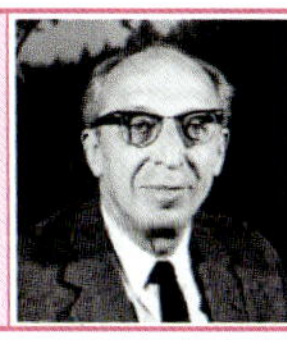

Aaron Copland
(1900–1990)
Hörtipp: *Hoedown* aus *Rodeo*

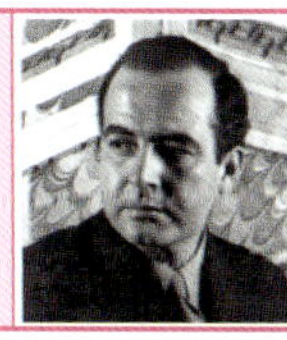

Samuel Barber
(1910–1981)
Hörtipp: *Adagio for Strings op. 11*

John Cage (1912–1992)

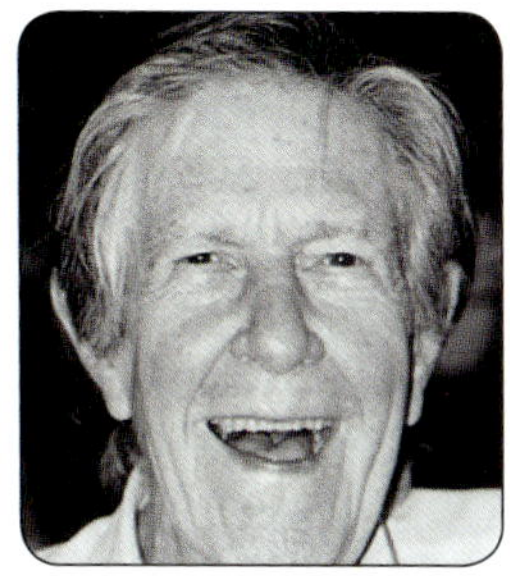

Cage suchte ständig nach neuen Wegen, Musik zu machen. Er arbeitete z. B. mit Klängen von Alltagsgegenständen (z. B. Schreibmaschinen) und veränderte den Klang von Musikinstrumenten so, wie man es bisher noch nicht gehört hatte.

46

SONATA NR. 7 FÜR PRÄPARIERTES KLAVIER

Klavier oder kein Klavier? Du hörst Klänge, die es vor Cage noch nicht gab, denn die Klaviersaiten werden vor dem Spiel nach Cages Angaben mit Schrauben, Holzkeilen und Radiergummis präpariert (Foto rechts).

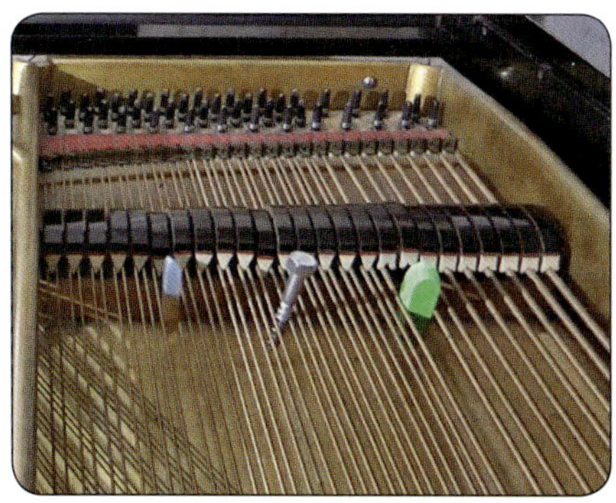

Das Stück *4′ 33″* von John Cage ist ein ganz besonderes Beispiel für aleatorische Musik → 131. Es wird von einem oder mehreren Musikern aufgeführt, die 4 Minuten und 33 Sekunden lang still (!) sind. Kein einziger komponierter Ton erklingt – nur die Klänge im Raum sind zu hören. Die Musik verdankt sich ganz allein dem Zufall des Augenblicks.

- Was ist zu hören, wenn in einem Konzert für 4′33′ Minuten die Musik schweigt?
- Welche Gedanken und Reaktionen können beim Publikum entstehen?

Minimal Music

Ende der 1960er-Jahre entstand die **Minimal Music**. Sie verwendet kurze rhythmische und melodische Bausteine, die sich wiederholen und nur allmählich verändern. Anregungen dafür fanden die Komponisten in der Musik aus Indien und anderen asiatischen Ländern. Minimal Music klingt oft so, als würden die Klänge unaufhörlich dahinfließen. Die folgenden Komponisten wurden damit besonders bekannt:

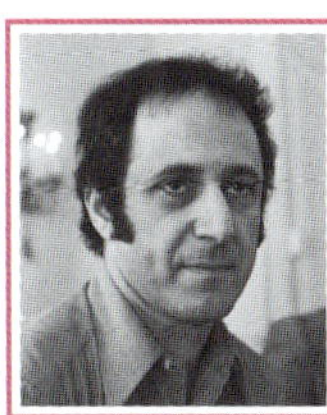

Steve Reich
(*1936)
Hörtipp: *Clapping Music*

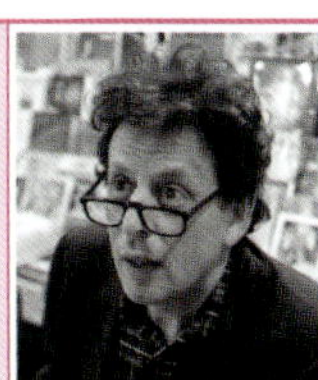

Philip Glass
(*1937)
Hörtipp: *Glassworks*

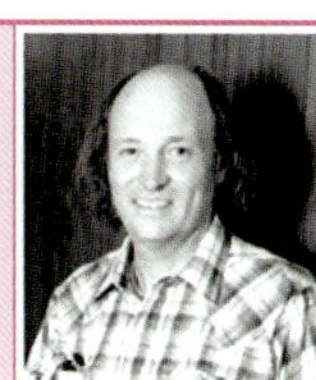

Terry Riley
(*1935)
Hörtipp: *In C*

Jazz

Woher das Wort „Jazz" genau kommt, weiß man nicht. Nach 1900 tauchte es erstmalig im Namen von Bands auf. „To jazz" bedeutete „schneller werden" oder „lebendig machen". „Jazz it up!", sagte man und meinte damit: „Gib der Sache mehr Pep!" Andere verbanden mit „Jazz" Quatsch oder dummes Zeug.

Black Roots

Der Ursprung des Jazz liegt in den Südstaaten der USA. Etwa 10 Millionen Afrikaner wurden zwischen dem 17. und 19. Jahrhundert als Sklaven in den Süden der heutigen USA verschleppt, um auf Plantagen zu arbeiten. Die Feldarbeit fiel ihnen leichter, wenn sie dabei **Worksongs** (= Arbeitslieder) singen konnten. Oft wechselten sich die Rufe eines Vorsängers (call) mit den Antworten der Gruppe (response) ab. Dieses **Call-and-Response-Prinzip** findet man später auch in Gospels und zahlreichen Formen des Jazz.

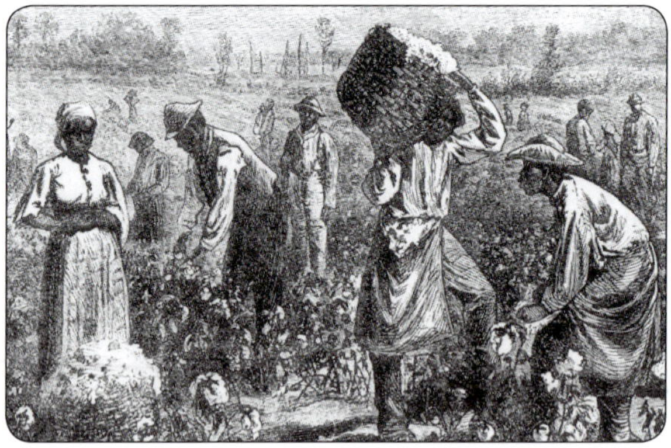

Cotton Needs a Picking T/M: überliefert

26

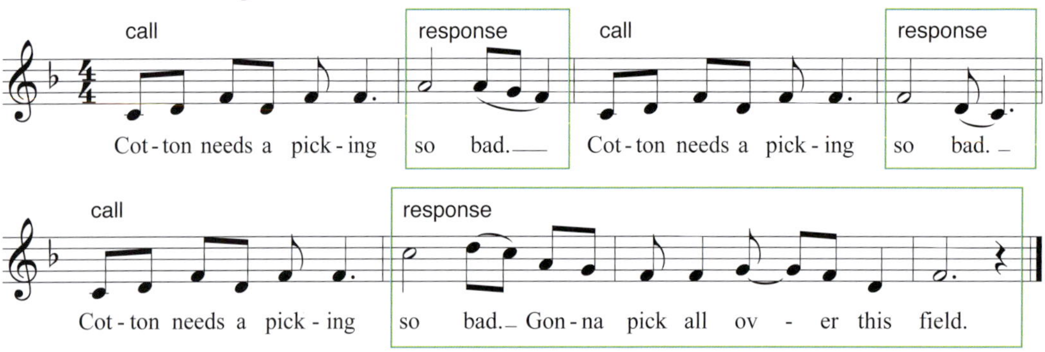

■ Dieses Lied (= Refrain) wurde zum Baumwoll-Pflücken gesungen. Singe den Response-Teil mit. Welche Töne kommen in der Musik vor und wie nennt man eine solche Tonreihe → 52?

Viele Sklaven wurden christlich getauft. Im Laufe der Zeit durften sie Gottesdienste so feiern, wie es ihrem Empfinden und ihren Gebräuchen entsprach, mit Rufen, Singen, Klatschen und Tanzen. Bis heute kann man die „ansteckende Wirkung" solcher Musik in Gottesdiensten erleben und in Filmen sehen, z. B. in *Sister Act*. „Halleluja" – ein derartiges Wort kann die Gemeinde aufgreifen und im Wechselgesang mit dem Priester musikalisch ausschmücken.

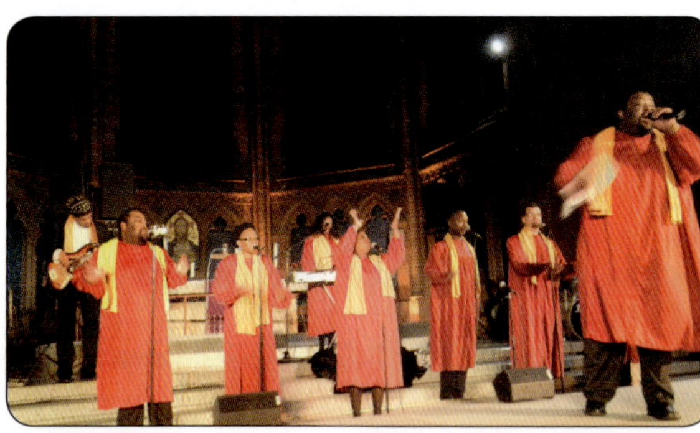

Auch Lieder werden im Gottesdienst gesungen: **Spirituals** (= geistliche Lieder) erzählen vom Glauben und der Hoffnung auf ein besseres Leben im Jenseits. **Gospels** sind Lieder nach Texten aus dem Evangelium.

Merkmale der ursprünglichen Musik der Afroamerikaner werden **Black Roots** genannt. Dazu gehören Call and Response, Körperbewegungen zur Musik, besondere Rhythmusinstrumente und Hot Intonation → 138.

Blues

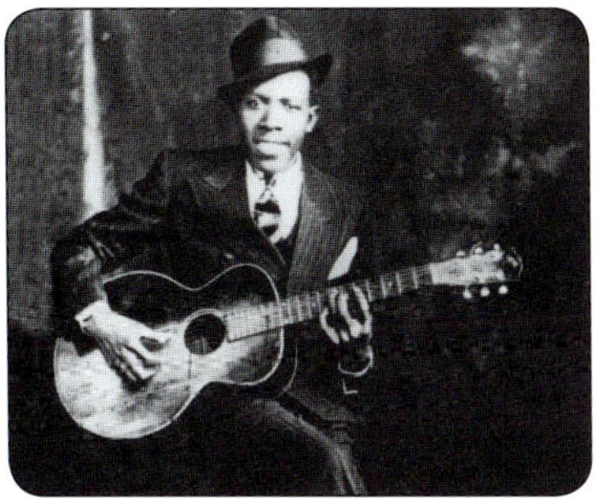

Schon im 19. Jahrhundert erzählten afroamerikanische Sänger in Liedern von ihrem Alltag in den USA. Das Lebensgefühl „I feel blue" („Ich bin traurig") gab dem Blues seinen Namen. Die Sänger dachten sich ihre Texte selbst aus und begleiteten sich auf Banjo, Gitarre oder Mundharmonika. Das Foto zeigt Robert Johnson (1911–1938), einen der ersten Stars des Blues. Ein anderer bedeutender Blues-Sänger war Huddie Ledbetter → 140.

Hörtipp: *Me and the Devil Blues* von Robert Johnson

Bessie Smith (1894–1937)

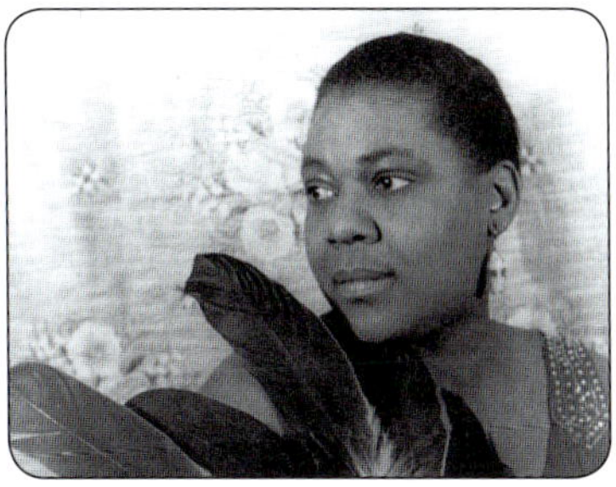

Bessie Smith wuchs in armen Verhältnissen in einer kinderreichen Familie auf. Anfangs sang sie in einer Theatergruppe, später in kleinen Clubs und schließlich gemeinsam mit bekannten Musikern und Orchestern. Sie wurde eine der berühmtesten Jazz-Sängerinnen – man nannte sie die „Kaiserin des Blues". Mehr als 150 Schallplatten gibt es von ihr.

Hörtipp: *Weeping Willow Blues*

Blues-Form mit 12 Takten

Bis heute spielen Jazz- und Rockmusiker immer wieder gerne im Blues-Stil. Für Improvisationen sehr beliebt ist ein Blues-Schema über 12 Takte. Hier ein Beispiel in D-Dur:

Blues zum Mitmachen

Akkordfolge in D-Dur

Takt	1	2	3	4	5	6	7	8	9	10	11	12
	D7	D7	D7	D7	G7	G7	D7	D7	A7	G7	D7	D7

Gitarrengriffe

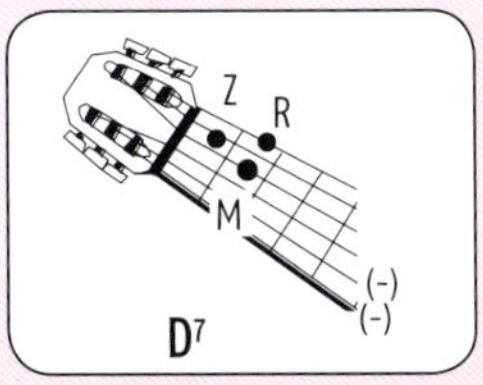

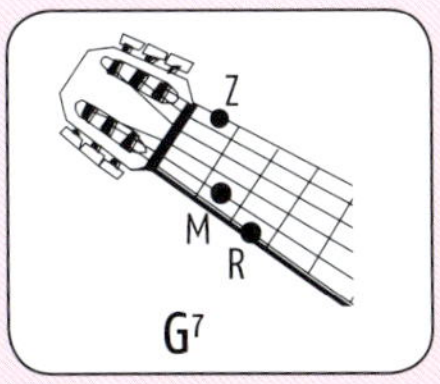

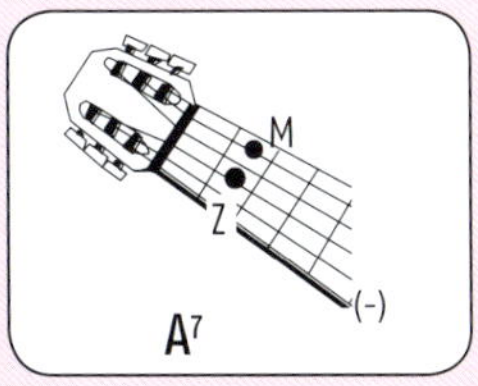

Blues-Skala

Wenn man zu den Akkorden des Blues-Schemas eine Melodie aus den Tönen der Blues-Skala spielt oder singt, ergeben sich reizvolle Spannungen.

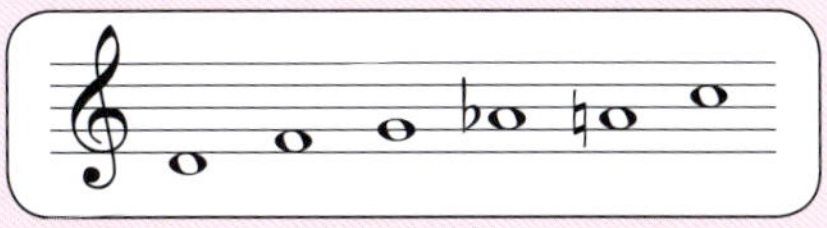

27

PDF 22

- Der *Blues zum Mitmachen* ist dreimal zu hören: 1. Akkorde – 2. Akkorde und Melodie mit Tönen der Blues-Skala – 3. Akkorde.
- Versuche selbst eine Melodie mit den Tönen der Blues-Skala dazu zu improvisieren.
- Auf dem PDF findest du Tipps für Blues-Begleitungen auf dem Klavier und auf der Gitarre.

Der Ragtime

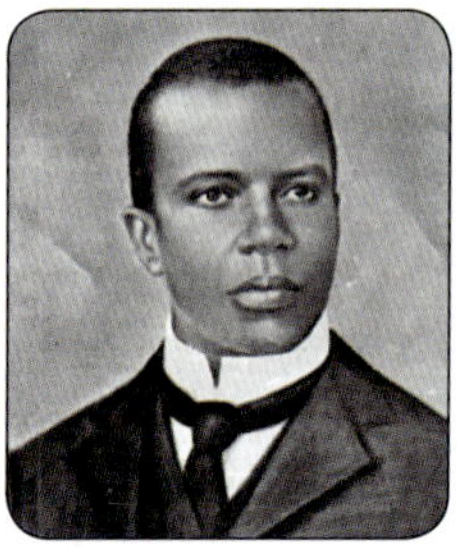

Das Wort **Ragtime** kommt wahrscheinlich von „ragged time" (= zerrissene Zeit). In der Begleitung hört man klar die Taktschläge (rot markiert). Die Melodie dagegen zerteilt den Takt durch kürzere Notenwerte und zahlreiche **Synkopen** → 24 (grün markiert). Ragtimes wurden seit Ende des 19. Jahrhunderts in den USA häufig auf dem Klavier gespielt. **Scott Joplin** (1867–1917) war als Pianist und auch als Komponist von Ragtimes schon zu Lebzeiten sehr bekannt.

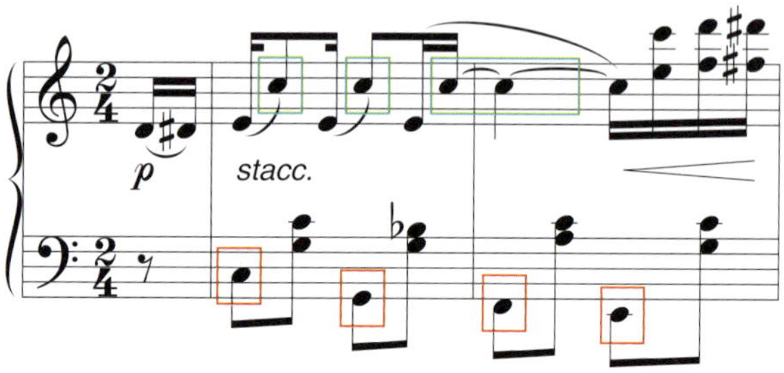

■ Hörtipp: *The Entertainer* von Scott Joplin

Vom New-Orleans-Jazz zum Chicago-Jazz (~1900–1930)

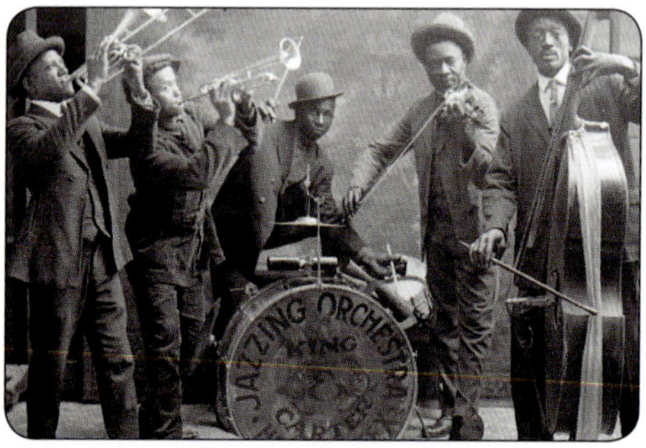

In der amerikanischen Stadt New Orleans, gelegen an der Mündung des Mississippi, lebten zu Beginn des 20. Jahrhunderts Europäer, Afroamerikaner und weiße Amerikaner zusammen. In Lokalen, auf der Straße oder den Mississippi-Dampfern erklang unterhaltsame Musik. Schwarze Pianisten spielten Ragtime und Bands den New-Orleans-Jazz (Foto rechts). Er klang fröhlich und polyphon → 97. Schlagzeug und Bass gaben den Rhythmus an, alle anderen Musiker improvisierten dazu.
Der Bassist Nat Towles erzählte: *Keine Noten, verstehst du! Wir hatten noch nie ein Stück Papier mit Noten drauf gesehen. Ganz einfach sechs oder sieben Instrumente, ein halbes Dutzend Männer, die zusammen Musik machten, wuchtig und stampfend, jeder für sich und auf seine Art, und doch passte nachher irgendwie alles wieder prächtig zusammen.*
Solchen Jazz zu spielen machte einfach Spaß – auch weiße Musiker fingen damit an und nannten die Musik **Dixieland**. Als in New Orleans nach dem Ersten Weltkrieg Vergnügungslokale geschlossen wurden und die Stimmung in der Stadt zunehmend rassistischer wurde, wechselten weiße und schwarze Musiker in den Norden der USA, nach Chicago und New York. Hier spielten sie auch in Bands gemeinsam. Bald sprach man vom **Chicago Jazz**. Neu war, dass sich die Musiker mit langen Soli vor dem Publikum präsentierten.

■ Hörtipp: *Down by the Riverside* z. B. von Dukes of Dixieland

Louis Armstrong (1901–1971)

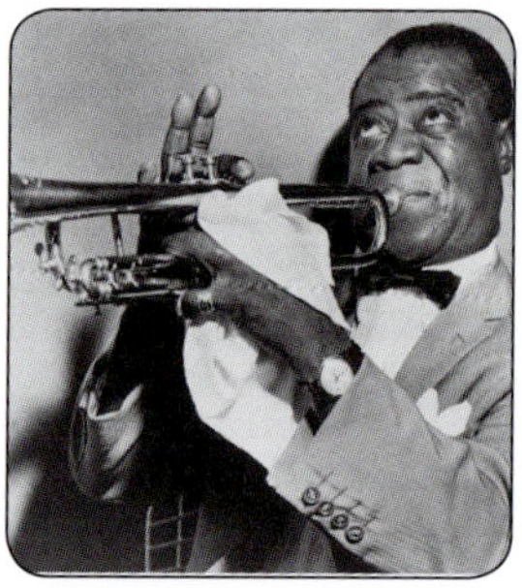

Armstrong wurde in schwierigen Verhältnissen in New Orleans geboren. Nachdem er einmal zu Silvester mit dem Revolver eines Onkels in die Luft geschossen hatte, kam er in ein Erziehungsheim. Dort lernte er das Spiel auf dem **Kornett** (= eine Trompetenart). Als junger Musiker spielte er auf Mississippi-Dampfern, bis man sein Talent entdeckte und ihn für eine Band in Chicago engagierte. Er beherrschte den frühen Stil des New-Orleans-Jazz ebenso wie darauf folgende virtuose Spielarten. Außerdem liebte man seine raue Gesangsstimme und seine gute Laune, die ansteckend wirkte.

■ Hörtipp: *Blues for Yesterday*

Swing (ab ~1930)

Swing ist Tanzmusik, mit Melodien und Harmonien, die ins Ohr gehen. Er wurde von **Bigbands** gespielt, in denen neben der Rhythmusgruppe → 138 Trompeten, Posaunen und Saxofone einen kraftvollen Sound erzeugten. Was jedes Instrument spielte, wurde in einem **Arrangement** (= Aufteilung der Musik auf die beteiligten Instrumente) festgelegt. Bekannte Bigband-Leader waren z. B. Duke Ellington (auf dem Foto untere Reihe links), Count Basie → 140 oder Glenn Miller → 140. Ein Sänger, der die Massen begeisterte, war Frank Sinatra. Zu den Pionieren des Jazz in Europa gehörte der Gitarrist Django Reinhardt. Er machte den swingenden → 138 Gypsy Jazz mit Anklängen an die damalige Musik der Sinti und Roma bekannt.

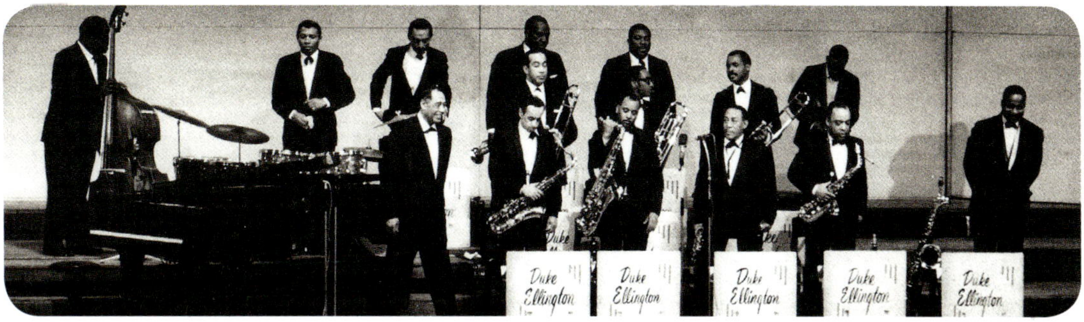

Hörtipps: *Caravan* von Duke Ellington, *My Way* von Frank Sinatra, *Minor Blues* von Django Reinhardt

Bebop (ab ~1940)

Bebop ist ein nervös klingender Jazz-Stil, der bis heute den Jazz beeinflusst. Bebop hat komplizierte Harmonien und schnelle Tempi, die sich in den oft sehr virtuosen Improvisationen der Musiker noch zu steigern scheinen. Der Saxofonist Charlie Parker → 140, der Trompeter Dizzy Gillespie → 140 und der Pianist Thelonious Monk → 140 waren bekannte Bebop-Musiker.

Cool Jazz (ab ~1950)

Cool Jazz ist Jazz zum Zuhören. Auch er ist ein bis heute wirkender Jazz-Stil. Sein Tempo ist eher langsam. Die Musiker spüren den Klängen nach, oft in langen melodischen Linien und breiten Klangflächen, die sich harmonisch spannend entwickeln. Eine gemeinsame Grundlage finden sie beim Improvisieren oft in interessant klingenden Tonleitern (Skalen). Viele Stücke sind vergleichsweise lang. Die seit den 1950er-Jahren erfolgreich verkauften Langspielplatten boten dafür den richtigen Platz.

Miles Davis (1926–1991)

Sein Vater sagte zu ihm: *Miles, hörst du den Vogel da draußen? Das ist 'ne Spottdrossel. Sie hat keine eigene Stimme, sie macht nur die Stimmen der anderen nach und das willst du nicht. Wenn du dein eigener Herr sein willst, musst du deine eigene Stimme finden.*
Miles Davis fand diese „eigene Stimme" mit seiner Trompete. Oft spielte er mit einem Dämpfer, der seinem Klang „das besondere Etwas" gab. Davis führte den Jazz vom Bebop zum Cool Jazz und verband ihn später mit Elektronik und Popmusik. Er arbeitete mit vielen anderen Musikern zusammen (z. B. mit dem Saxofonisten John Coltrane → 140) und erforschte mit ihnen die neuen Richtungen des Jazz.

Hörtipp: *Round Midnight*

Was ist an Jazz besonders?

Das wichtigste Merksmal des Jazz ist die **Improvisation**. Jazzmusiker spielen oft ohne Noten oder nach einem **Leadsheet**, auf dem nur die Melodie und die Harmonien kurz aufgeschrieben sind.

Eine Improvisation kann sich so entwickeln: Die Intro (= Einleitung) und den **Chorus** (= Melodie, Thema) spielen alle Musiker gemeinsam. Dann improvisieren einzelne über das Harmonieschema (Ablauf der Harmonien), die anderen Instrumente begleiten. Am Ende spielen alle noch einmal den Chorus sowie eine kurze **Coda** (= Schlussteil).

Jazz hat ein ganz besonderes Rhythmusgefühl, das nur schwer mit Worten zu beschreiben ist. Eine Viertelnote wird fast nie in zwei gleich lange Achtel aufgeteilt. Typisch ist ein **Triolen-Feeling**.

Die Achtel 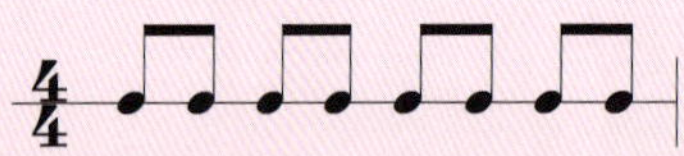 werden dabei so gespielt: 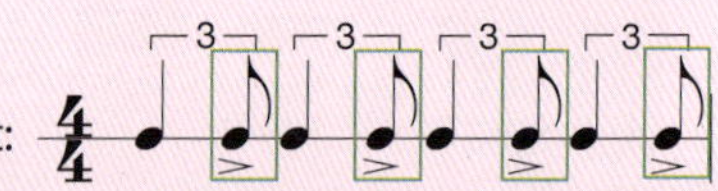

Werden die farbig markierten „Triolenachtel" betont und zeitlich vorgezogen, beginnt der Rhythmus zu **swingen**. Für all das und noch mehr müssen Jazzmusiker durch aufmerksames Hören und Spielen ein **Feeling** bekommen, denn aufschreiben lässt sich das „Timing" nicht genau. Wenn das Zusammenspiel stimmt, entsteht der **Groove** – ein Schwingen der Musik im gemeinsamen Rhythmus, das sich auf die Zuhörer überträgt.

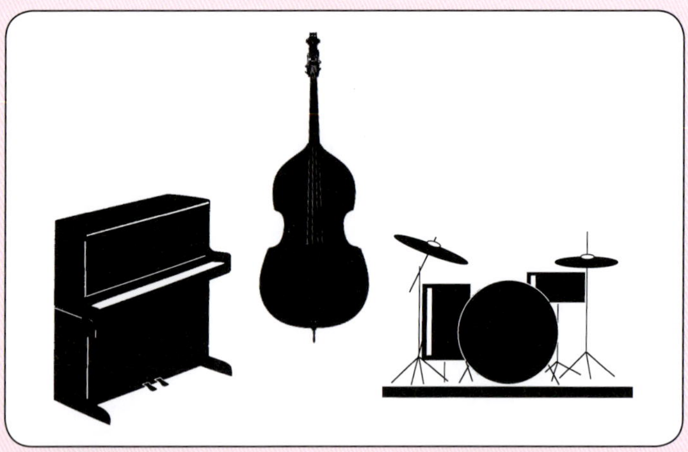

In einer **Combo** (= kleine Gruppe von Jazzmusikern) hält das Schlagzeug den Rhythmus stabil und gibt zusammen mit dem Bass der Musik eine Grundlage. Klavier oder Gitarre spielen die Harmonien. Diese Instrumente bilden zusammen die **Rhythmusgruppe**. Dazu kommen meist Melodieinstrumente, z. B. Saxofon oder Klarinette.

Singstimmen und Instrumente müssen im Jazz nicht „schön" klingen, unbedingt aber ausdrucksvoll. Die Töne dürfen heiser, rau und sogar unrein sein (= **Hot Intonation, Dirty Intonation**).

Eine Melodie, die viele Jazzmusiker kennen und über die sie gerne improvisieren, wird **Standard** genannt. Berühmte Standards sind z. B. *St. Thomas* von Sonny Rollins, *Autumn Leaves* von Joseph Kosma und *Blue Bossa* von Kenny Dorham.

Höre dir einen dieser Standards in unterschiedlichen Interpretationen an und vergleiche sie miteinander.

- Welche Instrumente spielen?
- Wie ist der Ablauf?
- Gibt es Improvisationsteile?
- Wie ist das zugrunde liegende Feeling?

Free Jazz (ab ~1960)

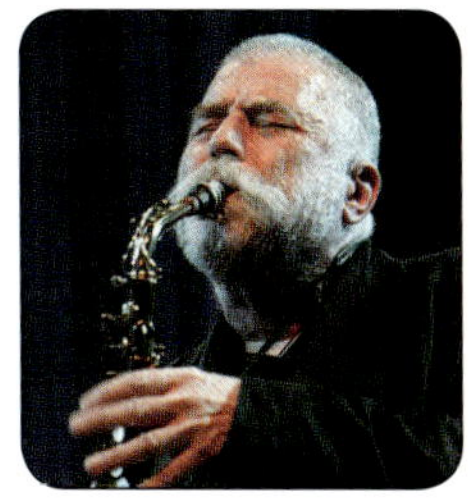

Im Free Jazz improvisieren Musiker frei, ohne auf feste Formen, Melodien, Harmonien oder Rhythmen zurückzugreifen, um möglichst intensive musikalische Energien zu entwickeln. Den Instrumenten werden dabei alle denkbaren Klänge abverlangt, z. B. hohe, pfeifende oder auch „schmutzige" Klänge (bei Blasinstrumenten). Der Saxofonist Ornette Coleman, der Pianist Cecil Taylor → 140 oder der Saxofonist Peter Brötzmann (* 1941; Bild rechts) sind wichtige Vertreter des Free Jazz.

Hörtipps: *Free Jazz* von Ornette Coleman, *Machine Gun* von Peter Brötzmann

Verbindung der Musikrichtungen

Auch in Europa bezogen einzelne Komponisten der „Ernsten Musik" → 123 schon früh den Jazz in ihre Musik ein, zum Beispiel Paul Hindemith → 128 oder Kurt Weill → 130. Weitaus stärker entwickelten sich derartige Verbindungen aber in den USA → 133.

George Gershwin (1898–1937)

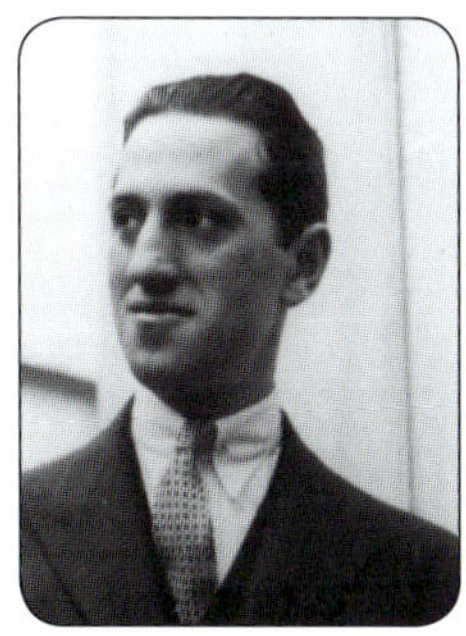

Während seiner musikalischen Ausbildung verdiente sich Gershwin Geld, indem er für einen Verlag Musikstücke am Klavier vorspielte, um sie bekannt zu machen. Als er für aktuelle Musicals eigene Stücke schrieb, wurde er rasch bekannt. Seine erste große Komposition war die jazzige *Rhapsody in Blue* für Klavier und Orchester. Immer wieder wechselte Gershwin zwischen Konzert, Musical und Filmmusik. Seine Oper *Porgy and Bess* berichtet aus dem Leben von Afroamerikanern um 1870 im Süden der USA. Sie gilt als die bedeutendste amerikanische Oper des 20. Jahrhunderts. Gershwin beschrieb seine Musikauffassung einmal so:
True music must repeat the thought and inspirations of the people and the time.
My people are Americans and my time is today.

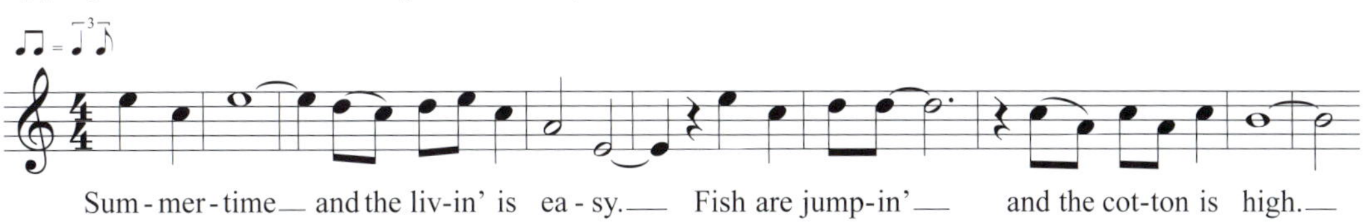

Hörtipp: *Summertime*

Jazz + Rock = Fusion (ab ~1975)

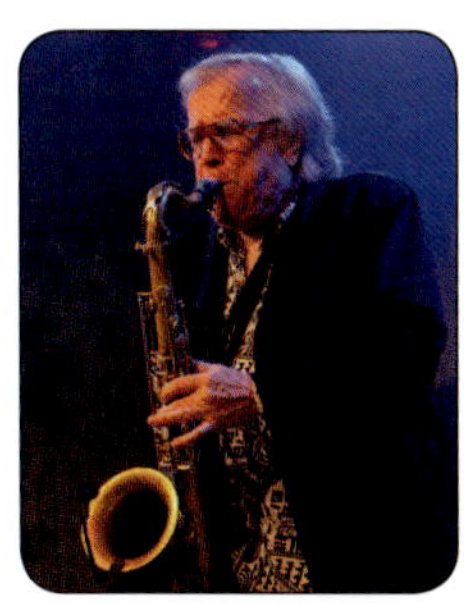

Seit den 1970er-Jahren verbindet sich Jazz oft mit Stilen populärer Musik wie Soul → 143, Funk → 143, Rock → 141, Klassik oder Hip-Hop → 144. Wegweisend für **Fusion** (= Verschmelzung) waren z. B. die Pianisten Joe Zawinul und Herbie Hancock oder der Gitarrist John McLaughlin, der sich auch mit indischer Musik beschäftigte. In Deutschland und Österreich entstand eine Jazzszene erst mit Verspätung, denn Swing war während der Nazizeit verboten → 130. Der Posaunist Albert Mangelsdorff → 140 begeisterte mit virtuosem Posaunenspiel, der Saxofonist Klaus Doldinger (Foto rechts) mit **Jazzrock**. Er schrieb auch sehr erfolgreich Filmmusik.

Hörtipps: *Birdland* von Joe Zawinul, *Chameleon* von Herbie Hancock, *Sahara* von Klaus Doldinger, *Meeting of the Spirits* von John McLaughlin

Jazz in unserer Musikkultur

In der zweiten Hälfte des 20. Jahrhunderts wurde der Jazz in ganz Europa zu einem eigenständigen Teil der Musikkultur. Auf allen Ausbildungsstufen, beginnend in Musikschulen, kann man heute bei uns Jazz lernen. Viele Städte veranstalten besondere Jazzveranstaltungen.

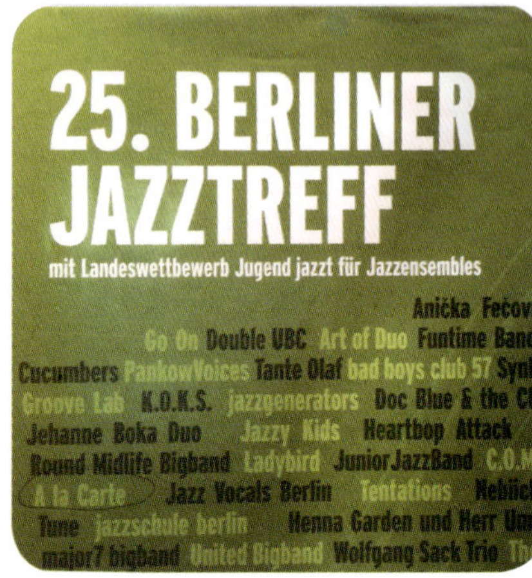

Die Entwicklung des Jazz ist nie abgeschlossen. Dies liegt vor allem daran, dass er in seinem Kern eine improvisierte Musik ist → 138, die sich immer wieder erneuern kann. Jazz ist auch besonders offen für die musikalische Zusammenarbeit mit Musikern, die aus anderen Stilrichtungen und Kulturen kommen. Umgekehrt interessieren sich auch immer mehr „klassische" Interpreten für den Jazz. Sie üben sich in seinen Spielweisen und interpretieren erfolgreiche Jazz-Songs.

- Wo in deiner Region wird Jazz gespielt, wo kannst du Jazz live hören?

Jazzmusikerinnen und -musiker (Auswahl)

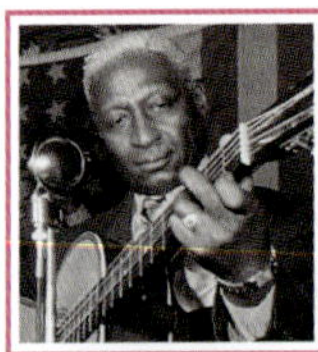	**Huddie Ledbetter** (1889–1949) Hörtipp: *Good Morning Blues*	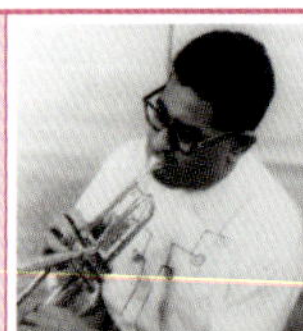	**Dizzy Gillespie** (1917–1993) Hörtipp: *A Night in Tunesia*	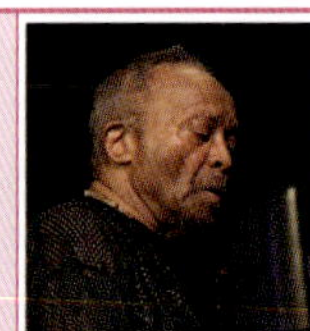	**Cecil Taylor** (1929–2018) Hörtipp: *Free Improvisations*
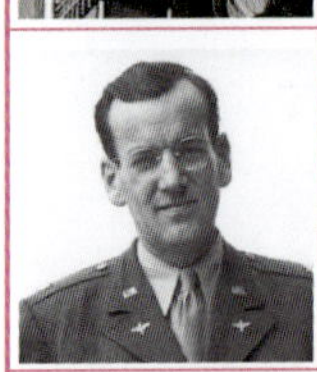	**Glenn Miller** (1904–1944) Hörtipp: *Chattanooga Choo Choo*	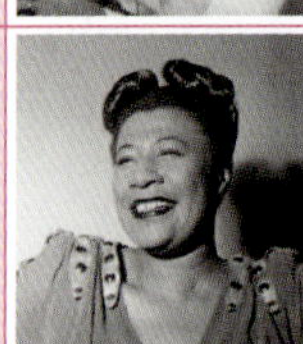	**Ella Fitzgerald** (1917–1996) Hörtipp: *Misty*	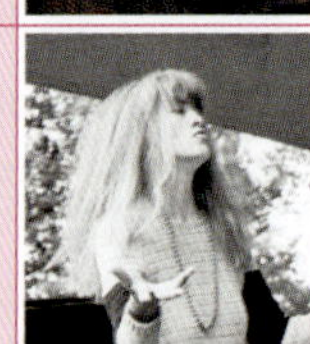	**Carla Bley** (*1936) Hörtipp: *Lawns*
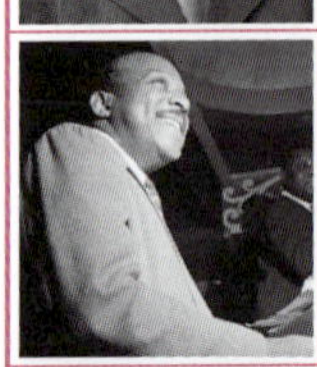	**Count Basie** (1904–1984) Hörtipp: *One O'clock Jump*	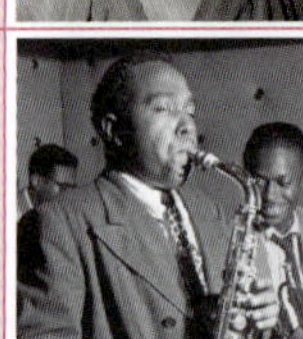	**Charlie Parker** (1920–1955) Hörtipp: *Anthropology*	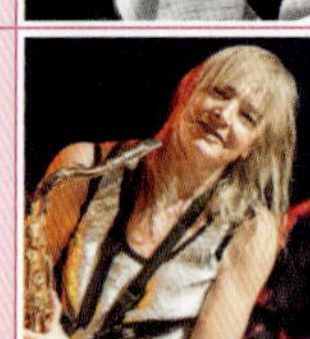	**Barbara Thompson** (*1944) Hörtipp: *SaxRap*
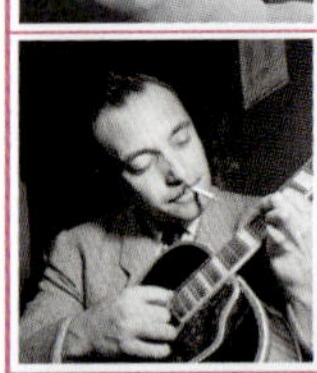	**Django Reinhardt** (1910–1953) Hörtipp: *Minor Blues*	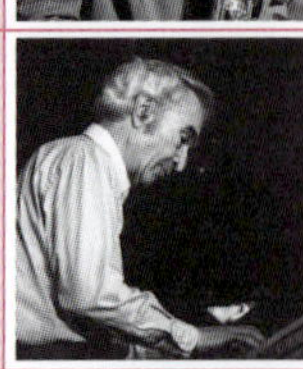	**Dave Brubeck** (1920–2012) Hörtipp: *Take Five*	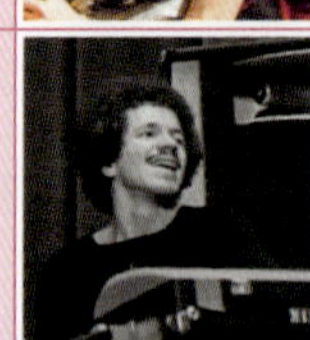	**Keith Jarrett** (*1945) Hörtipp: *As Long As You're Living Yours*
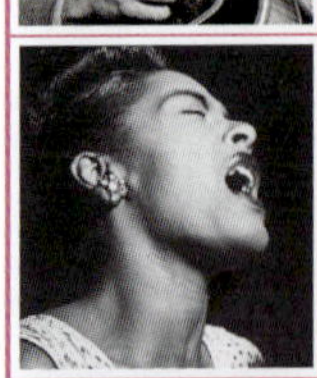	**Billie Holiday** (1915–1959) Hörtipp: *All of Me*	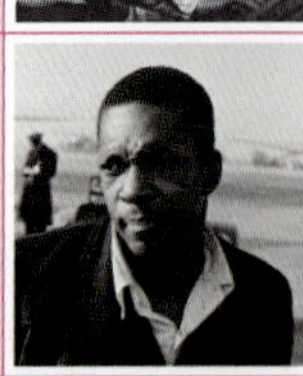	**John Coltrane** (1926–1967) Hörtipp: *Acknowledgement*	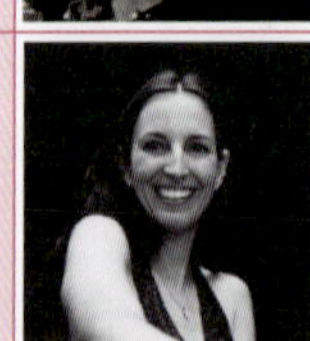	**Barbara Dennerlein** (*1964) Hörtipp: *Jimmy's Walk*
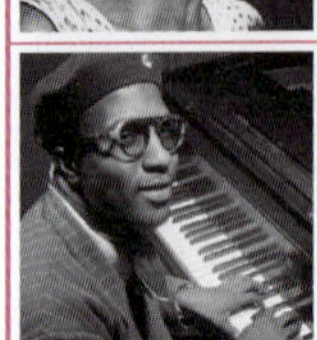	**Thelonious Monk** (1917–1982) Hörtipp: *Round about Midnight*	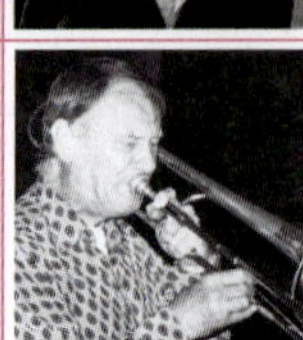	**Albert Mangelsdorff** (1928–2005) Hörtipp: *Birds of Underground*	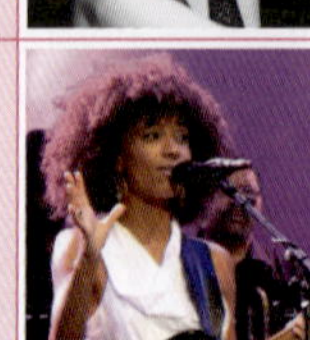	**Esperanza Spalding** (*1984) Hörtipp: *Overjoyed*

Rock und Pop

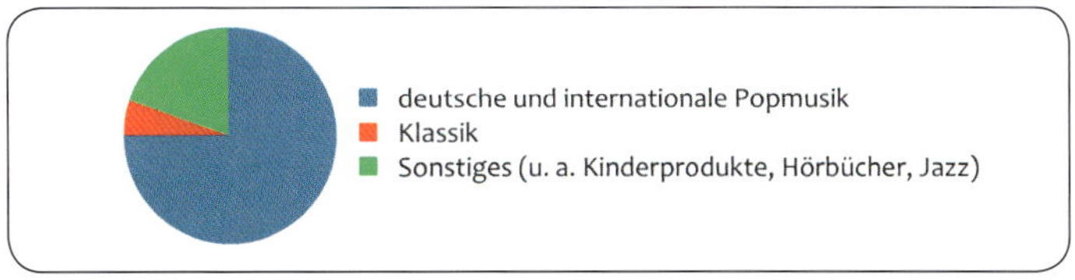

Die Musikindustrie gibt jährlich bekannt, wie sich Musik verkauft. Bestseller ist seit vielen Jahren die **Popmusik** (von englisch popular music). Ungefähr drei Viertel der 2016 in Deutschland als CD oder Download verkauften Titel werden dazu gezählt: Schlager und volkstümliche Musik ebenso wie Rap oder Hardrock. Fachleute sagen meist **Populäre Musik** für diesen großen Musikbereich, den besonders viele Menschen kaufen und hören.

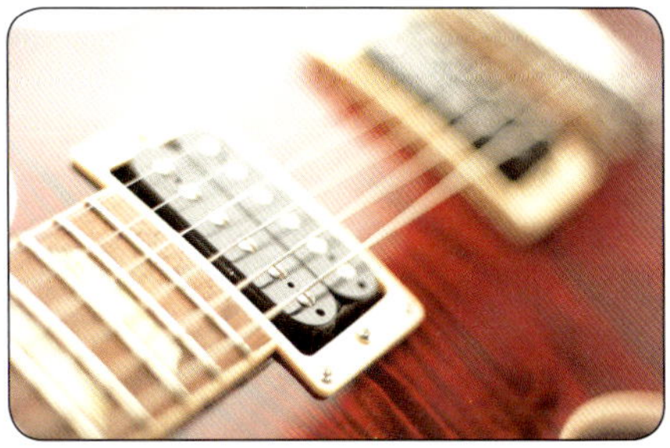

Die meiste Populäre Musik kann man als Unterhaltungsmusik → 123 nebenbei hören, beim Essen, zum Entspannen, beim Joggen oder Tanzen. Aber man kann sich auch genauer mit ihr beschäftigen.

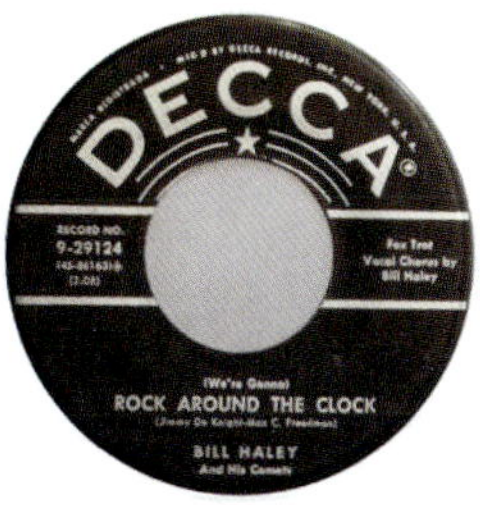

1950er-Jahre: Es begann mit dem Rock 'n' Roll

Nach dem Zweiten Weltkrieg ersehnten viele Jugendliche einen Neuanfang, ein Leben nach eigenen Maßstäben, zumindest in der Freizeit. Im Rock 'n' Roll spürten sie die eigene Kraft und das Gefühl von Freiheit, das sie suchten. Zuerst in den USA, dann in anderen Ländern wurde Rock 'n' Roll die Musik, die sie hörten und zu der sie tanzten. Es war der Beginn einer neuen Jugendkultur.

Musikalisch baute der Rock 'n' Roll auf der Populären Musik in den USA auf. Die Besetzung mit Gesang und Gitarre, Klavier, Bass und Schlagzeug gab es bereits im Rhythm 'n' Blues → 143, ebenso das 12-taktige Blues-Schema → 135 und die rollenden Begleitmuster des Klaviers. Chuck Berry → 149 und Little Richard → 149 machten den Anfang. Zum Massenphänomen wurde Rock 'n' Roll, als auch weiße Musiker ihn spielten und damit weiße Jugendliche begeisterten – allen voran Bill Haley → 149 und Elvis Presley. Die neue 17-cm-Single-Schallplatte bot auf jeder Seite Platz für einen Hit.

Elvis Presley (1935–1977)

Eigentlich wollte Elvis bei seinem ersten Besuch in einem Studio nur sein Lied *That's All Right Mama* einsingen, um seiner Mutter mit einer eigenen Platte ein Geburtstagsgeschenk zu machen. Die Leute im Studio erkannten sofort sein Talent. Seine geschmeidige „schwarze" Stimme, seine mitreißenden Bühnenshows, glamouröse Outfits und aufreizende Hüftbewegungen machten ihn weltbekannt. Als amerikanischer Soldat in Deutschland sang er auch einige Lieder in deutscher Sprache.

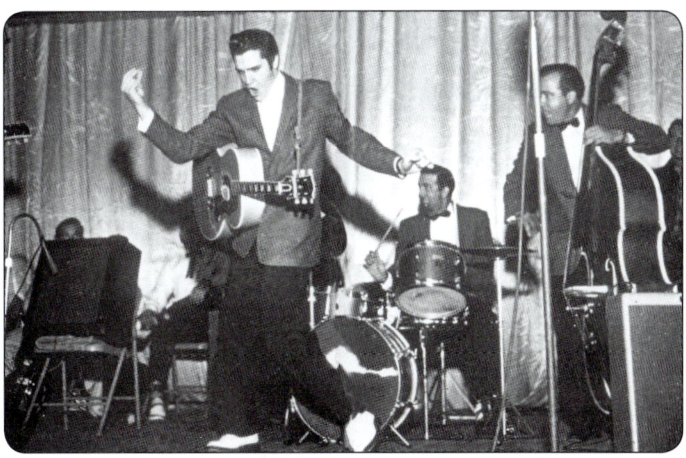

Hörtipp: *Jailhouse Rock*

1960er-Jahre: Der Beat kam aus England

In der Region rund um die englische Industriestadt Liverpool waren um 1960 viele Jugendliche arbeitslos. Vielleicht gab es gerade deshalb über 400 Jugendbands! Sie spielten Rock 'n' Roll-Stücke, z. T. aber mit eigenen Texten. Außerdem veränderten sie die Musik: Sie schlugen die Taktschläge (= **Beats**) durchgehend, erhöhten die Lautstärke und kombinierten eingängige Melodien mit einem harten Sound. So entstand der „Mersey-Beat" (benannt nach dem Liverpooler Fluss Mersey), später nur noch **Beat** genannt. Die Bands hatten zu Hause meist in Kellern und kleinen Clubs ihre Auftritte. Das änderte sich, als eine Band mit dem Namen „The Beatles" 1962 in Hamburger Clubs spielen durfte. Nachdem das britische Fernsehen darüber berichtete, folgten Plattenverträge, und der Siegeszug der Beatles und der „Beat Music" begann.

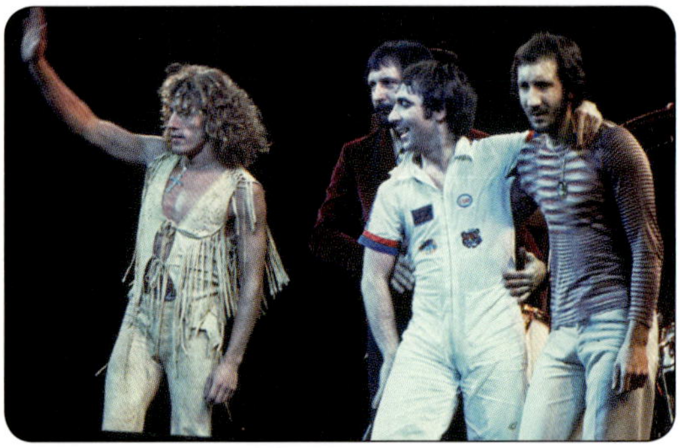

Auch andere Bands hatten nun Erfolg, z. B. The Beach Boys → 149. Die Gruppe The Who ist immer noch aktiv. Das Bild zeigt sie bei einem Konzert im Jahr 1975.

- Hörtipp: *My Generation* von The Who

The Beatles (1962–1970)

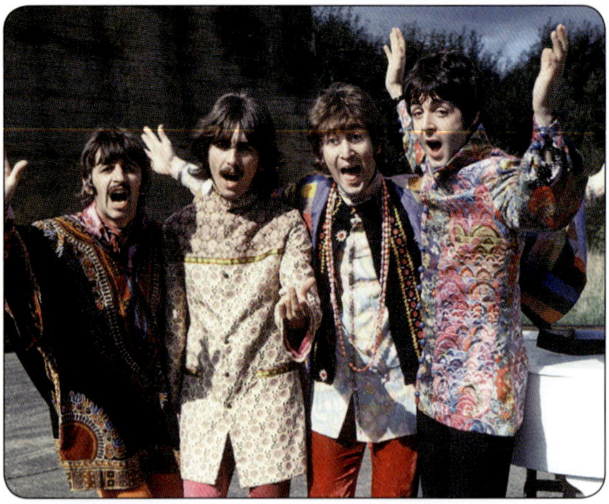

Die „Pilzkopffrisur", die eine Hamburger Fotografin ihnen verpasste, wurde ihr Markenzeichen. Erwachsene regten sich darüber auf und Jugendliche ahmten sie nach. Hysterisch kreischten die Fans in ihren Konzerten. Innerhalb kurzer Zeit kannte die ganze Welt ihre Songs. Die Beatles, bestehend aus John Lennon (Rhythmusgitarre), Paul McCartney (Bass), George Harrison (Leadgitarre) und Ringo Starr (Schlagzeug), machten Musik mit eingängigen Melodien und frischen Harmonien. Ihre Texte waren von Beginn an voller Lebenslust, später auch poetisch, fantasievoll oder zeitkritisch. 1970 löste sich die Band auf. Jeder einzelne von ihnen war auch später erfolgreich. 1980 wurde John Lennon von einem verwirrten Fanatiker auf der Straße erschossen. Keine Band übte einen so starken Einfluss auf spätere Musikergenerationen aus wie die Beatles. Bis heute gilt ihre Musik als wegweisend für die Popmusik.

- Hörtipp: Album *Sergeant Pepper's Lonely Hearts Club Band* (1967)

Seit den 1970er-Jahren: Rock – Hardrock – Heavy Metal

Gitarre(n), Bass, Schlagzeug und Gesang (oft mehrstimmig) – dies war die Grundbesetzung einer Rockband. **Rock** klang härter als Beat. Die Gitarre durfte „jaulen" und „schreien", die Schläge auf „zwei" und „vier" im Takt wurden stark betont. Mit der Zeit entstanden verschiedene Rock-Stile. Den Anfang machte um 1968 der **Hardrock**, gespielt z. B. von Led Zeppelin → 149 und Deep Purple → 149, damals die lauteste Band der Welt. „Hart" waren auch die Bühnenshows. Manche Bands zertrümmerten ihre Instrumente auf der Bühne und bekamen dafür viel Publicity.

The Rolling Stones (1962 gegründet)

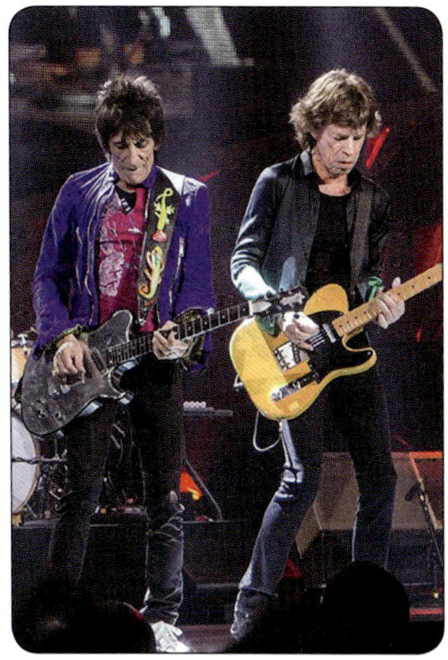

Die Rolling Stones sind die wohl „dienstälteste" Rockband der Welt – schon seit über 50 Jahren ist die Band aktiv. Mick Jagger (Gitarre), Keith Richards (Keyboards), Ron Wood (Saxofon) und Charlie Watts (Schlagzeug) bilden bis heute den „harten Kern" der Gruppe, zu der über die Jahre hinweg immer wieder auch andere Musiker gehörten. Von Anfang an machten die „Stones" eine besonders harte Musik, in der sie den Beat mit dem schwarzen Soul → unten kombinierten. Ihre Texte waren oft vulgär und thematisierten Sexualität ganz direkt, wie z. B. im Megahit *Satisfaction*. Wie bei vielen bekannten Rocksongs gibt es auch hier ein Gitarrenriff (**Riff** = kurzes, wiederholbares Motiv), an dem man den Song schon nach ein paar Tönen erkennt:

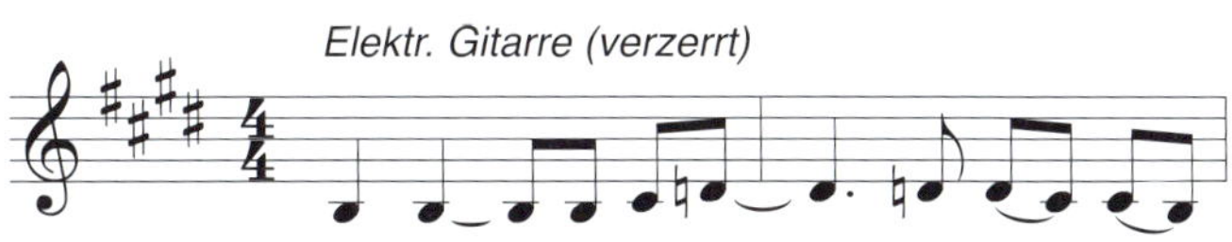

■ Hörtipp: *Satisfaction*

Rockmusik – Stilarten

Rockmusik gibt es seit den 1970er-Jahren in vielen Ausprägungen für unterschiedliche Hörvorlieben:

- Im **Heavy Metal** wird Hardrock noch intensiver: Gitarren dominieren, die Lautstärken sind sehr hoch, die Bässe sehr tief, der Gesang wirkt „herausgeschrien". Eine bekannte Gruppe ist Metallica → 149.
- **Punk** kommt oft mit zwei, drei Akkorden aus, das Tempo ist schnell, die Texte sind aggressiv, die Stimmen oft schreiend. Gespielt wurde Punk z. B. von den Sex Pistols → 149. In den 1990er-Jahren kehrte der Punk im **Grunge** (= „dreckig, schäbig") wieder, z. B. bei Nirvana → 149.
- **Psychedelic Rock** führte in den 1970er-Jahren in meditative Klangwelten, z. B. bei Pink Floyd → 149.
- **Latin Rock** lebt von lateinamerikanischen Rhythmen, z. B. bei der 1969 gegründeten Gruppe Santana.

■ Hörtipp: *Samba pa ti* von Santana

„Schwarze" Musik

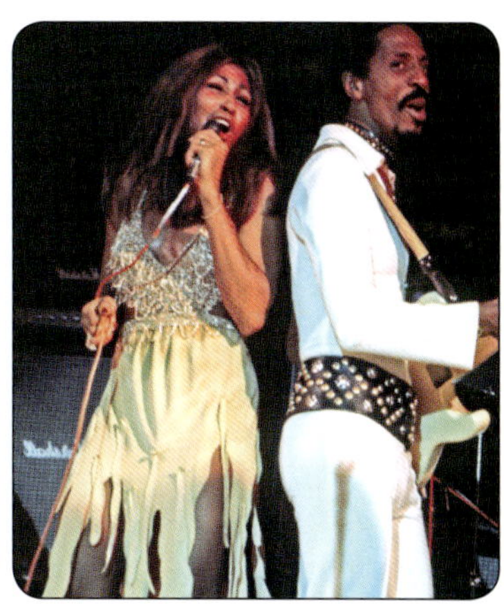

Der **Rhythm & Blues** ist eine afroamerikanisch geprägte Popmusik, die um 1940 in den USA aus dem Blues → 135 entstand.

- In den 1960er-Jahren entwickelte sich daraus der **Soul**. Seine musikalischen Merkmale sind ein leidenschaftlicher Gesang und die Mitwirkung von Blasinstrumenten. Viele Texte enthalten sexuelle Anspielungen. Bekannte Namen sind z. B. James Brown → 149, Ray Charles → 149 und Aretha Franklin → 149.
- **Funk**, entstanden in den 1970er-Jahren, hat schnellere Rhythmen, Anklänge an Jazz und druckvolle Bläsersätze. Bekannt dafür sind z. B. Stevie Wonder → 149 und die Band Earth, Wind & Fire → 149.
- Seit den 1990er-Jahren erfuhr der Rhythm & Blues ein Comeback. International erfolgreich sind z. B. Rihanna → 149, Beyoncé → 149 und Tina Turner (im Bild im Duo mit ihrem früheren Mann Ike).

■ Hörtipp: *The Best* von Tina Turner

Folksongs und Politische Lieder

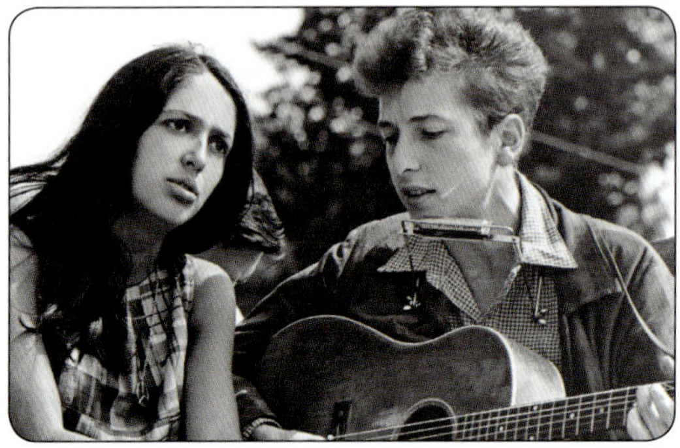

Seit den 1960er-Jahren engagierten sich Künstler mit Songs und **Protestliedern** z. B. für die Gleichstellung von Farbigen und Weißen in den USA, für die Anti-Atomkraft-Bewegung in Deutschland oder für Frieden auf der ganzen Welt. In den USA hatten Woodie Guthrie und Pete Seeger → 149 **Folksongs** bekannt gemacht. Beim Singen begleiteten sie sich auf der Gitarre. Nun knüpften auch jüngere Sänger mit neuen Liedern an die Ausdruckskraft der Volksmusik an. Dazu gehörten u. a. Joan Baez, die Lieder besonders eindrucksvoll interpretieren konnte, und Bob Dylan. (Das Foto zeigt die beiden 1963 während einer großen Bürgerrechts-Kundgebung in Washington.) Dylan wurde zu einem der bedeutendsten Songschreiber des 20. Jahrhunderts. 2016 wurde er für seine Songtexte sogar mit dem Literatur-Nobelpreis ausgezeichnet.

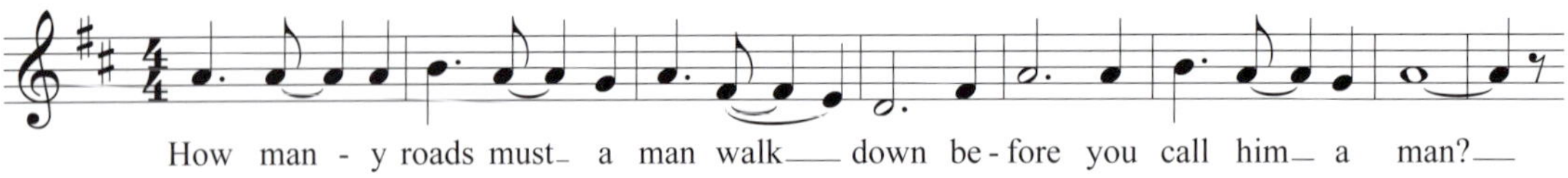

■ Hörtipps: *This Land is Your Land* von Woody Guthrie, *We Shall Overcome* von Joan Baez, *Blowin' in the Wind* von Bob Dylan

Reggae

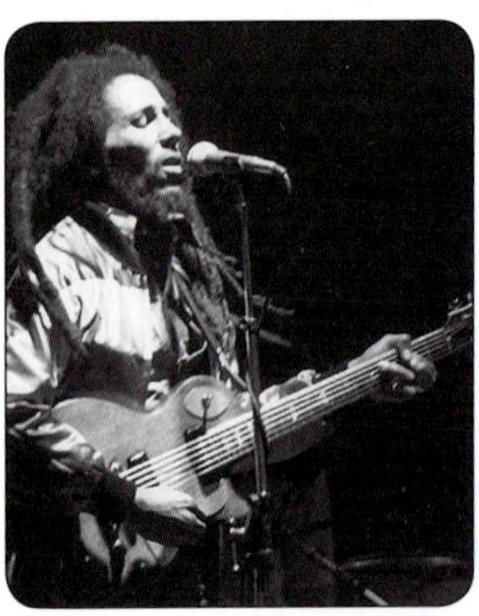

Jamaikanische Musiker interpretierten Ende der 1960er-Jahre USA-Hits und gaben ihnen verführerisches karibisches Feeling mit einem ganz speziellen Taktgefühl: Die Zählzeit „1“ wird hier so gut wie nicht betont.
Reggae hat einfache Melodien und Harmonien sowie ein sehr ruhiges Tempo, das trotzdem zum Tanzen einlädt. Eine Spielart des Reggae ist heute, dass DJs eigene Botschaften zu Reggae-**Playbacks** (= Musik ohne die dazugehörende Gesangsstimme) sprechen oder singen. Der bedeutendste Reggae-Musiker war Bob Marley (1945–1981), dessen „Rastalocken“ Ausdruck der jamaikanischen Glaubensrichtung „Rastafari“ waren.

■ Hörtipp: *Get Up, Stand Up* von Bob Marley

Rap und Hip-Hop

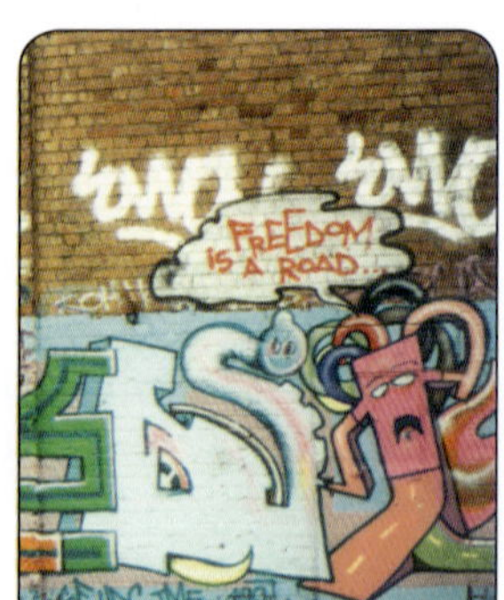

Rap entstand Ende der 1970er-Jahre als Musikstil schwarzer Jugendlicher in den Ghettos amerikanischer Großstädte. In einem rhythmischen Sprechgesang mit oft überraschenden Reimen erzählten sie von ihrem Alltag. Als Begleitung dienten kurze Ausschnitte von Schallplatten mit Bass- und Schlagzeugklängen, die sie auf speziellen Plattenspielern kreativ mixten (= **DJing**). Der Rap begann als die Musik einer **Subkultur** (= eine kleine Teilgruppe der Bevölkerung mit eigenen Ansichten und Gewohnheiten). Dann wurde er aber schnell von der Musikindustrie als ein neuer Trend aufgegriffen. Heute wird Rap als Teil der **Hip-Hop-Kultur** gesehen, zu der auch Breakdance, Graffiti, entsprechende Mode und Beatboxing → 83 gehören.

■ Hörtipp: *Rapper's Delight* von The Sugarhill Gang

Rap in deutscher Sprache wurde ab Ende der 1980er-Jahre erfolgreich, z. B. durch die Gruppe Die Fantastischen Vier. Bis heute entstehen neue Raps z. B. durch Gruppen und Interpreten wie Blumentopf → 149 oder Fiva → 149 (Foto rechts). Rap ist inzwischen auch in anderen Bereichen der Populären Musik zu hören. Bis in die Werbung hinein wird Rap als sprachlich-musikalisches Ausdrucksmittel eingesetzt.

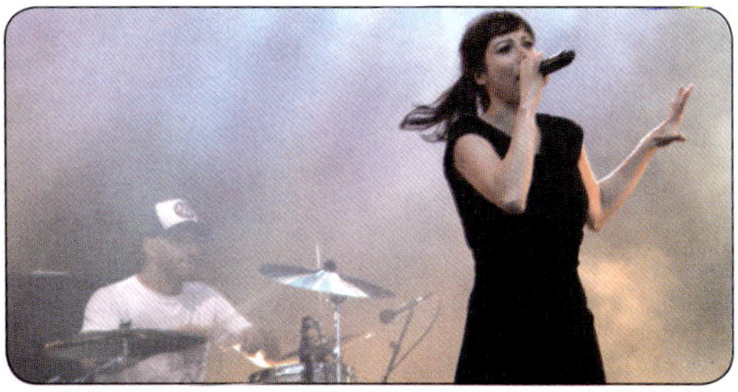

■ Hörtipp: *MfG – mit freundlichen Grüßen* von Die Fantastischen Vier

28

Rap mal!

Beim Rappen tritt die Begleitmusik eher in den Hintergrund. Die Sprache mit ihrem Inhalt, Rhythmus und Vortrag spielt die Hauptrolle. Zur Musik „Rap mal!“ kannst du selbst rappen:

- Du brauchst ein Thema, das dich interessiert.
- Sammle deine Gedanken dazu in Stichworten.
- Sprich deine Gedanken rhythmisch zur Musik.
- Oder: Nimm einen interessanten Zeitungstext und und sprich wichtige Teile des Textes rhythmisch zur Musik.

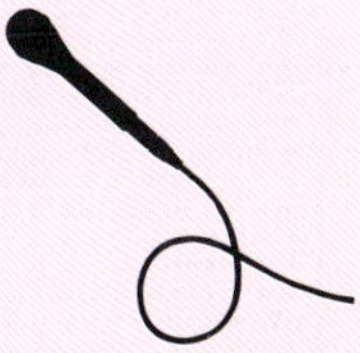

Vielleicht rappst du zusammen mit anderen? Überlegt euch eine „Battle“-Idee, dann könnt ihr abwechslend oder auch gegeneinander antreten.

Michael Jackson (1958–2009)

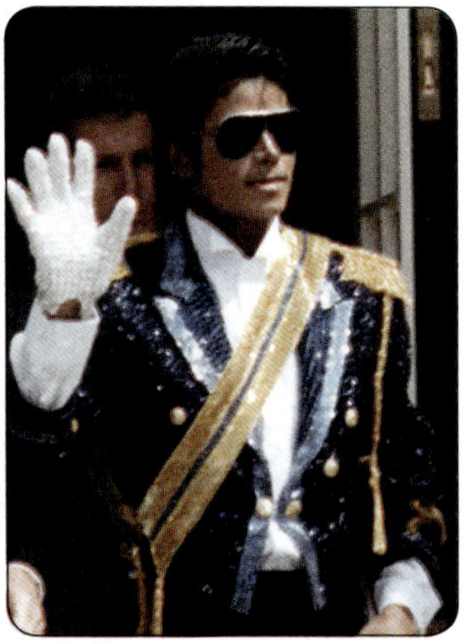

Michael Jackson wurde in eine kinderreiche Familie geboren. Sein Vater war Kranführer. Alle seine Kinder sollten Musik machen, erhielten Unterricht und wurden zu Talentwettbewerben geschickt. Fünf von ihnen bildeten die Jackson Five – Michael, damals acht Jahre alt, war der Hauptsänger. Die Gruppe blieb bis 1984 aktiv, doch Michael Jackson startete schon 1971 seine Solokarriere. Er war Songschreiber, Sänger und Tänzer. Seine Bühnenauftritte waren perfekt und mitreißend. Er verblüffte mit seinem „Moonwalk“ und anderen tänzerischen Kunststücken. Seine Musik wurzelt im Soul → 143 und Rhythm & Blues → 143.

Michael Jackson war eine rätselhafte Persönlichkeit. Für wohltätige Zwecke spendete er viel Geld. Über sein Privatleben gab es immer wieder Gerüchte. Unter allen Umständen, so scheint es, wollte er jung bleiben. Kosmetische Operationen und die allmähliche Veränderung seiner Hautfarbe von dunkel nach hell brachten ihm hämische Publicity ein. Mehr und mehr wurde er von Medikamenten abhängig, die auch zu seinem überraschenden Tod führten. Er war einer der kreativsten und erfolgreichsten Pop-Künstler der Welt. Die Schauspielerin Liz Taylor nannte ihn „King of Pop, Rock and Soul“.

■ Hörtipp: *Thriller*

Disco, Techno, Elektro-Pop

Von **Discomusik** sprach man etwa ab 1975. Sie wurde vor allem zum Tanzen in Diskotheken mit leistungsstarken Musikanlagen produziert. Wichtiger als die Texte und Melodien waren der Sound und das Tempo (120–130 Schläge pro Minute). International erfolgreich wurden u. a. Donna Summer → 149, die Bee Gees → 149 und die deutsche Gruppe Boney M. → 149. Aufgrund der Ähnlichkeit vieler Songs verschwand Disco Anfang der 1980er-Jahre wieder. Für das Tanzpublikum in den Clubs entstanden ab 1990 neue Musikrichtungen, darunter **Dance** und **Techno**. Wichtigstes Merkmal sind elektronisch erzeugte Klangmuster, die sich wiederholen und langsam ändern. Seit den frühen 1970er-Jahren experimentiert die Gruppe Kraftwerk (Foto) mit Synthesizer-Sounds und elektronisch verfremdeten Sprechtexten. Die Band wurde zur führenden Formation des **Elektro-Pop**.

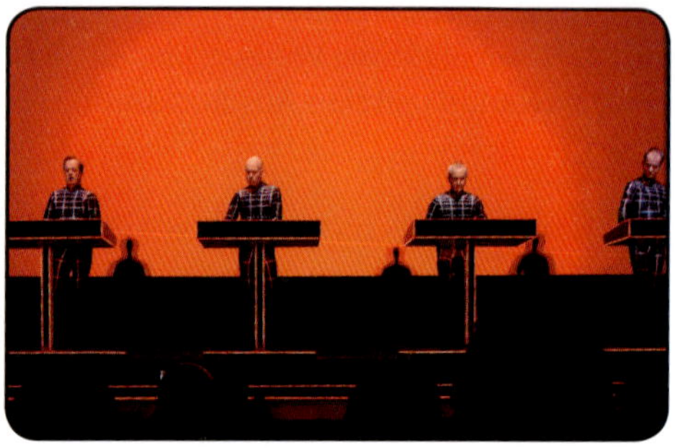

- Hörtipp: *Die Roboter* von Kraftwerk

Image und Wirklichkeit

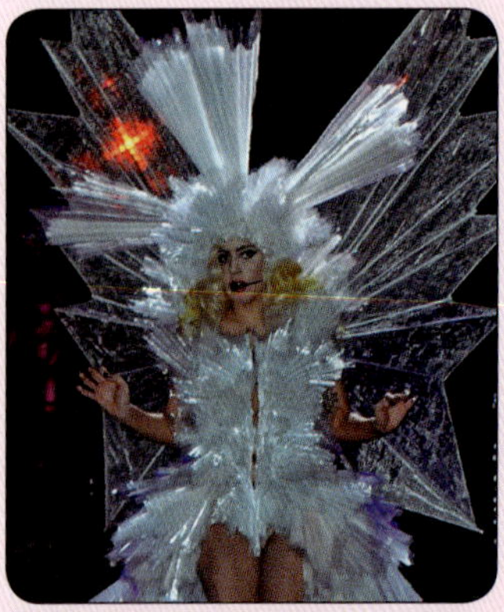

Selten können Fans einen Star oder eine Gruppe wirklich persönlich erleben. Sie müssen sich deshalb ein Bild machen, ein **Image**. Es bildet sich aus den Informationen, die über den Künstler in die Öffentlichkeit gelangen und den Eindrücken und Vorstellungen der Fans darüber. Deshalb ist für die Stars die Imagepflege extrem wichtig, auch für Top-Stars wie Lady Gaga (*1986). In einem Interview für den „Stern" meinte sie:

Ich kann den ganzen Tag Hits schreiben, aber wen interessiert das? Ich könnte in einem Jahr verschwinden, und die Leute würden sich nicht wundern, aber wenn ich in einer Seifenblase übers Publikum schwebe, dann werden sie das bestimmt nicht vergessen.

Das in der Öffentlichkeit erzeugte und bestehende Image muss mit der wahren Persönlichkeit eines Stars oder einer Gruppe nicht übereinstimmen. Auf der Bühne geben sich viele Stars anders als im wirklichen Leben.

- Hörtipp: *Poker Face* von Lady Gaga

ABBA (1972–1982)

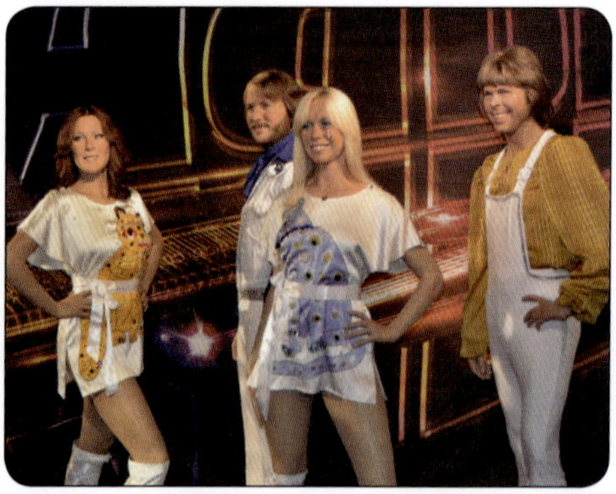

Ihr Sieg beim Eurovision Song Contest 1974 mit dem Titel *Waterloo* machte die Gruppe ABBA weltbekannt. Die Band – bestehend aus zwei Ehepaaren – gehörte bald zu den erfolgreichsten Gruppen der Welt. Ihre Songs hatten eingängige Melodien und einen perfekten Sound. 1981 trennten sich ABBA, doch ab 1999 gab es ein Revival ihrer Musik durch das Musical *Mamma Mia*, das viele Songs der Band enthält. Das Foto zeigt die Gruppe, wie sie um 1975 auf der Bühne auftrat – als Nachbildung in einem Wachsfigurenkabinett.

- Hörtipp: *Take a Chance on Me*

Madonna (*1958)

Die bis heute erfolgreichste Pop-Sängerin der Welt singt, tanzt, komponiert, textet, produziert und schauspielert. Im Laufe ihrer Karriere überraschte sie immer wieder durch ein neues Image, als Girlie, Sexsymbol, Mutter, Polit-Kämpferin oder Menschenrechts-Aktivistin. Madonna überzeugt durch perfektes Entertainment mit Musik, Tanz und Show. Über Jahrzehnte hinweg hielt sie den Anschluss an aktuelle Musiktrends. Auch mit Provokationen und Tabubrüchen kommt sie immer wieder neu in die Schlagzeilen.

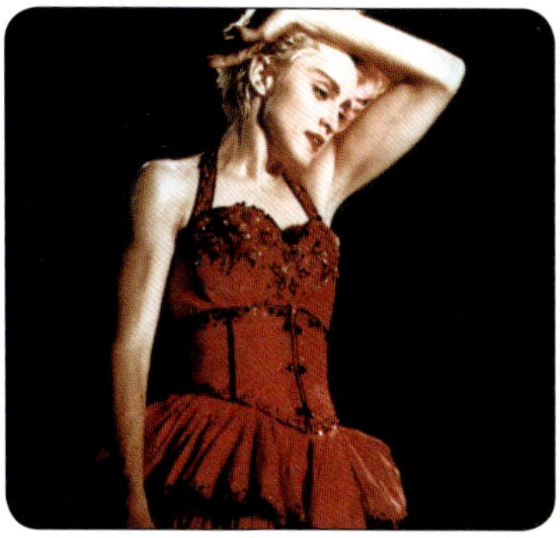

Hörtipp: *Like a Prayer*

Musik- und Casting-Shows

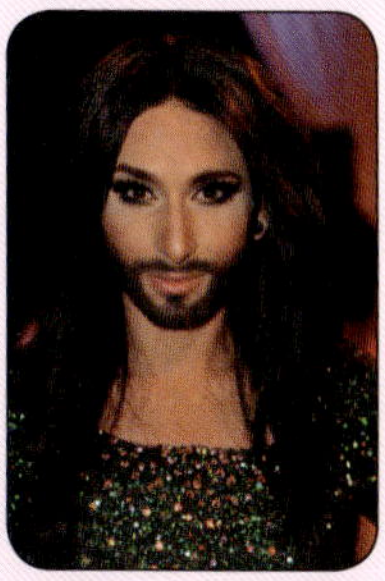

Musikshows im Fernsehen sind Gelegenheiten, um Stars und aktuelle Songs einem breiten Publikum zu präsentieren. Oft werden dabei auch die Tourneen der Stars bekanntgemacht. Beim Casting geht es vordergründig darum, neue Talente ins Rampenlicht zu stellen, hintergründig aber um bedeutende Einnahmen durch das Telefon-Voting der Zuschauer.
Der Eurovision Song Contest ist ein jährlicher Musikwettbewerb der europäischen Rundfunkanstalten, bei dem Zuschauer aus über 40 Ländern und eine Jury die Songs bewerten. 2014 gewann ihn der Österreicher Thomas Neuwirth (*1988), der unter dem Künstlernamen Conchita Wurst seine äußere Erscheinung demonstrativ zum Thema machte.

Hörtipp: *Rise Like a Phoenix* von Conchita Wurst

Schlager, Rock- und Popmusik in deutscher Sprache

Populäre Musik wurde in Deutschland im 20. Jahrhundert lange Zeit von **Schlagern** bestimmt. Ihre Melodien und der einfache Formaufbau mit Strophen und Refrain gehen schnell ins Ohr. Ihre Texte führen oft in Traumwelten. Alltagsthemen oder Konflikte werden nur selten behandelt.
Seit seinem Sieg beim Eurovision Song Contest 1966 war Udo Jürgens (1934–2014) mit Schlagern erfolgreich, in denen er oft auch aktuelle gesellschaftliche Themen ansprach. Bis zu seinem Tod im Alter von 80 Jahren war er ein Publikumsmagnet.

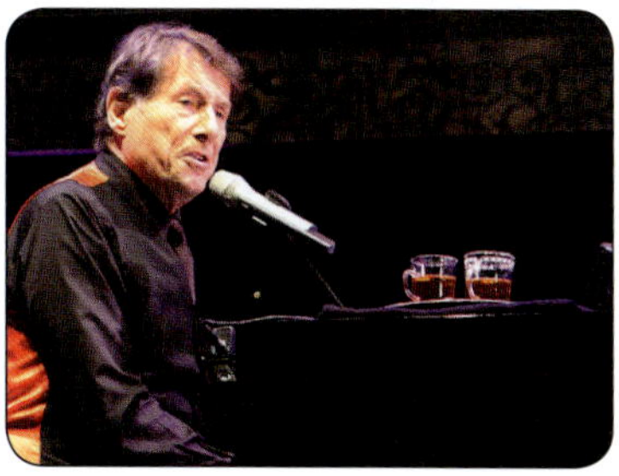

Hörtipp: *Merci, Cherie* von Udo Jürgens

Nach dem Zweiten Weltkrieg wurde in Deutschland zuerst der aus den USA kommende Rock 'n' Roll → 141 imitiert, z. B. von Peter Kraus. In der ehemaligen DDR entwickelten Gruppen wie z. B. Puhdys → 149 und Karat → 149 Ende der 1960er-Jahre eine eigenständige deutschsprachige Rockmusik. In Westdeutschland gab es sie erst in den 1970er-Jahren. Udo Lindenberg fand ein besonders breites Publikum. Hut, Sonnenbrille und ein charmantes Genuschel wurden sein Markenzeichen.

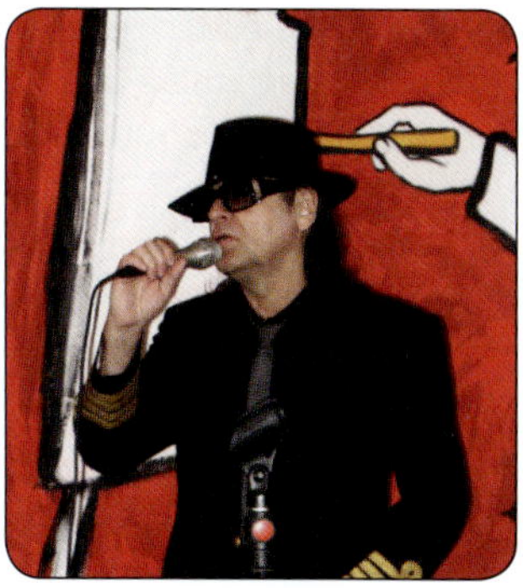

Hörtipps: *Tutti Frutti* von Peter Kraus, *Hinterm Horizont* von Udo Lindenberg

Liedermacher

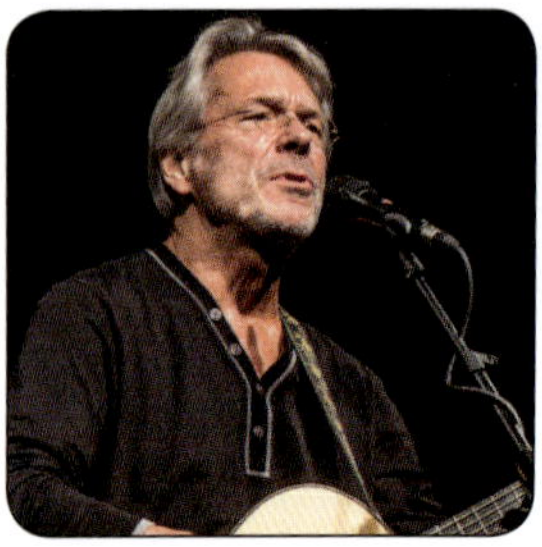

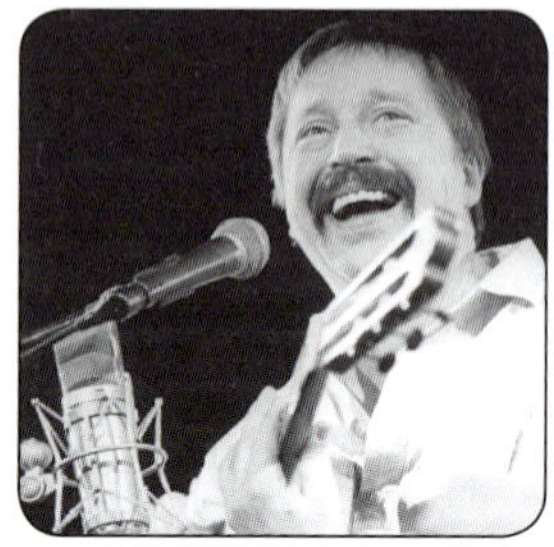

Sänger, die mit ihren Liedtexten die Menschen auf neue Gedanken bringen wollten, waren die **Liedermacher**. Häufig begleiteten sie sich auf der Gitarre. Bis heute aktiv sind z. B. Reinhard Mey (*1942, Foto links) → 149 und Konstantin Wecker.

Gerhard Schöne → 149 und Wolf Biermann (*1936, Foto rechts) stammen beide aus der ehemaligen DDR. Trotz eines Auftrittsverbotes kamen viele kritische Lieder Biermanns „unter der Hand" in Umlauf und verbreiteten sich in Ost- und Westdeutschland. 1976 wurde Biermann nach einem Konzert in Westdeutschland die Wiedereinreise in die DDR verweigert.

- Hörtipps: *Willy* von Konstantin Wecker, *Du, lass dich nicht verhärten* von Wolf Biermann

Neue Deutsche Welle

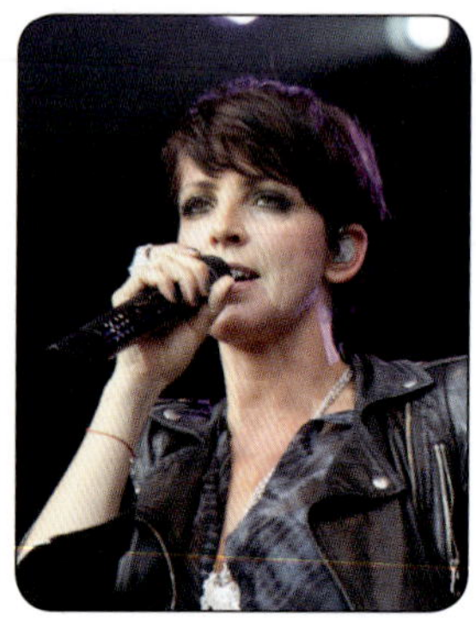

Zwischen 1980 und 1985 rollte über Deutschland die **Neue Deutsche Welle**. Dazu zählte man bald ganz unterschiedliche Songs in deutscher Sprache, z. B. von Nena (Foto rechts), Nina Hagen → 149 und Falco → 149. Die „NDW" trug viel dazu bei, dass eine moderne Pop- und Rockmusik entstand, für die deutsche Sprache kein Hindernis mehr war und die auch Mundart einschließen konnte, wie z. B. bei der Kölner Gruppe BAP → 149.

- Hörtipp: *99 Luftballons* von Nena

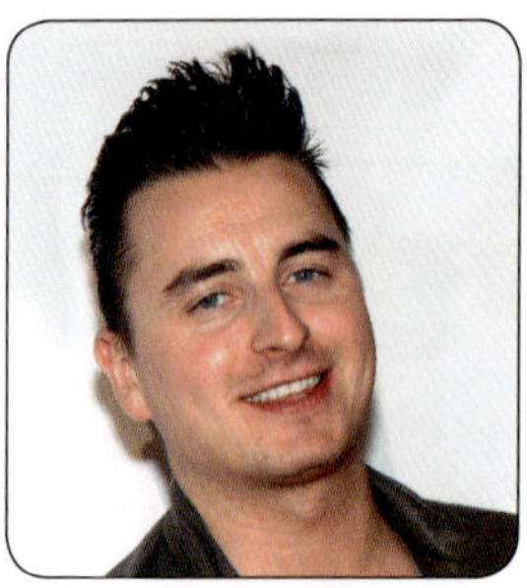

Volkstümliche Musik

Volkstümliche Musik → 126 kombiniert Klänge und Instrumente originaler Volksmusik mit zugkräftigen Rhythmen und Sounds der Pop- und Rockmusik. Ein breites Altersspektrum kann damit erreicht werden. Die Verbindung von Volksmusik und Rock findet man z. B. bei Andreas Gabalier.

- Hörtipp: *I sing a Liad für di* von Andreas Gabalier

Merkmale von Populärer Musik

In der Populären Musik gibt es viele Stile und Sounds. Und doch haben die meisten Songs etwas gemeinsam: Sie bieten den Zuhörern leichte Zugänge an. Dies sind die wichtigsten Mittel dafür:

- Die meisten Stücke dauern nur wenige Minuten. Das verringert die Gefahr, dass man sich langweilt.
- Die Gliederung in wenige **Strophen** und einen **Refrain**, der mehrmals wiederholt wird, erleichtert die Orientierung.
- Wichtig ist ein **Hook** (englisch = Haken) – eine Stelle in der Musik, an der sich das Ohr „festhakt". Meist ist das die Refrain-Melodie.
- Der Text soll ins Ohr gehen. Sprachverständnis ist aber keine Bedingung, um Musik zu mögen. Auch wenn der Text nur in Bruchstücken verstanden wird, kann der Song zum Hit werden.
- Es gibt auch Populäre Musik ohne Refrain und Strophen, die Zuhörer anziehen kann, zum Beispiel durch elektronisch gespielte **Beats** (= Rhythmusmuster) wie beim Techno → 146.

Interpretinnen / Interpreten und Titel (Auswahl)

Im Bereich von Pop- und Rockmusik ist die Auswahl von Namen besonders schwierig. Auf dieser Seite werden einige der auf den Seiten → 141–148 erwähnten Namen noch einmal genannt – zusammen mit jeweils einem Titel. Und auch bisher nicht erwähnte Namen sind hier zu finden.

- Welche Interpreten und Gruppen magst du selbst besonders, welche würdest du hier noch nennen?

Pete Seeger (1919–2014) *Where Have all the Flowers Gone*	**James Brown** (1933–2006) *Sex Machine*	**Gerhard Schöne** (*1952) *Ich bin ein Gast auf Erden*	**Beyoncé** (*1981) *Pretty Hurts*
Bill Haley (1925–1981) *Rock Around the Clock*	**Reinhard Mey** (*1942) *Über den Wolken*	**Nina Hagen** (*1955) *TV Glotzer*	**Helene Fischer** (*1984) *Atemlos*
Chuck Berry (1926–2017) *Roll Over Beethoven*	**Aretha Franklin** (*1942) *Respect*	**Falco** (1957–1998) *Der Kommissar*	**Rihanna** (*1988) *Diamonds*
Ray Charles (1930–2004) *What'd I Say*	**Donna Summer** (*1948) *I Feel Love*	**Eminem** (*1972) *Lose Yourself*	**Ed Sheeran** (*1991) *Shape of You*
Little Richard (*1932) *Tutti Frutti*	**Stevie Wonder** (*1950) *Superstition*	**Fiva** (*1978) *Das Beste ist noch nicht vorbei*	**Wincent Weiss** (*1993) *Musik sein*

- Überlege beim Hören von Songs immer wieder einmal, wie sie aufgebaut sind. Treffen die auf Seite → 148 beschriebenen Merkmale auf sie zu? Worin weichen sie ab?

Bands und Titel (Auswahl)

Bee Gees (1958–2003/2012) *Stayin' Alive*	**Earth, Wind & Fire** (gegr. 1969) *September*	**BAP** (gegr. 1976) *Verdamp lang her*	**Take That** (gegr. 1990) *Back for Good*
The Beach Boys (gegr. 1961) *Good Vibrations*	**Puhdys** (gegr. 1969) *Alt wie ein Baum*	**Toto** (gegr. 1976) *Rosanna*	**Blumentopf** (gegr. 1992) *Raportage WM 2014*
Pink Floyd (gegr. 1965) *Another Brick in the Wall*	**Boney M.** (gegr. 1975) *Rivers of Babylon*	**U2** (gegr. 1978) *With or Without You*	**The White Stripes** (1997–2011) *Seven Nation Army*
Deep Purple (gegr. 1968) *Smoke on the Water*	**Karat** (gegr. 1975) *Über sieben Brücken*	**Metallica** (gegr. 1981) *Nothing Else Matters*	**Revolverheld** (gegr. 2002) *Lass uns gehen*
Led Zeppelin (gegr. 1968) *Stairway to Heaven*	**Sex Pistols** (gegr. 1975) *Anarchy in the UK*	**Nirvana** (gegr. 1987) *Smells Like Teen Spirit*	**Glasperlenspiel** (gegr. 2003) *Ich bin ich*

Musik – überall auf der Erde

Außereuropäische Musik

Der Schwerpunkt dieses Buches liegt auf der europäischen Musik, die unseren Kulturraum geprägt hat, sowie auf der internationalen Jazz- und Popularmusik. Aber auch in anderen Ländern und Erdteilen hat Musik eine lange Tradition, zum Beispiel in China, Japan, Indien oder Persien. Sie lässt sich hier zum Teil bis weit in die Zeit vor Christi Geburt zurückverfolgen. Oft wird sie kunstvoll auf Instrumenten gespielt, die in Europa kaum bekannt sind, und in einer Weise gesungen, die uns wenig vertraut ist. Sie hat andere Tonleitern, Rhythmen und Klangfarben.

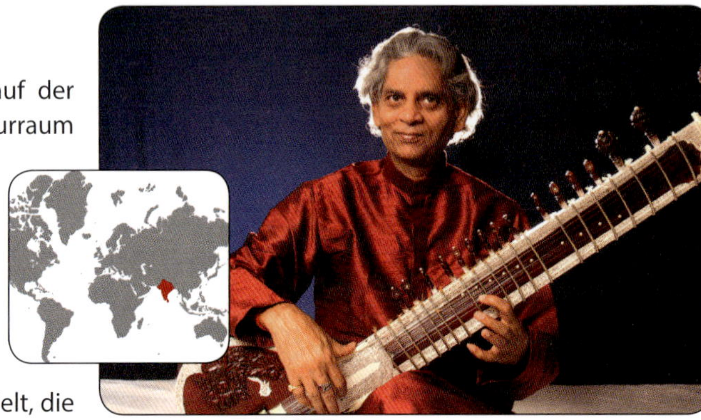

Der indische Sitar-Spieler Shivnath Mishra

■ Wo ist dir selbst schon Musik aus anderen Ländern oder Kontinenten begegnet? Was war daran besonders?

■ Hörtipps:
Indien: Sitar- und Tabla-Musik
Brasilien: Samba-Gruppe
Java und Bali: Gamelan-Orchester
Australien: Didgeridoo-Musik der Aborigines
Japan: Taiko-Ensemble, Musik für Shō, Musik für Shamisen
Mongolei: Obertongesang
Russland: Balalaika-Orchester
Schottland: Dudelsack-Kapelle

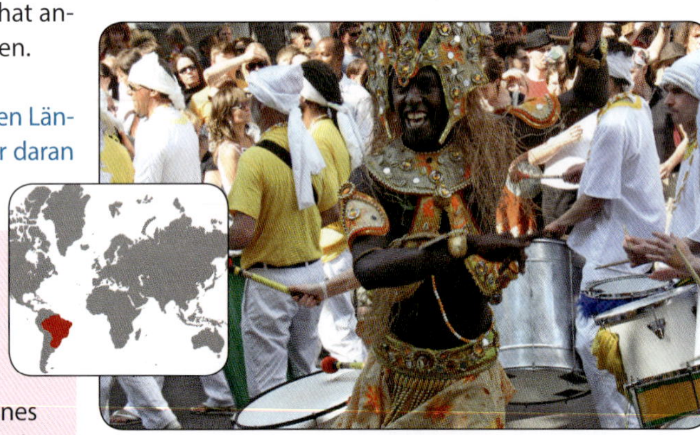

Eine brasilianische Samba-Gruppe

Ferne Musik kommt nah

Wie kommt man in Kontakt mit Musik aus anderen Ländern? Es gibt viele Wege, zum Beispiel:

- Touristen entdecken interessante Musik auf Reisen, stellen sie ins Internet und wollen sie auch zu Hause hören.
- Musiker anderer Kulturen geben hier Konzerte.
- Migranten bringen ihre Musik mit, auf CDs oder live.
- Musiker aus verschiedenen Kulturen machen gemeinsam Musik und entdecken dabei neue Möglichkeiten des Musizierens.
- Die Musikindustrie nutzt den Reiz musikalischer Klänge aus fernen Ländern und mischt sie in die Sounds der Popmusik. Solche Musik wird oft **World Music** genannt. Sie nimmt großen Einfluss auf die Hörgewohnheiten vieler Menschen.

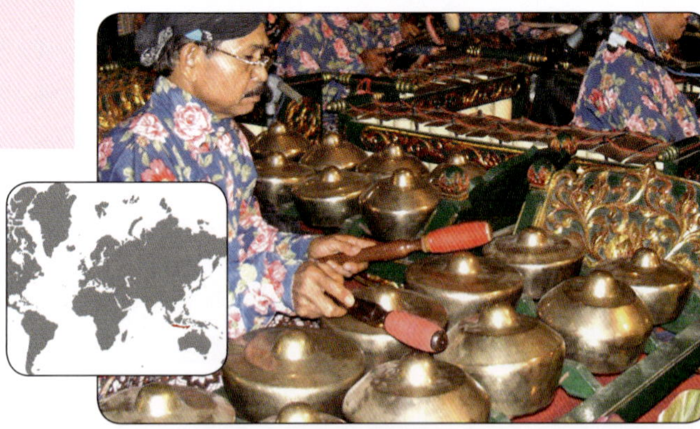

Ein Gamelan-Orchester auf Bali

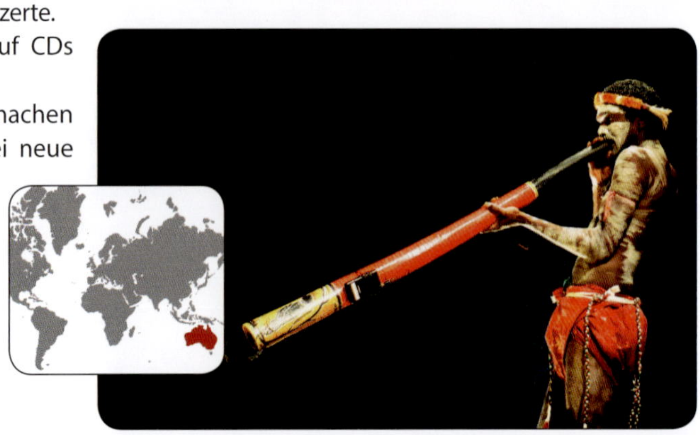

Ein australischer Aborigine spielt ein Didgeridoo

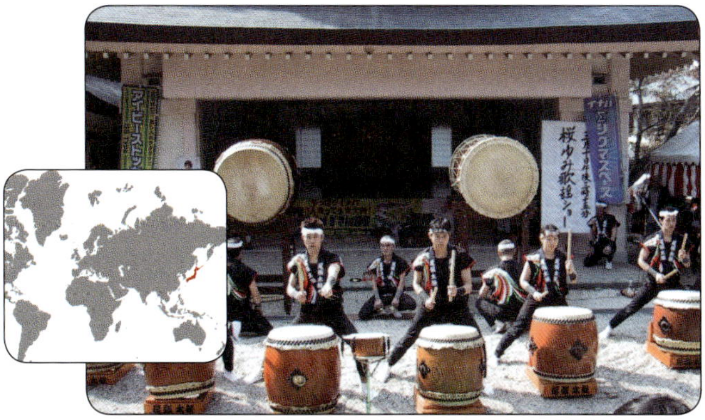
Ein Taiko-Ensemble in Japan

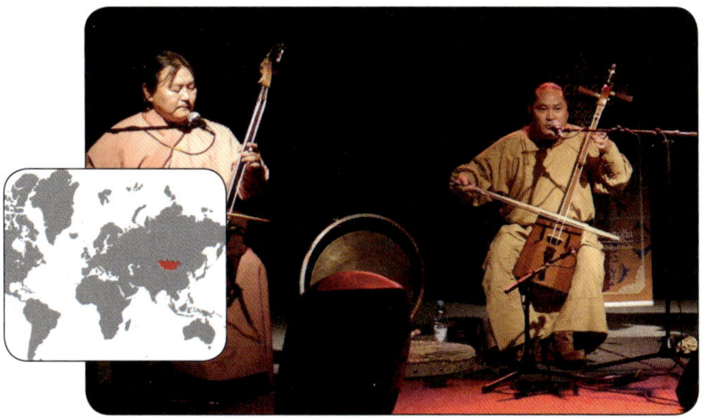
Traditionelle Folklore in der Mongolei

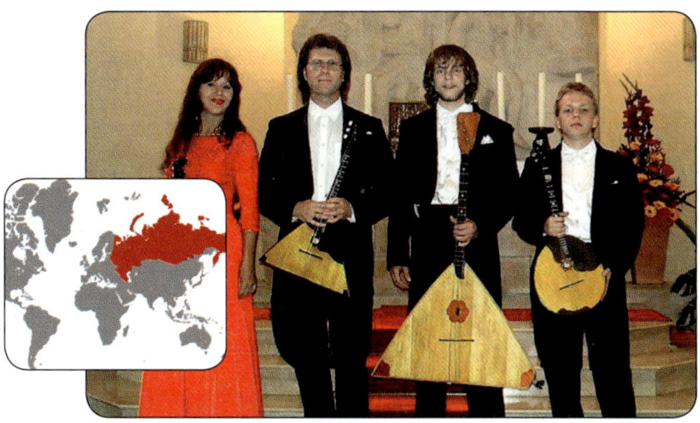
Ein russisches Balalaika-Ensemble

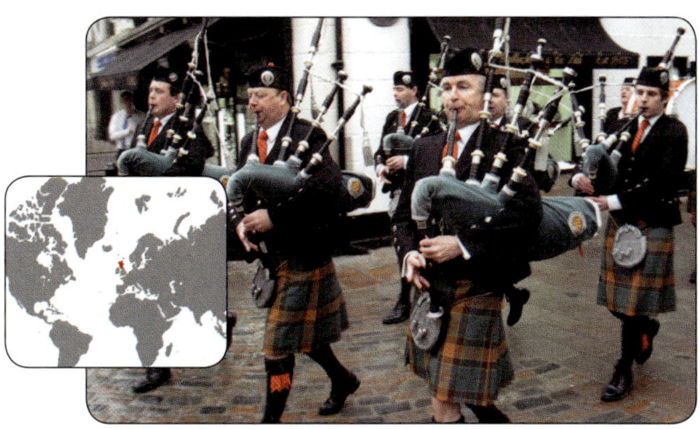
Eine schottische Bagpipe Band

Musik im Internet

Bis in das 20. Jahrhundert hinein konnte man Musik nur hören, wenn sie live gespielt wurde. Heute ist fast jede Musik zu jeder Zeit und an jedem Ort verfügbar → 11.

Nahezu unbegrenzt ist das Angebot im **Internet**. Es gibt Plattformen, für deren Nutzung man bezahlt, und andere, die Musik kostenlos anbieten. Oft verbindet sich Musik mit visuellen Eindrücken, die attraktiv erscheinen, aber auch vom Hören ablenken können.

Aufmerksames Hören

Was bedeutet „Hören"? Das wurde schon am Anfang dieses Buches gefragt → 8 und jetzt am Ende noch einmal. All dies kann „Hören" sein:

Hören Lauschen Horchen Erfassen Zuhören Beschreiben

Ein Klick auf einen Start-Button bringt uns mühelos zu jeder Art von Musik, auch zu solcher, die wir noch nicht kennen. Durch aufmerksames Zuhören, aber auch durch Einordnen und Vergleichen der gehörten Musik können wir unser Musikerleben bereichern.

Fragen fürs Musikhören

- Was kann ich an der Musik erkennen?
- Was kann ich über sie aussagen?
- Was mag die Komponisten oder die Spieler dazu gebracht haben, gerade diese Musik zu machen?
- Was spricht mich an dieser Musik an und was nicht?

Antworten auf diese Fragen sind eigentlich nie abgeschlossen. Manchmal helfen weitere Nachforschungen und mehrmaliges Hören ändert oft den Eindruck.

- Probiere es an den auf Seite → 150 vorgeschlagenen Hörtipps aus!

Register

Bild- und Quellenverzeichnis

Cover: li oben: www.shutterstock.com/ESB Essentials, re oben: Ludwig van Beethoven, Gemälde von Joseph Karl Stieler (1820), re unten: © Kohlhuber Media Art / www.shutterstock.com;
Seite 6: re oben: © iStock.com/highwaystartz-Photography, re Mitte: © pixabay/AvrahamNacher, re unten: © CC/JPRoche, li oben: © Friedrich Neumann, li unten: © flickr CC/Bryan Ledgard;
Seite 7: oben: © pixabay/JerzyGorecki, Mitte: © www.shutterstock.com/abstract;
Seite 8: li oben: © Friedrich Neumann, li unten: @ Dorothea Book,
Seite 9: re oben: © pixabay, Mitte © pixabay;
Seite 10: re oben: © Wikimedia CC, re Mitte: © Wikimedia CC, li Mitte: © Wikimedia CC, re unten: © Friedrich Neumann, li unten: © Friedrich Neumann;
Seite 11: re oben: © pixabay, re Mitte: © Wikimedia CC, unten: @ pixabay;
Seite 12: li: © Studio Neumann, Mitte: © pixabay, re: © Studio Neumann;
Seite 13: li oben: © Friedrich Neumann, re: © pixabay;
Seite 14: © pixabay; Seite 15: oben: © Friedrich Neumann, unten: © fotolia;
Seite 16: oben: © pixabay, unten: www.shutterstock.com/Anna Grigorjeva; Seite 17: © pixabay;
Seite 18: © Friedrich Neumann; Seite 19: li: © Friedrich Neumann; andere Fotos: © pixabay;
Seite 22: © iStock.com/Nikada;
Seite 25: © Studio Neumann; Seite 26/27: Fotos+Grafik © Friedrich Neumann;
Seite 30: oben: © www.shutterstock.com/Karynav; Seite 34: © pixabay;
Seite 40–48: © Friedrich Neumann;
Seite 54: oben © Friedrich Neumann, li oben: @ Bundesarchiv, re oben: © Studio Neumann, li Mitte: Wikimedia CC Commons, re Mitte: © pixabay, li unten: Wikimedia CC Commons, re unten: © Studio Neumann;
Seite 55-56: © Studio Neumann;
Seite 57 li oben: © Studio Neumann, li Mitte: © Studio Neumann, li unten: Wikimedia CC Commons, re: Wikimedia CC Commons, unten: © Studio Neumann
Seite 58-63: © Studio Neumann;
Seite 64: oben: Bild 1, 3, 4: Wikimedia CC Commons, 2+5 © Studio Neumann, M.A. Carpentier zeitgenössischer Stich 17. Jh.;
Seite 65-68: © Studio Neumann;
Seite 70: Wikimedia CC Commons, Seite 71: © studioneumann;
Seite 74: oben: © Studio Neumann, re Mitte: Michael Moore/Wikimedia CC, unten: Rudolf Nykrin;
Seite 75: li+re © Studio Neumann, Mitte: © Antje Rolle, unten: © Studio Neumann;
Seite 76-77: © Studio Neumann;
Seite 78: oben: zeitgenössisches Foto 19.Jh., Mitte/unten: © Studio Neumann;
Seite 79: Mitte: © Studio Neumann, unten: Deutsche Fotothek;
Seite 80: © Studio Neumann, Seite 81: Gemälde von Julius Mařák 1832-99;
Seite 82: oben: zeitgenössische Fotografie 1916, unten: @ pixabay; Seite 83: © Studio Neumann;
Seite 84: oben: © Deutsche Fotothek 1953, Mitte: © Mädchenchor/Anke Schröfel, unten: © Wise Guys/Wikimedia CC;
Seite 85: © www.shutterstock.com/Olga Popova; Seite 86: © pixabay;
Seite 87: © www.shutterstock.com/Mikhail Abramov;
Seite 88: li: © Wikimedia CC, re: © Studio Neumann; Seite 89: © Friedrich Neumann;
Seite 90: oben © Sebastian Terfloth/Wikimedia CC, Mitte: © Wikimedia CC / CEphoto, Uwe Aranas CC-BY-SA-3.0, unten: Wikimedia CC / A&M University Texas;
Seite 91: oben: Wikimedia CC/Opera Victoria, Mitte: © Wikimedia CC/Theater Warschau, unten: Zeitgenössisches Gemälde aus dem Jahr 1814 / Wikimedia CC;
Seite 92: Zeitgen. Gemälde von Carl Wilhelm Holdermann, 1822;
Seite 93: oben: © Library of Congress USA, li unten: © Wikimedia CC, re unten: © Wikimedia CC;
Seite 94: oben: Wikimedia CC, unten: © Kloster Heiligenstift;
Seite 95: © Wikimedia CC;
Seite 96–98: © Wikimedia CC;
Seite 100: © Wikimedia CC;
Seite 101: © Peter Piternieks;
Seite 102–105: Bilder: © Wikimedia CC, Grafiken: © Friedrich Neumann;

Seite 106: © Friedrich Neumann;
Seite 108: li: © Norbert Nagel / Wikimedia CC, re und unten: Wikimedia CC; Seite 109: Wikimedia CC;
Seite 110/111: Bilder: © Wikimedia CC, Grafik: © Friedrich Neumann;
Seite 112: © Wikimedia CC;
Seite 113: © Carlo Raso / Wikimedia CC;
Seite 114: © Friedrich Neumann;
Seite 115: © Wikimedia CC;
Seite 116: oben © Wikimedia CC, Mitte li: Andreas Praefcke/Wikimedia CC, Mitte re: Zeitgen. Stich um 1900 © Wikimedia CC, unten: Mondscheinstudie, Christian Friedrich Gille 1831;
Seite 117: unten Gemälde von Moritz von Schwind 1868, Mitte: Gemälde von Josef Kriehuber 1830;
Seite 118: © Wikimedia CC;
Seite 119 oben+unten: © Wikimedia CC, Mitte: © www.shutterstock.com/Standret;
Seite 120–123: © Wikimedia CC;
Seite 124–125: Mitte S.124 © Friedrich Neumann, alle übrigen Bilder: © Wikimedia CC;
Seite 126: oben: © Friedrich Neumann/NASA, Kasten oben: © Friedrich Neumann, Mitte: © WDR Katinka Pasveer, unten: © Christo Vlahos / Wikimedia CC;
Seite 127: © Wikimedia CC
Seite 128: oben: © Schott Music, Mitte: © Wikimedia CC, Kasten: oben li + oben Mitte: © unbekannt, alle andern Bilder: © Library of Congress USA;
Seite 129: Kasten li: © Schott Music, Kasten Mitte und re: © Wikimedia CC, Bild Mitte: © Wikimedia CC;
Seite 130: oben re: © Wikimedia CC, oben li: © unbekannt, Mitte li: © Library of Congress USA, Mitte re: Theater Oldenburg / Wikimedia CC, unten: © unbekannt;
Seite 131: © Friedrich Neumann;
Seite 132: Grafik oben © Friedrich Neumann, Kasten: 1. Reihe li: © Schott Music, Mitte und re: © Wikimedia CC, 2. Reihe li + Mitte: Niederl. National Archief, re: Schott Music, 3. Reihe: li: © Dimitri Smirnov, Mitte: © Außenministerium Estland, re: Ewa Ruding, 4. Reihe: li: Dt. Bundesarchiv, Mitte: © Wikimedia CC, re: WDR Katinka Pasveer, 5. Reihe: li: Niederl. National Archief, Mitte: HaPe Schaefer / Wikimedia, re: Schott Music, 6. Reihe: © unbekannt um 1900, Mitte: © Library of Congress USA, re: Carl van Echten / Wikimedia;
Seite 133: oben: © Peter Andersen, Mitte: © Friedrich Neumann, Kasten unten: li: © Niederl. National Archief, Mitte: © Pasquale Salerno / Wikimedia, re © Brian McMillan / Wikimedia;
Seite 134 unten: © Friedrich Neumann;
Seite 135: Wikimedia CC;
Seite 136: oben und Mitte: © unbekannt, um 1900, unten: © Library of Congress USA,
Seite 137: © Hans Bernhard / Wikimedia
Seite 138: © Friedrich Neumann;
Seite 139 oben+unten: © Wikimedia CC, Mitte: © Library of Congress USA;
Seite 140 oben: © Friedrich Neumann, Kasten: 1. Reihe li+Mitte: Library of Congress USA, re: Andreas Höfner / Wikimedia, 2. Reihe li: © Government USA, Mitte: © Library of Congress, re: © Wikimedia CC, 3. Reihe li+Mitte: Library of Congress USA, re: Eckhard Henkel / Wikimedia, 4. Reihe: li © Library of Congress USA, Mitte: Roland Godefroy/Wikimedia, re: J.P. Roche/Wikimedia; 5. Reihe: li: Library of Congress USA, Mitte: Niederl. Staats Archief, re: Wikimedia CC. 6, Reihe li: Library of Congress USA, Mitte: Krajazz/Wikimedia, re: © J.Breeschoten/Wikimedia,
Seite 141 oben: © Friedrich Neumann, Mitte: Wikimedia CC, re: © unknown 1956;
Seite 142: oben: © Jim Summaria/Wikimedia, unten: © Parlophone/Wikimedia CC;
Seite 143: oben: © Jim Pietryga/Wikimedia CC, unten: © Heinrich Klaus/Wikimedia CC
Seite 144: oben: © US Info Agency Press Service, Mitte: © Ueli Frey/Wikimedia CC, unten: © Friedrich Neumann;
Seite 145: oben © Hubert JB /Wikimedia CC, Mitte: © Friedrich Neumann, unten: © Library of Congress USA;
Seite 146: oben: © Miroslav Bollen/Wikimedia CC, Mitte: Samantha Jones/Wikimedia CC, unten: Wikimedia CC;
Seite 147: oben: © Olav Tenbroek/Wikimedia CC, Mitte: © Ailura/Wikimedia CC, Mitte unten: © Steindy/Wikimedia CC, unten: © Hawobo/Wikimedia CC
Seite 148: oben li: © Sven Sebastian Kajak / Wikimedia CC, oben re: © Bundesarchiv, Mitte: © Michael Movchin / Wikimedia CC, unten: © Harald Bischoff / Wikimedia CC;
Seite 150: alle Landkarten © Studio Neumann, Bild oben: © Nandanupadhyay/Wikimedai CC, Mitte oben: © Friedrich Neumann, Mitte unten: © Gunawan Kartapranata / Wikimedia CC, unten: © Graham Crump / Wikimedia CC;
Seite 151: oben: © Chris 73 7 Wikimedia CC, Mitte oben: © Thorsten Krieche / Wikimedia CC, Mitte unten: © Wikimedia CC, unten: © Manvyi/Wikimedia CCz;
alle „Notenmännchen"-Illustrationen: Maren Blaschke; alle Gitarren-Griffbilder: Friedrich Neumann.

Personen- und Gruppenverzeichnis

Sachverzeichnis, Minilexikon

Verzeichnis der Hörbeispiele – Download

Track	Komponisten und Titel	Interpreten und Quellenangaben	Seite
1	**Robert Kainar, Gernot Haslauer, Philipp Nykrin** *Minimusik 1*	Robert Kainar, Gernot Haslauer, Philipp Nykrin	8
2	**Robert Kainar, Gernot Haslauer, Philipp Nykrin** *Minimusik 2*	Robert Kainar, Gernot Haslauer, Philipp Nykrin	8
3	**Robert Kainar, Gernot Haslauer, Philipp Nykrin** *Minimusik 3*	Robert Kainar, Gernot Haslauer, Philipp Nykrin	8
4	**Richard Wagner** *Ritt der Walküren* (Ausschnitt), aus: *Die Walküre*	Wiener Philharmoniker, Wilhelm Furtwängler	9
5	**Philipp Nykrin** *Musik in zwei Farben*	Philipp Nykrin	30
6	**Philipp Nykrin** *Musik in Dur und in Moll*	Philipp Nykrin	34
7	**Hans Neusiedler** *Gassenhauer* (Keyboard)	Philipp Nykrin	48
8	**Hans Neusiedler** *Gassenhauer* (Laute)	aus CD zum Unterrichtswerk „Spielpläne 2" – Track 21/22, Hans Brüderl, © Ernst Klett Verlag GmbH	48
9	**Marc-Antoine Charpentier** *Präludium*	Orchestre de Chambre des Concerts Pasdeloup, Louis Martini	65
10	**Georg Friedrich Händel** *Sarabande* aus *Suite Nr. 4 für Cembalo* – Thema	Thomas Hauschka	72
11	1. Variation	Thomas Hauschka	73
12	2. Variation	Thomas Hauschka	73
13	Variation für Synthesizer	Philipp Nykrin	74
14	Variation für Seaboard	Philipp Nykrin	74
15	**Bedřich Smetana** *Die Moldau* (Anfang)	Berliner Philharmoniker, Ferenc Fricsay	78
16	*Die Moldau* (Die zwei Quellen)	Berliner Philharmoniker, Ferenc Fricsay	78
17	*Die Moldau* (Thema der Moldau)	Berliner Philharmoniker, Ferenc Fricsay	79
18	*Die Moldau* (Waldjagd)	Berliner Philharmoniker, Ferenc Fricsay	79
19	*Die Moldau* (Hochzeit)	Berliner Philharmoniker, Ferenc Fricsay	79
20	*Die Moldau* (Nymphenreigen im Mondschein)	Berliner Philharmoniker, Ferenc Fricsay	80
21	*Die Moldau* (St. Johann-Stromschnellen)	Berliner Philharmoniker, Ferenc Fricsay	80
22	*Die Moldau* (Vyšehrad)	Berliner Philharmoniker, Ferenc Fricsay	80
23	*Die Moldau* (Schluss)	Berliner Philharmoniker, Ferenc Fricsay	81

Download
www.schott-music.com/**online-material**
Gutscheincode: q5krXEDx

Track	Komponisten und Titel	Interpreten und Quellenangaben	Seite
24	**Georg Philipp Telemann** *Das Glücke kommt selten per Posta*	Johanna Buchmayer, Thomas Hauschka	88
25	**Carl Maria von Weber** *Nein, länger trag ich nicht die Qualen / Durch die Wälder, durch die Auen*, aus: *Der Freischütz*	Cologne Radio Symphony Orchestra, Erich Kleiber, Hans Hopf	91
26	**Carl Maria von Weber** *Hier erst das Blei*, aus: *Der Freischütz*	Chor der Deutschen Oper Berlin, Joseph Keilberth, Rudolf Schock, Christian Kohn	92
27	**Leonard Bernstein** *Cool*, aus: *West Side Story*	Tanzfilm von 1961	93
28	**Gregorianischer Choral** *Veni, sancte spiritus*	Tonus Peregrinus, Antony Pitts ℗ Naxos	94
29	**Oswald von Wolkenstein** *Wach auf, mein Hort*	Dulce Melos, Marc Lewon ℗ Naxos	95
30	**Giovanni Gastoldi** *A lieta vita / An hellen Tagen*	Windsbacher Knabenchor, Karl-Friedrich Beringer ℗ Rondeau Production	99
31	**Johann Pachelbel** *Kanon für drei Stimmen*	Stuttgarter Kammerorchester, Karl Münchinger	104
32	**Antonio Vivaldi** *Der Sommer*, aus: *Violinkonzerte op. 8, Die vier Jahreszeiten* (Ausschnitte)	Wichita State University Chamber Players, John Harrison	105
33	**Johann Sebastian Bach** *Invention C-Dur*	Ralph Kirkpatrick	107
34	**Johann Stamitz** *Sinfonie op. 3 Nr. 2, 1. Satz* (Anfang)	New Zealand Chamber Orchestra, Donald Armstrong ℗ Naxos	109
35	**Joseph Haydn** *Streichquartett C-Dur op. 76, Nr. 3, 2. Satz* (Ausschnitte)	Koeckert-Quartett	110
36	**Wolfgang Amadeus Mozart** *Klavierstück KV 1*	Thomas Lotz ℗ 2016 Schott Music & Media GmbH, Mainz	112
37	**Wolfgang Amadeus Mozart** *O, wie will ich triumphieren*, Arie des Osmin, aus: *Die Entführung aus dem Serail*	Rias-Symphonie-Orchester Berlin, Ferenc Fricsay, Josef Greindl	113
38	**Ludwig van Beethoven** *5. Sinfonie c-Moll, 1. Satz* (Exposition)	Berliner Philharmoniker, Wilhelm Furtwängler	115
39	**Franz Schubert** *Die Forelle*	Mats Jansson, Olle Persson	118
40	**Robert Schumann** *Träumerei*, aus: *Kinderszenen op. 15*	Walter Gieseking	119
41	**Felix Mendelssohn Bartholdy** *Violinkonzert in e-Moll op. 64, 1. Satz* (Ausschnitt)	Berliner Philharmoniker, Wilhelm Furtwängler, Yehudi Menuhin	120
42	**Claude Debussy** *La cathédrale engloutie* (Ausschnitt)	Walter Gieseking	124
43	**Belá Bartók** *Tanz-Suite, 3. Satz* (Ausschnitt)	Bournemouth Symphony Orchestra, Marin Alsop ℗ Naxos	127
44	**Carl Orff** *O fortuna* aus: *Carmina Burana* (Ausschnitt)	Frankfurter Singakademie, Figuralchor Frankfurt, Kinderchor des Goethegymnasiums, Kinderchor Frankfurt, Königlich Flämische Philharmonie, Antwerpen, Muhai Tang, WER 66022	128
45	**Alban Berg** *Violinkonzert Dem Andenken eines Engels* (Ausschnitt)	Netherlands Radio Symphony Orchestra, Eri Klas, Rebecca Hirsch ℗ Naxos	129
46	**John Cage** *Sonata Nr. 7* für präpariertes Klavier (Ausschnitt)	Richard Konstelanetz, WER 60156-50	133

Track 28, 29, 30, 34, 43, 45: ℗ mit freundlicher Genehmigung von Naxos Deutschland www.naxos.de.
Track 44, 46: ℗ mit freundlicher Genehmigung von Schott Music & Media, Mainz, www.wergo.de.

Verzeichnis der Hörbeispiele – Download

Ausführende:
Johanna Buchmayer (Gesang) / Gernot Haslauer (Bass) / Robert Kainar (Perkussion) / Rainer Kotzian (Gitarre, Banjo, Trompete) / Philipp Nykrin (Keyboard, Synthesizer)
Aufnahme: Rainer Kotzian
Kompositionen (wenn im Buch nicht anders angegeben) und Arrangements: Rudolf Nykrin, Rainer Kotzian / Nr. 23 (Schlagzeugstimme): Werner Stadler / Nr. 28: Philipp Nykrin

Download
www.schott-music.com/**web-codes**
Webcode: Mw18nK1